Lehrjahre bei einem Meister im Himalaya

Autobiographie des Yogis

Sri M

Magenta Press

Titel des englischen Originals: *Apprenticed to a Himalayan Master. A Yogi's Autobiography*

Deutsche Übersetzung: Peter Padam Singh

Published by Magenta Press and Publication Pvt. Ltd.
No.9, 1st Floor, Webster Road, Cox Town Bangalore - 560005
Karnataka, India, Ph: +91 9343071537 | info@magentapress.in
www.magentapress.in

Foto, Buchumschlag: Naresh Raman

Anmerkung des Übersetzers: Im Großen und Ganzen wurde die englische Schreibweise indischer Namen und Begriffe übernommen. Fast alle Fußnoten und Erklärungen in Klammern wurden vom Übersetzer beigefügt.

ISBN: 978-93-82585-04-6

Inhaltsverzeichnis

Danksagung

Ich möchte den nachgenannten Freunden, ohne deren Hilfe dieses Buch nicht entstanden wäre, meinen tiefgefühlten Dank ausdrücken:

Kaizer Karachiwala, der sich gewissenhaft um mein oft unklares Geschreibsel kümmerte und es in ein lesbares Manuskript verwandelte.

Balaji und Sreedhar, die von Anfang an selbstlos und effizient die Veröffentlichung und die geschäftlichen Aspekte in die Hand nahmen.

Shobha Reddy, die die Verantwortung für die Fotos und die Anlage eines enormen Fotoarchivs übernahm, trotz meiner widerstrebenden Haltung, und die mir aufmerksam und hingebungsvoll dabei assistierte, die Bilder, die Sie in diesem Buch finden, auszuwählen.

Meinem Sohn Roshan und meiner Freundin Radha Mahendru, die mir beide noch speziell halfen, die Fotos und das Layout der Bilder festzulegen.

Vijay Bhasker, der sich um die Büroarbeit kümmerte.

Und all meinen lieben Freunden, deren großes Verlangen, die bislang geheimen und unbekannten Kapitel meines Lebens kennenzulernen, mich vor allem dazu bewegte, dieses Buch zu beginnen.

An sie alle geht mein Dank.

Sri M

Vorwort

Ehe ich Sie auf diese abenteuerliche Reise mitnehme – von der Südküste Indiens bis zu den Schneegipfeln der sagenumwobenen Himalayas im Norden und wieder zurück –, auf der wir außergewöhnlichen Menschen begegnen und ungewöhnliche, oft unglaubliche Erfahrungen machen werden, möchte ich gern ein paar Dinge ansprechen, die alles in die rechte Perspektive rücken sollen.

Bis jetzt habe ich die meisten Erfahrungen, die ich in diesem Buch beschreibe, für mich behalten, und ich ließ mich auch von meinen besten Freunden nicht dazu überreden, mehr als vage Bemerkungen darüber zu machen, was sich in den Tiefen meines Bewusstseins verbarg.

Warum war ich in dieser Angelegenheit so zugeknöpft, und warum ‚packe ich jetzt aus', wie man so sagt?

Ich möchte die Fragen hier beantworten.

Obwohl mein Meister Babaji angedeutet hatte, dass ich zu einem gewissen Zeitpunkt eine Autobiographie schreiben würde, gab er das grüne Licht dazu erst vor zwei Jahren [2008]. Und selbst danach ging ich noch sechs Monate lang mit mir zu Rate, ehe ich zögernd zu schreiben begann. Für das Zögern gab es hauptsächlich zwei Gründe:

Erstens befürchtete ich, der aufrichtige spirituelle Sucher könnte die konkreten Vorbedingungen der spirituellen Reise, die es zu erfüllen gilt, ob der hier geschilderten fantastisch-faszinierenden Welt aus dem Auge verlieren.

Zweitens dachte ich, der kritische Leser könnte das ganze Buch pauschal als Ammenmärchen abtun, nur weil ihm einige Passagen der Geschichte als unglaublich und abwegig erschienen.

Die folgenden Erwägungen drängten mich aber schließlich doch zu einer Niederschrift der Autobiographie:

Mir wurde klar, dass es meine Aufgabe ist, meine Erfahrungen zu beschreiben, und dass ich es der kleinen Minderheit skeptischer Leser überlassen muss, ob sie diese nun annimmt oder ablehnt. Mir schien, als wäre ich gegenüber der Lesermehrheit unfair, wenn ich aus Furcht vor der Minderheit es vermied, meine Geschichte zu erzählen.

Zum zweiten erschienen nach der Veröffentlichung der *Autobiographie eines Yogi* sehr wenige authentische spirituelle Biographien, und deren Verfasser sind nicht mehr am Leben, stehen also für eine Diskussion nicht zur Verfügung. Außerdem hat Paramahamsa

Yogananda, so glaubwürdig seine Selbstbiographie ist, persönlich nicht viel Zeit in den Himalayas verbracht. Deshalb meinte ich, es sei wichtig, dass ich über meine Erfahrungen, speziell über jene in den Himalayas, eben jetzt erzähle, solange ich noch für den Leser persönlich erreichbar bin.

Drittens wollte ich darstellen, dass große Lehrer wie Babaji und Sri Guru den Prozess der spirituellen Evolution in aller Stille hinter den Kulissen beeinflussen, auch wenn nur sehr wenige von ihrer Existenz wissen.

Ich bitte die Leser, jene Erfahrungen zu ignorieren, die ihnen zu fantastisch, zu irreal erscheinen – falls das nötig ist –, das Übrige jedoch zu lesen, so dass ihnen zumindest die tiefen Lehren von Sri Guru und Babaji nicht verloren gehen. Über meinen Guru kann ich nur das wiederholen, was Swami Vivekananda über seinen eigenen Guru gesagt hatte: „Ein Staubkorn von seinen gesegneten Füßen könnte tausend Vivekanandas erschaffen."

Ersetzen Sie ‚Vivekananda' mit ‚M', und Sie werden verstehen, was ich meine.

Nun also, lieber Leser, kommen Sie mit mir auf diese Reise voller Wunder, und möge der Segen der Meister mit Ihnen sein.

1. Der Beginn

Vor vierzig Jahren konnte man einen jungen, neunzehnjährigen Mann aus Kerala, dem südlichsten Staat Indiens, in der Höhle des Vyasa in den Himalayas nahe Badrinath, unfern der indisch-tibetischen Grenze, in tiefer Meditation antreffen. Auch damals war es nicht ein normales Vorkommnis, wenn ein Teenager sich in die Himalayas begab, um zu meditieren. Völlig ungewöhnlich aber war das Vorkommnis deshalb, weil der junge Mann nicht einmal der Hindu-Gemeinschaft angehörte.

Wie dieser Jüngling zum Yogi wurde, und welche geheimnisvolle, faszinierende Welt von unglaublicher Kraft und Größe sich ihm eröffnete – das gehört zu meiner Lebensgeschichte. Denn ich war dieser junge Mann.

Wenn Sie erlauben, werde ich ganz am Anfang beginnen. Wir wollen so schnell wie möglich zum Reich des ewigen Schnees wandern. Dort weilte mein Freund, mein weiser Philosoph und Seelenführer – mein geliebter Lehrer und Meister. Dank seiner Freundlichkeit und Gnade lernte ich, hoch hinauf zu den höheren Dimensionen des Bewusstseins zu fliegen.

Worte reichen nicht aus, der Herrlichkeit jener Bereiche ewigen Schnees in den Himalayas gerecht zu werden. Doch stehen Worte uns nun einmal als die einzigen Werkzeuge zur Verfügung. Deshalb wollen wir wie gute Weggefährten unsere Reise antreten, in den tiefen Wäldern wandern, über die vielen wunderbaren Anblicke plaudern – die sanft schwankenden, leuchtenden Blumen, die melodisch singenden Vögel, den großen, rauschenden Fluss, die hohen, schweigsamen Bäume, und so weiter –, bis wir um eine Ecke biegen und plötzlich vor der riesig sich auftürmenden Weiße der schneebedeckten Himalayas stehen und vor Verblüffung sprachlos werden. Sangen nicht die alten *Rishis*[1]: *Yad vaacha na abbhyuthitham* – ‚Macht und Größe, mit Worten nicht zu erklären'?

Ich bin genauso begierig wie Sie, von Angesicht zu Angesicht vor Parvati zu stehen, der sittsamen Tochter von Himavan, des Herrn der Berge. Aber wir müssen sozusagen noch einiges grundsätzliche Gepäck zusammenstellen, bevor wir mit dem Aufstieg beginnen können. Ohne Zeit zu verschwenden will ich dies tun und dabei nur an das Allernötigste denken.

Ich wurde am 6. November 1948 in Tiruvananthapuram geboren, der ‚Stadt von Gott Vishnu, der auf der Schlange Anantha ruht'. *Anantha* bedeutet im Sanskrit auch ‚ohne Ende, unendlich'. Die von den Engländern (sie regierten Indien für ein paar Jahrhunderte) zu Trivandrum umbenannte Küstenstadt ist die Hauptstadt Keralas, am südlichen Ende Indiens gelegen. 1948 glich Kerala mit seinen Hügeln, Flüssen und seiner reichen Vegetation eher einem übergroßen Dorf.

Meine Eltern stammten von Pathanen ab, die einst als Söldner nach Kerala gekommen waren, um sich dem Heer des damaligen Maharadschas von Travancore, des mächtigen Marthanda Varma, anzuschließen.

Diese vorliegende Geschichte handelt, wenn man so will, vom ‚Aufstieg des Tellerwäschers zum Millionär', nur ist der Zusammenhang ein wenig anders: Ein gewöhnlicher Junge erreicht die Himalaya-Höhen des erweiterten Bewusstseins, weil er aufrichtig und voll konzentrierter Aufmerksamkeit ist und weil er gewillt ist, Risiken einzugehen, aber nicht gewillt, Fehlschläge zu akzeptieren.

Allerdings gibt es noch einen anderen Faktor, den ich persönlich als den wichtigsten betrachte – die Führung und der Segen von einem großen Lehrer, dessen tiefe Liebe und Zuneigung mir immer geholfen haben, diese Reise durch weitgehend unbekanntes Terrain durchzustehen. Es war ein Lehrer, der nie meine Freiheit zum Fragen beschnitt, nie meine Hand zu lange hielt, so dass ich nicht faul und abhängig würde, und immer meine Unzulänglichkeiten und konditionierten Reaktionen verzieh. Kann ich dieses große Wesen – Vater, Mutter, Lehrer und geliebter Freund in einem – je vergessen?

Bewegte ihn Mitgefühl dazu, in mein Leben zu treten, als ich grade mal neun Jahre alt war, oder bestand zwischen uns eine Verbindung jenseits der irdischen Lebensjahre? Dies nach der Lektüre der Geschichte zu entscheiden, überlasse ich Ihnen.

Babaji (Vater), wie ich meinen Lehrer nannte, sagte oft: „Halte alles einfach und direkt. Kein Hokuspokus. Lebe in der Welt wie jeder andere. Für Größe macht man keine Reklame. Diejenigen, die ihr nahe kommen, werden sie schon selbst entdecken. Sei für deine Freunde und Bekannten ein Beispiel dafür, wie man in dieser Welt glücklich leben und sich gleichzeitig auf die grenzenlose Energie und Herrlichkeit des unendlichen Bewusstseins einstimmen kann."

Jedoch kann ich nicht umhin, gewisse Fakten anzuführen, ehe ich zu jenem schicksalsträchtigen Tag komme, an dem der gütige Meister in mein Leben trat, sechs Monate nach meinem neunten Geburtstag.

a) Seit meiner Geburt kreuzte ich fast automatisch ein Bein über dem anderen. Man kann diese Stellung auf dem ersten Foto von mir, entstanden zwei Monate nach der Geburt, erkennen. Ich behielt diese Gewohnheit bei und fand beim Älterwerden, dass die klassische Sitzpositur der Yogis mit verschränkten Beinen für mich die bequemste war. Selbst heute ziehe ich es vor, mit verschränkten Beinen auf dem Esszimmerstuhl zu sitzen, sofern die Gastgeber keine Einwendungen haben.

b) Im Alter von etwa fünfeinhalb bis zehn Jahren litt ich unter schrecklichen, sich ständig wiederholenden Albträumen. Ungefähr gegen Mitternacht sah ich im Traum ein riesiges halb-menschliches Ungeheuer mit langen, scharfen Eckzähnen und mit Klauen (irgendwie glichen sie denen eines Kathakali[2]-Tänzers), die mich zu ergreifen und fortzuschleppen suchten. Ich schrie dann im Schlaf, rannte im Traum aus dem Haus und rief: „Ich muss weg von hier!“, während mich das Ungeheuer verfolgte.

Meine Eltern eilten oft herbei, doch nur mein Vater vermochte es mich aus meinem tranceähnlichen Zustand aufzuwecken, indem er meinen Namen laut in meine Ohren sprach. Glücklicherweise gelang es der monströsen Erscheinung nie, mich in ihre Gewalt zu bringen.

Man versuchte es mit verschiedenen Heilmethoden, einschließlich Talismans, die ich tragen musste, doch alles war vergeblich.

Die Albträume verschwanden schließlich nach meiner ersten Begegnung mit dem Meister. Ich brauchte viele Jahre, um zu verstehen, wovor ich geflohen war und wohin ich gehen wollte.

c) Meine Großmutter mütterlicherseits, die Verbindung zu Sufis hatte, hielt mich mit Sufi-Geschichten gefesselt. Ihre Lieblingsgeschichte (ebenso meine) handelte vom Leben des Sufi-Heiligen Peer Mohammed Sahib, der vor etlichen hundert Jahren in einer kleinen Ortschaft namens Tuckaley im damaligen Königreich von Travancore lebte. So wie Kabir, der bekannte Heilige von Benares aus dem 15. Jahrhundert, war auch Tuckaley Peer Mohammed Sahib ein Weber. Während er an seinem handbetriebenen Webstuhl arbeitete, sang er Lieder voller religiöser Hingabe und mystischer Einblicke. Diese Lieder, bekannt als ‚*Paadal*‘, sind bei einigen Sufi-Gruppen Tamil Nadus noch immer populär. Im Alter erblindete der Heilige und musste von einem Jungen, einem seiner Schüler, geführt werden.

Einen Vorfall aus der Geschichte des Sufi-Heiligen wiederholte meine Großmutter besonders gern, und ich hörte immer sehr gebannt zu:

Als sie vernahmen, dass in Südindien ein heiliger Mann lebte, reisten zwei arabische Theologen dorthin und suchten ihn auf. Sie waren von allem durchaus angenehm berührt, außer, dass dieser Mann keinerlei Neigung zeigte, die Pilgerfahrt zur heiligen Stadt Mekka zu unternehmen, etwas, das von jedem körperlich unversehrten Muslim als Teil seiner religiösen Pflicht erwartet wird. Der Heilige aus Tuckaley entschuldigte sich einfach von der Pilgerfahrt, sagte, er sei blind und könne wirklich nicht so weit reisen. Doch andererseits wiederholte er, dass er die Pilgerschaft unternommen hätte, und dass Mekka genau da läge, wo er lebte.

Aus Sicht der arabischen Besucher war das eine Gotteslästerung, aber sie schrieben es dem wirren Gerede eines Verrückten zu. Peer Mohammed Sahib aber blieb beharrlich bei seiner Behauptung. Er wies seinen Schüler an, den alten Wassertopf aus gebranntem Lehm zu bringen, und bat seine arabischen Besucher, in das Wasser zu blicken. Und einer nach dem anderen erblickte im Wassertopf den gesamten Ablauf der Pilgerfahrt nach Mekka und – Wunder über Wunder – sah sich selbst bei der Umkreisung der *Kaaba* in Begleitung des blinden Webers. Die beiden Theologen fielen ihm zu Füßen und wurden seine Schüler.

Nahe beim Grab dieses Heiligen liegt auch das Grab eines meiner Ahnen väterlicherseits, der sein Schüler war.

d) Zwischen fünftem und neuntem Lebensjahr war ich dem Hinduismus und dem Christentum ausgesetzt. Schon in diesem Alter begann ich zu bemerken, wie voreingenommen Menschen der einen Religion gegenüber den anderen Religionen sein konnten. Meine Großmutter zum Beispiel, die in Ekstase geraten konnte, wenn sie von Muslim-Heiligen erzählte, verabscheute die Hindu-Religion und die Hindu-Götter. Sie ermahnte mich, vorsichtig zu sein und keine Speise in irgendwelchen Häusern von Hindu-Nachbarn anzunehmen, da diese wahrscheinlich zuvor den Hindu-Göttern offeriert worden und deshalb unrein waren. Sie stufte die Hindus als Götzenverehrer ein und glaubte, die Ankunft des Islam sei das Beste, was der Menschheit jemals widerfahren sei – war doch gläubigen Muslimen ein Platz im Himmel zugesichert.

Meine Eltern schrieben mich in einer englischsprachigen, von Ordensnonnen geleiteten Eliteschule ein. Wir wurden dort nicht gezwungen, nur ermutigt, uns über dem Herzen zu bekreuzigen, wenn wir an der Kapelle und Grotte der Jungfrau Maria vorbeigingen, und man lehrte uns manches Kirchenlied. Ich liebte das bärtige, freundliche Gesicht von Jesus Christus als Schafhirt, wie er auf über die ganze Schule verteilten Bildern und Gemälden dargestellt wurde, und war sehr überrascht, als eine der Nonnen uns lehrte, die Muslime wären Sonnenanbeter und die Hindus verehrten Kobolde.

All unsere Nachbarn waren Hindus. Wenn ich sie in ihren Häusern besuchte, faszinierte mich die große Vielfalt der von ihnen angebeteten Gottheiten. Ich fragte mich immer, weshalb mir einerseits eine Dame aus einem orthodoxen Brahmanen-Haushalt so zugetan war und mich gern mit Süßigkeiten fütterte, während mir andererseits meine Großmutter verbot, von solchen Leuten Essen anzunehmen. Jedoch gab es natürlich auch jene Hindu-Nachbarn, die sich auf die köstlichen Hammel-Reisgerichte freuten, welche meine Mutter während Ramadan und Bakri Id[3] zubereitete und an unsere Nachbarn aus der Nair-Kaste verteilte. Ich selbst sehnte mich nach *idli, sambhar*[4] und der traditionellen vegetarischen Kerala-Mahlzeit, die auf frischen Bananenblättern serviert wird.

Meine erste intensivere Begegnung mit den religiösen Gebräuchen der Hindus – abgesehen von den Götterbildnissen, verehrt in den kleinen privaten Schreinen der Heime unserer Nachbarn – ergab sich, als eines Sonntagsmorgens eine *kirtan*[5]-Gruppe unerwartet in der Straße vor unserem Haus auftauchte. Ich saß in der Nähe der Küche und versuchte gerade erfolglos, ein mechanisches Spielzeug zusammenzubauen, das ich zerlegt hatte, um hinter den Wirkungsmechanismus zu kommen, als der anrührende, mitreißende Rhythmus des *mridangam*[6]-Spiels, begleitet vom hellen Klingen der Zimbeln, mich völlig überwältigte.

Ich warf das Spielzeug weg und lief zum Tor; mein Herz schlug schnell. Meine Augen gewahrten einen seltsamen Anblick: Auf der Straße tanzten und sangen vier mittelalte Männer; drei davon trugen gelbe Lendentücher. Der vierte Mann war anders – groß, hellhäutig, gut aussehend, mit langem Bart und Haupthaar und einer weißen Blumengirlande um den Hals. Er trug nur ein dünnes ockerfarbenes *kaupin*[7], das kaum die Genitalien verhüllte, und war ansonsten nackt.

Alle vier liefen barfuß. Einem Mann hing die Trommel um den Hals, und während er mit beiden Händen trommelte, hatte er die Augen geschlossen und brach von Zeit zu Zeit in ekstatisches

Lachen aus. Ein anderer schien im Spiel seiner winzigen Zimbeln völlig aufzugehen und schwang dabei den Kopf hin und her. Der Dritte ging von Tür zu Tür und sammelte Früchte, Gemüse, Reis, manchmal Geld ein. Einige unserer an ihren Haustoren stehenden Nachbarn gaben reichlich und mit großem Respekt.

Die vierte Person, der große, stattliche, bärtige Mann, schien der Führer der Gruppe zu sein. Während er tanzte, leitete er den Gesang der anderen und sang ‚*Hare Rama, Hare Rama…*‘ zum Rhythmus der Doppeltrommel und der Zimbeln, indes Tränen aus seinen geschlossenen Augen strömten. Er befand sich in einer Art halbbewusstem Zustand. Ich sah, wie einige der Nachbarn vor ihn traten und zu seinen Füßen *pranam*[8] ausführten.

Ein merkwürdiges Glücksgefühl erfüllte mich; ich erinnere mich, dass ich vor Glück zu lachen begann. Dann rannte ich ins Haus, fand eine Münze, rannte zurück zum Eingangstor, schritt über die Straße und ließ die Münze in den kleinen Sack des sammelnden Mannes fallen. Eben da hörte ich meine Großmutter rufen. Ich eilte etwas schuldbewusst zum Haus zurück – vielleicht hatte ich etwas getan, das nicht recht war –, doch warf noch einmal einen letzten Blick auf den seltsamen, fast nackten Mann, der auf der Straße tanzte. Er öffnete die Augen und unsere Blicke trafen sich für einen kurzen Moment, bevor ich ins Innere des Hauses trat.

Die Gruppe ging weiter. Allmählich wurde die Musik schwächer und eine seltsame Stille breitete sich aus. Meine Großmutter billigte nicht, was ich getan hatte, aber ich wurde nach einigen religiösen Ratschlägen ihrerseits wieder entlassen. Viele Jahre später erfuhr ich, dass der ekstatische Mann, den ich gesehen hatte, Swami Abhedananda war und in einem Ashram nicht weit von unserem Wohnort lebte. Als College-Student würde ich mehrere schöne Begegnungen mit ihm haben, aber davon später.

e) Etwa um die gleiche Zeit nahm mich der Onkel meiner Mutter, der ein begeisterter Fotograf war, zu einem *Arattu*-Fest[9] im East Fort von Trivandrum mit. Das alte Fort war von den Maharadschas rund um den großen Tempel ihrer Schutzgottheit Anantha Padmanabha Swamy gebaut worden. Wie bereits erwähnt, leitet sich der ursprüngliche Name von Trivandrum, Tiruvananthapuram, vom Namen dieses Gottes ab, welcher beschrieben wird als ‚einer, aus dessen Nabel die Lotosblume wächst‘. Alljährlich wird der Tempelbereich mit Girlanden, Blumen und Lichtern geschmückt, und das gesamte Hindu-Pantheon wird ausgestellt in Form von lebens- oder überlebensgroßen Standbildern, komplett mit

Gewändern und Schmuck versehen. Als ich auf den Eingangsturm des alten Tempels blickte, schien etwas in meiner Nabelgegend zu vibrieren, und ich wurde von dem unwiderstehlichen Drang getrieben hineinzugehen, obwohl ich im Alter von sechs Jahren keinerlei Vorstellung davon hatte, was es innerhalb des Tempels zu sehen gäbe. Der Onkel meiner Mutter sagte, dass wir nicht eingelassen werden würden, weil wir keine Hindus waren.

Ich erinnere mich lebhaft daran, wie er auf das weiße Brett mit den Worten in Englisch und Malayalam deutete: ‚Kein Eintritt für Nicht-Hindus'. Die Trennung zwischen den beiden Gemeinschaften, die aus gleichartigen menschlichen Wesen bestanden, verwirrte mich gründlich. Zu jener Zeit hatte ich keine andere Wahl, als die Niederlage zu akzeptieren und umzukehren. Wie sollte ich damals wissen können, dass ich mit zunehmendem Alter abscheulichen kommunalen Spaltungen begegnen würde, die von religiösen Fanatikern im Namen der Religion heraufbeschworen worden waren?

Der Onkel meiner Mutter besorgte mir Pfefferminzbonbons, um mich aufzuheitern und brachte mich zum südlichen Tor des Gebäudes des Zentralsekretariats, vier Kilometer entfernt. Dort lag, nicht weit vom Eingang, ein etwas plumper Mann mit ergrauendem Haar und unrasiertem, sympathischem Gesicht auf einer Pritsche; er war nur mit einem *Kerala-mundu*[10] bekleidet, der die untere Hälfte des Körpers bedeckte. Er sprach mich sanft an, schüttelte mir die Hand und gab mir eine Süßigkeit. Er sagte, er sei glücklich, dass ich rote Shorts trage.

Später hörte ich, dass dies der altgediente Führer der kommunistischen Partei Keralas, A. K. Gopalan war, der ein Fasten-bis-zum-Tod aus Protest gegen die damals regierende Kongress-Partei abhielt. Der Onkel meiner Mutter hatte links orientierte Neigungen und stellte mich daher dem von ihm hochgeschätzten Kommunistenführer vor. Möglicherweise lag in Herrn Gopalans sanften Augen oder in seiner sanften Berührung ein Zauber, der mich später in meinen College-Tagen zu Karl Marx und *Das Kapital* führte.

f) Apropos Zauber: Ich erinnere mich auch an die magischen Augenblicke vieler Abende, als ich im Hinterhof unseres Hauses saß und die Wolken betrachtete. In meiner Vorstellung erschienen sie wie Schneegipfel, die darauf warteten, entdeckt zu werden. Viel später, als ich in einem Bildband ein Foto von den Himalayas sah, sprach ich zu mir selbst: ‚Habe ich ihn nicht schon früher in den Wolken gesehen, als ich mit sechs Jahren im Hinterhof meines Elternhauses saß'?

Zum Abschluss dieses Kapitels soll hier eine Geschichte folgen, die mir mein Meister erzählte, als ich mit ihm an einer friedlichen Stelle am Ufer des von den Himalaya-Höhen herabstürzenden Bhagirathi-Flusses saß. Ich glaube, sie sollte jetzt erzählt werden, ehe wir zum nächsten Kapitel dieser Reise übergehen. Doch möchte ich auch gleich wiederholen, was mir mein Meister dazu gesagt hatte: „Zieh deine eigenen Schlussfolgerungen aus der Geschichte, aber sei damit nicht zu vorschnell."

„Hinter dem berühmten Tempel von Badrinath, dem heiligen, auf 3960 m Höhe gelegenen Schrein im Himalaya, gibt es ein paar größere und kleinere Höhlen, in fast unzugänglichen Felswänden eingelassen. Der Tempel ist nur während der Sommermonate für Pilger geöffnet. In der übrigen Zeit liegt die ganze Gegend unter Schnee. Selbst die Nambudiri-Priester aus Kerala, die seit Shankaracharyas Zeit (ein Heiliger aus Kerala, der den Tempel vor Hunderten von Jahren renovieren ließ) ihr priesterliches Amt in diesem Tempel versehen, gehen zur Ortschaft Joshi Mutt hinunter und warten auf die nächste Pilgersaison. Nur wenige, besondere Menschen halten es in dieser Gegend und Jahreszeit aus und meditieren auch im Winter in den Höhlen.

Vor ein paar hundert Jahren saß ein solcher besonderer Yogi, nur mit einem Lendentuch bekleidet, in einer der Höhlen, in tiefe Meditation über das innere Selbst versunken. Er war hellhäutig und stattlich, mit schwarzem Haar und Bart; die Augen hatte er geschlossen und ein friedliches Lächeln erhellte sein Gesicht, erlebte er doch die innere Freude der Seelenkommunion. Dieser junge, neunzehn Jahre alte Yogi kam aus einer angesehenen Familie von Veda-Gelehrten aus der heiligen Stadt Kashi (Varanasi).

Seine Vorfahren waren Schüler des legendären Yogis Sri Guru Babaji gewesen, von dem man glaubte, er habe seinen physischen Körper über Hunderte von Jahren bis auf den heutigen Tag in jugendlicher Verfassung erhalten.

Der Vater dieses jungen Mannes, selber ein Schüler von Babaji, hatte seinen Sohn im zarten Alter von neun Jahren Babaji übergeben. Seitdem war der Junge mit seinem Lehrer (der keinen festen Wohnort hatte) kreuz und quer in den Himalayas gewandert. Vor einem Jahr, im Alter von achtzehn, graduierte er zu einem unabhängigen Yogi und wanderte nun allein unter den Schneegipfeln von Kedar und Badri.

Während unser junger Yogi vollkommen still im Zustand von *samadhi*[11] saß, entwickelte sich vor seinen geschlossenen Augen ein seltsames Drama. Ein alter Mann von der Sorte, die nur selten in der Gegend gesichtet wird, kletterte mühevoll auf allen Vieren die steile Bergkante hinauf und erreichte die flache Felsplatte vor der Höhle. Sein schmutziger grüner Turban und sein verdrecktes, jetzt beinah zerfetztes Gewand, die Gebetskette um seinen Hals und sein hennaroter Bart ließen erkennen, dass es sich um einen muslimischen Fakir handelte.

Schnitte und Quetschungen bedeckten seine Arme, Beine und andere freie Körperstellen, Blut quoll aus seinen Wunden. Er fühlte sich kalt und hungrig und war kurz vor dem Zusammenbrechen, doch sowie er den jungen Yogi in der Höhle sitzen sah, änderte sich sein gemarterter Gesichtsausdruck; er lächelte, brach schließlich in hysterisches Lachen aus. „Allah sei gepriesen", rief er; seufzend und all seine Schmerzen und Leiden vergessend, schob er sich zu dem immer noch meditierenden Yogi und fiel vor ihm nieder. Dann tat er etwas, was ein Hindu selbst im Traum niemals täte – er umarmte den Yogi.

Der Yogi, derart aufgestört aus seiner Trance, öffnete die Augen und schüttelte den alten, sich an seinen Körper klammernden Mann ab. Er schnäuzte sich die Nase, um den üblen Geruch loszuwerden, der dem erschöpften, wunden Körper der seltsamen Kreatur entstieg, und rief zornig: „Wie kannst du es wagen! Halt gefälligst Abstand von mir!" Ärger, dieses machtvolle Gift, das manchmal selbst für die *rishis* schwer zu kontrollieren war, trat ins Herz des jungen Yogis ein.

„Bitte, Herr", flehte der Fakir, „erlaubt mir, Euch meine Geschichte zu erzählen." „Geh weg", rief der Yogi, „ich muss ein Bad in der Bhagirathi nehmen und mit meiner Meditation weiter machen. Deine Sorte Mensch, du Fleisch fressender Barbar, hat hier nichts zu suchen. Fort mit dir!"

Der Fakir gab nicht auf. „Bitte hört mich an, großer Yogi, ich bin ein Sufi und der Hauptschüler eines großen Sufi-Meisters des Naqshabandiya-Ordens. Kurz bevor mein Meister vor sechs Monaten starb, sprach er zu mir diese Worte: ‚Mein Freund, du hast jetzt den Grad spiritueller Entwicklung erlangt, zu dem ich dich leiten konnte. Ich verlasse bald meinen Körper, und es gibt zurzeit keinen Sufi-Meister, der bereit ist, dich zur nächsthöheren Ebene zu führen. Aber sei unbesorgt. Es lebt da ein junger Yogi im Himalaya nahe Badri.

Suche ihn auf und bitte ihn um seine Hilfe.‘ Ihr seid derjenige, den er meinte, und Ihr allein könnt mich jetzt retten.

Zwei Monate lang habe ich unsägliche Schwierigkeiten und Hindernisse überwunden, ehe ich Euch fand. Ich könnte vor Erschöpfung auf der Stelle sterben, aber wenn Ihr mich als Schüler annehmt, wird meine Seele in Frieden von dannen gehen. Bitte, ich flehe Euch an.“

„Ich weiß nichts von deinem Meister oder von den Sufis, wie du sie nennst. Ich habe keinerlei derartige Instruktionen erhalten, und außerdem nehme ich keine Schüler an“, sagte der junge Yogi, noch immer voller Zorn. „Jetzt geh mir aus dem Weg und verzögere nicht mein Bad im Ganges und die Fortsetzung meiner Meditation, die du so grob unterbrochen hast. Hinweg mit dir!“

„Gut, großer Yogi“, sagte der Fakir, „wenn das Euer letztes Wort ist, will ich nicht mehr am Leben bleiben. Der einzige Traum meines Lebens ist zertrümmert worden. Ich werde in die Ganga springen und mein Leben enden. Möge mich der höchste Herr des Universums dabei führen.“

„Tu, was du willst“, sagte der Yogi entschieden, „ich kann dir nicht helfen. Du hast Glück, dass ich dich in meinem Zorn nicht verfluchte. Gehe deinen Weg, ich folge meinem.“

Der Fakir nahm Abschied, indem er sich zu Füßen des Yogis warf, und machte sich mit Tränen in den Augen auf den Weg zum Ganges, der mehrere Meter unterhalb vorüberfloss. Mit einem Gebet auf den Lippen und um Führung durch das höchste Wesen bittend, sprang er in das wirbelnde Wasser und beendete sein Leben.

Der junge Yogi, zuversichtlich, dass er das Richtige getan hatte, und ohne jegliche Gewissensbisse, kletterte zu einem lieblichen Flecken am Ganges-Ufer hinunter und tauchte unter Rezitation der passenden Reinigungsmantras in das äußerst kalte Wasser des heiligen Flusses. Dann stieg er aus dem Wasser und rieb sich mit dem einzigen Handtuch, das er besaß, trocken. Als er dann auf einem Felsblock saß, dankte er dem heiligen Fluss für die Reinigung seines Körpers und Geistes. Er war gerade im Begriff, wieder zu seiner Höhle hinaufzusteigen, da hörte er die vertraute wohltönende Stimme seines Meisters, die ihn rief: „Madhu!“

Hinter einer Felskante erschien sein verehrter Meister Babaji. Es schien, als würde die Abenddämmerung plötzlich von seiner leuchtenden Gegenwart erhellt werden. Babaji war hochgewachsen, von beinah europäisch-heller Hautfarbe, mit lang herabfallendem Haar und nahezu bartlos. Er sah wie ein etwa Sechzehnjähriger aus.

Sein gut gebauter muskulöser Körper war bis auf ein weißes Lendentuch nackt. Er schritt barfuß und mit Anmut und Würde einher.

Seine großen nachdenklichen Augen blickten auf seinen jungen Schüler Madhu. „Was für eine schlimme Sache hast du da getan, mein Junge“, sagte er sanft.

Blitzartig wurde Madhu die Schwere der Tat, die er vor wenigen Minuten begangen hatte, bewusst. „Babaji“ war alles, was er äußern konnte, bevor er in Tränen ausbrach und sich zu seinen Füßen warf.

„Beherrsche dich, mein Junge, und komm mit. Wir steigen zu deiner Höhle hinauf.“ Sie kletterten rasch zur Höhle und setzten sich dann einander gegenüber. „Habe ich dir nicht immer gesagt, dass du, bevor du sprichst, daran denken sollst, was du sagen willst – zu wem – und unter welchen Bedingungen? Du hättest etwas mehr Geduld haben und dir aufmerksam anhören können, was der alte Mann dir zu sagen versuchte. Wird ein heiliger Mann nach seinem Äußeren beurteilt? Wie mein großer Schüler Kabir es ausdrückte: ‚Würdest du der Schwertscheide mehr Bedeutung beimessen als dem Schwert?‘ Du hast einen großen Verehrer Gottes verletzt und gequält. Alle Früchte deiner vielen Jahre voll asketischer Übungen hast du mit einem einzigen Streich annulliert. Eine Minute der Freundlichkeit ist wertvoller als hundert Jahre intensivster Askese. Du musst das nun richtig stellen.“

Mittlerweile hatte sich der junge Schüler wieder unter Kontrolle gebracht und beruhigt. „Was immer du mir sagst, Meister, ich bin bereit dazu“, sagte er.

„Was den Fakir anlangt“, sagte Babaji, „ich werde mich um seine spirituellen Bedürfnisse kümmern. Doch du hast den eigenen spirituellen Fortschritt mit deinem arroganten Betragen unterbrochen, und der einzige Weg, ihn weiterzuführen, verläuft über eine gleiche oder ähnliche Seelenqual, durch die der Fakir ging. Mach dich bereit, den letzten *kriya* (aktiven Yoga) des vollkommenen *khechari mudra*[12] auszuüben und lass deine Lebensenergie durch das *ajna chakra*[13] entweichen. Wir werden dann deiner Seele dabei helfen, unter solchen Umständen wiedergeboren zu werden, dass du durch einen dem des armen Mannes ähnlichen Schmerz gehen kannst. Tu es jetzt.“

„Dein Wunsch war mir immer Befehl gewesen, Babaji, und ich werde es sofort tun, aber ich habe einen letzten Wunsch.“

„Sprich, mein Sohn“, sagte Babaji.

Mit vor Emotion brechender Stimme und mit betend zusammengepressten Händen sagte der junge Schüler: „Meister, ich liebe Euch aus ganzem Herzen. Versprecht mir, dass Ihr mich nicht verlasst, dass Ihr mich im Auge behaltet und mich nicht im Strudel weltlicher Gedanken und Sorgen verloren gehen lasst. Ich flehe Euch an mir zu versprechen, dass Ihr über mich wachen und mich zu Euren gesegneten Füßen zurückbringen werdet."

„Das verspreche ich", sagte der große Lehrer, und liebevolles Mitgefühl stand sichtbar in seinen schimmernden Augen geschrieben. „Mein bester Schüler, Maheshwarnath, den du noch nicht kennst, wird ziemlich früh in dein nächstes Leben treten. Er wird dein geistiger Führer sein. Zu einem gewissen Zeitpunkt in deinem zukünftigen Leben wirst du mich auch treffen und mit mir sprechen, so wie du es jetzt tust. Doch nun musst du dich beeilen – es ist jetzt der richtige Zeitpunkt, hinüberzugehen."

Mittlerweile war die Sonne untergegangen, und der schöne silbrige Mond lugte hinter den Wolken hervor, um dem heiligen Schauspiel beizuwohnen, das gerade aufgeführt wurde. Mit Tränen in den Augen warf sich der junge Schüler nochmals zu Füßen seines verehrten Meisters. Babaji legte die rechte Hand auf seinen Kopf, segnete ihn – und verschmolz im Nu mit der Nacht. Madhu, jetzt ganz allein, begab sich in die Lotus-Stellung, atmete ein paarmal tief ein und führte das *khechari mudra* aus, das den Atemprozess gewaltsam stoppt. Er konzentrierte sich auf das Energiezentrum zwischen den Augenbrauen – und verließ seinen Körper.

Das ist das Ende der Geschichte, die mir mein Meister Maheshwarnath erzählte.

2. Der Besuch des Meisters

Nun ist es an der Zeit, über die recht seltsame Art zu berichten, in der mir mein Guru begegnete und die Verbindung zwischen uns wiederherstellte.

Ich war zu der Zeit etwas über neun Jahre alt. Wir – Vater, Mutter, jüngere Schwester, Großmutter und ich – wohnten damals in einem ziemlich großen Haus in Vanchiyoor, einem ruhigen Viertel von Trivandrum. Das Haus trug den Namen Palliveedu, und mein Vater zahlte die damals fürstliche Miete von monatlich 40 Rupien.

Zwischen der Hauseingangstür und dem Tor zur Straße lagen nur wenige Meter, aber unser rückwärts gelegener Garten war recht groß – etwa 2000 Quadratmeter, mit Kokospalmen, Jackfrucht-Bäumen und blühenden Sträuchern. Meine Mutter hielt in diesem Garten auch Hühner, und es war ein schöner Anblick, wie die Glucken mit ihren flaumigen Küken herumspazierten. Die Küken waren rosa eingefärbt, damit Milane sie nicht raubten. Außerdem hatten wir noch einige Ziegen.

Mein Vater war Bauunternehmer und betrieb dazu eine Altpapierverwertung. Zur Lagerung der Säcke mit Altpapier von Druckereien gab es auf einer Seite des Gartens einen Schuppen. Ich und meine zweieinhalb Jahre jüngere Schwester hielten uns darin gerne auf. Wir spielten Verstecken oder vertrieben uns die Zeit damit, neue Wörter oder Nonsens-Verse zu erfinden.

Die Gartenmauer war sehr niedrig und bestand aus Erde und Lehm. In der Mitte des Gartens stand ein alter Jackfrucht-Baum, und an einem Ast war eine kräftig gebaute Schaukel befestigt. Wir schaukelten häufig darauf, oft kletterten auch Nachbarkinder über die Gartenmauer und machten beim Schaukeln mit. Ein anderer, größerer, vielleicht noch älterer Jackfrucht-Baum stand ganz entfernt am Rand des Gartens. Und unter diesem Baum begann das Schauspiel, das mein Leben völlig verändern sollte.

Meine Schwester und ich gingen zur Holy Angel's Convent Schule, in Gehentfernung von Zuhause. Sowie wir von der Schule nach Hause kamen, wuschen wir unser Geschirr, aßen etwas Leichtes und spielten dann im hinteren Garten bis Sonnenuntergang. Bei Sonnenuntergang wuschen wir uns Gesicht, Hände und Füße und gingen zur Großmutter, mit der wir gemeinsam kurze Gebete in Arabisch und Urdu sprachen. Danach machten wir uns an die Hausaufgaben, aßen zu Abend, und manchmal las uns Großmutter Geschichten aus ‚Tausendundeiner Nacht' vor oder erzählte aus ihrem Leben; dann ging's ab ins Bett.

An jenem besonderen Tag spielte meine Schwester, die fleißiger als ich war, nicht so lange und ging eher als gewöhnlich ins Haus zurück. Ich trieb mich im Garten herum, ohne etwas Spezielles zu tun. Der Abend dämmerte bereits. Das Tageslicht hatte sich in ein weiches Goldgelb verwandelt. Ich dachte, ich sollte auch ins Haus gehen und vielleicht ein paar Kleinigkeiten in der Küche essen. Doch als ich mich anschickte, zum Haus zu gehen, drehte ich mich aus unerklärlichen Gründen um und ging zu dem Jackfrucht-Baum am anderen Ende des Gartens. Jemand stand unter dem Baum und winkte mir zu.

Normalerweise wäre ich davongelaufen, aber in dem Augenblick hatte ich keinerlei Angst verspürt. Ich empfand vielmehr ein seltsames Bedürfnis, diesem Fremdling näher zu kommen. Ich lief rascher und stand bald vor ihm. Jetzt konnte ich ihn deutlich sehen. Der fremde Mann war groß, sehr hellhäutig, und sein gut gebauter, muskulöser Körper war, bis auf ein um seine Hüfte gewundenes und zu den Knien reichendes weißes Tuch, unbekleidet. Er war auch barfuß.

Der Fremdling faszinierte mich. Er trug das braune, stark verfilzte Haar in einen dicken Knoten zusammengerollt auf dem Kopf; es sah wie ein hoher Hut aus. Dazu hingen große, braune Ringe, wahrscheinlich aus Kupfer, an seinen Ohren, und in seiner Hand hielt er den Henkel eines schwarzen, polierten Wassertopfes. Die bei weitem eindrucksvollsten Merkmale waren seine großen, braunschwarzen Augen, die vor Liebe und Zuneigung glitzerten und überströmten. Er legte ohne Zögern seine rechte Hand auf meinen Kopf und fragte freundlich in Hindi: *„Kuch yaad aaya?"*, „Erinnerst du dich an etwas?"

Ich verstand die Worte des Fremdlings leicht; obwohl unsere Familie seit Generationen in Kerala lebte, sprachen wir zu Hause einen Urdu-Dialekt, *Dakkhini*, der dem Hindi sehr ähnelt. *„Nai"*, sagte ich, „nein".

Dann strich seine Hand über die Mitte meiner Brust, und er sagte: *„Baad mein maalum ho jaayega. Ab vapas ghar jao."* „Du wirst später verstehen. Geh jetzt zurück ins Haus." Ich verstand immer noch nicht, was er mir mitzuteilen suchte, doch gehorchte ich seiner Aufforderung sofort. Als ich zum Haus zurücklief, hatte ich das Gefühl, als wäre mein Herz durch seine Berührung leichter geworden. Bevor ich den letzten Schritt zum Hintereingang des Wohnhauses tat, wandte ich mich um, um einen letzten Blick auf den Fremdling unter dem Jackfrucht-Baum zu werfen, aber er war nicht mehr da. Niemand war zu sehen.

Es wurde jetzt dunkel. Ich rannte sehr aufgeregt in die Küche. Was für ein Abenteuer – darüber konnte ich zu meiner Mutter sprechen und damit bei meiner Schwester angeben. Ein verführerischer Duft kam aus der Küche. Meine Mutter kochte Garnelen mit Gemüse zum Abendessen. Ich öffnete den Mund, um mit meiner Geschichte zu beginnen, doch kein einziges Wort kam heraus. Es war, als ob etwas oder jemand meine Stimmbänder lähmte. Ich versuchte es nochmals und gab dann auf. Ich atmete heftig. „Du bist ganz außer Atem", sagte Mutter. „Was ist passiert? Zu schnell gerannt?" „Ja", hörte ich mich sagen, und ich stellte fest, dass mir die Stimme nur versagte, wenn ich über das seltsame Vorkommnis sprechen wollte.

Noch bei ein paar anderen Gelegenheiten versuchte ich mein Erlebnis zu schildern, doch vergebens. Überzeugt, dass mich eine unbekannte Kraft daran hinderte, den Vorfall zu beschreiben, gab ich jeden weiteren Versuch auf. Es dauerte zehn Jahre, bevor ich mit irgendjemand darüber sprechen konnte. Und der erste Mensch, mit dem ich darüber sprach, war der Fremdling, dem ich zum ersten Mal unter jenem Jackfrucht-Baum begegnet war – mein Guru, den ich unter ganz andersartigen Umständen in den Himalayas wieder traf. Bei dieser Begegnung wurde ich formell als Schüler akzeptiert – aber wir kommen später dazu.

Nach dem Erlebnis unter dem Jackfrucht-Baum trat in mir ein tiefer Wandel ein, obwohl ich äußerlich wie jeder andere Junge in meinem Alter war. Ein geheimes inneres Leben entwickelte sich neben den normalen Tätigkeiten des Alltags. Die innere Reise hatte begonnen, und das zeigte sich zuerst daran, dass ich zu meditieren anfing, ohne überhaupt das Wort Meditation zu kennen.

Es geschah folgendermaßen: Obgleich ich nicht imstande war, über das außergewöhnliche Erlebnis zu erzählen, verschwand das Bild jener liebevollen Augen nie aus meinem Herzen. Eines Nachts schlief ich neben meiner Mutter und Schwester wie gewöhnlich ein, wobei ich noch an diesen Mann mit den freundlichen Augen dachte. Normalerweise war ich ein tiefer Schläfer und musste in der Früh mehrmals gerufen werden, ehe ich aufwachte. Aber in jener Nacht war es anders. Um Mitternacht wachte ich plötzlich auf und empfand ein wunderbar seliges Gefühl in der Mitte der Brust. Es war, als ob jemand mein Herz mit einer weichen Feder kitzeln würde. Ein kribbelndes Gefühl begann langsam die Wirbelsäule hinauf zu wandern. Ich wollte mich aufsetzen, doch dachte ich daran, dass meine Mutter aufwachen und neugierig werden würde. Deshalb blieb ich still liegen, schloss die Augen und versuchte nach innen zu blicken.

Zuerst erschienen die liebevollen Augen, die dann wieder verschwanden; an ihrer Stelle trat ein kühles silbriges Licht, das die Wirbelsäule hinauf strich und mein Herz füllte. Wenn ich damals gewusst hätte, wie sich ein Orgasmus anfühlt, hätte ich es einen sonderbaren Orgasmus des Herzens ohne sexuellen Kontext genannt. Aber ich war zu jung, um solche Vergleiche anzustellen. Alles, was ich verstand, war, dass mich dieses Glücksgefühl berauschte.

Ich weiß nicht, wie lange die erste Erfahrung einer Trance gedauert hat. Die Stimme meiner Mutter weckte mich: „Aufstehen, Sohn, Zeit zum Fertigmachen für die Schule." Nach ein paar sanften Stupsen öffnete ich die Augen und setzte mich auf. Keine Seligkeit, kein Licht, kein Kribbeln – alles war im Nu verschwunden. Ich ging mich waschen, frühstückte, zog mich an und machte mich für die Schule fertig. Nur die freundlichen Augen verfolgten mich noch.

Seit dieser Nacht fuhr ich fort zu meditieren. Ich machte einige ungewöhnliche Erfahrungen, über die ich gleich erzählen werde. Aber noch wichtiger war: Heilige Männer und entwickelte Seelen traten in mein Leben, und die Bücher, die ich lesen sollte, fielen mir wie von der Vorsehung gesteuert in die Hände.

3. Das Gayatri Mantra

Ich möchte mit der ersten außergewöhnlichen Erfahrung beginnen. Niemand, außer meiner Mutter und meiner Großmutter, bemerkte etwas von den Veränderungen in mir. Ich begann introvertierter zu werden, und meine Mutter fand mich des Öfteren unter dem Jackfrucht-Baum sitzend oder stehend und in den Himmel oder nach nichts Besonderem schauend. Sie erzählte auch, dass ich im Schlaf manchmal in einer fremden Sprache redete. Allerdings war sie erleichtert, weil ich nicht mehr unter der merkwürdigen, im ersten Kapitel erwähnten Störung litt – Schreien und Aus-dem-Haus-Rennen im Schlaf. Die dämonischen Wesen, die mich im Schlaf verfolgt hatten, waren seit jenem Tag unter dem Jackfrucht-Baum spurlos verschwunden. Ich bedrängte nun auch oft meine Großmutter, mir Geschichten von Heiligen und von Sufis zu erzählen. Als ihr Vorrat an Geschichten zur Neige ging, wiederholte sie die gleichen Geschichten, was mir nichts ausmachte.

Ich meditierte nachts regelmäßig und empfand dabei großes Glück. Oftmals fiel ich beim Meditieren in einen tiefen Schlaf mit lebhaften, komplexen Träumen. Einige vergaß ich, doch andere verblieben tief in meiner Erinnerung; sie markierten wichtige Ereignisse, die im Verlauf meiner spirituellen Reise stattfinden sollten. Einen solchen Traum hatte ich drei Monate nach dem Vorfall beim Jackfrucht-Baum.

Ich träumte von einem schönen grünen Tal, das ringsum von hohen, schneebedeckten Bergen umgeben war. Am Fuß eines dieser Berge gab es eine Höhle. Ein melodischer Gesang in einer mir nicht verständlichen Sprache kam aus der Höhle. Trotzdem – irgendwie klang er vertraut. Ich bewegte mich näher zum Höhleneingang und blickte hinein. Es war eine ziemlich große Höhle, in deren Mitte eine offene Feuerstelle lag. Orangefarbene Flammen sprangen aus den brennenden Holzscheiten. Am entfernten Höhlenende saß auf einem erhöhten breiten Felsabsatz ein bärtiger, mittelalter Mann mit langen, dunklen Haaren. Sein Unterkörper war von einer Art brauner Baumrinde bedeckt und ein weißer Gürtel oder Baumwollstrick war schräg über seine Brust geschlungen.

Er führte den Gesang an, der von einer Anzahl ebenfalls langhaariger und ähnlich gekleideter Jungen wiederholt wurde. Die Jungen saßen in einem Halbkreis vor dem Feuer und ihm gegenüber. Ich war von dem Gesang mitgerissen und stimmte plötzlich laut in ihn ein.

Der Gesang stoppte abrupt. Die Augen des Mannes auf dem Felsabsatz ruhten auf mir.

„Komm näher, Junge“, sagte er. Ich war überrascht, dass ich ihn problemlos verstand, sprach er doch in einer fremden Sprache. Ich trat in die Höhle. Die Köpfe aller Jungen drehten sich zu mir um. Es beschämte mich etwas, dass ich Shorts und eine ärmellose Weste trug und mein Haar kurzgeschnitten war. Die Jungen fingen an zu kichern und zu wispern.

„Still!“, rief der Mann. Die Jungen schwiegen.

„Du“, wandte er sich zu mir, „sing jetzt.“ Stockend sang ich und wusste, dass ich falsch sang. Die Jungen begannen wieder zu kichern.

„Hör auf!“, sagte der Lehrer, „du hast vergessen, wie man das richtig singt. Geh nach Hause und lerne es.“

Bevor ich entgegnen konnte: „Aber wie?“, verblasste der Traum, und ich hörte die Stimme meiner Mutter: „Aufwachen, aufwachen!“

Ich wachte auf und rätselte über den Traum. Es war Sonntag; ich war froh, weil ich heute nicht in die Schule gehen musste. Ich konnte im hinteren Garten herum strolchen oder malen oder an alten Uhren und sonstigen Apparaten im Speicher basteln. Nach einem köstlichen Frühstück setzte ich mich in einen großen Rattan-Sessel in der Vorhalle und überlegte, was ich anstellen sollte. mn

Mein Vater nutze eine Ecke der Vorhalle als Büro. In dieser Ecke stand ein großer Schreibtisch aus Rosenholz, dessen Schublade er immer absperrte. Meine Augen wanderten zu dem Schreibtisch und ich sah, dass der Schlüssel im Schloss steckte. Ich hatte mich immer neugierig gefragt, was wohl in der Schublade sei. Das war nun die einmalige Gelegenheit. Mein Vater hatte wegen eines Arzttermins schon früh das Haus verlassen und der Schreibtisch winkte mir zu.

Im Nu saß ich auf dem Stuhl meines Vaters und fummelte am Schlüssel. Die Schublade ging auf und ich blickte hinein. Da gab es alle Arten von Dokumenten, dicke Kontobücher, Rechnungen, Briefmarken, ein hübscher alter Parker-Füller und ein paar ausgezeichnete Stifte. Ich schaute mich um, aber niemand sah mir zu. Ich grub tiefer in der Schublade nach und fand zwei Bücher. Eins war ein kleines orangefarbenes Büchlein mit dem Titel *Japa Yoga und Gayatri*, das zweite ein reich illustriertes Buch über Yoga. Es enthielt viele Fotos von einem Mann in verschiedenen Stellungen, die mir wie gymnastische Übungen vorkamen.

Später erfuhr ich, dass das kleine Büchlein von Swami Chinmayananda, einem bekannten Vedanta-Lehrer war. Damals jedoch faszinierten mich die entdeckten Bücher einfach, und ich suchte nach einer Möglichkeit, sie an mich zu nehmen, ohne dass mein Vater es bemerkte.

An diesem Punkt muss ich etwas über meinen Vater sagen. Abgesehen von seiner beruflichen Tätigkeit – er war Bauunternehmer – lagen seine Hauptinteressen in Bodybuilding, *kalari payatu* (die Kerala-Version von waffenlosem Kampf- und Verteidigungssport), Hindu-Philosophie und Kino. Er hatte seinen Universitätsabschluss in Kerala in Malayalam-Literatur gemacht, mit indischer Philosophie als Nebenfach. Er blieb weiterhin an der Vedanta-Philosophie interessiert und besuchte öfters Vorträge von guten Kennern dieses Themas. Er war nicht übermäßig religiös und zeigte seine muslimische Herkunft lediglich dadurch, dass er die Glaubensgemeinde in der Juma Masjid Moschee zweimal im Jahr – während Ramadan und Bakri Id – besuchte. Ansonsten war er ein unbekümmerter Mann, der nie den neuesten Film verpasste; ehe er mit den Yoga-Übungen anfing, rauchte er auch viel. Schon bevor er mit Yoga begann, pflegte er morgens früh aufzustehen und eineinhalb Stunden intensiv zu trainieren. Manchmal weckte er mich auf und brachte mir ein paar simple Übungen bei.

Von den zwei Büchern in der Schublade meines Vaters interessierte mich das orangefarbene Büchlein zwar am meisten, aber ich beschloss, beide zu ‚entleihen'. Danach sperrte ich die Schublade wieder ab und achtete darauf, dass der Schlüssel in der ursprünglichen Position lag. Auf Zehenspitzen trippelte ich zum Schlafzimmer, wo ich meine Schultasche aufbewahrte, schob die Bücher hinein und ging zurück in die Vorhalle. Dann spielte ich, verbrachte müßig die Zeit und wartete auf die Gelegenheit, das Büchlein zu lesen.

Gleich nach dem Mittagessen zog ich es aus meiner Schultasche und lief zum hinteren Garten. Auf dem Weg dorthin bemerkte ich, dass meine Schwester Hausaufgaben für die Schule machte; sie würde mich also nicht stören. Beim Jackfrucht-Baum angelangt, ließ ich mich nieder und öffnete das Buch. Und da war es, das Mantra, das ich im Traum gehört und zu singen versucht hatte, wenn auch laienhaft. Ich konnte zwar die Devanagari-Schrift des Mantras nur recht und schlecht entziffern, weil wir in der Schule erst kürzlich mit Hindi begonnen hatten, aber als Schüler einer englischsprachigen Schule gelang es mir leicht, die englische Transliteration zu lesen:

Om bhur bhuvah svaha
Tat Savitur Varenyam
Bhargo devasya dhimahi
Dhiyo yo nah prachodayat.

Der Gesang im Traum der vergangenen Nacht hallte immer noch in meinem Kopf nach, und es gelang mir daher, den richtigen Ton, die Tonhöhe und den Rhythmus der Zeilen zu meistern. Bald sang ich so melodisch wie die Menschen in der Höhle in meinem Traum und freute mich darüber. Immer wenn ich jetzt eine einsame Stelle finden konnte, fuhr ich fort zu üben. Wenn Leute anwesend waren, sang ich still im Geist. Das Buch sprach davon, dass es das Gebet zum Sonnengott ist und um Erleuchtung des Verstandes bittet. Viele Jahre später interpretierte mein Guru das Mantra für mich. Er sagte, dass die Sonne das innere Selbst bedeute, der innere Kern des eigenen Bewusstseins, und dass die letzte Zeile treffender übersetzt werde mit ‚Rege meine Intelligenz an'.

Das Einzige, was meine Aufmerksamkeit im zweiten Buch anzog, war eine Bilddarstellung der Yoga-Position mit gekreuzten Beinen namens *Padmasana.* In einem illustrierten Geschichtsbuch für Kinder hatte ich einmal eine Darstellung von Buddha in derselben Haltung gesehen. Es fiel mir sehr leicht, diese Haltung einzunehmen, und tat es öfters insgeheim, wobei ich mir dann vorstellte, ich wäre der Buddha. Eines Tages ertappte mich meine Mutter, als ich auf einer alten Holzkiste im Vorratsraum in *Padmasana* saß.

„Wer hat dir das beigebracht?", fragte sie.

„Niemand", entgegnete ich.

„Das ist Yoga", sagte sie und ging weiter ihrer Tätigkeit nach.

Da mich mein Vater nie wegen der Bücher ansprach, nahm ich an, er habe den Diebstahl nicht entdeckt. Ich wartete bereits auf eine Gelegenheit, die Bücher zurückzulegen, weil ich sie nicht mehr brauchte. Diese Gelegenheit ergab sich eines Tages, als der Schlüssel wieder einmal im Schubladenschloss steckte. Als niemand zugegen war, öffnete ich die Schublade und legte mit einem Seufzer der Erleichterung die Bücher unter den Stapel von Dokumenten und Rechnungen, so wie ich sie vorgefunden hatte.

Die Annahme, dass mein Vater von dem Ganzen nichts mitbekommen hatte, erwies sich allerdings als falsch. Eines Tages beim Frühstück sagte er:

„Diese Bücher, die du aus meinem Schreibtisch genommen und gelesen hast, können nur mit der Hilfe eines Lehrers verstanden werden. Übe nichts ohne richtige Anleitung. Wenn du Yoga praktizieren willst, kannst du einen Herrn Sharma treffen, der morgen früh kommt, um mir bei meinen Yogaübungen zu helfen."

Ich war begeistert. „Unbedingt!", rief ich.

Am kommenden Morgen begegnete ich also Herrn Sharma, einem mittelalten, sauber rasierten Brahmanen, der sich bereit erklärte, mich in Yoga *asanas* und *pranayama* zu unterrichten. Innerhalb weniger Monate brachte ich die Übungen mühelos zustande. Ich hörte zufällig mit, wie er zu meinem Vater sagte:

„Dieser Junge ist gut. Er wird noch weit kommen, wenn er täglich übt."

Ich praktizierte seitdem regelmäßig Yoga und führte täglich wenigstens für eine halbe Stunde Yoga *asanas* und Atemübungen durch, tue das auch noch heute. Meine gute Gesundheit, Vitalität und Hochgestimmtheit sind großenteils auf diese regelmäßige Yoga-Praxis zurückzuführen.

4. Begegnung mit Yogi Gopala Saami

Ich werde jetzt über meine Begegnung mit einer hochentwickelten Person erzählen, die nicht weit von unserem Haus wohnte. Inzwischen hatte ich die fünfte Klasse an der Holy Angels Convent Schule abgeschlossen und wurde an der Model High School eingeschrieben.

Die Model High School war von einem Engländer gegründet und nach gewonnener Unabhängigkeit von der indischen Regierung übernommen worden. Sie glich einer alten englischen Public School, mit roten Ziegeln und Granit, und hatte ein großes Schulgelände. Es war eine Schule für Jungen, bekannt sowohl für ihre akademische Qualität als auch für ihre Kunstfächer (Musik, Schauspiel, bildende Kunst und Handwerk).

Die Schule lag etwa drei bis vier Kilometer entfernt, und ich gehörte zu einer größeren Gruppe von Jungen, die täglich zur Schule wanderten und dabei ihren Spaß hatten. Zwei dieser Jungen, Periya Thambi und Chinna Thambi, die Brüder und älter als ich waren, wohnten einen halben Kilometer von uns entfernt. Es waren gute Kameraden, auch wenn sie ihre Studien etwas zu ernst nahmen. Sie gehörten einer Tamil sprechenden, aus dem benachbarten Tamil Nadu eingewanderten Familie an, die recht groß war.

Außer den Eltern, Mr. und Mrs. Pillai, und drei Jungen – es gab noch einen Jüngsten namens Gopal – wohnten in dem kleinen Haus auch drei Töchter und ein Schwiegersohn. Denn eine Tochter war mit einem Cousin verheiratet, Mr. Ramaswamy Pillai, der im Amt für Bevölkerungsstatistik der Regierung von Kerala arbeitete und einen Magisterabschluss in Mathematik hatte. Zum Teil war es Mr. Ramaswamy zu verdanken, dass ich Gopala Saami begegnete.

Als ich die Holy Angels Convent Schule besuchte, war ich gut in Englisch, Geschichte und Naturwissenschaften, aber weniger interessiert an Mathematik. An der neuen Schule, in der der Lehrplan rigoroser war, hatte ich dann große Schwierigkeiten mit diesem Fach. Mr. Ramaswamy erklärte sich bereit, mir darin Nachhilfe zu geben, mehr aus Liebe zur Mathematik als für den kleinen Geldbetrag, den er zögernd akzeptierte, um sein Einkommen aufzubessern. Es wurde vereinbart, dass ich dreimal in der Woche am Abend zum Pillai-Haus ging.

Eines Abends wanderte ich mit meinen Büchern zur Nachhilfe und sah Mr. Ramaswamy vor der Haustür stehen. Er sagte, die Nachhilfe würde an diesem Tag ausfallen. Er hätte eine andere Verpflichtung, und ob ich am nächsten Tag wiederkommen könnte.

„Sicher“, sagte ich, froh darüber, dass ich wieder nach Hause gehen und spielen konnte, „aber wo sind denn Periya Thambi und Chinna Thambi?“

„Die sind im Haus und beschäftigt.“

Ich war irritiert. Etwas Ungewöhnliches fand statt. Aus dem Haus drang ein aromatischer Duft von Räucherstäbchen. Inzwischen waren Syamala, eine Schwester der Brüder, die Eltern und Chinna Thambi aus dem Haus getreten, und alle redeten untereinander mit gedämpften Stimmen. Ich entschloss mich, direkt zu fragen:

„Räucherstäbchen? Was ist los?“

Schweigen. Jeder blickte den anderen an, und schließlich sprach die Mutter: „Saami ist gekommen. Willst du ihn sehen?“

Das Wort Saami wird ganz allgemein für Brahmanen verwendet. Abgesehen davon wurden auch diejenigen Saamis, genauer *Ayyappa* Saamis genannt, die ein Gelübde abgelegt hatten und schwarz gekleidet nach Sabarimala[14] pilgerten. Ich wusste zwar nicht, um was für einen Saami es sich hier handelte, aber ich war neugierig.

„Ja“, sagte ich.

Der Vater, Mr. Ananthanarayan Pillai, sagte, ich sollte warten, und ging ins Haus. Nach wenigen Minuten kam er zurück und rief:

„Komm herein.“

Ich trat ein. In der Mitte eines kleinen Raums saß ein großgebauter alter Mann in einem Sessel, seine Füße ruhten auf einem Fußschemel. Er trug ein blau-weiß gestreiftes ärmelloses Hemd und einen einfachen weißen *mundu*[15] Ich betrachtete ihn genauer. Sein graues Haar war sehr kurz geschnitten, und sein imposantes Gesicht mit eckigem Kiefer machte den Eindruck, als hätte er sich länger nicht rasiert. Weiße, ein paar Wochen alte Stoppeln bedeckten Kinn, Wangen und Oberlippe. Alles sah recht gewöhnlich aus, bis auf die kerzengerade majestätische Haltung. Und dann sah ich seine Augen. Ich hatte nie zuvor solche durchdringenden Augen gesehen.

Instinktiv tastete ich nach meiner Kleidung, um zu prüfen, ob ich sie noch trug, denn mir schien, als würde ich durchleuchtet werden. Diese Augen sahen in mich hinein, durch mich hindurch, und ich dachte, „Gott! Dieser Mann kennt all meine Geheimnisse.“

Da lächelte er und bedeutete mir zu kommen. Seine Stimme war erstaunlich sanft. Ich trat näher, konnte fast die Armlehnen des Sessels berühren. Er lächelte immer noch, streckte die rechte Hand aus und berührte meine Stirn für einen Sekundenbruchteil, zog sie dann wieder zurück.

Wellen unbeschreiblicher Seligkeit bewegten sich in meiner Stirn und strömten durch den ganzen Körper. Das war anders als die Erfahrung, die ich fast jede Nacht machte. Ich kann sie nur in der Weise beschreiben: Mir schien, als hätten sich die tosenden Wogen des Meeres plötzlich beruhigt und die Meeresoberfläche wäre so still wie ein spiegelglatter See geworden. Ich konnte keine Außengeräusche hören. Von tief innen erhob sich ein Gesang, dessen Worte ich nicht verstand. Tränen begannen aus den Augen zu strömen. Ich musste hier weg und irgendwo allein sein. Ich drehte mich um und torkelte aus dem Zimmer. Plötzlich wurde die Stille unterbrochen und jemand sagte: „Beug dich hinunter, berühre seine Füße." Inzwischen war ich schon bei der Tür, darum berührte ich die Schwelle und dann meine Stirn, so wie ich es bei den anderen gesehen hatte, und lief davon.

Ich sah diesen Mann niemals wieder. Ich erinnere mich noch, dass ich schnell rannte und in wenigen Minuten zu Hause war. Niemand sah mich heimkommen. Ich benutzte den Weg neben der Grundstücksmauer und lief zu meinem Jackfrucht-Baum, setzte mich darunter. Mittlerweile war die Seligkeit etwas verblasst, doch die eigenartige Stille dauerte für eine ganze Weile an, bis sie von meiner Mutter, die von der Hintertür nach mir rief, unterbrochen wurde: „Was ist los? Keine Nachhilfe?" „Nein", rief ich zurück. „Komm und iss etwas", sagte sie. „Komme schon!" Meine Mutter fütterte mich liebend gern.

Als ich am nächsten Tag zur Nachhilfe kam, fragten mich Mr. Ramaswamy und die anderen dauernd, was am Vortag geschehen war, aber ich sagte nichts. Mir schien immer, als sollten Geheimnisse, wie sie von Liebenden miteinander geteilt werden, in einer Schatztruhe verschlossen bleiben wie Gold oder kostbare Diamanten, bis sie zur passenden Zeit zum Wohl und zur Freude anderer ausgestellt werden konnten.

Ich erfuhr von der Pillai Familie, dass sein Name Gopala Pillai war und sie ihn aus Respekt Gopala Saami nannten. Jahre später fiel mir eine Sammlung seiner Lehren mit dem Titel *Arul Mozigal*, „Süße Worte der Weisheit", in die Hände. Als ich im Buch blätterte, entdeckte ich Gopala Saamis oft wiederholte Lieblingsworte: *‚Anandoham, Anandoham, Achala Paroham, Achala Paroham.'*

In dem Augenblick wurde mir klar, dass das derselbe Gesang war, den ich gehört hatte, als ich ihm vor fast sechs Jahren begegnete. Zu der Zeit konnte ich die Worte nicht klar vernehmen, doch als ich sie nun verstand, empfand ich, ich hätte sie direkt erfahren, wenn auch nur für kurze Zeit.

Anandoham, Anandoham, Achala Paroham, Achala Paroham – ‚Ich bin Seligkeit, ich bin Seligkeit, nichts lenkt mich davon ab, nichts lenkt mich davon ab.'

Gopala Pillai wurde im August 1900 in Kollemkode in Süd-Kerala als Jüngster von fünf Geschwistern geboren. Laut Gopala Pillais Kindheitsfreund, E. Vidhwan Pillai, war Gopala bereits als Schüler seltsam gewesen. Er pflegte stundenlang dazusitzen, mit offenen Augen zu meditieren und häufig in Trance zu fallen. Einmal, als er zwölf Jahre alt war, fand man ihn, wie er, in Yoga-Positur sitzend, direkt in die Mittagssonne blickte; sein Rücken war dabei wie ein Bogen zurückgebeugt. Als man seinen älteren Bruder, der sich um die Familie kümmerte, davon unterrichtete, schrieb er zurück: „Stören Sie ihn nicht. Lassen Sie ihn tun, was er will."

Als er mit zwanzig sein Abitur noch immer nicht bestanden hatte, versuchte ihn seine Mutter zu fleißigerem Studieren anzuhalten. Gopala erwiderte: „Wenn ich will, kann ich leicht das Abitur bestehen – aber wozu? Ich habe beschlossen, nicht für Geld oder Gewinn zu arbeiten. Jemand wird sich um mich kümmern." Danach ging er nicht mehr zur Schule.

In seiner Jugend wanderte Gopala Pillai gern zu seltsamen Orten. Einer seiner Lieblingsplätze war Muttathara. Vor ihm hatten bereits Sri Narayana Guru und Chattambi Swami (s. „Die Geschichte von Sri Narayana Guru" in diesem Buch) diesen Ort besucht. Man schritt dort zuerst kilometerweit durch hellgrüne Reisfelder. Diese endeten bei einem weißen Sandstrand mit vielen Dünen. Jenseits davon konnte man das tiefblaue Arabische Meer sehen, dessen Wellen sich manchmal hoch aufbäumten, um dann lärmend auf das Ufer herabzustürzen, oder sich sanft im Sand verliefen und viele Muschelschalen anspülten.

Gopalas enger Freund E.V. Pillai erzählte, dass er mit ihm zusammen häufig nach Muttathara gefahren sei. Gopala sprach oft über Vedanta, während sie durch die Reisfelder wanderten. Bei den Sanddünen fiel er dann in Schweigen und saß bewegungslos in der *Veerasana*-Stellung, die Augen für lange Zeit geöffnet. Bevor er wieder aus der Trance kam, stieß er meist merkwürdige knurrende Laute aus oder er lachte laut ohne ersichtlichen Grund, was E.V. Pillai erschreckte.

Mr. Pillai schreibt auch über die völlig verlassene, bewaldete Gegend Ottapana Moodu, jenseits von Muttathara bei Poonthura gelegen. An diesem Platz wurden einmal die Körper von gehängten Mördern deponiert, auch nicht angeforderte und bereits verwesende Leichen aus der städtischen Leichenhalle. An einem Nachmittag begleitete er einmal Gopala Saami dorthin und erblickte einen verhutzelten alten Mann mit verfilztem Haar, der nackt im brütend heißen Sand saß. Gopala und das merkwürdige Wesen umarmten einander, baten dann E.V. Pillai, im Schatten eines Tamarindenbaums zu warten, und wanderten gemeinsam zu einem entfernter gelegenen Palmenhain.

Nach einer Stunde suchte ein gestresster E.V. Pillai voll Angst nach den beiden im Palmenhain und sah sie nebeneinander in, wie es schien, tiefem Schlaf liegen. Als er näher trat, sprangen sie jäh auf. Gopala ging danach mit E.V. Pillai nach Hause. E.V. Pillai zufolge trafen sich Gopala und der fremde Mann recht häufig, doch die Reaktion auf jede Frage nach dem alten Mann war stets Schweigen.

Viele Jahre später hielt Gopala Pillai – von einem kleinen Kreis spiritueller Sucher mittlerweile Gopala Saami genannt – Abendkurse ab, gewöhnlich in den Praxisräumen eines Homöopathen in der Stadt. In den Kursen wurde über die tiefen Wahrheiten des Vedanta gesprochen. Diese Gespräche wurden unter dem Titel *‚Arul Mozigal‘* gesammelt und veröffentlicht.

Ein anderer, von Gopala Saami häufig besuchter Platz war Samadhi Thotam, das Grabmal von Sri Ramdas Swami. Es wird als ein *Jiva Samadhi* betrachtet, d. h. ein Grabmal, in das der Yogi willentlich und lebendig eintrat und das entsprechend seiner Anweisung von seinen Schülern dann versiegelt wurde. *Samadhi Thotam* war der letzte Ort, an dem Gopala Saami ein formelles Verehrungsritual durchführte. Er hatte seine Schüler im Vorhinein davon unterrichtet. Am nächsten Tag wurde er von großen Schmerzen im Bauchraum gequält; am dritten Tag musste er operiert werden. Er hatte der Operation nach viel Überredung nur widerwillig zugestimmt, sah er doch voraus, dass die Operation wiederholt werden musste. Und so wie er es vorausgesagt hatte, geschah es – der Chirurg entschied, eine zweite Operation wäre notwendig.

Während Gopala Saami auf die zweite Operation wartete, am 8. März 1960, setzte er sich, wie man erzählte, plötzlich auf, holte tief Atem und fiel auf die Liege zurück. Als er in den Operationssaal gerollt wurde, konnten Chirurg und Anästhesist nur seinen Tod feststellen.

5. Ein gottberauschter Sufi

Ungefähr einen Monat nach der Begegnung mit Gopala Saami luden mich mein Onkel, meine Großmutter und eine entfernte Tante ein, zu Bima Palli mitzukommen.

Bima Palli ist das Grabmal einer muslimischen Heiligen, Beema Bibi, und liegt an der Meeresküste, nicht weit vom Flughafen Trivandrum. Es ist berühmt für die dort stattfindende Austreibung von bösen Geistern. Menschen, von denen man annimmt, sie seien besessen, werden von nah und fern für einige Zeit hierher gebracht; man kettet die gewalttätigen Besessenen auch manchmal an Stein- oder Holzpfeiler fest. Gewöhnlich fallen diese armen Seelen donnerstags und freitags in eine Art Trance, genauer gesagt in ein Toben; sie kreisen dann mit den Köpfen, rollen die Augen, schreien laut und flehen Beema Bibi an, sie nicht zu foltern; sie versprechen auch, diesen Körper, den sie temporär besetzt halten, zu verlassen und schlagen schließlich ihre Köpfe gegen die Eingangsstufe des Mausoleums, worauf sie ohnmächtig werden. Diese dramatischen Szenen werden, wie man sagt, von den Geistern inszeniert, die die Körper der Opfer besetzen. Die Person, bei der der Exorzismus erfolgreich abläuft, ist vom bösen Geist befreit und kann zur Normalität zurückkommen, sobald sie wieder bei Bewusstsein ist.

Man glaubt, die Heilungen fänden dank Beema Bibis direkten Einwirkens statt. Die Legende erzählt, dass der Sarg mit den sterblichen Überresten der Heiligen und ihres Sohns von den Wogen des Arabischen Meers fortgetragen und an der Küste bei eben jenem Ort angeschwemmt wurde, wo das Grabmal jetzt steht. Die Ortsansässigen bauten dieses Grabmal für die Heilige, als sie entdeckten, dass Menschen, die anscheinend vom bösen Geist besessen waren, allein durch die Berührung ihres Sargs geheilt wurden. Die muslimischen Fischer aus dieser Gegend glauben, Beema Bibi sei eine muslimische Heilige aus Arabien gewesen. Neben dem Grabmal steht eine Moschee, eine *Dargah*[16], wie man das ganze Gebäude einschließlich der Anbauten nennt.

Wir kamen an einem Freitagabend bei der *Dargah* an. Der weiße Sand des Strands war noch heiß, als wir über ihn zur Moschee liefen. Über das Grundstück verstreut standen grob gebaute Hütten für Patienten und deren Begleiter. Ein paar Kokospalmen und steinerne und hölzerne Pfosten waren hie und da auch zu sehen, an sie angekettet einige Kranke, worunter etliche in einem furchtbaren Zustand waren - zu Skeletten reduziert, die Augen aus tiefen Augenhöhlen voller Verzweiflung vor sich hinstarrend. Als wir an einer derart angeketteten Frau vorbei kamen, fletschte sie ihre gelben Zähne, rollte mit den Augen und knurrte uns an. Meine Tante stieß einen schrillen Schrei aus und sprang zur Seite. Alle lachten, außer mir. Ich möchte nicht sagen, dass ich nicht erschrak, aber noch mehr als Furcht empfand ich eine tiefe Traurigkeit beim Anblick dieser unglücklichen Geschöpfe.

Wir betraten die *Dargah*. Die Halle vor der Einfriedung mit dem Grab war voller Menschen. Eine Seite der Halle war den Kranken vorbehalten, die andere den Gläubigen. Wir strebten zum Grab und warteten an der Tür der Absperrung. Das Grab war mit einem hellgrünen Satintuch bedeckt, die Vorhänge zu beiden Seiten bestanden aus rotem Samt. Innerhalb des eingefriedeten Raums brannten grüne und blaue Glühbirnen, was eine etwas gespenstische Atmosphäre hervorrief.

Der Mullah nahm die Bananen entgegen, die wir als Opfergabe mitgebracht hatten, und rezitierte Verse aus dem Koran. Wir standen alle mit zum Gebet zusammengelegten Handflächen, unsere Köpfe mit einem Tuch bedeckt, und respondierten mit „Amin, Amin", bis er zum Ende kam. Dann rieben wir unsere Gesichter mit den Handflächen und empfingen vom Mullah geweihte trockene Rosenblätter und Zucker. Wir beugten darauf unsere Köpfe hinunter, und der Mullah strich jedem mit einem Bündel Pfauenfedern darüber, was den Segen von Beema Bibi übertragen sollte. Meine Großmutter ließ Geld in die Spendenbox fallen, dann setzten wir uns in den Bereich für die ‚Nicht-Besessenen'.

Sobald von der nebenan liegenden Moschee der Gebetsruf ertönte, riss es viele der sogenannten Besessenen auf die Beine, als wären sie von irgendetwas stark galvanisiert worden. Sie begannen unheimliche Töne von sich zu geben und zeigten noch unheimlichere Bewegungen. Die Atmosphäre wurde fast unerträglich.

Plötzlich stand ein Mann mittleren Alters, der eigentlich normal erschien und neben uns saß, auf und fing an, sich seltsam zu benehmen. Er kreiste mit dem Oberkörper und stieß ‚huum huum' aus, genauso wie die Leute auf der anderen Seite. Dann brach er ab, wandte sich zu mir und spottete: „Du! Du! Du hast mich gefunden, du hast versucht mich zu verbrennen, aber ich werde nicht weggehen." Er sprang nach vorn, lief zur Tür der Umfriedung, hinter der das Grab lag. Dort schlug er seinen Kopf auf die Türschwelle und kreischte: „Na gut, ich gehe. Dieser Junge fand mich. Bibi, ich gehe. Verbrenn mich nicht. Ich verbrenne." Er stieß ein grässliches Geheul aus und fiel darauf in Ohnmacht. Zum ersten Mal erfüllte mich Furcht und Abscheu.

Meiner Großmutter war das entschieden zu viel. Sie wisperte ihrem Bruder zu: „Lass uns von hier fortgehen." Wir gingen aus der Halle, und

Großmutter hielt mich dabei fest an der Hand, als fürchtete sie, etwas könnte mich von ihr wegreißen. Als wir vor die Halle traten, erblickten wir eine andere eigenartige Szene. Ein nackter alter Mann mit grauem Haar und dünnem schwarzem Bart rannte über den Sand auf uns zu. Er lächelte sich selbst zu, brach manchmal in schallendes Gelächter aus und gestikulierte mit den Händen zum Himmel. Sein Kopf fuhr ständig mit ruckartiger Bewegung auf und ab; sein Leib war mit Sand bedeckt. Weißer Sand auf einem dunklen Körper!

Jeder hätte ihn für einen der Besessenen gehalten, doch die Tatsache, dass eine Anzahl von Leuten – sowohl Männer als auch Frauen – ihm mit respektvoll gefalteten Händen folgten und versuchten mit ihm Schritt zu halten, sprach dagegen. Er ging an uns vorbei, hielt abrupt an, kam wieder zurück und machte direkt vor mir Halt. Eine Minute lang wurde sein Gesicht ernst, fast feierlich. Blutunterlaufene Augen forschten in meinem Gesicht. Dann lachte er wieder, so als sähe ich komisch aus, und sagte auf Tamil: „OK, geh jetzt, komm später, Junge!“ Worauf er wieder weglief. Aus irgendeinem Grund war ich diesmal nicht erschreckt.

Natürlich hielt ich ihn für einen Verrückten. Damals wusste ich nicht, dass die Trennlinie zwischen Verrücktheit und religiöser Inbrunst sehr dünn ist. Mein Onkel erzählte mir später, dass der Mann Kaladi Mastan genannt wurde und große spirituelle Kräfte besaß. Er war von Gottesliebe berauscht und der Umwelt nicht ganz gewahr. „Manche heilige Männer sind so“, sagte er, als ob dies alles erklärte; doch ich verstand nichts. „Warum ist er denn nackt?“, fragte ich. „Das weiß ich nicht“, sagte mein Onkel. „Hin und wieder wickelt ihm jemand einen neuen *dhoti*[17] um die Hüfte, und innerhalb kürzester Zeit gibt er ihn einem armen Bettler und ist wieder nackt.“

Das verstand ich. Ich verabscheute das Tragen von Kleidung, besonders im Sommer, und ich würde meine Kleidung liebend gern einem armen Bettler geben und frei und nackt umhergehen. Aber mir war klar, dass ich das nicht tun konnte, da man von mir erwartete, zivilisiert und anständig zu sein.

Die Worte, die er von sich gegeben hatte, „OK, komm später, Junge“, sollten sich Jahre später bewahrheiten. Diese Geschichte ist jedoch einem anderen Kapitel vorbehalten.

6. Im Subramanya Tempel

Srinivas Rao war einer meiner Schulfreunde, und wir mochten uns sehr. Ihm war zu verdanken, dass ich zum ersten Mal einen Hindu-Tempel betreten konnte.

Es gab zwei Wege zur Schule – die Hauptstraße, die kürzere Route, die aber viel Verkehr hatte, und eine gewundene Seitenstraße, eine längere Route, aber mit minimalem Verkehr. Einige meiner Freunde und ich bevorzugten den längeren, ruhigeren Weg. Wir wanderten lässig dahin, warfen Steine in Mangobäume, um Mangos herunterzuholen, und suchten unserer Neugier nach neuen Erfahrungen Nahrung zu geben, indem wir über alles Mögliche sprachen.

An dieser Seitenstraße, auf einem Hügel, lag der Subramanya Saami Tempel, im typischen Kerala-Stil mit Dachschindeln bedeckt. Neben dem Tempel gab es einen großen grünen Teich, zu dem auf allen vier Seiten grob behauene Granitstufen führten. Gläubige nahmen dort ihr rituelles Bad, und an Festtagen wurde das Bildnis der Gottheit darin gewaschen. Nicht weit vom Teich entfernt lag das kleine schindelbedeckte Haus, in dem der Priester mit seiner Familie wohnte. Srinivas war der Sohn des Priesters; er lebte, zusammen mit seiner schönen Schwester, bei den Eltern.

Der Priester Rao war ein Tulu-Brahmane aus Karnataka. Die Tulus sprechen einen Dialekt, der keine eigene Schrift hat. Die Brahmanen unter ihnen werden in Kerala *Potis* genannt, und sie sind sehr gute Köche. ‚Poti-Hotel' galt als Synonym für ein gutes vegetarisches Restaurant.

Eines Tages, als nur Srinivas und ich nach der Schule zurück bummelten, lud mich Srinivas zu sich nach Hause ein. „Du kannst dir die Pfauen angucken", sagte er; ihr mit Bäumen und Büschen bewachsenes Grundstück beherbergte eine ganze Anzahl davon. Also kam ich mit. Der Garten war wirklich schön. Der Teich mit seinem grünen Wasser sah lieblich aus; dazu konnte man viele Pfauen mit langen schimmernden Schwänzen entdecken. Einige saßen auf Baumästen, andere stolzierten im Garten herum und pickten nach Dingen im Gras. Einer tanzte, und sein vielfarbiger Schwanz spreitete sich wie ein Fächer auf.

Srinivas Vater kam aus dem Haus. Er war wohlgebaut, von heller Hautfarbe, trug eine geweihte Schnur diagonal über die bloße Brust und einen cremefarbenen Seiden-*dhoti* um die Hüften und Beine. Sein schwarzes, langes Haupthaar war zu einem Knoten zusammengebunden, der auf dem Nacken hing. An seinem Äußeren beeindruckte vor allem die Nase – sie war scharf und hakig wie bei Julius Caesar. Seine durchdringenden Augen sahen nicht weniger unnachgiebig als die eines Diktators aus. Ganz ehrlich – ich war etwas eingeschüchtert.

Mein Freund Srinivas sagte etwas auf Tulu. Ich verstand davon lediglich meinen Namen. Mit grimmigem Gesichtsausdruck nahm mich jetzt sein Vater in näheren Augenschein. „Muslim?“, fragte er.

„Ja.“

„Hmm, magst du Pfauen gern?“

„Ja.“

„Gott Subramanyam benutzt einen Pfau als Transportmittel. Er fliegt schnell damit.“

„Habt Ihr gesehen, wie er das tat?“

Er zögerte, ehe er antwortete: „Nicht jeder kann das sehen, nur gute und heilige Leute können das. Wir verehren sein Bildnis im Tempel.“

„Darf ich es sehen?“

Jetzt wurde sein Ausdruck unnahbar, und ich fragte mich, ob er mich abweisen würde. Nach einer Minute seufzte er tief und lächelte: „Ich war sowieso dabei hinzugehen. Komm. Aber du musst außerhalb des Allerheiligsten bleiben. Niemand außer mir darf das betreten, okay?“

Srinivas ging ins Wohnhaus und ich folgte dem Priester in den Tempel, wo ich außerhalb des *sanctus sanctorum* stehenblieb, indes er hineintrat. Nach einer Weile öffnete er die massive Tür. Von meinem Standpunkt aus konnte ich eine kleine Statue, flankiert von noch kleineren erblicken. Sobald sich meine Augen an das schwache Licht gewöhnt hatten, konnte ich das junge, pausbäckige Gesicht von Subramanya auf seinem Pfau erkennen. Er trug in einer Hand einen Speer, die andere war zum Segen erhoben. Zu seiner Rechten und Linken standen die Bildnisse schöner Damen.

Ich war froh, dass Subramanya ein sauber rasiertes, fröhliches Gesicht hatte, ganz im Gegensatz zum mürrischen, bärtigen Gott, der beim geringsten Anlass Feuer spuckt, welchen mir die traditionelle islamische Vorstellung aufzwang.

„Was für eine Waffe trägt er da?“, fragte ich.

„Eine Art Speer, um die Menschheit zu beschützen“, sagte der Priester.

„Wer sind die Damen links und rechts?“

„Ehefrauen“, sagte er und fügte augenzwinkernd hinzu: „Wie die Muslims haben unsere Gottheiten mehrere Gattinnen.“ Den letzten Kommentar konnte ich nicht verstehen, da ich noch nicht wusste, dass Muslime mehr als einmal heiraten durften. Aber ich dachte nicht mehr daran und aß die Banane, die er mir in die Hände geworfen hatte, fragte mich dann, was ich mit der heiligen Asche tun sollte, die er mir auch verabreichte. „Du kannst sie essen“, sagte der Priester. „Muslime sollen sie nicht auf die Stirn reiben.“ Ich aß die Aschen-Prise.

Als ich aus dem Tempel trat, traf ich auf Srinivas mit einem kleinen Kaffee in einer Stahltasse. „Meine Mutter hat ihn für dich zubereitet“, sagte er. Ich trank den aromatischen südindischen Kaffee nah beim Teich, gab die Tasse zurück und machte mich auf den Heimweg. Nicht weit weg wohnte mein Freund Shantikumar, mit dem ich noch heute befreundet bin. Er hatte mich aus dem Tempel kommen sehen.

„Du gingst in den Tempel?“, fragte er überrascht.

„Ja“, sagte ich, „Srinivas lud mich zu sich ein. Ich habe auch die Gottheit gesehen.“

Während ich an diesem Abend Mutters heiße *dosas*[18] mit köstlichem *sambhar* aß, fragte ich: „Haben Muslime viele Frauen?“

„Ja, Muslime dürfen das“, antwortete meine Mutter und fügte stolz hinzu: „Aber in meiner Familie hat für drei Generationen niemand mehr als eine Ehefrau gehabt.“ Ich aß weiter und fragte mich, wie verwirrend es sein müsse, zwei Mütter zu haben.

7. Vorbereitung für den Aufstieg

Ich muss noch ein wenig länger in den Vorbergen meiner formativen Jahre verweilen, obgleich ich mich danach sehne, Sie zu den Himalaya-Höhen zu führen. Doch es waren dies wichtige Jahre, in deren Verlauf die Vorbereitungen für den eigentlichen Aufstieg getroffen wurden.

Die Model High School war für mich eine großartige Erfahrung, voller Spaß und angefüllt mit Lernen. Meine Interessen lagen nicht so sehr bei den wissenschaftlichen Fächern, sondern mehr bei den Kunst- und Handwerksfächern, dazu bei Sport und Spiel.

Wir waren eine kleine Gruppe, die gute Fortschritte in Zeichnen, Malen und Tischlern machte (Zeichnen und Malen sind auch heute noch meine Lieblingshobbys). Fußball und Hockey bereiteten auch großen Spaß. Einige unter uns, die sich als harte Typen betrachteten, spielten *Kabaddi* in der Sandgrube. Dieses Mannschaftsspiel verlangte starken körperlichen Einsatz mit gegenseitigem Stoßen und Zerren, und ich genoss es, die Nahkampftechniken zu demonstrieren, die ich von meinem Vater gelernt hatte, einem Experten in *kalari* und Jiu-Jitsu. Damit konnte man einen brutalen Schläger mit doppelt so großem Gewicht umwerfen und außer Gefecht setzen. Eine Gruppe von Spielern sammelte sich um mich wegen dieser Nahkampffertigkeiten und meiner Neigung, die Schwachen vor den Schlägern zu schützen.

Mit dem Älterwerden wuchs mein Verständnis der neuen Welt, die sich vor mir auftat. Alte Mythen und stereotype Vorstellungen legte ich langsam ab. Ein Beispiel:

Außer jenen Schülern, deren Elternhaus nahe bei der Schule lag, saßen die meisten während der Mittagspause in sogenannten allgemeinen Speisesälen, weit entfernt von den Klassenzimmern.

Diese Räume waren ehemalige Klassenzimmer, die seit Jahren nicht mehr benutzt wurden und daher ziemlich stark verfielen. Man konnte darin öfters Skorpione, Tausendfüßler und Riesenraupen finden. Das Mauerwerk wies große Risse auf, und der Zementboden war an etlichen Stellen beschädigt. Es gab keine Stühle und Tische, nur einen Wasserhahn in einer Ecke außerhalb.

Uns erschienen die Mittagsstunden als großes Abenteuer, weil uns keine Lehrer überwachten. Wir brachten unser eigenes Mittagessen mit; unsere Mütter hatten es in kleine Aluminiumbehälter gepackt. Meine Mutter pflegte die Mittagsessen-Dose bis zum Rand vollzupfropfen – mit gewürztem Hirn, gebratener Leber, gebratenem Fisch, saftigem Omelette und so weiter, um sicherzustellen, dass ich genügend Eiweiß zu mir nahm und stark und gescheit wurde. Sie glaubte, es gäbe keine gehaltvollere Ernährung als Fleisch, Fisch und Eier.

Viele meiner engen Freunde waren Brahmanen tamilischen Ursprungs, deren Vorfahren sich bei Palghat in der Grenzregion von Kerala zu Tamil Nadu niedergelassen hatten und später in andere Teile Keralas wanderten. Sie waren bekannt für ihren scharfen Verstand und ihren Einfallsreichtum und hatten über Generationen administrative, kulturelle und intellektuelle Schlüsselpositionen inne. Ihre Eigenart verschmolzen sie so sehr mit dem Land, auf dem sie sich angesiedelt hatten, dass selbst die tamilische Sprache, die sie zu Hause sprechen, wie ein Malayalam-Dialekt klingt. Sie betonen immer sehr stolz, dass sie Malayalis sind.

Diese Freunde hatten mich als Teil ihrer Gruppe adoptiert. Wir saßen alle zur Mittagszeit mit unseren ‚Tiffin-Dosen' auf dem Boden, tauschten Geschichten aus und hatten unseren Spaß, während wir aßen.

Angezogen vom stark-würzigen Duft, der meiner Mittagsessen-Dose entstieg, blickten hin und wieder einer oder mehrere dieser Jungen neugierig hinein, nur um voll Abscheu zurückzuweichen, wenn ich den Inhalt beschrieb. Zu ihren Gunsten muss ich sagen, dass sie mir nichts nachtrugen. Wir waren so enge Freunde, dass wir auch weiterhin beisammen saßen, wenn sie ihre frugalen und ich meine nicht-vegetarischen Mahlzeiten verzehrten.

Ich stellte verwundert fest, dass ihr schlichtes Menü stets aus Joghurt-Reis, Gemüse und Pickles oder manchmal *idli* und *chutney* oder *sambhar* bestand, alles rein vegetarisch. Einfaches vegetarisches Essen tagaus, tagein, und wenn die Ergebnisse der Jahres- oder Halbjahresprüfung verkündet wurden, hatten diese Jungen in Mathematik und Allgemeinwissenschaften die besten Noten, während ich und ein anderer muslimischer Freund es kaum schafften, durchzukommen.

Eines Morgens, als meine Mutter mein Mittagessen einpackte und so viel gebratenen Fisch samt Reis-Fisch-Curry in die Tiffin-Dose presste wie möglich, sagte ich: „Ma, all unsere Vorstellungen von Ernährung sind Blödsinn. Joghurt-Reis und Pickles produzieren ebenso viel Klugheit wie dein Fisch und dein Fleisch." Natürlich überzeugte sie das gar nicht, und als ich weiter argumentierte, entgegnete sie, unsere Paschtunen-Vorfahren waren stark gewesen, weil sie Fleisch aßen.

Ich stimmte nicht zu; und von da an veränderten sich meine Vorstellungen von Essen. Ich glaube, eine gute Ernährung ist wichtig, doch kann eine vegetarische Diät dasselbe leisten wie eine nicht-vegetarische. Man kann Fleisch essen, wenn man will, aber es ist unsinnig zu glauben, der menschliche Körper käme ohne Fleisch nicht aus.

Ich muss noch einige der Lehrer erwähnen, die mein Leben beeinflussten. Ganz oben auf der Liste steht Tiger Kuttan Pillai, der Schulleiter, der uns Disziplin beibrachte, dabei aber der Maxime folgte: ‚Ein Löffel Honig ist besser als ein Liter Essig!' Danach kommen Mr. George, ein in Oxford ausgebildeter Lehrer, der uns mit den Nuancen der englischen Sprache in großartiger Weise vertraut machte; Harihara Iyer, der eigentlich allgemeine Wissenschaften unterrichtete, dessen dramatische Wiedergabe von ‚Der Hund von Baskerville' von Conan Doyle aber noch immer tief in meiner Erinnerung eingebrannt ist; Gopal Krishnan Iyer, dem es irgendwie gelang, Mathematik in mein nicht-mathematisches Gehirn zu transferieren; Tarzan Damodaran Pillai, der Biologielehrer, der uns zum ersten Mal die Augen dafür öffnete, dass dieses komplexe und anscheinend hochkomplizierte Leben auf der Erde mit einem einzelligen Organismus begonnen hatte; Madhavan Nair, Kommandant des Nationalen Kadettencorps und Gesellschaftskunde-Lehrer, der immer in solch fleckenlos weißer und scharf gebügelter Kleidung auftrat, dass wir ihm den Spitznamen ‚Eiserne Kiste' gaben; Mr. Nayakam, der in der 9. Klasse unser Klassenlehrer wurde und mit geradezu unheimlicher Intuition voraussagte, dass mein Hauptinteresse im Leben die Suche nach der Wahrheit oder Gott, oder wie man das auch nennen möchte, sein würde.

Als er sich am ersten Tag, da er die Klasse übernahm, kurz vorstellte, begannen einige von uns hinter vorgehaltener Hand zu kichern, weil er der erste Klassenlehrer mit waagrechten Linien aus grauer Asche auf der Stirn war. Er sagte, er glaube an Gott Shiva und Asche sei das Symbol für Shiva. Bald ging das Gespräch über zu Religion, und nach einer Weile forderte er jeden Einzelnen auf, zu erklären, ob er an Gott glaube. Alle außer einem sagten, sie glaubten an Gott. Ich war diese Ausnahme. „Ich glaube nicht an Gott", sagte ich.

„Warum?", fragte Mr. Nayakam.

„Warum nicht, Sir?", erwiderte ich. „Ich habe Gott nicht gesehen und habe keinen Beweis. Wenn und falls ich ihn sehe, brauche ich nicht mehr zu glauben. Fakten benötigen keinen Glauben."

Nach einer kurzen Stille sagte er: „Ich hatte einen Klassenkameraden, der nicht an Gott glaubte. Dreißig Jahre später sah ich ihn mit kahlgeschorenem Kopf und in ockergelbem Gewand. Er war Mönch des Ramakrishna Ordens geworden. Wir werden also sehen. Vielleicht ist das der Beginn deiner Suche nach Gott. Ich bin froh, dass du ehrlich bist. Wie heißt du?“

Als ich ihm meinen Namen nannte, sah er verblüfft aus. Vermutlich hatte er nicht erwartet, dass ein Junge aus der muslimischen Gemeinde nicht an Gott glaubte. Ich sehnte mich danach, ihm mitzuteilen, was fast jede Nacht in meinem Inneren ablief, aber eine unerklärliche Kraft hinderte mich daran, über meine Erfahrungen zu irgendjemandem zu sprechen.

Schließlich war da noch Mr. Kuttan Achari, der Sozialkunde, Zeichnen, Malen und gelegentlich Tischlern unterrichtete. Aber mehr als alles andere war er die Inspiration hinter den Schultheater-Gruppen. Englische und Malayalam-Theaterstücke wurden unter seiner Leitung einstudiert. Wir, die Jungen aus dem englischen Schulzweig, führten die Hof-Szene von Shakespeares ‚Kaufmann in Venedig‘ auf. Ich spielte die Rolle des Antonio. Ein Freund, Kevin Fernandez, spielte den Shylock so gut, dass das Stück für das staatliche Jugendfestival ausgewählt wurde und Preise gewann.

Ich bin von Natur aus freundlich und hatte deshalb in der Schule viele Freunde. Darunter gab es ein paar, zu denen ich eine besondere Beziehung unterhielt. Einer war Siddique, ein Gujarati sprechender Memon[19], dessen Vorfahren aus Porbandar kamen. Sein Großvater, Eigentümer des größten Textilgroßhandels in Trivandrum, sah wie ein alttestamentarischer Prophet aus, mit wehendem weißem Bart und strengen Gesichtszügen. Siddique selbst war ein dünner, zerbrechlicher Junge mit schwächelnder Gesundheit und litt bereits in der Kindheit unter einer ernsten Augenerkrankung, die ihn auf einem Auge fast erblinden ließ. Ich kam in engen Kontakt mit ihm, weil ich empfand, er benötige gegen die Grobiane in der Schule einen Beschützer.

Er wohnte mit seinen Eltern und einer älteren Schwester nicht weit von unserem Haus. Ich besuchte sein Zuhause oft und es entwickelte sich eine liebevolle Beziehung zu seiner Mutter, die mich gerne fütterte und – da sie wohl etwas in meiner seelischen Verfassung vermutete (obwohl ich über mein Innenleben mit keinem Wort sprach) – mit Geschichten über Sufi-Heilige und Heiler in Bann schlug.

Siddique reiste während der Schulferien häufig nach Mumbai, und ich wartete dann begierig auf seine Rückkehr, um seinen Erzählungen über die große, faszinierende Metropole Mumbai und ihren verbotenen Vergnügungen zu lauschen. Er war ein Könner des kunstvollen Erzählens. Siddiques bevorzugte Themen waren die Helden und Heldinnen der Filmleinwand, Frauen, die gegen Bezahlung mit einem schliefen, das imposante Taj Mahal Hotel und, gegenüberliegend, der

Gateway of India, um nur ein paar zu nennen, und diese Geschichten wirkten auf den heranwachsenden Geist meines anderen Freundes Ananthanarayan und meiner selbst recht stimulierend.

Es gab da einen kleineren, aber nicht ganz unwichtigen Sympathiefaktor zwischen Ananthanarayan und uns. Wir beide, Siddique und ich, liebten *sambhar* (eine Linsen-Gemüse-Soße) und *idlis*. Zwar war meine Mutter Expertin in der Zubereitung dieser Gerichte, doch meinten wir, Ananthanarayans Mutter, eine Vegetarierin, wäre eine noch größere Expertin, dazu eine wunderbare Gastgeberin.

Sie hieß uns, die beiden muslimischen Freunde ihres Sohns, in ihrem orthodoxen Brahmanen-Haushalt immer mit einem Lächeln willkommen und fütterte uns reichlich mit unserem Lieblingsessen, gekrönt von einer Tasse gefilterten Kaffees.

Ich weiß nicht, ob es das köstliche Essen war oder die Sympathie für Ananthanarayans ältere Schwester, passenderweise Suvarna (Gold) genannt, was mich dazu brachte, das Haus der Familie Iyer häufig zu besuchen. Ich lernte jedenfalls viele Dinge über einen Brahmanen-Haushalt, zum Beispiel auch, dass die Mutter nicht in die Küche gehen durfte, wenn sie ihre Periode hatte. Das Essen schmeckte dann noch köstlicher, weil der Vater, Vishwanath Iyer, ein besserer Koch war.

Abgesehen von all dem erfuhr ich in diesem bescheidenen Haus von Vishwanath Iyer, einem Büroangestellten der Lebensversicherungs-Gesellschaft, etwas, das später in meinem spirituellen Leben von großer Bedeutung sein sollte. Die Familie hatte einen Raum, der ausschließlich dem Gebet und der Verehrung vorbehalten war und *Puja*-Raum hieß. Darin hingen Bilder von vielen Hindu-Gottheiten, deren Namen mir sehr geduldig erklärt wurden. Doch das größte Bild, das an prominenter Stelle an der Wand hing, zeigte einen Mann, der wie ein muslimischer *Fakir* aussah, mit zerlumptem Gewand und einem eigentümlich um den Kopf gebundenen Tuch.

Das war das erste Mal, dass ich das Bild des 1918 verstorbenen Sai Baba von Shirdi sah. Hier in einem Brahmanen-Haushalt wurde dem Fakir der ganze Respekt gezollt, der Hindu-Gottheiten gebührt. Die Familie sang Hymnen zu seinem Lob, läutete die Glocken und schwenkte die *aarti*-Lampe[20]. Ich war fasziniert. An vielen Donnerstagen, einem besonderen Tag für Shirdi Sai Baba, machte ich beim Singen mit, schrieb sogar meinen ersten *bhajan*[21] in Hindi – ‚*Hey prabhu, hey Sainath*'. Mr. Vishwanath beschrieb mir kurz das Leben von Shirdi Sai Baba und gab seinem Glauben Ausdruck, dass er Gott gewesen war. Ich hörte zu und staunte.

Eines Nachts, in meiner privaten, spontanen Meditation, sah ich die Gestalt von Shirdi Sai Baba aus dem Licht in meinem Herzen auftauchen, vor mir stehen und sich dann in die Gestalt des seltsamen Yogi verwandeln, den ich unter dem Jackfrucht-Baum getroffen hatte. Niemand erfuhr davon, denn wie üblich war ich unfähig, mit irgendjemandem über dieses Meditationserlebnis zu sprechen. Ich werde vorerst über die Geschichte meiner Verbindung zu Shirdi Sai Baba schweigen, auch über meinen ersten Besuch in Shirdi, und will an passender Stelle darüber erzählen.

Vishwanath Iyer spielte übrigens auch eine Rolle bei meinem Besuch im Guruvayur Krishna Tempel nahe Trissur, Kerala.

8. Die Geschichte von Sri Narayana Guru

Ich hatte ein paar weitere enge Freunde, darunter einen, mit dem mich in jener Zeit ebenfalls ein besonderes Band verknüpfte; er hieß Ranjit Sadasivan. Ranjit trat in die Model High School erst in der 9. Klasse ein und ging in den Parallelzweig 9b, während ich im 9a-Zweig war. Doch vom Zeitpunkt an, da wir uns begegneten, schätzten und mochten wir uns, ein Gefühl, das sich mit den Jahren verstärkte. Er war ein kräftiger tapferer Junge, den man mit Drohungen nicht einschüchtern konnte und dem das Eintreten gegen empfundenes Unrecht selbstverständlich schien. Er war von der vom Militär unterhaltenen Sainik-Schule in unsere Schule übergetreten.

Ranjit kam aus der Ezava-Gemeinschaft, die bis vor hundertfünfzig Jahren auf der niedrigsten Sprosse der Kastengesellschaft stand. Dank der Inspiration und dem Segen des großen Narayana Guru Swami schüttelten die Ezavas ihren untergeordneten Status ab und kletterten die Erfolgsleiter aufwärts. Zu der Zeit, von der ich spreche, waren sie bereits wohlhabend, gebildet und in einer beneidenswerten gesellschaftlichen und politischen Position.

Sri Narayana Guru wurde etwa 1854 nahe Trivandrum in einer Ezava-Familie geboren. Sein Vater Madan Asan war Bauer, aber auch sehr bewandert in Astronomie und ayurvedischer Medizin. Im Dorf wurde er als Lehrer betrachtet. Die Dorfbewohner nannten ihn *Asan* – die umgangssprachliche Form von *acharya*, Lehrer –, weil er die Epen Ramayana und Mahabharata erläuterte.

Die Kenntnis von Sanskrit wurde zur damaligen Zeit von Nambudiri-Brahmanen eifersüchtig gehütet und Nicht-Brahmanen war der Zugang zu den Veden versperrt. Zwar erlernten Ayurveda-Ausübende, sog. *Vaidyas*, Sanskrit, um die medizinischen Abhandlungen – die *Charaka* und *Sushruta Samhitas* – studieren zu können, doch war ihnen nicht erlaubt, weiter ins Sanskrit einzusteigen. Narayana aber ging viel weiter.

Seine Mutter starb, als er etwa fünfzehn, und sein Vater verstarb, als er dreißig Jahre alt war. Zu der Zeit wurde Narayana, kurz Nanu genannt, mit Nanu *Asan* angesprochen. Er war ein Wanderlehrer geworden, der von Almosen lebte und nur selten nach Hause kam.

Er hatte es gewagt, über das Studium von Ayurveda hinauszugehen, und war tief in die vedischen und Vedanta-Texte eingedrungen; er unterrichtete sogar einige Studenten in Sanskrit. Obgleich die orthodoxe Gesellschaft auf der Abgrenzung gegenüber unteren Kasten bestand, hatte Nanu einen ungewöhnlichen Sanskritlehrer aus oberer Kaste gefunden, Raman Pillai *Asan*, der jeden gleich behandelte. Bald erlernte Nanu Dichtung, Drama, literarische Kritik und Rhetorik, neben den Upanischaden, die er für sich selbst studierte. Er wanderte weit durch Kerala und Teile Tamil Nadus, von Kanyakumari im Süden bis Mangalore im Norden, setzte seine Studien fort, meditierte und erforschte sein Bewusstsein.

Zwei weitere Lehrer beeinflussten Nanu. Der eine war Kunjan Pillai, auch bekannt als Chattambi Swami, der Klassensprecher jener Klasse, in der Sanskrit-Rhetorik unterrichtet wurde. Später wird Chattambi Swami Nanu auf seinen Wanderungen begleiten. Der andere war ein Mann tamilischer Herkunft mit dem Namen Tycaud Ayyavu, Verwalter des British Resident's Bungalow in Trivandrum. Von ihm erlernte er die esoterischen Yoga-Lehren, die in der tamilischen spirituellen Überlieferung bewahrt sind. Zusammenfassend gesagt: Er ging aus diesen Lehr- und Wanderjahren als ein Mensch hervor, der in die Tiefen seines Bewusstseins getaucht war und das wahre, alles durchdringende Selbst entdeckt hatte, von dem die Upanischaden sprechen.

Seine innere Erfahrung fand einerseits Ausdruck in Form spirituellen Lehrens, andererseits in Form sozialer Reformen. Nachdem seine Frau nach kurzer Krankheit verstarb (sie hatten keine Kinder), wurde Nanu zum Wandermönch in ‚Vollzeit' mit vielen Anhängern, die ihn Sri Narayana Guru nannten. Er half, verlassene Tempel zu renovieren und stellte darin eigenhändig Gottesbildnisse auf, ohne einen Brahmanen darum zu bitten, wie es traditioneller Brauch war. In einem Tempel, in dem die Gottheit fehlte, stellte er anstatt ihrer einen Spiegel auf, um den Besuchern die vedantische und sokratische Maxime vor Augen zu führen: ‚Mensch, erkenne dich selbst.'

Er begründete einen Ashram bei Alwaye und einen anderen auf einem Hügel bei Varkala, einer Stadt an der Meeresküste, nicht weit von Trivandrum; den Hügel nannte er Shivagiri. Zum ersten Mal in der Geschichte Keralas waren vedische Studien im Shivagiri Ashram für alle Kasten zugänglich. (Im Verlauf meiner Wanderungen verbrachte ich dort zwei Monate.)

Sri Narayana Guru drückte die große vedantische Wahrheit in einfacher Sprache aus und sang: ‚Einer ist der Mensch – einer in der Art, einer im Glauben, einer in Gott, aus einem Mutterleib geboren, von einer Form – und Unterschiede gibt es keine.' Er forderte seine Gefährten auf, Unterwürfigkeit abzulegen und nach den unendlichen Höhen zu streben. Am 20. September 1928, vierundsiebzig Jahre alt, starb er, ein reiches spirituelles und soziales Vermächtnis hinterlassend.

Um zu Ranjit zurückzukommen – was ihn mir so nahebrachte, war seine Fähigkeit, auch gefährliche Situationen zu meistern, wenn es um den Schutz von Freunden ging. Dies zeigte sich bei den gelegentlichen Straßenkämpfen, in die wir während unserer Institutszeit verwickelt waren; meist ging es darum, Freunde vor Überfällen durch Schläger und Rüpeln zu beschützen.

Abgesehen davon wurde Ranjit zu einem, wie Sri Ramakrishna Paramahansa solche Menschen oft nannte, ‚Versorger'. Später, als ich unbemerkt zu einsamen Orten verschwinden wollte, pflegte Ranjit meine Exkursionen zu finanzieren, und er war auch die einzige Person, die über meinen Verbleib Bescheid wusste. Er tröstete dann meine Eltern und versicherte ihnen, dass er mit mir in Kontakt stehe und mich im Notfall jederzeit zurückbringen könne. Er war immer bereit zu helfen und stellte keine Fragen. Zufälligerweise sah ich auch in seinem Haus zum ersten Mal ein Foto von Sri Narayana Guru.

9. Merkwürdige Dinge zur rechten Zeit

Der innere Transformationsprozess hatte begonnen und tief im Inneren brachte der Strom des Bewusstseins in aller Stille neue Nebenflüsse hervor, die schließlich in das große Meer fließen würden. Die zur Beschleunigung des Prozesses nötigen äußeren Einflüsse traten oft in merkwürdiger Gestalt auf.

Wenn ich zur Yoga-Praxis oder zu tiefer gehenden philosophischen und religiösen Fragen nach Erklärungen suchte, fielen mir Bücher, die eben diese Fragen behandelten, wie durch Zauberei in die Hände. Als ich älter wurde und mich freier umher bewegen durfte, ging ich häufig in die öffentliche Bibliothek von Trivandrum – ein bejahrtes viktorianisches Gebäude und wahres Schatzhaus an alten Werken über Philosophie, Religion und selbst Magie.

Es gab dort einen langhaarigen, bärtigen Bibliothekar – an seinen Namen erinnere ich mich nicht mehr –, der sich zu meinem Mentor ernannte und wunderbarerweise das rechte Buch zur rechten Zeit vorschlug. Auf diese Art las ich die ‚Gesammelten Werke von Swami Vivekananda', ‚Das Evangelium von Ramakrishna'; ‚Isis entschleiert', ‚Die Geheimlehre' beide von Madame Blavatsky; ‚Das Buch Zohar'; die Upanischaden, die Bhagavad Gita; die griechischen Philosophen Aristoteles, Plato und viele andere.

Zwei Vorkommnisse waren so seltsam, dass es mir schwer fällt, sie als Zufälle abzutun. An einem Morgen spazierte ich zur British Council Library, nicht weit von zu Hause entfernt, und hoffte etwas zu finden, das gewisse Widersprüche erklären würde, auf die ich in dem klassischen Text *Panchadasi* von Vidyaranya gestoßen war. Ich stöberte in der Abteilung Philosophie und Religion, fand aber nichts besonders Hilfreiches.

Da bemerkte ich ein Exemplar von Dr. Radhakrishnans Übersetzung und Kommentierung der Upanischaden auf dem untersten Bücherbrett und bückte mich, um es herauszuziehen. Genau in diesem Moment landeten drei Hardcover-Bücher vom obersten Regalbrett auf meinem Nacken. Ich massierte mir ihn, um den Schmerz loszuwerden, und hob die Bücher auf. Eines war ‚Die ewige Philosophie' von Aldous Huxley, und die beiden anderen waren zwei Bände mit ‚Gedanken zum Leben' von J. Krishnamurti. Sie führten mich zu Krishnamurti, und ich muss sagen, dass diese ‚Gedanken', auch wenn ich Krishnamurti in verschiedenen Punkten nicht zustimmen konnte, sich als hilfreich erwiesen, manches vedantische Rätsel zu lösen. Allerdings blieb unerklärlich, weshalb die Bücher heruntergefallen waren, denn außer mir hatte sich niemand in der Nähe dieses Bücherregals befunden.

Der andere Vorfall war noch ungewöhnlicher. Mit vierzehn Jahren hatte ich bereits viele Bücher über Yoga, Mystik, Religion und Philosophie gelesen. Die spontane nächtliche Meditation über das Licht, das in der Mitte meiner Brust erschien, betrieb ich regelmäßig, doch war nun aus meiner Sicht ein spezielles, ja ernstes Problem aufgetreten. Verschiedene Lehrer und Schriften gaben unterschiedliche Stellen für das Herzzentrum an. Ramana Maharishi betonte, dass es auf der rechten Seite der Brust sei, die Kabir Panthis (nordindische Kaste von Webern, die Kabir nachfolgen) und sogar Ramakrishna Paramahansa erwähnten die linke Seite der Brust, nahe beim physischen Herz.

Mehrere Yoga-Texte, auch die *Hatha Yoga Pradipika,* lokalisieren das Herzzentrum in der Brustmitte und nennen es das *Anahata Chakra* (das Zentrum, das in mir von selbst aktiviert worden war). Es verwirrte mich, dass spirituelle Riesen wie Ramana Maharishi und Ramakrishna Paramahansa, die doch die Gipfel persönlicher spiritueller Erfahrung erreichten, sich hinsichtlich des Sitzes eines sehr wichtigen psychisch-energetischen Zentrums widersprachen. Wenn der eine recht hatte, musste der andere unrecht haben, dachte ich. Ich begann ernsthaft an der Existenz dieser Energiezentren zu zweifeln. Gab es die nur in der Vorstellung – in meiner wie in der anderer Menschen?

Ich glaube, das war die erste ernste Krise während meiner spirituellen Reise, und ich beschloss, ihr entgegen zu treten. Ich legte mir einen Plan zurecht. Mein Nachhilfelehrer Mr. Ramaswamy war mittlerweile nach Manacaud umgezogen, weit entfernt von unserem Haus. Daher ging ich nicht mehr zur Nachhilfe. Eines Tages nun gab ich seinem Schwager, der mit mir zur gleichen Schule ging, Bescheid, dass ich gern mit Mr. Ramaswamy über ein paar Mathematik-Probleme sprechen wollte. Zuhause sagte ich das Gleiche und fügte hinzu, dass ich dort übernachten würde und am nächsten Morgen, einem Sonntag, zurückkäme, falls es am Samstag dafür zu spät wäre.

Das sollte die erste Nacht sein, die ich nicht in unserem Haus verbrachte. Nach anfänglicher Besorgnis willigte meine Mutter schließlich ein. Tatsächlich hatte ich ein paar Probleme in der Geometrie, die nur mit Mr. Ramaswamys Hilfe gelöst werden konnten, aber das war nur die halbe Wahrheit.

Die andere Hälfte war: Unfern von Mr. Ramaswamys Haus in Manacaud gab es ein Grabmal namens *Samadhi Thotam.* Und ich beabsichtigte, nach der Nachhilfe dorthin zu gehen und die Nacht dort zu verbringen, aber bei meinem Nachhilfelehrer anzugeben, dass ich mich auf den Heimweg machte. Noch ein paar Worte zum *Samadhi Thotam,* und weshalb ich dorthin gehen wollte.

In einer abseits gelegenen, einsamen Ecke von Manacaud lag ein Hain mit Kokospalmen und anderen Bäumen, häufig besucht von Hunden und Schakalen. Darin befand sich unter einem alten Banyan-Baum das *Samadhi*[22]-Grab eines großen Yogis, Sri Ramadasa Swami, der in der zweiten Hälfte des 19. Jahrhunderts lebte. Wie schon früher erwähnt, begaben sich bestimmte heilige Menschen und Yogis freiwillig in ein *Samadhi*-Grab.

Jiva Samadhis ist die Bezeichnung für solche Grabmäler, in die die Yogis lebendig eintraten, sich in die Padmasana-Position setzten und ihre Anhänger instruierten, das Grabmal zu versiegeln. Das *samadhi* bei Manacaud gilt als *Jiva Samadhi*, und ich hatte gehört, dass früher große Yogis, auch Sri Gopala Saami, nachts im *Samadhi Thotam* meditiert hatten und dabei erleuchtende spirituelle Erfahrungen machten. Ich dachte mir, ich würde dasselbe tun und vielleicht eine Antwort auf die Frage erhalten, die mich quälte.

Nach der Busfahrt zur Ortschaft Manacaud ging ich zum Haus von Mr. Ramaswamy, kam dort etwa um sieben Uhr abends an. Um acht Uhr war die Nachhilfe zu Ende und die Familie bestand darauf, dass ich bei ihr übernachtete; aber ich entschuldigte mich, sagte, ich könnte noch einen Bus nach Hause finden, und gelangte glücklich aus dem Haus. Es war beruhigend, dass Ramaswamys Haushalt kein Telefon hatte. So würden meine Eltern nicht erfahren, dass ich die Nacht nicht dort verbrachte.

Mein Freund Marthanda Pillai begleitete mich eine Zeitlang, doch konnte ich ihn abschütteln und allein zum *Samadhi Thotam* gehen. Ich fragte noch ein paarmal nach dem Weg, ehe ich endlich den Platz fand. Es muss ungefähr halb zehn Uhr abends gewesen sein, schätze ich – ich hatte keine Uhr dabei.

Das niedrige Eingangstor stand offen. Drinnen brannte kein Licht außer einer kleinen Öllampe vor dem würfelförmigen *Samadhi*-Grabmal. Die Flamme flackerte im Wind. Ich war recht verängstigt. Schakale heulten in geringer Entfernung. Ringsum gab es kein menschliches Wesen; im schwachen Licht vermeinte ich merkwürdige Kreaturen unter den im Wind schwankenden Bäumen und Büschen lauern zu sehen. Ich setzte mich hinter das Grabmal, das den plötzlich aufkommenden starken Wind etwas abschirmte. Ein Friede wie aus einer anderen Welt umfing mich, als der Mond langsam hinter den Wolken hervortrat. Ich lehnte mich gegen die *Samadhi*-Wand und schlief bald ein.

Ich kann nicht sagen, wie lange ich geschlafen hatte. Mit einem Ruck wachte ich auf, da etwas meine Beine heftig schüttelte. Als ich mich aufsetzte, bekam ich eine Gänsehaut und die Haare standen mir zu Berg. Ich war starr vor Schrecken – vor mir saß ein Geschöpf höchst grotesker und erschreckender Art. Ich sah einen dünnen, beinah skeletthaften, dunkelhäutigen, nackten Mann mit großen eingesunkenen Augen, langem verfilzten Haar und einem langen Bart. Der einzige beruhigende Aspekt war ein wunderbarer, starker Duft von Räucherstäbchen, der anscheinend dem ungewaschenen Körper des Mannes entströmte.

„Fürchte dich nicht", sagte er in Malayalam, klopfte mit seinen dünnen, mit langen Nägeln versehenen Fingern auf meine Schulter und brach in ein unheimliches Lachen aus, das seine gelben Zähne entblößte.

„Wer bist du?", fragte ich, ermutigt durch seine freundliche Geste.

„Ich? Haha, niemand, nichts, kein Körper, nur Rauch und Qualm." Ich blieb still.

„Du hast also ein Problem, ja? Weißt nicht, wo der Herzlotus sitzt, ja? Er ist überall – hier, da, dort, überall! Haha, in unterschiedlichen Zentren für unterschiedliche Leute manifestiert. Da ist kein Widerspruch."

Dann klopfte er auf meine Brustmitte und sagte: „Deines, genau hier, *anahata*, bleib dabei, Babajis Anweisung."

Ein violettes Licht, wie ich es nie zuvor gesehen hatte, erfüllte mein Herzzentrum. Selbst bei geöffneten Augen konnte ich es spüren. Bevor ich etwas sagen konnte, sprang er auf und rannte in die Dunkelheit. Mir war, als zuckte weit weg eine weiße Flamme aus der Erde, oder stellte ich mir das nur vor? Das war das letzte, was ich von ihm sah.

Mit noch immer geöffneten Augen erfreute ich mich des violetten Leuchtens, empfand keine Angst mehr. Langsam verdrängte die Morgendämmerung die Nacht. Damit schwächte sich auch die violette Flamme ab. Ich stand auf. Keine Menschenseele war zu sehen. Ich wanderte fast drei Kilometer. Glücklicherweise fand ich einen Bus, stieg nah beim Tamarindenbaum aus und ging nach Hause.

Niemand fragte mich etwas, außer meiner Mutter: „Wie war die Nachhilfe?" „Okay", sagte ich. „Geh, nimm dein Bad und komm dann frühstücken. Ich habe *iddiappam*[23] und Kartoffelcurry zubereitet." Beim Frühstück weilte meine Vorstellung immer noch beim Abenteuer der vergangenen Nacht.

10. Der Segen des Mastan

Mit vierzehneinhalb Jahren bestand ich das Examen der Model High School, verpasste dabei die Gesamtnote 1 um neun Punkte. Der Grund war, dass ich mich, anstatt fleißig für Mathematik und Hindi zu lernen, mit der englischen Übersetzung von *Panchadasi* von *Vidyaranya*, einer Vedanta-Abhandlung, befasste.

Ich gehörte zu einer kleinen Gruppe von Jungen, deren Eltern sich dafür entschieden hatten, sie aufs Loyola College zu schicken; es war kürzlich in einem Außenviertel Trivandrums eröffnet worden. Die meisten gingen aber zum Regierungs-College oder anderen Colleges. So verblassten alte Freundschaften und neue entstanden. Ein paar meiner alten Freunde wohnten im Internat des Loyola Colleges, während ich externer Schüler wurde. Mit dem Bus brauchte ich über eine Stunde zum College.

Es war die Periode, in der ich zunehmende Unabhängigkeit genoss und unter irgendeinem Vorwand für gewisse Zeitphasen von zu Hause abwesend sein konnte. Während dieser Jahre im Alter zwischen vierzehn und neunzehn machte ich viele Erfahrungen weltlicher und nichtweltlicher Art.

Im Rückblick kam ich zur Überzeugung, dass diese Erfahrungen dazu dienten, meinen Verstand reifen und erstarken zu lassen, so dass er zu höheren spirituellen Ebenen aufsteigen konnte. Was unter normalen Umständen ein Dutzend oder mehr Jahre erfordert hätte, wurde mir in fünf Jahren konzentriert zugeschoben.

Auf der weltlichen Ebene wurde ich in all das eingeführt, was tabuisiert war – Drogen, Alkohol und die anderen Dinge, in denen sich viele Teenager verlieren. Doch wurde ich im richtigen Augenblick daraus wieder hervorgeholt. Jemand oder etwas wachte über mich und beschützte mich. Mein spiritueller Lehrer würde später diese Periode als die *tantrische* bezeichnen. Selbst heute sehe ich jeden Freund und Gefährten, der in jener Zeit zu meinen Erfahrungen beitrug, als *upa-guru* oder beigeordneten Lehrer und danke ihm oder ihr von ganzem Herzen.

Damals konnte ich nicht wissen, dass viele Jahre später Alkoholiker, Drogenabhängige, Frauenhelden und andere vom Weg Abgekommene zu mir Hilfe suchend kommen würden. Hätte es diese fünf Jahre extremer Exponiertheit nicht gegeben, wäre ich nicht in der Lage gewesen, diese Menschen zu verstehen oder ihnen zu helfen. Vielleicht wäre ich auch in Versuchung geraten, ihren Lebensstil nachzuahmen.

Da dies eine spirituelle Biographie sein soll, werde ich über die Vorgänge auf der spirituellen Ebene ausführlicher berichten.

Zuerst muss ich über meine Begegnung mit Kaladi Mastan sprechen. In Kapitel 5 erwähnte ich bereits, wie ich jemandem begegnete, der verrückt zu sein schien – beim Grabmal des Sufi-Heiligen an der Meeresküste. Er hatte in mein Gesicht geblickt, gelacht und gesagt: „Okay, geh jetzt, komm später, Junge.“ Damals hatte ich dem keine große Bedeutung zugemessen, aber jetzt, sechs oder sieben Jahre danach, kam ich mit der gleichen Person zum zweiten Mal zusammen.

Mit sechzehn, kurz vor Ende meines ersten College-Jahres, trat ich dem Kadetten Corps bei und wurde zu einem Zeltlager auf dem Campus des Mahatma Gandhi College beordert. Nach drei Tagen Camping beantragte ich wegen Fieber, Kopf- und Gelenkschmerzen eine Kranken-Beurlaubung. Dem Antrag wurde stattgegeben und ich marschierte aus dem Lager. Draußen stellte ich zu meiner Überraschung fest, dass es mir gut ging. Zuhause glaubten alle, ich ginge in einer Woche zum Zeltlager zurück. Es stand also genügend Zeit zur Verfügung, und ich beschloss ein wenig umherzustreifen. Mit dem Bus fuhr ich zur Meeresküste und erreichte nachmittags das Grabmal von Bima Palli.

Als ich vor dem Eingang zum Schrein stand, bemerkte ich, dass der Einfluss organisierter Religion auch diesen einst abgelegenen Weiler an der Meeresküste erreicht hatte. An der Stelle der kleinen Moschee neben dem Grabmal erhob sich jetzt eine riesige farbenfrohe Moschee, wahrscheinlich mit Spenden von im Ausland lebenden indischen Muslimen erbaut. Es war ein Freitag, und die Erregtheit jener Menschen, die sich besessen glaubten, machte sich bemerkbar. Ich entschied mich dafür, nicht hineinzugehen, sondern erst einen Tee zu trinken. Mit meinem Kadetten-Reisesack ging ich über den Sand und blickte mich nach einem Tea Shop an der Straße um.

Da gab es einen, namens ‚Dargah Tea Stall‘ – ein binsenbedeckter Bau mit einer kleinen erhöhten Veranda davor. Als ich darauf zuging, sah ich eine Gruppe von Leuten schweigend rund um die Veranda stehen, die Rücken von mir abgewandt. Ich schloss mich der Gruppe an; die Leute blickten alle auf einen schmutzig aussehenden, dünnen, nackten Mann, der auf dem Boden kauerte und in sich hinein lachte.

Sein graues Haar war kurz geschnitten und sein Gesicht von einem gestutzten weißen Bart gerahmt. Seine Augen hingegen faszinierten – groß und liebevoll, und sie sahen mich jetzt an. Eine Szene aus der Vergangenheit schoss mir durch den Kopf: Dies war der gleiche Mann, dem ich hier vor Jahren begegnete, und ich war wiedergekommen, wie er es vorausgesagt hatte.

Als er in meine Augen blickte, gaben mir seine Worte die Bestätigung: „*Vanditaan, sonna madiri, vanditaan* ... Ist gekommen, genau wie ich sagte“, und er brach in Gelächter aus. „Großer Dieb“, sagte er zwischen lautem Gelächter, „kam, um meinen Schatz zu stehlen.“

Ich erholte mich vom ersten Schock und sah, dass er Tee trank und eine Zigarette rauchte, die ihm jemand angezündet hatte. Er warf die Zigarette weg und winkte: „Setz dich hierher.“

Ich ließ den Reisesack auf die Veranda fallen und setzte mich auf den Boden. „Ihr geht jetzt alle weg“, sagte er in Tamil, und die Menge zerstreute sich. Der Besitzer der Tee-Bude brachte ihm einen neuen Tee.

„Gib ihm Geld“, sagte der alte Mann. Ich zahlte eine halbe Rupie.

Er trank die Hälfte und bot mir den Rest an: „Trink den Tee.“ Ich zögerte, da ich seine gelben Zähne sah, die anscheinend nie geputzt worden waren.

Der Budenbesitzer wisperte: „Trink, trink, du weißt gar nicht, welches Glück du hast. Er tut das selten.“ Warum nicht, sagte ich mir, und hauptsächlich aus Liebe zu diesen gütigen Augen machte ich meine zu und trank den Tee aus.

Inzwischen wurde es dunkel. Der alte Mann sprang auf, rief: „Komm, komm!“, und rannte los. Ich vergaß alle Kadettenvorschriften hinsichtlich des Reisesacks und rannte ihm nach.

Bald erreichten wir den Strand. Er hielt vor einer verlassenen Fischerhütte mit halb abgerissenem Dach und ließ sich auf der zerfallenden Veranda nieder. „Setz dich“, sagte er. Ich setzte mich mit überkreuzten Beinen neben ihn. Wir sahen beide auf das Arabische Meer. „Er kam von den Himalayas, nicht?“, fragte er.

„Wer?“

„Er berührte deinen Kopf, hatte schönes, geschlungenes Haar.“

„Ja“, sagte ich und wunderte mich, dass er dies wusste.

„Okay, jetzt werde ich deinen Kopf berühren. Großer Dieb, bist gekommen, um meinen Schatz zu stehlen.“

„Tut mir Leid“, sagte ich jetzt ärgerlich, „ich bin kein Dieb, ich habe gar nichts gestohlen!“

„Wie Krishna, der die Butter stiehlt, die Herzen der *gopis*[24] stiehlt. Liebende Blicke stiehlt. Stiehlt! Großer Dieb!“

„Und?“

„Aha, Aha“, sagte er und berührte mit den Fingern seiner rechten Hand meine Brust und meine Stirn.

Zuerst überflutete ein silbriges Licht mein Herz und explodierte dann in meiner Stirn. Ich vergaß alles, außer der Präsenz dieses Lichts, das zwischen Herz und Stirn hinauf und hinunter flutete. Wellen der Ekstase strömten ins Herz und von da in den ganzen Körper. Das Haar stellte sich mir auf, und ich wollte die ganze Welt umarmen. Ich weiß nicht, wie lange ich dort saß oder was in der äußeren Welt geschah.

Als die Ekstase etwas abklang, öffnete ich die Augen und fand mich in der Fischerhütte sitzen. Der alte Mann saß nah bei mir und schüttete einen Eimer mit Sand über meinem Kopf aus: „Genug, genug, komm zurück, armer kleiner Junge."

Ich wischte den Sand aus meinem Gesicht, stand auf und stellte fest, dass ich nackt war. Verlegen fragte ich: „Wo sind meine Kleider?"

„Alles ist hier. Geh und nimm ein Bad", sagte der neben mir stehende Besitzer des Tea Shops, Hamid. Er gab mir ein Handtuch zum Umwickeln und führte mich in sein Haus. Der Morgen dämmerte. Während ich badete, konnte ich im Herzzentrum noch immer sanfte Wellen der Seligkeit spüren. Als ich fertig war, brachte mir Hamid meine Kleidung, die er gewaschen und gebügelt hatte. Ich zog sie an und trat vor die Tür.

Hamid erzählte mir, dass ich mich vier Tage lang in einer verrückten Ekstase befunden hatte und physisch dran gehindert werden musste, nackt umherzulaufen. Gemäß den Instruktionen des alten Mannes hatte er meinen Reisesack und das Geld, das ich in der Hosentasche trug, sicher aufgehoben. „Mastan Sahib wartet draußen", sagte er, „beeil dich."

Kaladi Mastan Sahib, wie ihn Hamid nannte, saß auf der Veranda des Tea Shops. Er ging fast nie in einen Laden oder ein Haus. Als er mich erblickte, prustete er vor Lachen und sagte:

„*Puthu Maaplai* (neuer Bräutigam), großer Dieb. Komm nicht wieder. Kein Schatz mehr. Geh."

Ich beugte mich hinab und küsste seine schmutzigen, heiligen Füße. Er stand, wie immer nackt, auf und lief weg. Die Umstände hinderten mich daran, Kaladi Mastan wieder aufzusuchen, und als ich nach mehreren Jahren schließlich zu dem kleinen Ort fuhr, konnte ich nur sein Grab finden.

Hamid servierte mir Frühstück und erzählte dann, was er über Kaladi Mastan wusste; es war nicht viel. Vor einigen Jahren war er plötzlich aufgetaucht, nackt und ungewaschen wie ein Neugeborenes, und wurde lange als Verrückter betrachtet. Einmal suchte ein starker Sturm die Gegend heim, die Hochspannungsleitung riss und fiel auf die überflutete Straße. Der gesamte Verkehr war unterbrochen und niemand konnte die

Straße überqueren. Jeder, der in Kontakt mit dem Wasser kam, wurde garantiert vom elektrischen Strom getötet. Zwei Personen waren bereits umgekommen. Feuerwehr, Armee und Polizei hatten Barrieren errichtet, um Menschen und Tiere daran zu hindern, in den sicheren Tod zu laufen.

Zuschauer sahen erschrocken, wie Kaladi Mastan herbeilief, über die Barrieren sprang und, ehe ihn irgendjemand zurückhalten konnte, durch das knietiefe Wasser watete. Alle waren über die Maßen erstaunt, dass er, anstatt vom Starkstrom getötet zu werden, unverletzt und unbekümmert zum Meer weiterging. Ein Soldat war der erste, der seine Füße berührte und sich vor ihm zu Boden warf.

Seitdem war er unter den Ortsansässigen beliebt und man versorgte ihn mit Tee, den er häufig trank. Er aß selten, rauchte manchmal und widerstand jedem Versuch, ihn zu bekleiden. Die ultra-orthodoxen Muslime hielten sich von ihm fern, denn nackt umherzulaufen verstößt gegen das islamische Gesetz. Diejenigen, die ein wenig von Sufi-Lehren verstanden, verglichen ihn mit Rabia und dem nackten Mansur al Hallaj und zollten ihm den Respekt, der einem Heiligen gebührt. Die Fischer hinduistischen Glaubens betrachteten ihn als *avadhuta*, als einen ekstatischen Heiligen, der sich von allen sozialen Normen und Gebräuchen gelöst hat.

Allgemein glaubten die Bewohner des kleinen Dorfes, es brächte ihnen Glück, wenn sie ihn fütterten. Hamid behauptete, dass Mastan Sahib – der ‚berauschte Heilige‘, wie er ihn nannte – ein großer Sufi-Meister war, der von Kaladi in Tamil Nadu kam und einen kleinen Schülerkreis hatte, dem er auch angehörte. Er glaubte, der Mastan hätte mir einen besonderen Segen erteilt, um mich für eine größere spirituelle Entfaltung vorzubereiten. Hamid starb ein Jahr nach meinem Erlebnis.

11. Drei Mönche

Ich möchte nun über meine Beziehung zu einigen besonderen Menschen sprechen. Drei davon waren Mönche, jeder einzelne auf seine eigene Art. Es waren Swami Abhedananda, Chempazanthi Swami und Swami Tapasyananda von der Ramakrishna Mission.

Im ersten Kapitel beschrieb ich meine erste Begegnung mit *Kirtan*-Gesängen der Hindus und wie ich, überwältigt vom Rhythmus der Trommel und der Zimbeln, aus dem Haus gelaufen war und eine Gruppe von singenden und tanzenden Leuten rund um einen großen, stattlichen Mann mit wallendem Bart gesehen hatte. Das war Swami Abhedananda.

Swami Abhedanandas Ashram lag im East Fort Bezirk Trivandrums. Ich hatte damals gerade ein Fahrrad erworben und feierte meine neue Mobilität, indem ich regelmäßig zum East Fort fuhr. Das East Fort war vor Jahrhunderten von den Maharadschas von Travancore gebaut worden und diente dem Zweck, den Tempel von Sri Padmanabha zu beschützen. Es wurde zum Wohnviertel von Brahmanen. Schließlich entwickelte es sich zu einer kleinen Ortschaft, mit Geschäften, Restaurants und großen Juwelierläden. Der Tempelteich existiert heute noch immer.

Auf der Westseite des Teichs stand der Abhedananda Ashram. Damals waren Abhedanandas bescheidene Wohnstatt, ein paar Wohneinheiten für die kleine Zahl ständiger Ashram-Bewohner, ein Freiluft-Auditorium und ein Radha-Krishna-Tempel mit einer winzigen *Kirtan*-Halle die einzigen Bauten des Ashrams.

Swami Abhedananda war ein Weltentsagender, ein Mönch, der allem entsagt hatte, sogar fast all seiner Kleidung; er trug nur ein Lendentuch, das sogenannte *kaupin*. Als ich ihn besuchte, war er etwa fünfundfünfzig Jahre alt und hatte sich für ständig niedergelassen, nachdem er zu Fuß zu allen Pilgerzentren Indiens, einschließlich der Himalaya-Tempel, gewandert war.

Er war groß, hellhäutig und attraktiv, mit lockigem, auf die Schultern fallendem Haar und mit einem weißgesprenkeltem Bart, der ihm ein königliches Aussehen gab. Dabei war er der gutherzigste Mensch, dem ich je begegnete, und stets sanft und liebevoll. Er war kein intellektueller *Vedantin*, sondern ein Mann voller Hingabe – ein *bhakta*, der den amourös-verspielten göttlichen Kuhhirten Krishna liebte und sich ihm gänzlich überlassen hatte.

Von ihm lernte ich das Konzept von ‚*Madhura Bhava*' kennen (man sieht sich als weibliche liebende Gespielin von Krishna – wie die *gopis*, die Kuhhirtinnen von Brindavan es waren). Wenn er Krishna verehrende Lieder sang, veränderte sich seine Stimme in Klang und Tonhöhe, Tränen der Hingabe strömten über seine Wangen, und er fiel in Trance.

Wann immer ich den Ashram besuchte, hatte ich ungehinderten Zugang zum Swami, außer wenn er ruhte. Ich saß oft mit kleinen Gruppen seiner Anhänger beisammen und genoss die Gespräche. In der Regel drehten sie sich um das Thema Hingabe. Der Swami hieß mich stets mit einem Lächeln willkommen und ließ mich nicht gehen, ohne dass ich mit ihm zu Mittag gegessen hatte.

An einem Freitag kam ich um etwa 11 Uhr an und fand den Swami allein vor. Er begrüßte mich, als hätte er mich erwartet, stand vom Sessel auf, in dem er gesessen hatte und setzte sich neben mich auf den Boden. Mit einem Blick voller Zuneigung berührte er mein Kinn und sagte: „Liebe ist alles, was nötig ist. All die Argumente und Diskussionen können das Unbegrenzte nicht erreichen. Nur Liebe vermag es. Öffne dein Herz und sieh Krishna. Liebe ihn wie die *gopis*."

Dann ruhte seine Hand auf meiner Schulter, und er fiel in Trance. Tränen rollten über seine Wangen. Nach einer Weile erschauerte sein Körper plötzlich und er kam zurück ins normale Bewusstsein. „Du wirst weit bis zum Himalaya reisen", sagte er. „Der Guru erwartet dich. Pass auf dich auf, und möge dich Radha-Krishna beschützen." Er weinte und legte die Hände segnend auf meinen Kopf.

In der darauffolgenden Nacht hatte ich während der üblichen Meditation eine ungewöhnliche Vision. Ich befand mich in einer schönen bewaldeten Landschaft, ein Fluss floss gemächlich hindurch. Von fern wehten süße Flötentöne herbei. Ich hörte Lachen, blickte um mich und bemerkte ein halbes Dutzend lieblicher Mädchen, die bunt gekleidet und geschmückt im Kreis um mich standen.

„Geh schon", neckte mich eines, „der Gott der Liebe, dein Liebhaber Krishna ruft dich mit seiner Flöte." Die anderen kicherten aufgeregt. Ich sah auf meine vielen Armreifen und klingenden Fußkettchen und plötzlich wurde mir klar, dass ich eins dieser Mädchen war.

„Da", sagte eine meiner Gefährtinnen, „schau in den Spiegel und frische dein Make-up auf."

Sie gab mir einen runden Spiegel. Ich sah darin ein hübsches, mit Juwelen geschmücktes junges Mädchen, das mich anlächelte. Mit einem Mal wurde ich verlegen. Im Spiegel konnte ich sehen, wie meine Wangen erröteten. „Sie wird rot!", riefen meine Gefährtinnen und kicherten. Ich blickte auf meine geschwungenen Augenbrauen, die dichten Wimpern und roten Lippen. Alles war perfekt. Ich war bereit, meinen Geliebten zu treffen.

Ich zitterte vor Scheu und Aufregung. Dann hörte die Musik auf. Starker Duft von Sandelholz erfüllte die Luft. Jemand hinter mir hielt meine Schultern. Die Mädchen liefen weg, ihre Fußkettchen und Armreifen klimperten. Ich wandte mich um und blickte in die Lotusaugen meines dunkelhäutigen Geliebten Krishna; ich wurde ohnmächtig.

Als ich aufwachte, war es Morgen. Nur noch einmal im Leben hatte ich eine ähnliche Erfahrung – viele Jahre später in Brindavan.

Swami Abhedananda war der erste, der *nagara sankirtan* oder Gemeinschaftssingen in der Stadt Trivandrum einführte. Er begann auch als erster mit *Akhanda Nama Sankirtan*, dem pausenlosen Singen der heiligen Namen der Gottheit. Das wird auch heute noch fortgesetzt. Die Leute singen in Schichten im Abhedananda Ashram. Das Singen wird nie unterbrochen.

Es ist nicht meine Aufgabe, die Verdienste oder die Mängel einer solchen Praxis zu hinterfragen. Vielleicht ist sie für diesen oder jenen nützlich. Swami Abhedanandas einfache, kindliche, hingebungsvolle Natur jedenfalls erweckte in mir eine sehr andächtige Einstellung, die in den Winkeln meines Bewusstseins derart verborgen lag, dass ich von ihr nichts geahnt hatte.

Chempazanthi Swami war ganz anders. Er sah nicht besonders beeindruckend aus. Sein Körper war dünn, beinahe skeletthaft, und sein verfilztes Haar war wie ein seltsamer Hut um seinen Kopf geschlungen. Er war nicht ansehnlich im konventionellen Sinn, und er sprach kaum. Jeder, der ihn auf der Straße traf, hielt ihn für einen Verrückten. Gewöhnlich wickelte er ein weißes Handtuch um seine Lenden und hockte sich in einen kleinen binsenbedeckten Schuppen.

Chempazanthi heißt ein kleines Dorf nahe von Trivandrum, bereits bekannt als Geburtsort von Sri Narayana Guru. Das Loyola College, an dem ich mein Abitur anstrebte, lag nicht weit von Chempazanthi entfernt; daher machte ich mich an einem Nachmittag auf, den Swami zu besuchen.

Wir waren in der Zwischenzeit in ein neues Haus umgezogen und einer unserer Nachbarn hatte den Namen des Swamis erwähnt. Ich erfuhr, dass der Swami früher im Dorf Chempazanthi einen Tea-Shop betrieben hatte. Eines Nachts initiierte ihn ein Wandermönch in das Mantra von Sri Rama. Er sang nun das Mantra andauernd und es berauschte ihn derart, dass er keiner körperlichen Tätigkeit nachgehen konnte. Er gab den Tea-Shop auf und verbrachte lange Zeit in den umliegenden Wäldern.

Manchmal fiel er in den Stimmungszustand von Hanuman, des Affengottes und treuen Anhängers von Rama, und er begann sich wie ein Affe zu verhalten, auf Baumen zu sitzen, Nüsse zu essen und sich von einem Baum zum anderen zu schwingen. Es wird gesagt, dass er, nachdem er eine Vision seiner Gottheit Rama erhielt, von den Bäumen herunter kam und in die strohbedeckte Hütte neben einem kleinen Rama-Tempel einzog. Und dort wollte ich ihn treffen.

Es stand nur ein Mann vor der Hütte. Ich äußerte meinen Wunsch und er ging in die Hütte, um gleich wieder herauszukommen: „Du kannst hineingehen“, sagte er schlicht. Auf einem erhöhten Absatz aus Lehm und Kuhdung sah ich den gebrechlichen Swami mit seinem verflochtenen Haar. Er hockte auf einer Bambusmatte. „Komm“, bedeutete er ohne kunstvolle Einleitung. Ich trat näher. „Setz dich“, sagte er. Ich setzte mich vor ihn.

„Ramayanam“, sagte er und sah mich scharf an.

„Ich habe es gelesen“, meinte ich, „aber ich …“

„Nicht genug“, schnitt er mir das Wort ab.

„Was noch?“

„Raa-maayanam“, sagte er.

Jetzt verstand ich. Die Betonung machte es klar. Er meinte nicht das Ramayana-Epos. Er hatte das Wort in zwei Teile gespalten – *Raa* und *maayanam.*

„*Raa* bedeutet Nacht, Dunkelheit“, erklärte er. „Diese Dunkelheit muss verschwinden. Dann wirst du Rama sehen.“

Ich konnte kaum meinen Ohren trauen. Hier saß ein ungebildeter Teebudenbesitzer und präsentierte die große Wahrheit des Vedanta in solch einfachen Worten. Die Dunkelheit des Unwissens muss weichen, ehe man Rama, die Wahrheit erblicken kann. War das derselbe Mann, der von Baum zu Baum sprang, Nüsse aß und sich wie ein Affe verhielt?

Er fiel in Schweigen. Ich wartete gut über eine halbe Stunde, bevor ich mich entschloss zu gehen. Ich stand auf und berührte zum Abschied seine Füße. Er brachte einen deutlich affenähnlichen Ton hervor und drückte meine Stirn mit dem Zeigefinger seiner rechten Hand. Ich verließ die Hütte und eilte zum Bus; es war schon ziemlich spät. Im Bus musste ich fortwährend denken: Die Dunkelheit muss weichen, ja, die Dunkelheit muss weichen.

Swami Tapasyananda wiederum unterschied sich von diesen beiden heiligmäßigen Personen. Er war der damalige Präsident der Ramakrishna Mission in Sasthamangalam. Die Ramakrishna Mission unterhielt auch ein Krankenhaus, das Mittellose kostenlos behandelte. Ich hatte wohl über den großen Heiligen Ramakrishna Paramahansa und seinen berühmten Schüler Swami Vivekananda gelesen, wusste aber nichts von diesem Zweig der Ramakrishna Mission in Trivandrum. Ich fand es ‚zufällig' heraus:

Unweit der öffentlichen Bücherei Trivandrums, wo ich zuerst die Gesammelten Werke von Swami Vivekananda gelesen hatte, befindet sich eine schöne Parkanlage namens Museum Garden. Es war meine Gewohnheit, von der Bücherei zu dem kleinen Park zu spazieren und dort still auf einer Bank zu sitzen. Eines Tages traf ich dort auf einen jungen, ockerfarben gekleideten *sanyasin*[25] mit einem leuchtenden Gesicht. Neugierig fragte ich ihn, wer er sei. Er lachte wie ein Kind und sagte, er gehöre zur Ramakrishna Mission. Sie läge nicht zu weit entfernt. Ich fragte ihn, ob ich den Ashram besuchen könnte?

„Sicher. Du solltest das tun", meinte er lachend, „und du musst unser Oberhaupt treffen, Swami Tapasyananda, eine große Seele. Komm vorbei. Mein Name ist Golakananda."

Also ging ich an einem Sonntagmorgen dorthin. Swami Golakananda stellte mich Swami Tapasyananda vor. Er war in *kurta* und *dhoti*, beide ockerfarben, gekleidet wie alle Mönche des Ramakrishna Ordens, und der erste Eindruck, den er vermittelte, war Strenge und Disziplin. Mit der Zeit allerdings entdeckte ich auch ein zartes, liebevolles Gemüt; es verbarg sich nur hinter einer konstruierten Fassade.

Ich lernte von ihm viele Dinge, besonders über die Ramakrishna-Vivekananda Bewegung, und zum ersten Mal verstand ich Vivekanandas Ausspruch: ‚Dienst für die Menschheit ist Dienst für Gott!'

Ich erkannte, wie sehr das liebende Herz des Mönchs Vivekananda, des größten unter den Jüngern Ramakrishnas, für die leidende Menschheit blutete. Swami Tapasyananda selbst war ein Schüler von Swami Shivananda, eines direkten Schülers von Sri Ramakrishna Paramahansa.

Er führte mich bei Professor Balakrishnan Nair ein, der ihm zufolge die schwindelerregenden Höhen von Vedanta erklommen hatte, obgleich er auch Familienvater war. An zahlreichen Sonntagen, auf meinem Weg zum *kalari*-Training am Shangumukham Strand, pflegte ich bei Professor Nairs Haus vorbeizuschauen und ihm zuzuhören, wenn er die vedantischen Lehren in einfacher Sprache erläuterte, wobei er meist Gleichnisse von Sri Ramakrishna Paramahansa verwendete.

Viele Jahre später, als Swami Tapasyananda als Haupt der Ramakrishna Mission in Chennai und Vizepräsident des Ramakrishna Ordens fungierte, weihte er mich in das Ramakrishna-Mantra ein, das mir immer entgangen war, obwohl ich einige Zeit als Gehilfe in verschiedenen Ramakrishna Zentren verbracht hatte. Ich bin ihm dafür auf immer verpflichtet.

12. Mai Ma

Jetzt muss ich Ihnen von diesem merkwürdigen, nackten Wesen Mai Ma erzählen, und wie ich ihr begegnete. Das erste Mal erfuhr ich von Mai Ma im Haus von Ananthanarayana Pillai, in dem ich auch Gopala Saami zum ersten Mal getroffen hatte. Herr Pillai sagte, sie sei ein *avadhuta*, eine spirituell hoch entwickelte Person, die sich um gesellschaftliche Gepflogenheiten der Menschen nicht im Geringsten kümmert, und sie lebe nackt am Sandstrand von Kanyakumari, zusammen mit einigen streunenden Hunden als Begleitern.

Zwei Tage nach Erhalt dieser Information bestieg ich einen frühen Bus von Trivandrum nach Kanyakumari. Es war ein Sonntag, ein heißer Sommertag. Der Bus kam kurz vor Mittag an. Kanyakumari oder Cape Comorin liegt an der südlichsten Spitze Indiens. Der Golf von Bengalen, der Indische Ozean und das Arabische Meer vereinen sich hier.

Es ist ein schöner Platz, besonders bei Sonnenauf- und Sonnenuntergang und in Vollmondnächten. Zu der Zeit, über die ich spreche, gab es noch keine Ziegel- und Betonkonstruktionen, die einen Ort seiner natürlichen Schönheit und Heiligkeit berauben. Man konnte noch bei Ebbe zu dem großen Felsen im Meer schwimmen, der Vivekananda-Fels heißt, und dort inmitten der majestätisch dahin rollenden Wogen meditieren. Swami Vivekananda wurde hier während seiner Meditation dazu inspiriert, für die Armen und Unterdrückten zu arbeiten.

Im Angesicht des Meeres steht der berühmte Tempel der jungfräulichen Göttin Kanya Kumari. Es heißt, dass in alter Zeit ein kostbarer Diamant im Nasenring der Göttin als Leuchtsignal diente, das den Seeleuten half, ihre Schiffe zu navigieren. Wie bei allen Legenden haben wir keine Möglichkeit, dies zu beweisen oder zu widerlegen. Vielleicht gab es damals so einen kostbaren Diamanten, doch jetzt ist er verschwunden. Auch Göttinnen können zu Opfern menschlicher Gier werden. Ich besuchte zuerst den Tempel, da dieser mittags schloss, und fand die Göttin sehr schön, selbst mit dem billigen künstlichen Diamanten in ihrem Nasenschmuck. Wie üblich hatte der Priester das Geld in meiner Tasche im Sinn und schwenkte die Öllampe vor der Gottheit. Ich ließ eine Rupie auf den vorgestreckten Teller fallen, nahm die darauf liegende *Jamanthi*-Blume und die Sandelholzpaste und verbeugte mich tief, um dann zu gehen.

Jetzt musste ich Mai Ma finden. Doch wegen fehlendem Frühstück verspürte ich plötzlich großen Hunger und beschloss, als erstes in ein Restaurant zu gehen und dabei Erkundigungen einzuholen. Ich trat in das nächstliegende Speiselokal und setzte mich an den Tisch, der gleich bei der Kasse stand. Während ich köstliche *dosas* aß, befragte ich den grauhaarigen, bebrillten Mann mit Walrossschnurrbart und goldener Armbanduhr an der Kasse – es musste der Besitzer des Lokals sein.

„Ja", sagte er, „ich weiß über Mai Ma etwas Bescheid." Ich fragte ihn, ob er wüsste, woher sie komme.

„Niemand weiß das", entgegnete er, „sie tauchte einfach vor dreißig Jahren in Kanyakumari auf." Er sagte, dass sie seit seiner Kindheit, als er sie zum ersten Mal sah, unverändert schien. Sie trug selten Kleidung und war stets von einem Rudel streunender Hunde umgeben, mit denen sie ihre Mahlzeiten teilte.

Dann schloss sich uns ein Kellner mittleren Alters an, der behauptete, sie wäre die Mutter des Universums in menschlicher Gestalt. Ich fragte ihn, wie er das wüsste; er sagte, dass er viele Erfahrungen gemacht hatte, die recht unerklärlich waren.

„Wie kam sie an Nahrung?", fragte ich. Zuerst dachten die Leute, sie wäre verrückt, und wollten ihr nichts zum Essen geben. Dann wurde beobachtet, wie sie zum Meer ging, mit bloßen Händen Fische aus dem Wasser zog, feuchten Seetang auf die Fische häufte und ein paarmal in den Haufen blies. Flammen sprangen daraus hervor und die Fische wurden so gegart.

Nach diesem Vorfall begannen einige, ihr etwas zu essen zu bringen. Viele Restaurantbesitzer glaubten jetzt, es wäre ein sehr gutes Omen, wenn sie in einem Restaurant um Essen bettelte, und beköstigten sie großzügig. Sie tat das jedoch selten.

„Wie kann ich sie finden?", erkundigte ich mich. Man riet mir, die Felsklippe hinter dem Tempel hinunterzugehen. Normalerweise saß sie mit ihren Hunden unten, verborgen von Felsblöcken, die über die Küste verstreut lagen.

Ich beendete mein Essen, packte einige *dosas* ein, wie es mir meine Informanten empfohlen hatten, und machte mich auf den Weg. Mittlerweile war der Sand des Strandes glühend heiß und ich war froh, Sandalen zu tragen.

Ich ging am Ufer entlang, manchmal auf dem Sand, manchmal stieg ich Felsen hinauf und hinunter, bis ich das Knurren von Hunden hörte und anhielt. Ein halbes Dutzend von ihnen in allen Farben und Größen stand im Halbkreis vor einem großen Felsblock und knurrte mich mit gefletschten Zähnen an. Ich konnte nichts anderes tun, als still zu stehen, sie anzustarren und zu hoffen, sie würden sich nicht auf mich stürzen. Hinter dem Felsbrocken ertönte ein Singsang in einer musikalischen weiblichen Stimme. Ich konnte die Worte nicht verstehen, aber die Töne klangen beruhigend. Die Hunde hörten auf zu knurren und verzogen sich hinter die Felsen. Ermutigt schritt ich vorwärts und blickte hinter den Felsbrocken.

Da saß sie, an einen großen Stein gelehnt, nackt wie ein Baby. Ich konnte nicht umhin mich zu fragen, wie schön dieses sonnenverbrannte, tief gebräunte Gesicht einst gewesen sein musste. Ihr graues ungewaschenes Haar war reich und voll. Wenn sie lächelte, leuchtete ihr Gesicht hell. Ihre Augen … Oh! Ihre Augen … wie vermag ich sie zu beschreiben?

„*Aaoo*", sagte sie, „komm", so wie eine vernarrte Mutter ihr Kind ruft.

Zu meiner eigenen Überraschung brach ich in Tränen aus und heulte wie ein kleines Kind. Mein ganzer Leib bebte, als das Schluchzen aus einem tiefen Abgrund des Herzens hervorzukommen schien. Ich wollte an diesen Brüsten saugen und die Milch menschlicher Freundlichkeit trinken, doch hinderte mich meine Erziehung daran.

Mai Ma streichelte liebevoll jeden Zentimeter meines Körpers. Dauernd wiederholte sie etwas Unverständliches in ihrer musikalischen Stimme. Nach einer Zeitlang fühlte ich mich leicht werden, als hätten die vergossenen Tränen alle Lasten weggeschwemmt. Ich raffte mich auf, erinnerte mich der *dosas*, die ich mitgebracht hatte, und bot sie ihr an.

Sie öffnete das Päckchen, nahm eine *dosa* für sich und verteilte die anderen an ihre Hunde-Gefährten. Ein Stück steckte sie in meinen Mund, tätschelte mein Gesicht und sagte ein Wort, das ich verstand: „*Jao, jao*", „geh, geh." Ich warf mich in ganzer Länge zu ihren Füßen nieder, stand auf und ging.

Während ich zur Bushaltestelle wanderte, konnte ich in der Entfernung den Vivekananda-Felsen sehen, von den Wellen der drei Meere umspült. Ich sinnierte darüber, ob Swami Vivekananda ähnliche Gefühle hatte, als er seinen geliebten Sri Ramakrishna traf. Ein Bus nach Trivandrum wartete. Ich stieg ein.

Zu Hause kam ich ziemlich spät an. Meine Mutter war noch wach. Sie wärmte das Abendessen auf, stellte es auf den Esstisch und ging ins Schlafzimmer zurück. Keine Fragen wurden gestellt. Das einzige, was sie sagte, war: „Es ist spät. Iss und geh dann schlafen."

In dieser Nacht hatte ich eine Vision. Ein riesiger Banyan-Baum stand mitten an einer Kreuzung in einer kleinen Stadt. Unter dem Baum saß ich in der Buddha-Haltung. Ich war dünn und, bis auf ein kleines Lendentuch, unbekleidet, hatte verfilzte Haare und einen schwarzen Bart.

Aus einer der Straßen kam jemand mit einem rohen Spazierstock heran. Beim Näherkommen erkannte ich die Person. Es war Mai Ma, doch trug sie jetzt einen purpurroten Sari. Während ich sie anblickte, wuchs sie höher und höher, fast so hoch wie der Banyan-Baum. Sie lächelte zu mir herab und sagte: „Ich bin hungrig. Gib mir etwas zu essen." Ich befand mich in der Klemme – ich konnte mich nicht erinnern, irgendetwas Essbares bei mir zu haben.

„Schau in deine Bettelschale", sagte sie. Ich sah nach und fand ein Reiskorn, das ich ihr schlechten Gewissens anbot. Sie aß es mit Genuss und berührte darauf mit ihrer rechten Hand meine Stirn. „Schließ die Augen", sagte sie. Eine Welle unbeschreiblicher Seligkeit trat durch die Stirn in meinen Körper ein und überschwemmte jede Zelle. Danach wachte ich auf. Die Morgendämmerung war schon vorüber. Mein Körper pulsierte noch immer in Glückseligkeit, so sehr, dass ich mich wie ein Betrunkener kaum auf den Beinen halten konnte.

Irgendwie gelang es mir, zum Badezimmer zu torkeln und mein Morgengeschäft zu verrichten. Dann ging ich zurück ins Bett. Ich sagte meiner Mutter, ich fühlte mich nicht wohl und wäre nicht in der Lage, zur Schule zu gehen. Sie fühlte nach meiner Stirn und meinte, ich hätte erhöhte Temperatur. Ich bekam nur *kanji* (Reis-Porridge) zum Frühstück. Bis zum Abend hatte sich mein Gefühlszustand normalisiert. Doch die Erinnerung an das Erlebnis am Vortag blieb für immer erhalten.

13. Verstehen der heiligen Verrücktheit

Ich muss noch eine andere denkwürdige Begegnung erwähnen. Von einem Schreiner hatte ich gehört, dass ein eigenartiger heiliger Mann, der den Leuten Fußtritte versetzte, in Punthura lebte, nicht weit von Beema Palli, wo ich Kaladi Mastan begegnet war. An einem Freitag während der Weihnachtsferien besiegte meine Neugier mein Widerstreben, einen Exzentriker zu besuchen, und ich nahm einen Morgenbus nach Punthura. Als ich dort ankam, sah ich eine kleine Gruppe von Leuten, die bei einem komischen, im Sand hockenden Mann standen.

Schmutz bedeckte seinen ausgezehrten Körper. Außer einem Lendentuch war er nackt. Sein verfilztes Haar und sein Bart waren so lang, dass sie bis zum Boden reichten. Seine Augen sahen erschreckend aus. Sie schossen andauernd wild hin und her wie bei einem in der Falle gefangenen Tier. Ich schloss mich der Gruppe an, und nach einiger Zeit, als ich gerade dachte, es wäre vernünftiger zu gehen, winkte mich der merkwürdige Mann heran. Ich zögerte, doch jemand nah bei mir sagte: „Geh, geh, das bedeutet Glück."

Widerstrebend trat ich näher zu ihm heran. Er gestikulierte, ich sollte mich herabbeugen. Ich kniete nieder und beugte den Kopf zu seinem Gesicht, erwartete dabei, ein Konzentrat üblen Geruchs einatmen zu müssen. Erstaunlicherweise atmete ich nur den Duft von Räucherwerk ein. Aber etwas schlug mich, und zwar hart.

Der seltsame Mann hockte immer noch da, ruhte auf seinen Ellbogen, und versetzte plötzlich ohne Vorwarnung meiner rechten Backe einen kräftigen Tritt. Ich sah einen Blitz, fiel zu Boden und drehte mich einmal um mich selbst. Dann stand ich auf und rieb mir die Backe. Zwischen uns wurde kein Wort gewechselt. Der Swami schien an mir das Interesse verloren zu haben und blickte woanders hin. Es bestand kein Anlass, weiter zu verweilen; ich löste mich von der Gruppe und ging zur Bushaltestelle.

Als ich im Bus saß, bemerkte ich, dass der Schmerz, der sich vor ein paar Monaten in der unteren Rückenpartie festgesetzt hatte, weil ich während der *Sirshasana*-Übung (Kopfstand) gefallen war, komplett verschwunden war. Ich erwog, zurück zu gehen, um dem Swami zu danken, doch da fuhr der Bus schon los. Ich dankte dem merkwürdigen Mann im Geiste und sah ihn nie wieder. Welchen Effekt Punthura Swami auf meine spirituelle Entwicklung hatte, vermag ich nicht zu sagen; skeptisch wie ich bin, fragte ich mich, ob die Heilung des Rückenschmerzes nicht lediglich ein Zufallstreffer gewesen war.

Sie mögen sich nach diesen oben stehenden Schilderungen vielleicht wundern, weshalb viele der Personen, denen ich begegnete, ein so anormales Leben führten – nackt, schmutzig und mit erschreckenden Unarten. In der Hindu-Tradition werden solche scheinbar verrückten Männer und Frauen *Avadhutas* genannt, und in der Tradition der Sufis heißen sie *Masts* oder *Mastans.*

Die *Avadhutas* und *Mastans* sollen einer Kategorie spirituell entwickelter Menschen angehören, die sich aufgrund ihrer inneren Verbindung zur unbedingten Wahrheit von allen Bedingungen befreiten, welche den Menschen von der ‚zivilisierten Gesellschaft' auferlegt werden. Da sie sich derart von den Normen gesellschaftlichen Verhaltens lösten, scheinen sie mehr geistig Kranken als geistig Gesunden zu gleichen. Ein *Avadhuta,* befragt über seine verrückte Art, soll jedoch bemerkt haben, er müsste erst noch *eine* geistig gesunde Person auf dem Erdenrund finden.

„Jeder", sagte er, „macht sich wegen der einen oder anderen Sache verrückt." Ihm zufolge bestand der Unterschied zwischen denen, die in einer Nervenheilanstalt, und jenen, die nicht in ihr weilen, nur darin, dass die einen ‚drinnen' und die anderen ‚draußen' sind.

Es gibt eine weitere Kategorie heiliger Männer, die nackt umher laufen oder sich seltsam benehmen. Die *Naga Sadhus* und die *Digambar* Jain-Mönche erklären ihre Nacktheit aber als Symbol der völligen Entsagung und der Rückkehr zur natürlichen Einfachheit des Kindes.

Die *Masts* der Sufi-Tradition erhielten ihren Namen, weil sie ständig im berauscht-ekstatischen Zustand der Liebe zu und der Kommunion mit dem Geliebten sind. Nun ist die Trennlinie zwischen dem gewöhnlichen Verrückten und dem heiligen Verrückten so fein, dass in vielen Fällen eine verrückte Person fälschlicherweise für einen Heiligen gehalten wird – und umgekehrt ein Heiliger für einen Verrückten. Tatsächlich passiert das nicht selten, und es gibt nur wenige Richtlinien, mit deren Hilfe man zwischen den beiden unterscheiden kann. Für die meisten Aspiranten ist es besser, wenn sie Anleitung bei jemand suchen, der geistig gesund erscheint.

Noch eine Kategorie sich merkwürdig verhaltender, heiliger Männer wäre zu erwähnen. Wenn sie für sich alleine sind, wirken sie gelassen und harmonisch; doch sie können sich bizarr und skandalös verhalten, wenn sie nichtswürdige Menschen abschrecken wollen. Eine Gruppe dieser Kategorie ist der Sufi-Orden namens *Malamathis*.

***

Nun stand ich also auf der Schwelle und war ganz wild darauf, die Fesseln des Vertrauten und Nahen zu zerreißen und größere Perspektiven zu erkunden. Zwei wichtige Faktoren, die mich gehindert hätten, den Sprung zu wagen oder mich in die falsche Richtung gelenkt haben könnten, erledigten sich zu meiner Zufriedenheit. Ich will dies erklären.

Erstens missbilligte der orthodoxe Islam mystische Praktiken; wäre ich in der *Wahabi*-Tradition großgeworden, hätte ich nie daran gedacht, auch nur für kurze Zeit mein Zuhause zu verlassen und meine sozialen Verpflichtungen aufzugeben. Glücklicherweise war der Lehrer Ebrahim Saheb Bhai, der die Aufgabe übernommen hatte, meine Schwester und mich in Koran und Sharia[26] zu unterrichten, ein Sufi. Ich bin ihm für immer dankbar, dass er mich in die inneren Mysterien der Sufi-Lehren einführte. An manchen Tagen, besonders wenn meine Schwester aus irgendeinem Grund abwesend war, sprach er wunderschön über die Lehren der ‚Reisenden auf dem Pfad', was mich dazu inspirierte und ermutigte, den spirituellen Schatz persönlich zu suchen, ganz gleich, welche Opfer das von mir abverlangen würde.

Zweitens besagt eine wichtige Warnung, von sehr entwickelten Seelen an alle spirituelle Sucher gerichtet, dass man sich davor hüten soll, mit sogenannten wunderbaren Kräften zu liebäugeln und sie erwerben zu wollen. Ramakrishna Paramahansa ging sogar so weit zu sagen: „Wenn ein heiliger Mann Zauberkräfte zur Schau stellt, dann lauf ganz weit weg." Ich war seit Kindheit an Magie und ‚übernatürlichen' Kräften interessiert gewesen und inzwischen mit reichlicher Literatur über Zaubertricke und zeremonielle Magie in Berührung gekommen. Außerdem hatte ich mehrere Zauberer persönlich getroffen und von ihnen die Tricke ihres Handwerks so gut erlernt, dass ich im College oder bei anderen Anlässen eine komplette Zauber-Show, einschließlich von Levitation, berühmtem indischen Seiltrick und Zersägen einer Dame, aufführen konnte.

Kleine Tricke, wie das Materialisieren heiliger Asche, goldener Ringe und kristallener *lingams* aus der Luft waren für mich ein Kinderspiel. Manch einen heiligen Mann hatte ich verärgert, wenn ich diese Kunststücke in Gegenwart seiner Anhänger vorführte. Aber von Bedeutung ist hier, dass ich aufgrund eines ausführlichen Studiums von Magie und der sogenannten Wunder nicht länger von ihnen überwältigt wurde und dass ich deren Zurschaustellung als nichts Besonderes ansah. Daher kam ich nicht in die Gefahr, von ‚heiligen Männern' angezogen und irregeleitet zu werden, die Wunder als Köder benutzten und die Leichtgläubigen ausbeuteten. Ich war also dazu vorbereitet, einen echten spirituellen Lehrer zu suchen, ganz gleich wie schwierig es sein würde, einen zu finden, ohne dabei von ockerfarben oder orange gewandeten Zauberern zum Narren gehalten zu werden.

14. Probefahrt

Inzwischen wollte ich schrecklich gerne weg. Die Anziehung der Himalayas war unwiderstehlich geworden. Jedes Mal, wenn ich eine große Wolkenformation sah, beschwor meine Vorstellung verschneite Gipfel herauf. Selbst nackte felsige Hügel malte ich mit meiner von Schnee besessenen Phantasie weiß an. Die ewige Wohnstatt des Schnees winkte mir von ferne zu. In meinen Träumen sah ich erhabene Yogis in Höhlen meditieren, die sich unter unerreichbaren, silbrig leuchtenden Berggraten verbargen. In einem besonderen Traum sah ich einen Yogi, der – dessen war ich mir sicher – jene Person war, die ich mit neuneinhalb Jahren unter dem Jackfrucht-Baum getroffen hatte. Er stand nah bei einer Höhle im Himalaya und wartete auf mich.

Das gab den Ausschlag. Ich las die ganze verfügbare Literatur über die Himalayas, einschließlich Reisebeschreibungen und Zug-Fahrplänen, und entwarf einen Aktionsplan.

Die praktische Seite in mir mischte sich ein und empfahl, vor der eigentlichen Reise eine Testfahrt zu unternehmen. Eine kurze Periode von zehn Tagen Abwesenheit von zu Hause erfüllte sicherlich diesen Zweck. Erstens würde ich feststellen, ob ich diese Zeit auf mich allein gestellt überleben könnte. Zweitens würde ich bei meiner Rückkehr erfahren, wie meine Eltern, insbesondere meine Mutter, die mich sehr liebte, das Ganze annähmen. Drittens würde ich herausfinden, wie schwer mir die Trennung von meiner geliebten kleinen, erst fünfjährigen Schwester fiele.

Ich hatte von einem unserer Verwandten, einem pensionierten Richter, gehört, dass es am Ufer des Tamraparni Flusses in der kleinen Ortschaft Pottalputhur ein Mausoleum gibt, in dem ein Paar Sandalen aufbewahrt werden. Man glaubt, sie gehören dem großen Sufi-Heiligen Abdul Khader Gilani. Eine kleine Gemeinde von Sufi-Fakiren (*fakir* = muslimischer Yogi) aus dem Qadariya Orden wohnte dort.

Man erzählte mir auch, dass sich nicht weit davon entfernt und tief in den Wäldern eine Höhle auf einem Hügel befindet, mit dem Grab eines unbekannten Heiligen davor, das diese Sufi-Gruppe häufig besuchte. Das Gerücht ging um, dass in speziellen Nächten merkwürdige Wesen das Grab besuchen.

Ich wählte Pottalputhur als mein Reiseziel. Es lag nicht sehr weit von Trivandrum. Mein Taschengeld reichte für Fahrkarten und sonstige

Ausgaben. Ich bestieg einen Bus nach Nagercoil; von dort nahm ich einen anderen nach Pottalputhur, wo ich abends ankam. Ich hatte nur die Kleidung dabei, die ich am Leib trug – ein weißes Hemd und einen weißen *dhoti* –, dazu ein großes, weißes, um den Hals gebundenes Handtuch. Zuhause hatte niemand eine Ahnung, wohin ich gegangen war.

In Pottalputhur ging ich sofort daran, die Sufi-Gruppe ausfindig zu machen. Man sagte mir, dass der massive, weiß verputzte Bungalow, nicht weit vom Mausoleum und der kleinen daneben liegenden Moschee entfernt, der Wohnsitz des Sheikh oder erblichen Oberhaupts des Ordens, des Inamdar sei. Ich ging zu dem Bungalow und wurde nach einer kleinen Wartezeit zum Sheikh vorgelassen. Zu meinem Erstaunen sah er ganz normal aus und trug gewöhnliche Kleidung – weißes Hemd und eine weite weiße Hose. Er war mittelalt, hellhäutig und hatte einen sauber gestutzten schwarzen Bart und einen dünnen Schnurrbart. Er trug keinen Turban, nicht einmal eine Kappe.

Hinter seinem Stuhl an der Wand hing das Bild eines grün gewandeten, vornehm aussehenden Mannes mit langem Bart und safrangelbem Turban.

„Mein Vater", erklärte er, als er bemerkte, dass ich das Portrait anblickte. Wir sprachen zwanglos über einige Dinge. Meiner Bitte, in den Sufi-Orden initiiert zu werden, entsprach er nicht und nannte zwei Gründe. Einmal wäre die Initiation erst im Alter von vierzig Jahren möglich; zweitens führt ein Sufi ein komplettes Leben, und daher wäre die Erfahrung der Ehe wichtig. Ich war unverheiratet und müsste daher warten. Abgesehen von der Initiation war er bereit, über alles im Sufismus zu sprechen. Zögernd gab er meinem Wunsch statt, im Wohnheim neben der Moschee zu schlafen, doch bestand er darauf, dass ich meine Mahlzeiten gemeinsam mit ihm einnähme.

Ich ging zum Wohnheim und verbrachte eine gute Nacht. Früh am nächsten Morgen wachte ich beim Gebetsruf des Muezzin auf und ordnete mich in die Reihe der wenigen Beter ein, obgleich ich nicht sehr an den Wert des formalen *Namaz*-Rituals glaubte. Danach meditierte ich in der *vajrasana*-Position (Diamant-Thron). Die Tauben auf dem Dach der Moschee gurrten weiterhin im Chor.

Das Frühstück nahm ich beim Sheikh ein; dann traf ich einige *fakirs* des Qadariya-Ordens. Anders als ihr Oberhaupt trugen sie das traditionelle Gewand mit safrangelben Turbanen und hatten lange Bärte. Der Sheikh stellte mich ihnen vor und erzählte ihnen über das Gespräch, das wir am Vortag geführt hatten.

Ich traf den Sheikh wieder zum Mittagessen und lernte eine Menge über Sufi-Theorie und -Praxis. Er lieh mir eine gute englische

Übersetzung des Textes *Kasf-al-Mehjoob* (‚Offenbarung des Verhüllten') von Ali Hujiwiri, des großen Klassikers unter den Sufi-Lehren, und *The Sufis* von Sardar Iqbal Ali Shah. Außerdem hatte er ein älteres Mitglied des Ordens gebeten, die Lehren mit mir zu besprechen. Derart ging die Zeit vorüber, und ich hatte tags und nachts selige Meditationen. Das Essen war auch gut.

Nach sieben Tagen schnitt ich das Thema der Höhle im Wald an und erkundigte mich nach dem Weg. Man gab mir zwar die Wegbeschreibung, doch stimmte der Sheikh nicht meiner Absicht zu, allein dorthin zu gehen. Er sagte, es wäre ein dichter Dschungel mit Leoparden, und der Weg zur Höhle wäre auch nicht leicht zu finden. Ein älteres Mitglied der Gemeinde, ein großer robuster Mann mit einem weißen Ziegenbart namens Ebrahim Saheb, der schon oft dorthin gegangen war, und sein Assistent, ein junger, dunkelhäutiger und stämmiger Mann von wenigen Worten, sollten mich begleiten.

An einem Nachmittag stiegen wir in einen Bus, der uns in einer Stunde zu einem abgelegenen Dorf brachte. Der Sheikh hatte recht. Tatsächlich war es ein dichter Dschungel, und der junge Assistent musste vielfach dornige Büsche aus dem Weg räumen. Hie und da sahen wir riesige, wild aussehende Bildnisse, die von den Stammesangehörigen – sie haben den Ruf, erfahrene Schwarzmagier zu sein – angebetet werden. An manchen Plätzen fanden wir die Köpfe und Eingeweide von Tieren, die enthauptet und diesen *vana devatas* (Gottheiten der Wälder) geopfert worden waren. Es war recht abschreckend.

Wir erreichten den kleinen Hügel bei Abenddämmerung. Stufen waren in den Fels geschlagen worden und wir kletterten rasch zur Höhle hinauf. Riesige alte Bäume umstanden sie, als wollten sie sie bewachen. Die Dunkelheit kam schnell und der junge Mann, Hassan, sammelte eilig Feuerholz. Ich erkundete die nicht sehr große Höhle. Sie war leer, aber sauber; wahrscheinlich hatte sie jemand kürzlich gereinigt.

Vor dem Höhleneingang lag das Grab des, wie Ebrahim Saheb erklärte, wandernden Sufi-Heiligen Malang Baba. Er zündete Räucherstäbchen an und schloss die Augen im Gebet. In der Zwischenzeit brannte auf der felsigen Fläche nahe der Höhle ein großes Feuer. Hassan holte von einer natürlichen Quelle hinter der Höhle Trinkwasser. Meine Gefährten hatten einige Nahrungsvorräte in Stofftaschen mitgebracht. Während Hassan damit beschäftigt war, *chapatis* (dünnes indisches Fladenbrot) direkt auf dem Feuer und ein Chutney aus Tamarinden, Zwiebeln, Kokosraspeln, roten Chilis und Salz zuzubereiten, wuschen Ebrahim Saheb und ich uns Hände, Gesicht und Füße und meditierten.

Bald saßen wir bei *chapatis* und Chutney-Soße beisammen und genossen alles mit großem Appetit.

Nach dem Mahl nahmen Ebrahim Saheb und Hassan ihre Tamburine und sangen zwei schöne Sufi-Lieder in Urdu; beide drückten die Liebe und die Sehnsucht nach dem Geliebten aus. Schließlich legten wir uns auf den mitgenommenen Bastmatten zum Schlafen nieder. Das Feuer brannte noch hell. Kurz bevor ich einschlief, sagte Ebrahim Saheb zu mir: „Falls dich jemand anderer als wir in der Nacht aufweckt, ruf einfach nach mir. Mach nicht den Fehler, im Dunklen in den Wald zu gehen. Wenn du dich nachts erleichtern musst, geh nur bis zum Rand dieser felsigen Platte."

Danach konnte ich aus Angst längere Zeit nicht einschlafen. Doch schließlich transportierten mich Müdigkeit und die aufgekommene kühle Brise in einen tiefen Schlaf. Ich weiß nicht, wie lange ich schlief, aber eine ganze Weile vor der Morgendämmerung weckte mich jemand oder etwas mit einem Zupfen an meinem rechten Arm auf. Mein erster Gedanke war, dass irgendein wildes Tier an meinem Finger kaute; als ich mich jedoch umdrehte und meinen verschlafenen Blick fokussierte, richteten sich mir die Haare auf und ich erstarrte.

Neben mir kniete eine alte, zahnlose Hexe mit einem traurigen Gesicht, einen Besen unter ihrer Achsel. Mit ihren knochigen Fingern zupfte sie weiter an meiner rechten Hand und flüsterte mit wehklagender Stimme: „Komm, mein Sohn, komm mit mir. Ich bin eine alte, kranke Frau. Komm und hilf mir. Komm, komm …"

Ebrahim Sahebs Warnung kam mir plötzlich in den Sinn, aber ich konnte weder meine linke Hand bewegen, um den nah bei mir liegenden Ebrahim Saheb zu wecken, noch um Hilfe rufen. Es schien, als wäre mein ganzer Körper, einschließlich der Stimmbänder, gelähmt. Es war scheußlich. Die alte Vettel brachte ihr Gesicht dichter an meines heran. Der Gestank verfaulenden Fleisches stieg mir in die Nase. Ich schloss die Augen und wollte einen letzten verzweifelten Versuch unternehmen.

Ich konzentrierte mich auf das Herzzentrum und visualisierte eine glühende Silberschnur, die daraus hervorkam und zu Ebrahim Saheb hinüberglitt, um Hilfe bittend. Es funktionierte. Ich hörte zu meiner Linken einen Schrei, Ebrahim Saheb sprang auf und kam mit einem lodernden Holzscheit, das er rasch aus dem Lagerfeuer gerissen hatte, zu mir. Er richtete es drohend auf die Erscheinung, die offenbar auch für ihn sichtbar war, und sang laut etwas in Tamil.

Die Spukgestalt verschwand und ich konnte mich wieder bewegen. Hassan war auch aufgewacht und sah etwas mitgenommen aus. Als ich fragte, was denn da geschehen sei, meinte Ebrahim Saheb nur: „Eins der körperlosen bösen Wesen des Waldes." Mehr wollte er nicht sagen.

Beim Morgengrauen wuschen wir uns, meditierten und machten uns auf den Rückweg. Ursprünglich wollte ich zwei Nächte bleiben, aber nach der unheimlichen nächtlichen Erfahrung war das für mich kein Thema mehr. Ich ging mit Ebrahim Saheb und Hassan zurück.

Nach einem weiteren Tag in Pottalputhur nahm ich Abschied vom Sheikh und bestieg den Bus, der gegen Abend in Trivandrum ankam. Da ich kein Geld mehr für den örtlichen Bus hatte, ging ich den ganzen Weg zu Fuß nach Hause und kam dort in derselben Kleidung an, in der ich die Reise begonnen hatte. Die Kleidungsstücke waren sehr schmutzig und ich unrasiert, was mich in jeder Hinsicht wie ein Vagabund aussehen ließ.

Meine Mutter sah mich als erste. Sie umarmte mich und weinte. Meine kleine Schwester war sehr aufgeregt. Jetzt konnte sie wieder in mein Zimmer kommen und mit mir spielen. Meine andere Schwester zeigte äußerlich keine Gefühlsregung, aber ich vermutete, sie war froh. Mein Vater sprach einen Monat lang kein Wort zu mir, taute danach jedoch wieder auf.

Ich brachte mehr und mehr Zeit damit zu, in einer kleinen Mansarde in dem neuen, von uns bezogenen Haus zu meditieren. Das Haus trug den Namen *Chandra Vilas* (Mond-Haus). In meinen dortigen Meditationen machte ich viele neue Erfahrungen.

Da ich einen Geschmack davon bekommen hatte, wie es ist, weg von zu Hause zu sein, und ich den mir selbst auferlegten Test der emotionalen Loslösung von Familie und Freunden bestanden hatte, sehnte ich mich sehr danach, zu den fernen Himalayas zu reisen. Jemand wartete dort auf mich. Der Ruf wurde täglich lauter, und ich hielt nach der passenden Gelegenheit Ausschau.

Die Gelegenheit präsentierte sich in Form von Geld, das mir für die Bezahlung der Prüfungsgebühren gegeben wurde. Ich entschied, dass es anstatt dessen für eine wichtigere Prüfung verwendet werden könnte. Mein Freund Ranjit, der einzige, der über meine geplante lange Reise Bescheid wusste, half mit etwas mehr Bargeld nach, und ich war bereit, abzufahren.

15. Zu den Himalayas

An einem schönen Februar Abend stieg ich in den Zug von Trivandrum nach Chennai. Die Reise zum Himalaya hatte begonnen. Ich war fast zwanzig Jahre alt.

In jenen Tagen brauchte man über vierundzwanzig Stunden, um Chennai zu erreichen. Soweit wie möglich vermied ich es, mit Mitreisenden zu sprechen. Der Zug fuhr am nächsten Abend im Egmore Bahnhof der Metropole ein. Mein Großvater lebte in Chennai, und da ich schon dreimal während der Schulferien dort gewesen war, kannte ich mich in der Stadt recht gut aus.

Zuerst musste ich eine Fahrkarte nach Delhi lösen, das auf dem Weg zum Himalaya lag. Es gelang mir, einen Platz im Liegewagen 2. Klasse für den übernächsten Tag zu buchen. Ich fand auch ein kleines, billiges Hotel in der Nähe und checkte ein. Nach einem Bad aß ich *masala dosa*, legte mich dann aufs Bett und meditierte. Müde wie ich war, fiel ich gleich in Schlaf. Am nächsten Tag besuchte ich die Ramakrishna Mission, den Kapalishwara Tempel und die Theosophische Gesellschaft.

Ich hatte bereits einiges über das Leben und die Lehren Jiddu Krishnamurtis gelesen; er brach jede Verbindung mit der Theosophischen Gesellschaft ab und verwarf theosophische ‚Meister' als Phantasieprodukte der Theosophen. Doch war ich persönlich überzeugt, dass diese großen spirituellen Meister wirklich existierten; ich hatte früher, als ich einmal den ausgedehnten Campus der Theosophischen Gesellschaft nah am Meer besuchte, eine greifbare Präsenz und großen Frieden empfunden. Diesmal, als ich auf einer Bank bei dem großen Banyan-Baum inmitten des Campus saß, überwältigte mich ein tiefes Gefühl von Weite und Stille. Das war beruhigend; all meine Ängste hinsichtlich der abenteuerlichen Reise, auf die ich mich begeben hatte, verschwanden.

Ich besuchte danach das Grab eines bekannten Sufi-Heiligen, der Moti Baba hieß, und kehrte abends wieder zum Hotel zurück. Nach reichlichem südindischem Essen und Kleidungswechsel las ich eine Weile im zweiten Band der Gesammelten Werke Vivekanandas, die ich mit mir trug, und setzte mich dann zur Meditation hin.

Das silbrige Licht, das stets während der Meditation in meinem Herzzentrum erschien, veränderte sich in dieser Nacht zuerst zu orange, dann zu tief violettem Licht. Die violette Scheibe dehnte sich aus, spaltete sich in der Mitte und gab den Blick frei auf eine Himalaya-Szene. Am Fuß eines schneebedeckten Gipfels sah ich eine kleine Höhle und jemand stand vor ihr. Ich konnte die Gestalt nicht klar erkennen, da es dunstig war. Ich glaubte, eine Stimme zu hören, die mich mit einem seltsamen Namen rief, denn ich ebenso wenig verstehen konnte. Bald schlief ich ein.

Früh am nächsten Tag saß ich in einem Liegewagen des New Delhi Express. Die Reise war ereignislos; ich nahm keine Kontakte auf. Bei Morgengrauen, achtundvierzig Stunden später, erreichte der Zug New Delhi.

Erkundigungen ergaben, dass der Zug nach Haridwar vom Bahnhof in Old Delhi abfuhr. Mit einer Fahrrad-Rikscha kam ich rasch dorthin. Ich war jetzt im älteren und schmutzigeren Teil Delhis. Darin bezeugten zahlreiche Gebäude und natürlich das imposante Rote Fort sowie die große Moschee Jama Masjid die lange Periode islamischer Herrschaft. Vom Roten Fort aus initiierte Bahadur Shah Zafar, der alte und kranke letzte Mogul-Kaiser Delhis, die Sepoy-Meuterei gegen die Engländer und scheiterte damit kläglich.

Um acht Uhr morgens bestieg ich den Zug nach Dehradun, der in Haridwar hielt, und kam dort abends an. Der Zug nach Rishikesh fuhr nur morgens, also beschloss ich, eine Zeitlang in Haridwar zu verbringen.

Haridwar trägt diesen Namen, weil es das Tor (*dwar*) zu den Himalaya-Höhen ist, wo Hari, die Gottheit von Badrinath, und Hara, die Gottheit von Kedarnath, wohnen. Zum ersten Mal sah ich den großen Ganges-Strom, der bei Hari-ki-Pawri majestätisch dahinfloss. Es war atemberaubend. Natürlich bewegten sich viele Touristen und Pilger hierhin und dorthin, doch konnte mich nichts von diesem klaren, kühlen, ewig strömenden Wasser ablenken.

Dann tat ich etwas, das mir urplötzlich in den Sinn trat. Ich kaufte einen gelben *dhoti* und eine knielange *kurta*[27], dazu eine gelbe Umhängetasche aus Stoff. Daraufhin suchte ich einen Friseur auf und ließ mir Haare und Schnurrbart abrasieren, bis auf ein kleines Haarbüschel auf dem Hinterkopf. Das war die *shikha*, das Kennzeichen angehender Aspiranten des Hindu-Glaubens seit vielen Hunderten von Jahren.

Ich blickte in den Spiegel des Barbiers, und mir gefiel, was ich sah – einen jungen, intelligenten *Brahmachari*[28], der bereit war, sich auf eine Reise zu den weit entfernten, schwer zu erreichenden, schneegekrönten Gipfeln zu machen, um einen großen Lehrer zu suchen, welcher, wie er glaubte, dort lebte.

Bei Hari-ki-Pawri nahm ich im Ganges ein Bad und zog dann die gelben Kleidungsstücke an. Die Gummi-Slipper, die ich trug, waren in Ordnung; ich sah viele *Sadhus* damit. Die Beweise meiner unmittelbaren Vergangenheit, nämlich Hemd und Hose, stopfte ich in einen Plastiksack, den ich bei den *ghats*[29] zurückließ; ich hoffte, jemand, der die Sachen dringend benötigte, würde sie finden.

Jetzt sah ich so aus wie alle anderen Sadhus. Die Stofftasche, die um meine rechte Schulter hing, enthielt ein paar Bücher, ein Handtuch, einen Bleistift und eine Zahnbürste. Über meine linke Schulter hing eine Wolldecke, die ich zum Meditieren und zum Schlafen verwenden konnte. Alles, was ich jetzt noch brauchte, war ein Henkeltopf (*kamandalu*). Ich sah nach meinem Geld. Da war noch einiges übrig und ich steckte es in die seitlichen Taschen meiner *kurta*.

Dann bemerkte ich die recht wertvolle Armbanduhr, die mir mein Großvater vor zwei Jahren geschenkt hatte. Ich dachte, sie wäre sehr unpassend für einen wandernden Sucher der Wahrheit und nahm sie ab, ließ sie ebenfalls bei den Stufen der Bade-*Ghats* liegen. Es war nun an der Zeit, Haridwar zu erkunden. Vielleicht würde ich genau hier einem großen Yogi begegnen.

Von Hari-ki-Pawri aus konnte ich die Shivalik Hügel und die Dächer der zahlreichen Tempeln und Ashrams sehen. Als ich die Straße entlang ging, sah ich einen kleinen Tempel für Hanuman, dem mächtigen Affengott des Ramayana. Der alte brahmanische Priester tupfte einen roten *tilak*[30] auf meine Stirn und schien enttäuscht zu sein, dass ich ihm nicht die übliche *dakshina*[31] gegeben hatte. Rasch ließ ich eine Rupie in den Gabenteller fallen, und er segnete mich mit Glück und langem Leben.

Ich besuchte viele Tempel und Ashrams, sah Sadhus und Sucher jeglicher Art – *Vaishnavas* mit vertikalen Streifen auf der Stirn, *Shaivaites* mit horizontalen Aschestreifen, *Shaktas* mit blutroten *tilaks*, und andere mit Bemalungen, die ich nie zuvor gesehen hatte. Die Kleidung, die sie trugen, reichte vom Exotischen und Ausländischen zu gewöhnlichen safrangelben *dhotis* und manchmal zu lediglich schmalen, um die Lenden gebundenen Stoffstreifen.

Da gab es auch die filzhaarigen *Nagas*[32], die *Digambaras* (Himmelsbekleidete), also splitternackt waren, lässig mit ihren *trishuls* (Shivas Dreizack) herum stolzierten und die Aufmerksamkeit genossen, die ihnen die Leute entgegenbrachten.

In einem der Ashrams, die vom Abt der Nirvani Paramahansa Akhada Organisation geleitet wurden, traf ich einen Mann aus Kerala, der angab, ein enger Schüler des Abtes zu sein. Aufgrund meines Akzents fand er schnell heraus, dass ich ein Landsmann aus Kerala war, und er führte mich in den Speisesaal, wo man mir ein großes Glas heißer Kuhmilch gab. Danach unterhielten wir uns lange. Er war ein Regierungsbeamter gewesen und hatte sich nach der Pensionierung im Ashram seines Gurus niedergelassen. Seine Frau war verstorben; er lebte hier mit seiner hübschen Tochter, die in der Ashram-Schule unterrichtete.

Als ich ihm meinen wirklichen Namen nannte, war er überrascht. Doch unser Gespräch überzeugte ihn von meinem echten Interesse an der Hindu-Philosophie und meiner ernsthaften Auseinandersetzung mit ihr.

„Du scheinst ein aufrichtiger Sucher zu sein“, sagte er, „doch wenn du deinen wahren Namen angibst, könnte dir der Weg zu weiteren Studien oder die Einweihung in spirituelle Praktiken verlegt werden, denn leider herrscht hier immer noch ein orthodoxes System vor. Ich schlage vor, du nimmst einen Hindu-Namen an. Auch Hindu-Aspiranten ändern ihren Namen bei der Einweihung. Welche der Hindu-Gottheiten ist dein Lieblingsgott?“

„Shiva“, sagte ich, „der meditierende Yogi-Gott auf dem Kailash.“

„Gut“, sagte er, „wenn ich dir raten darf, Shivaprasad (gesegnete Speise von Shiva) ist ein großartiger Name. Nimm ihn gleich jetzt an, und wenn du den Abt triffst, werde ich dich als Shivaprasad vorstellen. Geht das in Ordnung?“

„Glauben Sie wirklich, das hilft mir auf meiner Suche?“, fragte ich.

„Oh ja“, sagte er, rief seine schöne Tochter Sridevi herbei und stellte mich vor: „Das ist Brahmachari Shivaprasad.“

Von diesem Zeitpunkt an und während des größten Teils meiner Reise blieb ich bei diesem Namen Shivaprasad; er war in vielerlei Hinsicht hilfreich.

Ich traf den Abt am Abend; mein Freund aus Kerala, Mr. Iyer, stellte mich vor. Der Abt empfahl mir, im Ashram zu bleiben, ein wenig in der Schule zu unterrichten und zu meditieren. Er würde mich am nächsten Tag in eine Meditationstechnik initiieren, wenn ich das wünschte.

„Haridwar ist ein heiliger Ort“, sagte er, „und wenn du im Ashram bleibst, kannst du deinen spirituellen Interessen nachgehen. Nur musst du vorsichtig sein, wenn du den Ashram verlässt. Dies ist das *kaliyuga*[33], und die meisten Sadhus und Sanyasins sind Betrüger. Sie versprechen dir Abkürzungen zur ‚Wahrheit‘, und du wirst am Ende nur frustriert sein.

Die modernen unter ihnen, die Hubschrauber besitzen und vollklimatisierte Meditationszellen für ihre Anhänger bauen lassen, sind die schlimmsten. Sie halten Ausschau nach jungen, gebildeten Schülern, und ehe du dich versiehst, sitzt du in der Falle. Dann gibt es da die Marihuana-Abhängigen, die ihren Lebensunterhalt damit verdienen, dass sie vorgeben, Sadhus zu sein. Was kannst du von ihnen schon lernen? Und jetzt gehe mit Mr. Iyer mit; er wird dich zu deinem Zimmer bringen."

Mr. Iyer zeigte mir mein Zimmer. Es hatte ein Fenster mit Ausblick auf den Ganges, und ich wohnte dort für ein paar Tage recht zufrieden. Der Ashram besaß über sechzig Kühe, und das Essen mit viel Milch, Früchten und geklärter Butter war sehr gut. Mr. Iyer und seine Tochter Sridevi waren überaus freundlich, und bald wurde mir klar, dass ich der schönen Sridevi zu nahe kam, und sie mir.

Bevor die Angelegenheit zu kompliziert wurde, entschied ich, abzufahren und an meinem ursprünglichen Plan festzuhalten, in die höheren Himalayas zu gehen. Ich wollte mich dabei von nichts ablenken lassen. Also sammelte ich eines Morgens meine sieben Sachen zusammen und machte mich auf nach Rishikesh.

Die Zugfahrt nach Rishikesh war eine ganz besondere Erfahrung. Die meisten Fahrgäste waren Sadhus unterschiedlicher hinduistischer Richtungen. Vermutlich war ich der einzige mit einem gültigen Fahrschein. Der Schaffner ging im Zug grüßend hin und her, erwies den Sadhus seine Verehrung und verlangte von ihnen nie einen Fahrschein. Als ich mich bei einem Sadhu neben mir erkundigte, warum der Schaffner nie nach einem Fahrschein fragte, brach er in Gelächter aus und sagte: „Junge, du bist hier offensichtlich neu. Das ist *Bhagwans* (Gottes) Zug. Er ist für uns. Wer sollte da Fahrkarten verlangen?"

Nach dem Aussteigen folgte ich den Sadhus nach Muni-ki-Reti, wo sich beidseits des Ganges die meisten Ashrams befinden. Mittlerweile war es kurz vor Abend. Ich erklomm die etwa hundert Stufen zur bekannten Divine Life Society, gegründet von Swami Sivananda Saraswati. Er lebte nicht mehr, und der Ashram wurde von Swami Chidananda geleitet, einem seiner herausragenden Schüler. Im Freiluft-Auditorium fand gerade ein *satsang* (Zusammensein mit Gebeten und Gesprächen) statt.

Swami Chidananda saß im Yoga-Sitz auf einem erhöhten kleinen Podium. Er war groß, sehr dünn und saß kerzengerade. Es gab zirka fünfzig Personen, einige waren Westler. Der Swami beantwortete gerade eine Frage in Englisch. Ich ging still in den Saal und setzte mich in eine Ecke.

Der Swami unterbrach mitten im Satz und wendete sich freundlich lächelnd an mich: „Wann bist du angekommen?", so als spräche er zu einem alten Freund.

Überrascht stammelte ich: „Gerade eben."

„Ich glaube, du solltest gehen, um ein Bad zu nehmen und dich auszuruhen", sagte er. „Du kannst morgen am *satsang* teilnehmen."

Er wandte sich an einen jungen Brahmachari neben ihm und flüsterte ihm etwas zu. Der Brahmachari kam zu mir und sagte: „Komm."

Ich verbeugte mich vor dem Swami und folgte ihm. „*Hari Om*", sang der Swami mit melodischer Stimme.

Mir wurde ein Zimmer etwas weiter oben, nahe bei den Vorbergen gezeigt. Es war einfach, aber aufgeräumt und sauber. Der aus Tamil Nadu stammende Brahmachari freute sich, als er feststellte, dass ich auch Tamil sprach. Er gab mir zwei Handtücher und erklärte mir, wo der Speisesaal lag. „Abendessen pünktlich um halb acht", sagte er, „ich sehe dich dann dort", und eilte davon.

Ich badete mit kaltem Wasser, zog nach einigem Zittern die frische Garnitur von gelbem *dhoti* und gelber *kurta* an und ging wieder die Stufen hinab. Man musste die Straße überqueren, um zum Speisesaal zu gelangen. Es war noch viel Zeit bis zum Abendessen, daher ging ich zum *Ghat*, setzte mich auf eine der Stufen und schaute auf den vorbeifließenden Ganges. Boote überquerten den Fluss regelmäßig. Auf der anderen Seite gab es viele Ashrams. Einer der ältesten war der Swarg Ashram von Baba Kalikambliwala.

Der Abend dämmerte; auf beiden Flussufern zelebrierten die Menschen *Aarti*, beteten zur Flussgöttin, entzündeten kleine Öllichter, setzten sie auf das Wasser, das sie forttrug, und sangen religiöse Hymnen. Es war eine wunderschöne Atmosphäre. Von den Ashrams auf der anderen Flussseite wehte melodisch-hypnotisierendes Chanten in alter Sanskritsprache herüber.

Plötzlich ertönte der Gong des Speisesaals und ich sprang auf. Die Seele hatte erhalten, was sie brauchte, aber der Körper war hungrig. Im großen Speisesaal saßen Sadhus und *Dandi Swamis*[34] auf der einen Seite, alle anderen auf der gegenüber liegenden. Alle saßen auf dem Boden und aßen von Stahltellern. Der Brahmachari von Tamil Nadu war auch da und servierte mit einigen anderen das Mahl. Es gab südindisches Essen – Reis, Gemüse, *sambhar* und ein *laddu*[35]. Ich war hungrig und aß zwei volle Mahlzeiten.

Mit vollem Magen wurde ich sehr schläfrig. Nachdem ich mich bei dem Brahmachari über den normalen Tagesablauf erkundigt hatte, stieg ich zu meinem Raum hinauf, setzte mich eine Weile hin und meditierte bei offenem Fenster. Dann streckte ich mich auf dem Bett aus und fiel sofort in Schlaf.

Ich träumte, dass ich auf einem engen Pfad in einem Tal wanderte, durch das ein Fluss mit kristallklarem Wasser strömte. Nah am Flussufer stand eine strohgedeckte Hütte. Als ich mich ihr näherte, tauchte ein Mann mit einem weißen Schleier über dem Gesicht auf. Ich war etwas erschrocken und erstarrte.

„Fürchte dich nicht", sagte der Mann, „ich bin ein Freund. Man nennt mich ‚M', wie man dich später auch nennen wird. Sei nicht selbstzufrieden. Bleib nicht in den Vorbergen. Wandere, steig zu den Bergen hinauf. Er wartet auf dich."

Dann verschwand alles – das Tal, der Fluss, die Hütte und die verschleierte Figur. Ich war allein; nur ein Gletscher war rund um mich ausgebreitet. Es war kalt und ich zitterte. „Hilf mir, Gott", rief ich und wachte dann auf. Mir war wirklich kalt, da ich mich nicht mit der vorhandenen Steppdecke zugedeckt hatte. Der Morgen graute eben und jemand blies ein Muschelhorn.

Das Morgenprogramm im Ashram begann recht früh. Nach der Andacht im Tempel gab es um sechs Uhr früh eine Yoga-Asana-Klasse, danach eine halbe Stunde Meditation, dann eine Unterbrechung für das morgendliche Bad, um acht Uhr dann das Frühstück. Danach hatte man bis halb elf Zeit fürs Studium (*swadhyaya*) in der Bücherei oder im eigenen Zimmer. Um halb elf gab es Upanischaden-Unterricht, geleitet von Swami Krishnananda, dem Generalsekretär der Divine Life Society und einem bekannten Schüler ihres Gründers, Swami Sivananda. Mittagessen gab es um zwölf, danach bis drei Uhr nachmittags Ruhezeit. Satsang begann um halb sieben Uhr abends, Abendessen um halb acht. Ashram-Bewohnern wurde abgeraten, nach dem Abendessen auszugehen und wahllos herumzuspazieren.

Um halb zehn Uhr morgens sagte mir der Brahmachari, der mittlerweile ein guter Freund geworden war, dass Swami Chidanandaji gern mit mir in seiner Wohnung um halb elf Uhr vormittags sprechen würde. Ich wurde sehr aufgeregt und wartete schon darauf, dass mich der Brahmachari zur Wohnung des Präsidenten *Maharaj* führte. Zwar würde ich Swami Krishnanandas Upanischaden-Klasse versäumen, doch war dieses jetzige Treffen wichtiger und ein großes Privileg dazu. Um 10.20 Uhr holte mich der Brahmachari ab. „Knie nieder, wenn du den Swamiji Maharaj siehst", sagte der Brahmachari.

Nach einleitenden Fragen zu Herkunft, Alter, Geschwistern und meiner Zufriedenheit mit dem Zimmer fragte er plötzlich: „Und wie heißt du?"

„Shivaprasad", antwortete ich und blieb damit bei dem neu angenommenen Namen.

„Hast du schon früher Yoga ausgeübt?“

„Ja, *Maharaj*, ab dem achten Lebensjahr.“

„Und Sanskrit? Kannst du das?“

„Nicht viel, aber ich kann die Devanagari-Schrift lesen. Hindi war meine zweite Sprache.“

„Hm, hm. Meditation?“

„Eine Art der Meditation kam für mich ganz natürlich. Sehen Sie, *Maharaj,* als kleiner Junge traf ich einen Yogi, der mich segnete und …“ Ich war erstaunt, dass ich schon so viel aussprechen konnte, ohne dass meine Stimmbänder dies verhinderten wie sonst immer, wenn ich über die Begegnung mit dem fremden Yogi unter dem Jackfrucht-Baum erzählen wollte. Doch mehr ließen sie nicht zu. Das Schloss war wieder eingerastet. Ich gab jeden weiteren Versuch auf.

Swami Chidanandaji blickt mir aufmerksam in die Augen. Er seufzte tief und sang „Hari Om“ mit seiner tiefen Stimme und tätschelte meinen Kopf.

„Hm, hm, Einflüsse früherer Inkarnationen. Gott segne dich, und welchen Namen gab man dir bei der Geburt?“ Ehe ich mich vom zweiten Schock an diesem Tag erholen und sprechen konnte, sagte er:

„Ist in Ordnung. Du musst es nicht sagen. Lerne *asanas* und etwas mehr *pranayama* von unserem Yogalehrer und verbringe hier so viele Tage wie du möchtest. Ich weiß, du wirst unwiderstehlich von den Himalayas angezogen. Wenn dir danach ist, steht es dir frei zu gehen. Vielleicht ist dein Schicksal mit den Bergen verknüpft. Falls du irgendwelche Probleme hast, gib mir Bescheid. Gott segne dich. Hari Om.“

Ich verbrachte einen wunderbaren Monat im Ashram, ging in die Yoga-Klasse, besuchte die geistig anregenden Upanischaden-Lektionen von Swami Krishnananda, benutzte die gut bestückte Bibliothek und war bei den meisten Abend-Satsangs von Swami Chidananda anwesend. Es gab dazu noch genügend Zeit, um Rishikesh zu erkunden. Oft nahm ich das Boot zur anderen Seite und besuchte die dortigen Ashrams. Einer der ältesten, Swarg Ashram, wurde vom berühmten Baba Kalikambliwala gegründet; er erhielt diesen Namen, weil sein einziger Besitz aus einer schwarzen Wolldecke bestand. Die billigen Gasthäuser für Wandermönche, die entlang aller Himalaya-Pilgerrouten existieren, werden *Kalikambliwala kshetras* genannt und sind diesem bemerkenswerten Asketen aus dem frühen 20. Jahrhundert zu verdanken. Man erzählt sich zahllose Geschichten über ihn; ich möchte mich auf nur eine beschränken.

Es gab einmal einen berüchtigten Gurjar-Banditen (ein Clan aus Nordindien, Afghanistan, Pakistan) namens Sultana, der die Karawanen reicher Pilger und wohlhabende Ashrams ausplünderte. Allein die Erwähnung seines Namens ließ die Reichen und Wohlhabenden erzittern. Seine besondere Strategie bestand darin, bei hellem Tageslicht zu überfallen, und zwar erst, nachdem er dies zuvor angekündigt hatte. Einmal sandte er die Botschaft an Baba Kalikambliwala, dass er mit seiner Bande in den Swarg Ashram einfallen und den Spendenschatz des Tempels zur bestimmten Stunde rauben würde. Alle Mitglieder des Ashrams wie auch die Gläubigen waren von Angst erfüllt – ausgenommen Baba. Er ließ ein reiches Mittagessen für Sultana und seine Bande zubereiten und wartete auf der Veranda seiner Hütte auf ihn.

Der Bandit kam mit sechs Männern, alle bewaffnet mit Schwertern und Gewehren. Als er vom Pferd stieg, ging Baba zu ihm und hieß ihn willkommen. Er lud ihn und seine Männer ein, auf der Veranda zu sitzen, Wasser zu trinken und sich zu entspannen. Dann händigte er den Schlüssel zur Schatztruhe aus und sagte:

„Du kannst nehmen, was du willst, aber ich wünsche keine Gewalt und kein Blutvergießen. Wenn dir danach ist, jemand zu töten, erspare es allen anderen und töte mich stattdessen. Für mich sind Leben und Tod dasselbe. Der Polizeichef des Bezirks ist ein Anhänger von mir, und ich könnte ihn um seine Hilfe gebeten haben, aber dann wäre es zu Gewalttätigkeiten gekommen und Leben wären verloren gegangen. Ich will davon nichts wissen. Wenn du alles aus dem Tempelschatz genommen hast, was du brauchst, dann reite nicht gleich fort. Ich habe für dich ein Festessen vorbereitet. Du und deine Freunde, ihr sollt das Essen genießen, danach eine Weile ruhen, falls ihr müde seid, und erst dann abreiten. Ich bin weder dir noch irgendeinem anderen Lebewesen gegenüber feindselig eingestellt. Und nun tu, was dir als richtig erscheint."

Der Bandit, der einem solchen Menschen noch nie begegnet war, soll sich tief verbeugt und entschuldigt haben; anstatt den Tempelschatz zu rauben, spendete er einen Betrag an Goldmünzen und dankte dem Baba überschwänglich für das reiche Mittagessen, dann ritt er mit seinen Gefährten ab.

Unter den Ashrams, die ich besuchte, waren Yoga Niketan, Paramarth Niketan, Gita Bhavan und die vollklimatisierten Höhlen, welche Mahesh Yogi, bekannt für die ‚Transzendentale Meditation', für die Beatles, seine Schüler, bauen ließ. Hinter den klimatisierten Höhlen erstreckt sich ein dichter Wald, in dem der Wanderpfad zum Neelkant Mahadeva Tempel auf dem Hügelgipfel beginnt.

Ein Pfad durch den Dschungel führte zu Laxman Jhula (heute eine geteerte Straße). Links und rechts davon standen winzige Häuschen und strohgedeckte Hütten, in denen Sadhus, Yogis und Mönche zurückgezogen und nah beim immer dahin strömenden Ganges lebten. Es gab da auch eine gemütliche kleine Höhle beim Fluss, umgeben von großen Felsblöcken. Dort lebte Mast Ram Baba, ein rundlicher, kleiner Mann, der ständig in Ekstase und freudetrunken zu sein schien. Seine Anhänger kamen in einem eingezäunten Bereich zusammen und sangen religiöse Lieder. Mast Ram Baba sprach kaum.

Ein wenig später, nachdem man über die Felsblöcke geklettert ist und einen felsigen Buckel umgangen hat, taucht eine kleine verborgene, sandige Bucht auf, von der Straße nicht einsehbar. Dies war einer von Babajis Lieblingsplätzen bei seinen Besuchen in Rishikesh. Ich habe manchen Abend mit ihm dort verbracht, das kristallklare Wasser vorbeiströmen sehen, mit ihm über verschiedene Themen diskutiert oder in Stille meditiert.

Auch Laxman Jhula war ein Ort mit zahlreichen Ashrams und Sadhus jeglicher Art. Der Ort ist nach Laxman benannt, dem Bruder und treuen Gefährten Ramas, des Helds des Ramayana, und heißt ‚Jhula' (Schaukel), weil die Brücke über den Ganges eine Hängebrücke ist. Wenn man die Brücke überquert, gelangt man zu der von Rishikesh herführenden Hauptstraße zum Badrinath Tempel auf über 3000 Meter.

In Laxman Jhula begegnete ich Tatwale Baba, einem fast nackten Sadhu mit langem verfilztem Haar, der in einer Höhle in der Nähe des Waldes lebte. Viele seiner Anhänger behaupteten, dass er der unsterbliche Mahavatar Babaji wäre. Mich beeindruckte das aber nicht. Jahre später hörte ich, dass er erschossen wurde, während er zu seiner Höhle ging. Es handelte sich um einen schauerlichen Mord, über den die Zeitungen ausführlich berichteten.

Rishikesh war damals ein großartiger Platz für spirituelle Sucher, außer während jener Monate, in denen Pilger zu den vier heiligen Orten – Badrinath, Kedarnath, Gangotri und Yamunotri – wanderten und in großen Massen in Rishikesh einbrachen, die heilige Stille mit ihren städtisch harten Missklängen entweihend. Man konnte eine große Anzahl von Ashrams aufsuchen, allen Sorten von Sadhus und wandernden Asketen begegnen und die weit umspannende Hindu-Kultur in sich aufnehmen.

Der Ort war auch noch sauber. Niemand verwendete Seife zum Baden im Fluss, niemand wusch seinen PKW oder sein Motorrad darin. Das

Wasser war klar. Die vielen Erholungszentren, die es heute gibt, existierten noch nicht, auch nicht Plastikbecher, Plastikbeutel mit Abfall und andere nicht abbaubare Artikel längs des Flusses. Die wenigen Ausländer, die man antraf, waren entweder ernsthafte Sucher oder von den Himalaya-Höhen faszinierte Trecker und Bergsteiger. Jedoch – ich war nicht zufrieden. Ich befand mich nur in den Vorbergen, die zwar schön, aber nicht die schneegekrönten Gipfel waren, nach denen ich mich sehnte.

Auch entsprach keiner der Sadhus und Asketen, denen ich begegnete, meiner Vision eines Yogis im Himalaya. Einige waren in der Tat große Gelehrte, andere standen großen Klöstern vor, einige waren Experten in Yoga, und da gab es natürlich die herumziehenden, von Marihuana abhängigen *Bairagis*, von denen viele lediglich ‚heilige' Bettler waren, die von den tieferen Aspekten der Hindu-Religion und Hindu-Philosophie meist keine Ahnung hatten. Die letzteren stießen mich gründlich ab.

Eine Zeitlang jedoch setzte ich meine Meditationen fort, verbrachte viele Stunden damit, dem vorbeiströmenden Ganges zuzuschauen, Yoga zu praktizieren, so viel wie möglich zu lesen und nach etwas zu suchen, das ich nicht genau definieren konnte.

Die Vollmondnächte waren am Fluss besonders schön. Als ich eines Nachts da saß, fasziniert von der Szenerie und dem Geräusch des strömenden Wassers, trat ein alter, südindischer Mönch an mich heran, der zu mir immer recht freundlich gewesen war. Nachdem er gleichfalls die Szenerie für sehr schön befunden hatte, sagte er:

„Weißt du, ich wollte schon eine ganze Weile mit dir sprechen. Kann ich es jetzt tun?"

„Ja", erwiderte ich widerstrebend, etwas traurig darüber, dass der Zauber der Nacht von vergänglicher Sprache beschädigt werden würde.

„Also, ich lebe in dieser Gegend seit vielen Jahren. Zu Beginn war es recht aufregend – die Satsangs, das gefühlvolle Singen, die safrangelb gekleideten Mönche, der Fluss, die Hügel und Berge usw. Ich gab einen guten Beruf, meine Frau und meine Kinder auf und ging fort, hierher, begeistert von der erhabenen Idee des Weltverzichts, wie sie mir von dem großen Swami, der nicht mehr lebt, dargestellt wurde.

Und dann, langsam und stetig, fielen die Schleier, da ich die Scheinheiligkeit erkannte – die Machtkämpfe in den Ashrams und die Cliquenwirtschaft und so fort. Aber jetzt ist es zu spät. Meine Kinder hassen mich, und meine Frau ist glücklich mit einem anderen Mann verheiratet. In der Meditation erhalte ich keine Visionen. Ich bin nach wie vor eine von Wünschen und Ärger getriebene Person. Ich habe das *sanyas*-Gelübde[36] abgelegt und kann die angenommene Rolle nicht ablegen. Ich bin zum gesellschaftlichen Außenseiter geworden. Also mache ich weiter und hoffe, eines Tages zu sterben. Wenigstens habe ich genügend Essen und ein Dach über dem Kopf."

„Warum erzählen Sie mir das alles?", fragte ich, erschüttert von den Worten des alten Mönchs, den ich für einen älteren, fortgeschrittenen Schülers eines großen Swamis gehalten hatte.

„Nein, nein, schau mal, du bist so jung, gut aussehend und gebildet, und ich meinte, ich müsste dich warnen, bevor es zu spät ist. Du wirst hier nichts finden, außer ein wenig Vorhimalaya-Erfahrung. Darum geh nach deinem Herumwandern zurück und schreib ein Buch. Aber es gibt eine Alternative.

Falls du nicht beabsichtigst, ein normales Leben zu führen und von 9 bis 5 Uhr zu arbeiten, könntest du dich als Guru deklarieren und Millionen machen. Du hast alle Eigenschaften, um die Ausländer anzuziehen. Gib ihnen einfach eine simple Formel, und sie hängen an der Angel. Du hast doch sicher die vollklimatisierten Höhlen gesehen?"

Jetzt wurde ich wirklich ärgerlich. Dieser alte Mann erschien mir wie der Personifizierung Satans, der mich in Versuchung führen wollte.

„Hören Sie bitte auf damit", rief ich, „ich will nichts mehr davon hören."

„Aha! Der große Yogi kann seinen Ärger nicht kontrollieren. Na gut, es ist deine Bestattung. Ich versuchte nur, dir zu helfen." Damit stand er auf und ging weg; er belästigte mich nie mehr. Aber was er gesagt hatte, quälte mich sehr. Ich konnte nun keinem der Sadhus und Sanyasins, die mir begegneten, unbesehen Glauben schenken. Zweifel begannen meinen bisher gradlinigen und unschuldigen Verstand zu quälen. Ich spürte deutlich, dass ich fortgehen und den Pilgerpfad zu den höher gelegenen Heiligtümern nehmen musste. Vielleicht fände ich dort einen wirklichen Weisen, der nicht an eine Institution und deren hierarchische Strukturen gekettet war.

Ich bat um ein weiteres Interview mit Swami Chidananda. Es wurde gewährt. Ich erzählte ihm nichts von dem Gespräch mit dem alten Mönch, sagte aber, ich wäre nicht glücklich; jedenfalls wollte ich nach Badrinath und zu anderen Himalaya-Tempeln gehen und am nächsten Tag aufbrechen. Ich bräuchte seinen Segen. Swami Chidananda berührte meinen Kopf und segnete mich. Er meinte, er hätte die ganze Zeit über gewusst, dass ich den Ashram verlassen würde. Vielleicht warteten tiefere Erfahrungen auf mich.

„Nimm wenigstens zwei Decken mit“, sagte er. „Benötigst du etwas Geld?“ Ich lehnte das Geld ab, weil ich noch etwas bei mir hatte. Ich verbeugte mich tief und ging frei und unbeschwerten Herzens von dannen.

16. Die Vasishta-Höhle

Um halb sechs Uhr morgens brach ich auf. In der vorangegangenen Nacht hatte ich beschlossen, keine Transportmittel zu benutzen, sondern den ganzen Weg nach Badrinath zu Fuß zurückzulegen, so wie die wandernden Sadhus, denen ich begegnet war.

Die Straße nach Badrinath führt am Ufer des gewundenen Ganges entlang. Auf der anderen Flussseite sieht man felsige Berge und Wälder. Damals konnte man Pfauen unter den Bäumen tanzen sehen und ihre lauten Schreie vernehmen. Das war noch, bevor in Uttaranchal Staudämme gebaut und der Ganges samt Seitenarmen künstlich verändert wurden, um Turbinen in Kraftwerken anzutreiben. Seitdem sind die Pfauen verschwunden.

Ich genoss die Freiheit des Alleinseins und des sorglosen Wanderns. Eine Decke und ein Handtuch waren auf meinen Rücken geschnallt, einen kleinen kupfernen Henkeltopf trug ich in der Hand. In einer um meine Schultern geschlungenen Stofftasche befanden sich eine Streichholzschachtel, ein Schreiblock, ein Bleistiftspitzer und zwei Bleistifte. Ich trug den gelben Dhoti, im Brahmanen-Stil gerafft. Mit dem Haarbüschel auf dem ansonsten kahlgeschorenen Kopf und versehen mit einem spitzen Wanderstock, sah ich wie der leibhaftige *jijnasu* (Wahrheitssucher) aus.

Mein Ziel war, die *Vasishta Guha* (Höhle von Vasishta) vor Einbruch der Nacht zu erreichen. Die Höhle lag 22 km entfernt, und diese Distanz wollte ich jeden Tag zurücklegen. Badrinath war 240 km von Rishikesh entfernt.

Doch mit voranschreitendem Tag und höher steigender Sonne begann ich mich weniger sorglos zu fühlen. Zuerst fingen die Füße an, mir Beschwerden zu machen. Der Riemen eines der Gummislippers riss, und ich musste die Slipper liegen lassen. Bis zum Mittag erhitzte sich die Straße sehr, und meine nackten Fußsohlen brannten. Da ich noch nie barfuß gewandert war, empfand ich den rauen, unebenen Boden ziemlich schmerzhaft. Die Sonne brannte gnadenlos herab; ich bedeckte meinen Kopf mit einem Handtuch und schleppte mich weiter. Ich vermied die Sadhu-Veteranen, die fröhlich und barfuß dahinzogen. Sie pflegten von Zeit zu Zeit unter einem schattenspendenden Baum anzuhalten, ein *chillum* (trichterförmige Pfeife zum Rauchen von Cannabis-Harz und Tabak) zu stopfen und dann vermutlich ein Narkotikum zu rauchen.

Gewöhnlich luden sie mich dazu ein, aber ich lehnte immer ab. Ich war nicht zum Himalaya gereist, um als Drogenabhängiger zu enden.

Jetzt quälte mich Hunger. Ich hatte noch etwas Geld übrig; als ich am Straßenrand ein *dhaba* (Esslokal) bemerkte, eilte ich hin, um das sterbliche Bedürfnis zu befrieden. Der *Dhaba*-Besitzer hatte für Sadhus nichts übrig und verlangte für meine zwei *chapatis* und Kartoffelgemüse einen überhöhten Preis. Nun blieben mir nur noch dreißig Rupien.

Der Platz selbst aber war angenehm schattig. Ich genehmigte mir einen kurzen Mittagsschlaf auf einem der hölzernen Bettgestelle, die für fünf Rupien pro Stunde an Lastwagenfahrer vermietet wurden. Ich schlief tief.

Als ich aufwachte, brannte die Sonne nicht mehr so stark herab und die Schatten waren länger geworden. Ich wusch mir die Füße mit kaltem Wasser und setzte meine Wanderung fort. Bald schickte sich die Sonne an, unterzugehen. Angst ergriff mich. Die Vasishta-Höhle war nicht in Sicht, und jeder Schritt wurde schmerzhafter. Meine Fußsohlen waren zerschnitten und blutunterlaufen. Waden- und Schenkelmuskeln taten sehr weh.

Schließlich, als ich schon glaubte, ich könnte nicht mehr weiter, und flehentlich um Hilfe betete, hielt ein Jeep aus Rishikesh neben mir an. „Wohin soll's denn gehen, *Maharaj*?", fragte der Fahrer in Hindi.

„Badrinarayan", sagte ich, „aber eben jetzt suche ich die Vasishta-Höhle."

„Zwei Kilometer", meinte er, „steigt ein, ich bring Euch in fünf Minuten hin. Es gibt dort keine Beleuchtung und es wird dunkel. Dort ist auch kein Hinweisschild."

Ich überlegte einen Moment lang. Es war für mich sehr schwierig geworden, weiterzugehen. Stimmt, ich hatte gelobt, kein Transportmittel zu benutzen, aber die Umstände lagen jetzt etwas anders. Die Worte von Ramakrishna Paramahansa kamen mir den Sinn: ‚Religiös zu sein bedeutet nicht, töricht zu sein.' „Okay", sagte ich und kletterte in den Jeep.

Der Jeep ratterte recht schnell dahin. Der junge Fahrer war offenbar ein Experte im Berg-Rallye-Fahren. Bald hielt er am Straßenrand an.

„*Maharaj*, steigt aus", sagte der Fahrer. „Ich bringe Euch zum Ashram. Es gibt da einen jungen Brahmachari aus Kerala. Der große Swami verstarb vor einigen Jahren. Kommt."

Geführt von dem jungen Mann tapste ich unter Schmerzen den steilen Pfad zum Ashram hinunter. Der Platz hatte keinen Strom. Im trüben Schein von Kerosin-Lampen konnte ich keine Einzelheiten ausmachen. Ein weiß gekleiderter Mann mit einem Brahmachari-Haarbüschel auf dem Kopf trat aus einem Raum und sagte: „*Hari Om*, ich bin Brahmachari Atmachaitanya. Wer bist du?“

„*Maharaj*“, mischte sich der Jeep-Fahrer ein, „ich traf diesen jungen Sadhu auf der Straße humpelnd. Er will nach Badrinath, und ich nahm ihn mit. Er sagte, er würde nach der Vasishta-Höhle suchen.“

„*Hari Om Maharaj*“, sagte ich, und da mir sein Akzent verriet, dass er der erwähnte Brahmachari aus Kerala war, sprach ich in Malayalam weiter.

„Ich gehe nach Badrinath. Habe von der Vasishta-Höhle gehört und wollte sie sehen. Aber es ist schon sehr dunkel und meine Füße sind ziemlich beschädigt. Ich …“

Der Brahmachari war eine freundliche Seele. „Okay“, sagte er in Malayalam, „kein Problem. Du kannst die Nacht hier verbringen. Woher stammst du?“

„Ich darf mich von Euch verabschieden, *Maharaj*“, sagte der junge Fahrer, „ich wohne in Byasi, nicht weit von hier, und habe ein kleines Speiselokal mit Geschäft an der Straße. Schaut vorbei, wann immer Ihr wollt.“

Er berührte die Füße des Bahmachari, darauf meine, und ging los. In der Stille der Nacht hörten wir, wie er den Motor startete und davonfuhr.

„Du musst müde sein“, sagte der Brahmachari. „Ich zeige dir dein kleines Zimmer. Das Badezimmer ist draußen. Nimm ein Bad und ruh dich etwas aus. In einer halben Stunde wird das Essen dort auf der Veranda serviert. In der Früh zeige ich dir die Höhle.“ Er führte mich zu einem kleinen Zimmer mit einer Liege und ein paar Decken, entzündete eine neue Laterne und ließ sie mir zurück, ging dann weg mit den Worten: „Wir sehen uns beim Abendessen.“

Das Abendessen war einfach – Chapatis, Linsensuppe, Reis und Kartoffelgemüse. Nach dem Essen unterhielten wir uns eine Weile. Dann meinte er: „Geh jetzt schlafen; wir treffen uns in der Früh.“ Ich glaube, er freute sich, dass er einen Landsmann getroffen hatte.

Inzwischen war die Luft sehr kühl geworden. Ich wickelte mich in die Decken ein und müde, wie ich war, schlief ich sofort ein. Das letzte Geräusch, das ich hörte, kam von den Zikaden, die ihre eigene Art der Musik spielten. Ich schlief wie ein Stein.

Als ich am nächsten Morgen erwachte, stellte ich fest, dass es schon helllichter Tag war, sprang aus dem Bett und schrie vor Schmerz auf. Meine Fußsohlen waren voller Blasen und die Fußgelenke geschwollen. Einige Blasen waren aufgeplatzt und verursachten große Pein. Der ganze

Körper schmerzte, besonders die Wadenmuskeln. Aber ich war entschlossen, mich fertig zu machen und auf Erkundung zu gehen.

Ich humpelte aus dem winzigen Zimmer und fand glücklicherweise einen Wasserhahn und das einfache Klosett in der Nähe. Nach dem Waschen ging ich langsam zum Brahmachari-Raum. Der Brahmachari war da, und nach einem leichten Frühstück unterhielten wir uns eine Zeitlang in Malayalam. Er kam zum Schluss, dass ich ein ernsthafter spiritueller Sucher sei.

Besorgt hinsichtlich meiner körperlichen Verfassung meinte er, ich sollte dableiben, bis ich glaubte, wieder fit für die Fortsetzung meiner Fußwanderung zu sein. Erleichtert stimmte ich zu. Dann lud er mich ein zu einer Besichtigungstour zur Vasishta-Höhle, zum Grab seines Gurus, zum felsigen Flussufer und zu einer kleinen Höhle an einer Felskante, Arundhati-Höhle genannt. Ich ahnte damals nicht, dass ich später einmal mit Babaji einige Tage in der Arundhati-Höhle verbringen würde.

Die Vasishta-Höhle ist ein etwa zehn Meter langer Stollen, der in eine recht geräumige Höhle mündet. Drinnen ist es stockdunkel, bis sich die Augen an das schwache, vom Stolleneingang kommende Licht gewöhnen. Ein schwarzes Shiva-*Lingam*[37] steht ganz am Ende der Höhle. Der Legende zufolge soll sich einst der Stollen über die Höhle hinaus bis nah zum Fluss erstreckt haben. Wenn man in der Höhle sitzt, ist man von allen Geräuschen und Aktivitäten der Welt abgeschnitten. Die tiefe Stille wird nur gelegentlich von einer Zikade unterbrochen, die ihre Präsenz verkündet. Man muss nur ruhig dasitzen, und der Verstand taucht ganz von selbst in die Meditation ein.

Die Höhle ist sehr alt; der große Weise Vasishta soll sie bereits für seine asketische Disziplin benutzt haben. In neuerer Zeit hatte Swami Puroshottamananda, dem der Brahmachari aus Kerala viele Jahre diente, in ihr gelebt. Swami Puroshottamananda stammte auch aus Kerala und war ein Schüler von Swami Nirmalananda, einem älteren Mönch des Ramakrishna Ordens und direkten Schüler des großen Ramakrishna Paramahansa.

Geboren 1879, wurde er 1923 von Swami Shivananda, einem anderen direkten Schüler von Ramakrishna, als Mönch ordiniert. Swami Puroshottamananda kam 1928 bei der Vasishta-Höhle an und lebte viele Jahre in ihr. Sein *Samadhi* (Grabmal) steht auf dem Platz vor der Höhle. Der Swami ging 82jährig, in der verheißungsvollen Mahashivaratri-Nacht am 13. Februar 1961, ins andere Reich hinüber.

Zu der Zeit, da ich im Ashram weilte, gab es nur ein paar einfache Räume für spirituelle Aspiranten und eine kleine Küche. Außer dem Brahmachari, einem Koch, seinem Gehilfen und einem oder zwei gelegentlichen Besuchern war der Ort recht einsam und sehr förderlich für die Kontemplation. Ich verbrachte dort volle zwei Wochen, badete im kühlen Wasser des Ganges, führte meine Yoga-Übungen durch und meditierte in der Höhle.

Das Essen war einfach und genau ausreichend – es war wunderbar. Der Brahmachari freute sich, einmal in seiner Muttersprache sprechen zu können, und erzählte mir Geschichten über sein Leben mit seinem Guru und über andere Wandermönche, die zu Besuch gekommen und manchmal eine Zeitlang hiergeblieben waren.

In zwei Wochen waren meine Blasen verheilt, und ich wollte nicht einen Tag länger bleiben. Der Ort war wirklich großartig, aber ich musste meinen eigenen Pfad finden. Zweifel bedrängten mich. Die Worte des alten zynischen Mönchs kamen mir immer wieder in den Sinn. Ich musste einen echten Lehrer finden, der meine Zweifel klären und meine Fragen beantworten konnte. Gab es so einen Lehrer?

„Du hast diese Reise eben erst begonnen“, sagte ich mir, „hab Geduld, gib nicht auf. Wandere weiter auf dem Pfad.“

Früh am nächsten Morgen bedankte ich mich bei dem Brahmachari, verabschiedete mich und machte mich wieder auf den Weg nach Badrinath.

17. Der Naga und das Große Mantra

Die Straße von Rishikesh nach Badrinath passiert fünf ‚*Prayags*', d. h. Zusammentreffen der heiligen Flüsse Indiens. Bei Devaprayag trifft die Bhagirathi, die von Gangotri herabströmt, auf den Alakananda, der von Badrinath herabkommt. In der kleinen Stadt, neben dem Zusammenfluss, steht ein Rama geweihter Tempel, der dort vor Jahrtausenden Bußübungen verrichtet haben soll, als er alt war. Das Zusammenströmen der Flüsse, die von den Berghöhen herabstürzen, ist ein wunderbarer Anblick.

Weiter in Richtung Badrinath liegt Rudraprayag, wo sich die aus Kedarnath kommende Mandakini dem Alakananda anschließt. Als nächstes kommt Karnaprayag, wo die Pindara auf den Alakananda trifft. Darauf folgen Nandaprayag und Vishnuprayag. In der Nähe von Vishnuprayag liegt das bekannte Joshi Math, das, so heißt es, vom großen Adi Shankaracharya ins Leben gerufen wurde und das nördliche der von ihm in allen vier Himmelsrichtungen gegründeten Klöster ist. Die anderen Klöster Shankaracharyas liegen in Dwarka, Puri und Sringeri – also im Westen, Osten und Süden Indiens.

Weiter bergaufwärts, in Pandukeshwar, beginnt der Bergwanderweg zum Tal der Blumen und zu Hemkund Sahib, dem geheiligten See der Sikhs auf 5000 m Höhe. Jenseits von Pandukeshwar liegt der heilige Bergtempel von Badrinath. Der Hauptpriester von Badrinath verbringt die sechs kalten Wintermonate im tiefer gelegenen Kloster von Joshi Math.

Ich legte die gesamte Entfernung von rund 220 km zwischen Vasishta-Höhle und Badrinath in 25 Tagen zurück und war stolz darauf, dass ich, ohne Benutzung irgendeines Transportmittels, den ganzen Weg zu Fuß wanderte. Ich hatte mich zum abgehärteten Wandermönch entwickelt. Trotz etlicher Schwierigkeiten bei der Nahrungsbeschaffung, trotz des – erzwungenermaßen – Schlafens in verlassenen Schuppen bei Eiseskälte konnte nichts meinen Enthusiasmus und Eifer hinsichtlich meiner Pilgerschaft dämpfen.

Körperliche Unbequemlichkeiten bereiteten mir die geringsten Probleme, mein Verstand hingegen große – in den Zeiten der Einsamkeit wurde er erregt, manchmal desillusioniert. Doch die Schönheit der Berge und der Flüsse und die Hoffnung, dass dort oben irgendwo auf den beschneiten Höhen jemand auf mich wartete, der mir helfen würde, die

Antworten auf meine ernsten Fragen zu finden, trieben mich weiter vorwärts.

Im Lauf meiner Wanderung machte ich zwei Erfahrungen, die erwähnenswert sind.

In Devaprayag trat ein völlig nackter *Naga Sadhu* an mich heran. Die Dunkelheit senkte sich bereits, und ich fragte mich, wo ich etwas zu essen und zum Schlafen finden könne, als dieser großgewachsene, dunkle und nackte Mann mit verfilztem Haar mich ansprach: „Wenn du nach einem Platz für die Nacht suchst, dann komm mit."

Mit einem Naga zusammen zu sein wäre eine neue Erfahrung. Ich willigte ein und ging mit ihm mit. Er lebte dicht am Flussufer, nicht weit vom Rama-Tempel, in einer kleinen Hütte. Vor der Hütte brannte es hell in einem dhuni (heiliges Feuer in einer rituell angelegten Grube). Ich wusch mich im Fluss, ging zurück und fand den Mann vor dem *Dhuni* sitzend.

„Setz dich", sagte er, „bete zum Gott des Feuers und verbeuge dich vor ihm. Dann essen wir, danach haben wir *siddhis*."

„*Siddhis*?", fragte ich, denn *siddhis* ist das Wort für übernatürliche Kräfte, die Yogis besitzen sollen.

„Ja, ja, du wirst schon sehen", sagte er.

Während wir heiße Chapatis und Kartoffelcurry aßen, stellte er mir Fragen über mein Leben und mein Reiseziel. Ich sagte, ich sei ein spiritueller Sucher, hieße Shivaprasad und ginge nach Badrinath, um einen passenden Lehrer zu finden. Ich spürte, wie er mich taxierte, und ich irrte mich nicht. Sowie wir gegessen hatten, ging er in seine Hütte und brachte ein *chillum* aus Ton heraus, stopfte es mit einer Mischung aus Tabak und *ganja*[38] und zündete sie an. Dann setzte er sich im Schneidersitz hin, rief laut „*Bham Bhole, Hare Hare Mahadeva Shambo*" und nahm einen tiefen Zug. Er atmete den Rauch langsam aus und streckte mir das *chillum* entgegen.

„*Siddhi*", rief er, „damit wirst du zu Shivas Welt reisen und alle Kräfte erlangen – ich kann dein Guru sein. Shiva Mahadev hat mir einen hübschen Schüler gesendet. Rauch, rauch. Du weißt doch, wie man das macht, oder?"

Einige meiner Freunde in Trivandrum hatten Haschisch geraucht, und ich hatte es ein paarmal ausprobiert, aber nicht besonders attraktiv gefunden. Es bringt einen in eine meditative Verfassung, doch nur temporär, und die Suchtgefahr schien groß. Ich lehnte das Angebot des Mannes ab. Er wurde sehr ärgerlich.

„Niemand verweigert *siddhi*, das von einem Naga vor einem Feuer angeboten wird“, rief er laut. „Nimm es!“

Widerstrebend griff ich nach dem *chillum* und nahm ein paar Züge. Nach einigen Minuten sagte er plötzlich: „*Dakshina*. Du musst mir *dakshina*, Geld dafür geben, dass ich dich in die Geheimnisse der Meditation einweihte. Gib schon!“

Ich wollte mit ihm nicht streiten und gab ihm zehn Rupien. „Mehr, mehr!“, brüllte er.

Ich gab ihm nochmal zehn Rupien und sagte: „Das ist alles, was ich besitze.“ Er grinste zufrieden. „Genug, genug“, sagte er, „jetzt bist du gesegnet.“ Er legte mir seine Hände auf den Kopf. „Nimm noch mehr *siddhi*.“ Ich lehnte ab. „Du kannst auf der Veranda oder drin schlafen“, sagte er.

Ich war müde und stand unter der Einwirkung von *ganja*. Ich wickelte mich auf der Veranda in meine Decken und versuchte noch zu meditieren, doch die Meditation gestaltete sich nicht hell. Im Gegenteil, es war, als hüllte Dunkelheit mein Wesen ein und als fesselten dicke, schwere Taue meine Seele. Meine Tasche als Kopfkissen verwendend, legte ich mich nieder und fiel rasch in Schlaf. Noch vor dem Einschlafen ging mir die Frage durch den Kopf, ob der Naga versuchen würde, mir die wenigen übriggebliebenen Rupien zu stehlen. Er rauchte immer noch sein Zaubergemisch.

Am nächsten Morgen wachte ich vor der Dämmerung auf und stellte erleichtert fest, dass der Naga in seiner Hütte fest schlief und laut schnarchte. Geräuschlos rollte ich die Decken zusammen, ergriff Tasche, Henkeltopf und Stab und schritt schnell ins Halbdunkel hinaus. Bei Dämmerung war ich schon weit von Devaprayag und dem Naga Siddha entfernt.

Ein paar Tage später, nah bei Rudraprayag, wanderte ich in einem dichten Wald und stellte fest, dass ich den Weg verloren hatte. Es wurde dunkel, und ich fragte mich wieder einmal, wo ich die Nacht zubringen sollte, als ich einen mittelalten Mann auf mich zukommen sah. Er trug ein Bündel Feuerholz auf dem Rücken.

„Maharaj, wohin wollt Ihr?“, fragte er.

„Badrinath“, antwortete ich, „aber ich glaube, ich habe mich verirrt. Kennt Ihr einen Platz, wo ich zur Nacht bleiben und Essen bekommen kann?“

„Kommt mit mir“, sagte er, „Bawajis Ashram ist nicht weit von hier. Er ist mein Guru. Kommt.“

Ich hatte über einen geheimnisvollen, unsterblichen Yogi namens Babaji, der irgendwo im Himalaya lebte, gelesen, deshalb wurde ich wirklich aufgeregt.

„Sagtet Ihr, der große Babaji ist Euer Guru?“, prustete ich heraus.

Er wusste nicht, von welchem Babaji ich sprach. Sein Guru war ein *Vaishnava* Babaji. *Vaishnava* Sadhus werden Bawajis genannt.

Wir kletterten einen steilen Pfad hinunter zum Flussufer. Dicht beim Fluss stand ein kleiner, aus Granitsteinen gebauter Tempel, umgeben von Obstbäumen und blühenden Pflanzen. Rund um den Tempel verstreut lagen kleine Hütten, ein Gebäude, das ich für einen Speisesaal hielt, und eine Küche. Glocken und Gongs wurden nun geschlagen – die Abend-*Puja* begann im Tempel.

Männer und Frauen nahmen am Gottesdienst teil. Ein großer, gut gebauter Mann im Lendentuch, die geweihte Brahmanen-Schnur quer über die Brust, den Kopf bis auf ein langes, zum Knoten gebundenes Haarbüschel am Hinterkopf kahl geschoren, schwenkte das Licht vor schönen Bildnissen von Krishna und seiner Gefährtin Radha, läutete gleichzeitig eine kleine Handglocke.

Als er seinen Part beendete und sich umwandte, um die *Aarti*-Lampe an andere weiterzugeben, die ihrerseits ihre Verehrung ausdrücken wollten, sah ich, dass er das kunstvolle, U-förmige Zeichen eines Vishnu-Anhängers aus Sandelholzpaste auf Stirn, Hals und Oberarmen trug. Um seinen Hals hing eine Kette aus Tulasi-Perlen. Der Mann, der mich hergebracht hatte, berührte seine Füße und flüsterte ihm etwas zu. Der Bawaji lächelte und kam auf mich zu. Ich berührte seine Füße, wie es Sitte war.

„*Jai Sri Krishna*, ich segne dich“, sagte er. „Nimm jetzt ein Bad in *Ganga Maya* (Mutter Ganga) und komm dann zurück. Zuerst essen wir *prasad* (Essen, das Gott angeboten wird und daher geweiht ist) und dann sprechen wir. *Namo Narayana*.“

Der Bawaji saß im Yoga-Sitz etwas entfernt auf einem flachen hölzernen Podest, und wir setzten uns mit verschränkten Beinen auf den Boden des Speisesaals. Die Leute inkantierten das 15. Kapitel der Bhagavad Gita, dann wurde uns ein einfaches, aber wohlschmeckendes vegetarisches Essen serviert. Die Frauen saßen in der einen und die Männer in der anderen Reihe. Es gab vier junge Frauen und sechs Männer mittleren Alters; sie alle trugen weiße Kleidung, nur der Bawaji trug einen safrangelben Dhoti.

Nach dem Essen lud mich der Bhawaji in seine kleine Hütte zu einem Gespräch ein. Er erkundigte sich kurz über meine Kindheit und meine spirituelle Suche, und ich antwortete ihm so gut ich konnte. Nicht ein einziges Mal fragte er nach der Religionszugehörigkeit, was mich ein wenig verwunderte, weil ich annahm, dass die Gruppe aus orthodoxen Brahmanen bestünde. Ich erfuhr, dass sie eine Gemeinschaft von Krishna-Anhängern seien und Sri Krishna Chaitanya folgten.

Sie glaubten, Hingabe sei der einzige Weg, Gott zu dienen, und Krishna sei die höchste Gottheit. Sie pflegten vor Krishna und seiner Gefährtin Radha zu tanzen und zu singen und führten täglich Verehrungsrituale durch. Sie waren reine Vegetarier und glaubten, jeder, der in ihren Kult eingeweiht werde, würde zum Brahmanen. Sie hassten die *Advaita Vedantins* des Shankaracharya Ordens und nannten diese *Mayavaadins* – jene, die die Welt als Illusion (*Maya*) betrachten. Diesen *Vaishnavas* zufolge war die Welt keine Illusion. Sie war wirklich, und Krishna war ihr Höchster Herr und Herrscher.

Die Vorstellung des Bawaji hinsichtlich eines formellen Weltverzichts und der Initiation als Mönch erschien mir recht vernünftig.

„Ich weiß", sagte er, „dass du begierig bist, die Welt aufzugeben, safrangelbe Kleidung zu tragen und mit einem Schlag in den Zustand der Befreiung zu plumpsen. Aber, junger Mann, sei vorsichtig. Wenn du aus geringer Höhe hinab fällst, wirst du dich nicht schlimm verletzen. Du kannst aufstehen, wirst verarztet und stehst wieder auf den eigenen Beinen. Wenn du aber aus der großen Höhe des *sanyas* (mönchisches Leben) herunterfällst, kannst du ernsthaft oder tödlich verletzt werden. Vielleicht kannst du nicht einmal mehr auf die Beine kommen. Sei also vorsichtig, ehe du dich entscheidest.

Was uns anlangt, wir folgen dem vedischen Muster und durchlaufen zuerst *grihasth ashrama* (Eheleben), bevor wir *sanyasa* aufnehmen. Wir sind alle verheiratet. Ein verheirateter Mann kann mit Gottes Gnade Gott finden. Ohne die göttliche Gnade kann auch ein Mönch Gott nicht finden. Ich war gleichfalls verheiratet und wurde erst nach dem Tod meiner Frau zum *Sanyasin*.

Und noch etwas: Geh nicht zu *ganja* rauchenden Sadhus, wie gelehrt sie auch sein mögen. Ich bin sicher, deine Augen sind auf die höheren Himalayas gerichtet, und du wirst sie dort gleichfalls antreffen. Ich hätte es gern gesehen, wenn du bei uns lebtest und an unseren Ritualen und religiösen Handlungen teilnähmest, aber ich weiß, dass du unbedingt weiter gehen willst. Sei's drum.

Du bist eine reine Seele, und falls du willst, kann ich dir unser *mahamantra* (großes Mantra) geben. Rezitiere es regelmäßig und komme bitte zu uns zurück, wenn du möchtest. Gott segne dich, *Jai Sri Krishna*."

Ich berührte seine Füße, dankte ihm und bat ihn, mich in das Mantra *Om namo Bhagavathe Vasudevaya* zu initiieren. Dann ging ich in das mir zugewiesene Zimmer, rezitierte eine Weile das Mantra und schlief danach friedvoll ein.

Am frühen Morgen tauchte ich kurz im eiskalten Wasser des Ganges unter und ging zu Bawaji, um seinen Segen zu erhalten. Er legte mir die Hände auf den Kopf und segnete mich mit großer Wärme.

„Möge Sri Krishna dich zu spiritueller Erfüllung leiten. *Jai Sri Krishna.*“

Ich verabschiedete mich darauf von meinem Freund Damodar, der mich zu dem Bawaji geführt hatte, und machte mich wieder auf den Weg in Richtung Badrinath.

18. Der Schuster und der Mönch

Ein paar Tage später erreichte ich abends Karnaprayag. In einem Außenviertel der kleinen Stadt sah ich einen Shiva-Tempel beim Fluss, aus dem ein Priester trat. Ich erkundigte mich nach einem passenden Platz für die Nacht, und er schlug vor, ich sollte beim Tempel nächtigen. Es gab einen netten Raum für Pilger, im Moment von niemandem beansprucht. Was das Essen anlangte, musste ich mich mit zwei Bananen und einem Stück goldbraunen Rohrzuckers begnügen, das war alles, was er mir anbieten konnte. Er ging zu seinem Haus in der Stadt und wollte mir am nächsten Morgen Essen mitbringen.

Ich sagte, das wäre schön, müde und hungrig wie ich war. Der Brahmane ging weg; ich zündete die Kerosin-Lampe an und setzte mich auf die Matratze auf einer hölzernen Planke. Als ich begann, die Banane zu schälen, hörte ich draußen eine Stimme:

„Ram Ram, *Maharaj.“*

Vor der Tür stand ein dunkelhäutiger kleiner Mann, der eine lange weiße *kurta* mit Pyjamahosen trug, die weit verbreitete weiße Gandhi-Mütze auf dem Kopf. Seine Hände waren zum Gruß gefaltet.

„Maharaj, sagte er leise, „ich heiße Ramprasad und bin ein Schuster hier in der Stadt. Meine Frau träumte gestern, dass ein heiliger Mann zu uns ins Haus käme und seine Mahlzeit dort einnähme. Ich bin ein Unberührbarer, wisst Ihr, und dies ist ein Brahmanen-Tempel. Ich darf eigentlich nicht hierher kommen, aber ich sah Euch hier eintreten und den Priester weggehen, und ich nahm meinen Mut zusammen und kam doch herein. Bitte werdet nicht ärgerlich und verflucht mich nicht. *Maharaj*, meint Ihr, ich dürfte Euch Essen bringen? Meine Frau hat *luchis, dal* und *halwa*[39] zubereitet und wartet auf den heiligen Mann, von dem sie träumte. Es ginge zu weit, Euch zu uns nach Hause einzuladen, aber wir könnten euch das Essen bringen.“

Er war beinahe den Tränen nah. Ich stand auf und sagte, „ich gehe mit dir zu deinem Haus. Deine Frau kann mir Essen geben.“

Er traute seinen Ohren nicht, doch führte mich zu seinem Haus im *Harijan*-Viertel[40], das abseits vom Rest des Dorfes lag. „Bitte wartet hier, *Maharaj*“, sagte er, auf die Veranda deutend; dann eilte er ins Haus und rief aufgeregt: „Lilavati, ein heiliger Mann ist gekommen!“

Zusammen wuschen sie meine Füße, ohne auf meine Proteste zu hören, und servierten mir heiße *luchis, dal* und köstliches, in geklärter Butter gekochtes Gemüse. Während ich das Essen genoss, standen sie da, sahen mir zu und vergossen Tränen der Freude. Ramprasad schüttelte dauernd den Kopf und sagte zu seiner Frau:

„Lilavati, ich kann's nicht glauben. Dein Traum ist wahr geworden, wir sind gesegnet. Du wirst jetzt sicher ein Kind bekommen. *Maharaj*, segne uns, damit wir ein Baby bekommen."

Nachdem ich das heiße, süße Halwa zum Nachtisch gegessen hatte, ging ich zum Tempel zurück, begleitet von Ramprasad, der mit der Taschenlampe den Weg beleuchtete. Allein dann gelassen, meditierte ich eine Weile und fiel in Schlaf.

Früh am nächsten Morgen wurde ich von lauten Rufen des Priesters geweckt. Er war vor Ärger fahl.

„Was für eine Art Sadhu bist du", schrie er, „im Haus eines Unberührbaren zu essen! Konntest du nicht bis zum Morgen warten? Was für ein Brahmachari bist du, im Haus eines Flickschusters zu sitzen und eine Mahlzeit zu essen, die von Unberührbaren zubereitet wurde! Du hast sowohl dich selbst als auch den Tempel verunreinigt. Verschwinde, bevor ich jemand hole, der dich verprügelt und hinauswirft. Nimm ein Bad im heiligen Fluss, um dich zu reinigen. Ich werde jetzt dieses Zimmer mit heiligem Wasser säubern müssen. Los, verschwinde!"

Wortlos nahm ich meine Habseligkeiten und verließ diesen Ort. Es war nutzlos, mit ihm zu sprechen. Mein Herz war von Schmerz erfüllt. Wie konnte ein Mensch einen anderen Menschen unberührbar nennen? Ist dies das geheiligte Land, in dem große Yogis lebten und leben? Zweifel bestürmten mich; aber ich war entschlossen, den ganzen Weg zu Ende zu gehen und es selbst herauszufinden. Würde ich selbst einen großen Yogi finden, der mir das Licht zeigte, welches die Dunkelheit der Unwissenheit vertrieb?

Der letzte wichtige religiöse Ort vor Badrinath war Joshi Math. Eines Nachmittags um vier Uhr kam ich dort an. Es war kalt. Vom nahen Auli konnte man die hohen schneegekrönten Himalaya-Gipfel sehen. Man sagte mir, dass das die Verwaltung des Shankara-Klosters nur für Brahmacharis und Sanyasins aus der Brahmanenkaste eine Unterkunft bereitstelle. Nicht weit vom Kloster gab es ein *dharamshala* (Pilgerherberge), zu dem ich daher die Schritte lenkte. Ich erhielt dort ein kleines Zimmer. Danach ging ich auf Besichtigung nach Joshi Math zurück.

Ich sah das Grab von Shankaracharya, den großen Lingam aus Kristall und den ‚wunscherfüllenden Baum'. In Joshi Math lebte eine große Zahl von Brahmacharis und Mönchen, um Sanskrit und Vedanta zu studieren. Einer dieser Studenten würde eines Tages der nächste Shankaracharya (Oberhaupt einer der vier *Mathas* oder Mönchsorden) werden. Die Sanyasins der Brahmanenkaste, *Dandi Swamis* genannt, spazierten mit ihren *dandis* (Stäben) umher. Während ich mich über die Komplexität des Kastensystems und die vielen Krümmungen des menschlichen Geistes wunderte, trat ein hochgewachsener, streng aussehender, kahlgeschorener Mönch auf mich zu und sprach mich an.

„Wohin gehst du?"

„Nach Badrinath, Sir."

„Wo übernachtest du?"

„Im *dharamshala*, Sir. Mir wurde gesagt, Nicht-Brahmanen können hier nicht übernachten."

„Du bist von Geburt kein Brahmane, aber du siehst wie einer aus."

„Nein, Sir, ich bin kein Brahmane."

„Du musst dir deine Gedanken über all das machen. Lass mich dir meine persönliche Meinung sagen – ich denke, das Ganze ist Unfug. Ich war ein *Dandi Swami*, ein Brahmanen-Mönch, doch warf ich meinen Stab in den Ganges und bin jetzt frei. Es wird mir erlaubt, hier zu wohnen, wenn ich komme, weil mich der *Mahant* (Abt) von früher her kennt, als ich noch ein *Dandi Swami* war.

Weißt du, Shankara, der Gründer des Dasanami Ordens, zu dem dieses *Math* gehört, kam eines Tages von seinem Bad im Fluss zurück, als ihm ein eingeborener Jäger, begleitet von einer Meute streunender Hunde, in den Weg trat. ‚Geh mir aus dem Weg! Wie kannst du es wagen, dich vor mich zu stellen, du tiefgeborener Unberührbarer!', rief Shankara. Der Geschichte zufolge verwandelte sich der Jäger – niemand anderer als der Yogi-Gott Shiva –, in seine wahre Form und ermahnte Shankara, Menschen nicht aufgrund ihrer Geburt zu beurteilen und zu diskriminieren.

In jedem Menschen lebt dasselbe *Atman*, die transzendente Seele", sagte der alte Mönch, „und es tut mir weh, wenn ich sehe, was sich an Orten wie diesem hier abspielt. Aber ich habe nicht die Macht, das System zu verändern."

Ich verbrachte einige Zeit mit ihm und wir unterhielten uns über Vedanta. Dann ging ich zurück zur Pilgerherberge, um zu essen und zu schlafen. Der nächste Morgen sah mich wieder auf der Straße. Ich benötigte vier Tage, um Badrinath zu erreichen. Nichts Bemerkenswertes ereignete sich auf dem Weg. Doch war mein Geist unruhig und gequält. Auch begann sich die Mühsal der Reise auf den Körper auszuwirken. Ich war müde.

19. Der Sucher in Badrinath

An einem Nachmittag kam ich in Badrinath an. Der Anblick der beiden Berge Nara und Narayana, des schneebedeckten Nilkanth und des klaren Wassers des Alakananda, der beim Badrinath-Tempel mit großer Kraft zu Tal stürzte, wusch für kurze Zeit all meine geistigen und körperlichen Beschwerden weg. Ich fühlte mich ruhevoll, friedvoll und frohgemut.

Bevor ich Badrinath erkundete, wollte ich versuchen, den *Ravalji* zu treffen, den Oberpriester von Badrinarayan. Ich hatte gehört, dass die *Ravaljis* seit altersher Nambudiri-Brahmanen aus Kerala seien. Der glorreiche Shankaracharya, der den Badrinarayan-Tempel nach einer Säuberung von buddhistischen Einflüssen wieder institutionalisierte, soll angeregt haben, dass der Oberpriester immer ein Nambudiri-Brahmane aus Kerala sein sollte. Ich sehnte mich danach, in Malayalam zu sprechen, und konnte es kaum erwarten, mich mit dem *Ravalji*, einem Landsmann, zu unterhalten.

Nach einem Bad in Tapta Kund, das von natürlichen Heißwasser-Quellen erhitzt wird, zog ich meine saubere zweite Kleidungsgarnitur an. Vom Eingang des Tempels aus verbeugte ich mich vor Sri Badrinarayan (Vishnu) und ging dann über die Straße zur offiziellen Residenz des *Ravalji*. Ich sprach in Malayalam zu seinem Assistenten und wartete einige Minuten im Vorraum, ehe ich in den Raum des *Ravalji* geführt wurde. Wie ich gehört hatte, hieß er Kesavan Nambudiri. Es war ein sehr höflicher und angenehmer Mann, hellhäutig und gut aussehend. Das Gespräch mit ihm, meist in Malayalam, verlief etwa derart:

„Wie heißt du?“

„Shivaprasad“, sagte ich, die Reaktion eines orthodoxen Nambudiri-Brahmanen auf meinen wirklichen Namen vorweg nehmend.

„Und was treibt dich in so jungem Alter hierher?“

Ich beschrieb meine spirituelle Suche und erklärte, dass ich seit Kindheit meditierte und heiligen Männern begegnet war. Die Begegnung mit dem mysteriösen Yogi unter dem Jackfrucht-Baum erwähnte ich nicht, da ich befürchtete, meine Stimmbänder würden jeden Versuch, diesen Vorfall zu schildern, vereiteln.

Ich erzählte ihm, dass ich seit frühestem Alter von den Himalayas unwiderstehlich angezogen wurde und mich nun auf den Weg gemacht hatte, um irgendwo in den Bergen meinen spirituellen Mentor zu finden.

Ich hätte gehört, dass große Yogis in geheiligter Einsamkeit in den Himalayas lebten. Könnte er mich zu einem geleiten, den er kannte?

Der *Ravalji* lachte herzlich. „Armer Kerl“, sagte er, „weißt du, dass ein großer Yogi den ganzen Weg von Kerala hier herauf kommen musste, um den Badrinarayan-Tempel neu zu begründen? Du bist jetzt aus derselben Region gekommen, um in Badrinath einen Guru zu suchen – das ist ja wirklich großartig!

Jedenfalls kenne ich hier keine derartige Person. Nun gut, da gibt es die Sadhus und Sanyasins, die während der Pilgersaison hierher kommen und in den kalten Wintermonaten wieder zurückgehen. Auch wir gehen im Winter hinunter und leben in Joshi Math. Badrinath liegt immerhin auf 3700 m Meereshöhe, und alles gefriert hier in den kalten Monaten.

Ich habe gerüchtweise gehört, dass einige geheimnisvolle *Mahatmas* (‚große Seelen‘) das ganze Jahr über in Höhlen wie *Vyasa Guha* und *Muchukunda Guha* leben. Allerdings glaube ich persönlich, dass das nichts als erfundene Geschichten sind, die Badrinarayan einen zusätzlichen magischen Zauber verleihen sollen.

Solltest du Anleitung benötigen, so wäre es besser, wenn du die großen Werke von Shankara, die Kommentare zu den Upanischaden, das ‚Kleinod der Unterscheidung‘ usw. mit einem kompetenten vedischen Gelehrten studiertest. Hast du Sanskrit gelernt?“

„Sehr wenig“, sagte ich, „aber ich habe englische Übersetzungen der von Ihnen genannten Bücher studiert.“

„Hm, das reicht nicht. Das ist nicht das Gleiche. Du musst sicherlich einen Platz finden, wo du wohnen kannst, oder? Die Unterkunft hier ist sehr begrenzt, aber ich kann dir eine kleine Hütte auf der anderen Seite des Alakananda besorgen, nicht weit von hier. Was das Essen anlangt, du kannst hier zweimal am Tag essen. Ich werde meinem Assistenten entsprechende Anweisung geben. Wenn du jetzt hungrig bist, kannst du im äußeren Raum etwas essen. Dank Badrinarayans Segen fehlt es uns nie an *prasad*.

Mein Rat für dich ist, dass du eine Weile hier bleibst, diesen schönen Platz erkundest und dann nach Kerala zurückkehrst. Betreibe weiter deine Studien, strebe vielleicht einen Doktorgrad in indischer Philosophie an, kümmere dich um deine Eltern und führe ein glückliches Leben. Hin und wieder kannst du hierher kommen und ein paar Tage verbringen. Vergeude deine Energie nicht damit, nach einem Meister in den Himalayas zu suchen. Vermutlich würdest du am Ende gänzlich desillusioniert sein; aber dann ist es zu spät, einen Rückzieher zu machen.

Ich möchte dich besonders vor den Pseudo-Heiligen warnen, die nach jungen, gebildeten Schülern Ausschau halten. Es gibt da auch noch die *ganja sadhus*. Die meisten von ihnen sind Drogenabhängige. Die Visionen, die sie unter Drogeneinfluss haben, betrachten sie als real. Hüte dich vor ihnen und meide sie wie die Pest.

Jetzt iss etwas, und danach wird dich mein Assistent zu dem *kutir*[41] bringen. Ich muss Vorbereitungen für die Abendandacht im Tempel treffen. Schau zum Abend-*Aarti* vorbei. Danach komm zu mir, und wir können uns noch etwas unterhalten, okay?“

Ich erhielt eine gute Kerala-Mahlzeit und wurde dann über die Brücke zum *Kalikambliwala kutir* geführt. Es war schon herrlich, täglich den donnernden Alakananda betrachten zu können. Ich ging regelmäßig zum *Aarti* in den Tempel und nahm meine Mahlzeiten im Haus des Oberpriesters ein. Er war ein beschäftigter Mann, der zahlreiche Besucher treffen musste, doch ein- oder zweimal in den drei Tagen meiner Anwesenheit nahm er sich etwas Zeit für mich. Von ihm lernte ich viel über Badrinath und die Umgebung.

Badrinath gehört zu der Gegend namens Kedarkhand und es soll der Ort sein, wo Nara und Narayana Askese-Übungen durchgeführt haben. Es liegt im Tal des Alakananda-Flusses, zwischen den zwei Bergen, die nach diesen beiden Wesen benannt sind. Die Heißwasser-Quellen von Tapta Kunda und Brahma Kapali gelten als geheiligte Badeplätze. Der Tempel von Badri Narayana, so heißt es, ist von Adi Shankaracharya wieder als hinduistisches Heiligtum eingesetzt worden, nachdem er das Buddha-Bildnis mit dem ursprünglichen Bildnis von Narayana ersetzt hatte. Letzteres hatten die Buddhisten in einen alten Brunnen ausgelagert. Zwar ist das historisch nicht belegt, doch kann nicht ausgeschlossen werden, dass Badri einst ein buddhistisches Zentrum war, da die tibetische Grenze sehr nahe ist.

Wenn man von Badri aus sechs oder sieben Kilometer entlang des Alakananda-Flusses aufwärts wandert, kommt man zum Dorf Mana, der letzten Ortschaft auf der indischen Seite. Dieses Dorf wird von Stammesangehörigen tibetischer Herkunft bewohnt.

Zwei Kilometer nördlich vom Badri-Tempel findet sich ein Felsen, der Gaudapadasila genannt wird. Er soll der Sitz des großen *Rishi* Gaudapada gewesen sein. Dieser hat dort, wie man sagt, seine *Karikas* (Erklärungen) zur *Mandukya Upanishad* geschrieben. Shankaracharya, heißt es, soll Gaudapada getroffen haben, der ihn mit der Abfassung von Kommentaren zu den *Karikas* beauftragte.

Die Vyasa-Höhle, in der der *Rishi* Vyasa die Veden zusammengestellt haben soll, liegt nahe bei Manas. Ich hörte, dass große *Mahatmas* manchmal die Vyasa-Höhle und mehrere andere Höhlen in der Umgebung während der Sommermonate besuchten. In Kesava Prayag trifft der Alakananda auf den Saraswati-Fluss, der aus einem Untergrundtunnel hervorschießt. Dort beginnt der Bergpfad über den 6000 m hoch gelegenen Mana-Pass nach Tibet.

Ein Stück weiter oben liegen die Vasundhara-Fälle und Swargarohini, von wo, dem Mahabharata zufolge, König Yudhishthira in Indras Gefährt himmelwärts transportiert wurde.

Umkränzt von Schneegipfeln und geküsst von den rauschenden Wassern des Alakananda, war Badrinarayan ein schöner Ort, ideal für Menschen, die Einsamkeit und Kontemplation liebten. Ich sage ‚war', weil wegen des starken Einstroms leichtsinniger Touristen, die wenig oder kein Verständnis für das Heilige haben, heutzutage alles verdorben wird. Unzählige Läden mit gierig auf naive Kunden wartenden Besitzern sind heute die Regel. (Während eines jüngsten Besuchs begegnete ich einem Mann, der ein junges hübsches Gharwali-Mädchen für die Nacht zu vermieten suchte.)

Einer meiner unvergesslichen Eindrücke von Badrinath, der mein Gemüt immer mit Freude erfüllt, ist der Tag, an dem es schneite. Es war eine Vollmondnacht, und der ganze Platz schimmerte, als wäre er aus geschmolzenem Silber geformt.

Aber die schönen Eindrücke spendeten mir nicht viel Erleichterung. Viele Zweifel, verstärkt durch die Bemerkungen des Oberpriesters, dass ein gebildeter junger Mann wie ich hier nichts fände und dass ich nach Hause zurückkehren sollte, stürmten auf meinen schon erschütterten Verstand ein. Eines Tages, als ich vor meiner Hütte saß, fasste ich den Entschluss, zum Dorf Mana zu gehen, in einer der dortigen Höhlen nach einem großen Yogi zu suchen, und falls ich dort keinen echten *Mahatma* fände, in den Alakananda zu springen und mich umzubringen. Vielleicht würde ich unter hilfreicheren Umständen wiedergeboren werden. Ich konnte die andauernden Qualen der Zweifeln und der Depression nicht mehr ertragen.

20. Ich begegne Babaji

Früh am nächsten Morgen machte ich mich auf den Weg nach Mana. Bis zum Mittag erreichte ich das Dorf, bewohnt von Schafhirten tibetischer Abstammung, die farbige Wollteppiche mit komplexen Mustern auf ihren Webstühlen herstellten. Sie waren alle Buddhisten. Ich wanderte weiter, bis ich zur *Vyasa Guha* kam. Es war eine mittelgroße, natürliche Höhle.

Ich beschloss, die anderen Höhlen in der Umgebung zu erkunden und kletterte höher hinauf. Dort sah ich den Fluss Saraswati aus einem Tunnel stürzen und sich mit dem Alakananda-Fluss vereinen. Nach einer weiteren Wanderstunde in felsigem Terrain kam ich zum Vasundhara-Wasserfall. Aber ich wollte Swargarohini erreichen – es musste doch etwas an der Geschichte dran sein, die erzählt, wie Yudhisthira an diesem Platz in den Himmel erhoben wurde. Vielleicht lebten dort außergewöhnliche Wesen?

Mir kam zu Bewusstsein, dass es bald dunkeln würde. Der Wind war schon eiskalt und es gab keinen Menschen weit und breit. Hunger rumorte in meinen Eingeweiden. Ich entschied, nach Mana zurückzugehen, um eine menschliche Seele zu finden, die mir einen Platz zum Schlafen und vielleicht etwas zum Essen anbieten würde. Zweifel, Furcht, Hunger und ein tiefes Gefühl des Versagens erfüllten mich. Ich war zu einer spirituellen Suche aufgebrochen und hatte versagt. Es gab keine *Mahatmas*, außer in der Vorstellung von Fantasy-Autoren, die vorgeben, Fakten zu berichten. Es wäre besser zu sterben, als so weiter zu leben. Mein Entschluss war gefasst – ich würde in den Alakananda springen und mich töten.

Mittlerweile war es fast völlig dunkel geworden und der eisige Wind heulte. Ich gelangte wieder zur *Vyasa Guha*, und sah erstaunt, dass vor dem Höhleneingang ein Feuer brannte. Die Flammen sprangen hoch und tanzten über den brennenden Holzscheiten. Bei dem eiskalten Wetter lud mich die Wärme unwiderstehlich ein. Ich schritt darauf zu und fragte mich, wer das Feuer angezündet haben könnte. Vielleicht ein Schafhirte? Oder sollte ich am Ende doch noch einen Yogi treffen?

Aus dem Inneren der Höhle kam eine Stimme. Klang sie vertraut? War das eine Stimme, die, jahrelang tief in meiner Erinnerung begraben, nun wieder vernehmbar wurde? Ich lief zitternd zur Höhle. Aus dem Inneren trat ein langhaariger, unbekleideter, großer Mann.

„Komm“, sagte die Stimme in klarem Hindustani, „wo bist du herumgewandert, Madhu?“

„Madhu?“ Hatte ich diesen Namen in einem lang vergessenen Traum gehört? Wer war dieser Mann? „Ich heiße nicht Madhu“, sagte ich, „ich heiße Mum…“

„Ja, ja, ich weiß. Von unter dem Jackfrucht-Baum in Vanchiyoor zur Vyasa-Höhle im hohen Norden. Komm und setz dich hier ans Feuer. Zuerst gebe ich dir etwas zu essen, und danach kannst du schlafen. Wir unterhalten uns morgen.“ Er klopfte mir voll Zuneigung auf die Schulter. „Setz dich!“

Mir wurde klar, dass dies dieselbe Person war, der ich im Alter von neun Jahren im Hinterhof unseres Hauses unter dem Jackfrucht-Baum begegnet war. Ja sogar die Stimme war dieselbe. Ich hatte meinen *Guru*, meinen Vater, meine Mutter, meinen Lehrer, mein Ein und Alles gefunden. Wie es sich ergab, würde ich ihn für die nächsten dreieinhalb Jahre nicht mehr verlassen.

Er ging in die Höhle und kam gleich darauf mit seinem *kamandalu* (ein ovales Gefäß mit Henkel, das den *Sadhus* als Behältnis für Wasser und Essen dient) heraus. Zwei frische Weizen-*Rotis* und heißes Kartoffel-Curry waren in dem Gefäß. Er stellte es vor mich hin und sagte: „Iss.“ Ich beugte mich hinunter zu seinen Füßen und berührte sie.

„Ich werde dich Babaji nennen“, sagte ich, „ich kenne keinen anderen Babaji. Du bist mein Baba, mein Vater. Ich stehe lebenslang in deiner Schuld. Du hast mich gefunden, als ich am Ende meiner Kräfte war.“ Tränen trübten meine Sicht.

„Alles schön und gut, aber jetzt setz dich und iss etwas“, sagte er fürsorglich.

Ich saß vor dem Feuer, umgeben von Himalaya-Höhen, und machte mich unter den gütigen Blicken meines Lehrers mit Hingabe über das Essen. Er ging nochmals in die Höhle und kam diesmal mit einer *jilebi*, einem süßen Dessert zurück, das er in der Hand behielt, während ich aß. Nach der Mahlzeit trank ich das klare Wasser des Alakananda, das mir Babaji reichte, und gleich danach wurde ich so schlaftrunken, als hätte ich für sehr lange Zeit nicht geschlafen.

Babaji führte mich in die Höhle, und im Widerschein des Feuers sah ich, dass er für mich ein Lager mit einer Decke auf trockenen Blättern und Zweigen bereitet hatte. Eine sanfte Brise blies die Wärme des Feuers in die Höhle, so schien mir wenigsten, und ich schlief sofort ein, beruhigt vom Gedanken, dass Babaji sich um mich kümmern würde. Das letzte, woran ich mich erinnerte, war Babaji, der im Yoga-Sitz auf einer gefalteten Decke saß und bewegungslos ins Feuer blickte.

21. Die erste Einweihung

Dies war der Beginn eines neuen Lebens, einer neuen Reise mit einem liebevollen und sich um alles kümmernden Betreuer und Führer. Am nächsten Morgen weckte mich Babaji einige Stunden vor der Morgendämmerung auf.

„*Brahma muhurtha*“, sagte er, „das ist die Zeit, wenn die Luft für die Meditation am reinsten ist. Du musst nicht so töricht sein und ein Bad im eiskalten Wasser des Alakananda nehmen. Wahrscheinlich würdest du dir eine Lungenentzündung holen, und es gibt keine guten Krankenhäuser in der Nähe. Nimm Wasser aus meinem Wassergefäß, spül dir den Mund und wasch dein Gesicht. Hast du eine Zahnbürste?“

„Ja, Babaji.“

„Dann verwende sie und nimm etwas Asche vom *Dhuni* als Zahnpulver.“

Das Feuer brannte immer noch. Ich fragte mich, ob Babaji wachgeblieben war und es die ganze Nacht gehütet hatte. Es war das erste Mal, dass ich erlebte, wie praktisch und realistisch er war und gar nicht an den alten Traditionen haftete – zum Beispiel: ‚Man muss vor der Meditation ein Bad nehmen, selbst wenn einen das umbringt.‘ Der Ausspruch eines großen spirituellen Meisters, der in Galiläa und Jerusalem wandelte, kam mir in den Sinn: ‚Das Gesetz ist für den Menschen geschaffen und nicht der Mensch für das Gesetz.‘

Als ich zurückkam, gab er mir eine gefaltete Decke und sagte:

„Von nun an verwende nur diese Decke. Niemand anderer soll sie benutzen. Es ist deine Decke.“

Dann korrigierte er meine Stellung und sagte mir, wie ich in *padmasana* richtig sitze. Er weihte mich in die Geheimnisse des Kriya Yoga ein, die Technik, die ihm von seinem Guru, dem legendären Mahavatar Babaji gelehrt worden war. Als ich zu meditieren begann, berührte er sanft meine Brust und meine Stirn. Ich glitt in eine tiefe und selige Meditation. Mein Bewusstsein reiste durch Dimensionen, über die ich früher nicht einmal zu träumen vermochte, und es weitete sich unermesslich aus. Ich hörte Babajis Stimme und trat wieder in den normalen Wachzustand ein:

„Komm zurück, komm zurück. Nicht alles auf einmal, Sohn.“

Die Sonne war gerade aufgegangen – die Szenerie leuchtete und ertönte in Schönheit, mit eisbekleideten Gipfeln in der Ferne, dem Rauschen und Klingen des Flusses, dem diffusen ruhevollen Morgenlicht.

Babaji lächelte voll Zuneigung. Zum ersten Mal sah ich seine Gesichtszüge in ganzer Klarheit. Er hatte nahezu europäisch helle Hautfarbe, war hochgewachsen, hatte hellbraune Augen und braunschwarzes, kräftiges langes Haar, zu einem Knoten auf dem Kopf zusammengebunden. Er zeigte leicht nepalesische Gesichtszüge, mit einem sehr dünnen Bart und Schnurrbart. An seinen Ohrläppchen hingen große kupferne Ohrringe. Um seinen Hals trug er eine Gebetskette aus großen *Rudraksha*-Kugeln[42]

Sein schlanker Körper war, selbst in der beißenden Kälte, unbekleidet bis auf ein dickes weißes, um seine Taille gebundenes Baumwolltuch, das bis knapp zu den Knien reichte. Er war barfuß, und seine einzigen Besitztümer bestanden aus einem schwarzen, hölzernen Henkeltopf, einer Meditationsdecke und einem Handbeil, das er auf seinen Rücken schnallte.

„Diese Umgebung erscheint mir so vertraut“, sagte ich, „als wäre ich schon früher hier gewesen. Warst du damals bei mir?“

„Nicht ich, sondern mein großer Meister, der legendäre Sri Guru Babaji, der damals dein Guru war. Ich bin einer seiner ersten Schüler, und mein Name ist Maheshwarnath. Irgendwann in der Zukunft werden dich die Leute ‚M‘ nennen, das wird dich ständig an mich erinnern. Sri Guru Babaji hat dich solange meiner Obhut unterstellt, bis du genügend vorbereitet bist.“

Ich konnte meine Erregung nicht meistern: „Werde ich dem großen Sri Guru Babaji begegnen?“, fragte ich eifrig.

„Wenn und falls das nötig ist“, sagte Babaji, „aber denk dran, dass man nicht meditiert und Kriya Yoga übt, um Sri Guru Babaji zu begegnen, sondern um die hohe Bewusstseinsebene zu erreichen, auf der man vollkommen versteht und erfährt, was er repräsentiert. Wir werden sehen.

Jetzt wollen wir uns aber auf den Weg machen. Ich komme nicht oft zur Vyasa-Höhle. Gestern bin ich nur hierhergekommen, um dich zu empfangen. In Badri lebe ich gewöhnlich in einer der Höhlen bei Charan Paduka hinter dem Narayan Parvat Hügel, auf dem der Tempel steht. Sowie wir dort ankommen, beginnen wir mit dem Unterricht. Komm.“

So machten wir uns also auf den Weg – der junge Schüler und der Guru, der wie der legendäre Dakshinamurthi selbst recht jung aussah. Ich stellte fest, wie schnell Babaji ausschritt – ich konnte ihm nur mit Mühe folgen. Gelegentlich ließ er mich ausruhen; dann sprach er mir Mut zu: „Junger Mann, geh ein bisschen schneller. Du hast viel Energie. Okay?"

Wir gelangten nach Badrinath, durchquerten es und strebten zu dem Pfad hinter dem Tempel, wo wir weiter bergauf kletterten, bis wir Charan Paduka erreichten. Die Jainas betrachten diesen Platz als heilig, weil einer ihrer *Tirthankaras* (‚Furtenbauer') dort gelebt hatte. Jenseits davon gab es grasbewachsene Flächen und ein enges Tal, mit Höhlen zu beiden Seiten. Einige Yogis bewohnten ein paar der Höhlen. Sie grüßten Babaji, als er vorüberging. Weiter oben hielten wir vor einer geräumigen Höhle an. Der Feuerplatz aus groben Felsbrocken vor dem Höhleneingang enthielt noch etwas Glut.

„Für eine Zeitlang wird das unsere Bleibe sein", sagte Babaji. Geh hinein und verstaue deine Sachen. Du wirst drinnen ein großes, loses, dickwollenes Kleidungsstück finden. Zieh es an. Ich will nicht, dass du krank wirst. Winde auch das blaue Turban-Tuch, das im Bambuskorb liegt, richtig um den Kopf, so dass die Ohren bedeckt sind. Du kannst dich jetzt ausruhen. Unsere erste Sitzung beginnt am Abend."

Wohl gab es feste Zeiten für den formalen Unterricht und die Gespräche, doch war das Zusammenleben mit Babaji an sich schon ein Lernprozess. Ich lernte, die Höhle zu säubern, Wasser vom nahegelegenen Wasserfall zu bringen, das manchmal voller Eisstücke war, Feuerholz zu sammeln – wobei ich lernte, mit der Axt umzugehen –, um Gemüse, Weizenmehl und andere Nahrungsmittel bei den Ladenbesitzern im Bazar nahe beim Tempel zu betteln oder um Büffelmilch bei den *Gurjars* (ethnische Gruppe in Nordindien, Pakistan und Afghanistan).

Für mein Ego war es ein großer Schlag, betteln zu müssen, trotz der Tatsache, dass die Ladeninhaber gerne gaben, da sie wussten, dass ich Babajis *chela* (Schüler) war. Ich bemerkte ihren großen Respekt gegenüber Babaji. Wenn er vorbeiging, standen viele Händler auf, um damit ihre Ehrerbietung zu zeigen, und grüßten ihn, die Handflächen zusammengelegt, mit *‚Ram Ram, Maharaj'*. Babaji gab die Grüße mit gebeugtem Kopf und rechter Hand auf dem Herzen zurück.

Ich begann auch den Wert von Nahrung zu schätzen und lernte zum ersten Mal kochen. Das Essen konnte sehr einfach sein, aber es musste perfekt zubereitet werden. Da gab es keine Kompromisse – vom richtigen Schneiden des Gemüses bis zur genau richtigen Kochzeit.

„Wenn du das Gemüse nicht richtig schneiden oder den Reis nicht perfekt kochen kannst, wie solltest du dann jemals in der Lage sein, nach der höchsten Vollendung streben?", sagte Babaji einmal zu mir. „Das wäre so wie jemand, der Tag und Nacht Lügen ausspricht und dann verkündet, er suche nach der höchsten Wahrheit, nach *satya*. Berufen sich nicht auch die Politiker auf die Wahrheit? *Satyam eva jayate* (‚nur die Wahrheit triumphiert'), sagen sie. Fang du bei der Vervollkommnung des Alltags an."

Der morgendliche Unterricht begann nach Meditation, Yoga-*asanas* und einem leichten Frühstück aus Milch und ein paar Früchten – Guaven oder Litschis gewöhnlich – und dauerte etwa eine Stunde. Babaji kommentierte dazu: „Deine Aufmerksamkeit bleibt jetzt nur eine Stunde lang wach; außerdem ist es besser, wenn du das aufgenommene Wissen richtig verdaust."

Nach dem Unterricht sammelte ich, wenn nötig, Feuerholz für das *Dhuni* (geweihte Feuerstelle) und bereitete das Essen zu. Babaji stieg nach ein paar Tagen öfters den Berg hinauf und kam erst zurück, wenn das Essen fertig war. Er aß sehr wenig.

Nach dem Essen ruhten wir meistens für eine Weile; danach konnte ich allein umherwandern, manchmal auch mit Babaji. Bei Sonnenuntergang war es Zeit für die Meditation. Egal, wo wir uns gerade befanden, wir setzten uns hin und meditierten. Ein einstündiger Unterricht folgte; dann ein einfaches Mahl, wonach wir am Feuer saßen und uns unterhielten. Manchmal sprachen und diskutierten wir stundenlang, während die Flammen hüpften und tanzten und das Feuerholz knackte. Wenn ich schläfrig wurde, legte ich mich in der Höhle zum Schlafen nieder. Babaji saß meist dicht am Feuer; manchmal legte er sich hin und schloss die Augen. Doch fragte ich mich öfters, ob er wirklich schlief.

Die Unterrichtsinhalte waren recht komplex, und für Sie, den Leser, könnten sie langweilig sein. Daher werde ich mich auf die wichtigsten beschränken. Ich möchte dabei jedoch anmerken, dass alles Wissen, das ich besitze, im Lauf dieser wundervollen dreieinhalb Jahre mit Babaji erworben wurde.

22. Das Kundalini-Feuer wird entfacht

Die allererste Unterrichtsstunde mit Babaji fand statt, als es gerade zu dunkeln begann. Wir saßen vor dem *Dhuni*, dessen Flammen tanzten.

„Das Feuer“, sagte Babaji, „war allen alten Zivilisationen heilig. *Agni*, der Gott des Feuers, wurde in vedischen Zeiten täglich angerufen. Hast du je darüber nachgedacht, warum das Feuer so wichtig ist?“

„Man braucht Feuer, um das Essen zu kochen“, sagte ich, „und im Winter hält das Feuer warm und wilde Tiere fern. Deshalb wahrscheinlich verehrten die Alten das Feuer.“

Babaji lachte. „Ja, ja, aber da ist noch viel mehr im Spiel. In alter Zeit gab es keine Zündhölzer, und man musste, um Feuer zu machen, das komplizierte Ritual des Reibens trockener Späne aneinander bei gleichzeitigen Anrufungen des Feuergottes durchführen. Wenn es dann aufglimmte, war es tatsächlich ein Wunder. Wo hielt sich das Feuer verborgen, ehe es sich manifestierte, fragten die alten Denker. Gewiss verbarg es sich ständig im Holz und benötigte die rechten Bedingungen, um daraus herzukommen. Das Feuer wurde also zum Symbol des Geistes, der zwar alles durchdringt, sich aber nur unter gewissen Bedingungen manifestiert.

Ein anderer Grund, warum das Feuer als Symbol des Geistes benutzt wurde, ist, dass das Feuer immer aufwärts brennt. Wenn du das brennende Holz abwärts hältst, brennen die Flammen stets nach oben. Außerdem reicht ein einziger Funke, um einen ganzen Wald in Brand zu setzen. Du kannst tausend Kerzen mit einer Flamme entzünden, ohne dass dieser Flamme etwas verloren geht. Kann es ein passenderes Symbol für den Geist geben?

Wenn das Feuer zum Zerstörer wird, verbrennt es alles zu Asche und Staub. Das heilige Feuer der Liebe und des Mitgefühls verbrennt jede Selbstsucht zu Asche. Die Asketen bedecken ihren Körper mit heiliger Asche, um zu zeigen, dass sie frei von Begrenzungen sind.

Nicht nur das sichtbare Feuer wird *Agni* genannt – alle Formen der Verbrennung sind *Agni*. Auch die metabolischen (aufbauenden und abbauenden Körperprozesse) Prozesse, die den menschlichen Körper am Leben erhalten, werden Verdauungsfeuer genannt. Dazu kommen die Feuer der höheren oder niedrigeren Wünsche.

Wenn jemand eine Geliebte gehabt hatte, nennt er sie dann nicht ‚meine alte Flamme'? Niemand sagt ‚altes Wasser' oder ‚alte Luft' – einfach deshalb, weil Liebe, Wünsche und Inspiration dem Feuer entsprechen. Auch die Vorstellung gehört dazu. Daher wurde das Feuer seit alters her verehrt. Für uns, die zur Nath-Tradition gehören, ist das Feuer ein Teil unseres Selbst. Wir entzünden das *Dhuni* und sitzen stundenlang bei ihm, um ins Feuer zu blicken. Das Feuer ist unser Freund und Beschützer. Unser Geist vereint sich mit den Flammen und wir sind eins mit ihnen. Glaub mir, das Feuer hat, so wie alles in der Natur, seinen eigenen Geist, und unser Geist ist innig mit *Agni*, dem Herrn des Feuers, verbunden, so sehr, dass die Flammen jeden unserer Wünsche erfüllen.

Das innere Feuer, die *Kundalini*, die tatsächlich Teil der universalen Verbrennungsenergie ist, identifiziert sich mit dem äußeren Feuer und manifestiert sich im *Dhuni*. Flammen schlagen daraus hervor und erreichen den tausendblättrigen Lotus, und der Mensch wird Gott. Weite Dimensionen des Bewusstseins öffnen sich nun und können betreten werden. Die Sorgen verschwinden. Schau genau zu!"

Babaji blickte jetzt mit intensiver Aufmerksamkeit ins Feuer und sprach: „O Flamme meines Herzens, die im *Dhuni* tanzt, brenne höher und höher und offenbare deine Macht."

Eine der Feuerzungen begann zu wachsen. Mein skeptischer Verstand wollte dies dem aufgekommenen kalten Wind zuschreiben, bis ich sah, dass nur *eine* Flamme größer wurde. Die Flamme erhob sich wie eine schwankende Feuersäule und wurde fast so hoch wie die Himalaya-Zeder, die in einiger Entfernung stand.

„Jetzt, o *Agni*, berühre den Nabel dieses Jungen. Möge Madhus inneres Feuer durch deinen Segen erweckt werden." Ich erschauerte vor Ehrfurcht, als sich die hohe Flamme zu mir herabbeugte und blitzschnell meinen Nabel beleckte. Mir war, als stünde mein ganzer Leib in Flammen. Das Feuer bewegte sich aufwärts, verbrannte alle Widerstände zu Asche, erreichte mein Gehirn und explodierte dort in einem prachtvoll funkelnden, vielfarbigen Blitz, der überraschenderweise ein kühles, angenehmes Gefühl längs der Wirbelsäule hervorrief. Eine Verbindung war zwischen dem Tieferen und dem Höheren hergestellt. Der Pfad lag nun klar vor dem inneren Blick, und ich musste ihm, dabei liebevoll ermutigt von Babaji, nur folgen.

Als ich die Augen öffnete, verhielt sich das Feuer wieder normal, und Babaji lächelte glücklich wie eine vernarrte Mutter, die den ersten Schritten ihres Säuglings zuschaut.

„Gut“, sagte er, „das reicht für heute. Meditiere still und geh dann schlafen.“

„Babaji“, sagte ich, „ich wollte dich das schon gestern fragen – schläfst du jemals? Ich glaubte, du wärst die ganze Nacht wach gewesen. Warst du wach?“

„Sohn, ich brauche keinen Schlaf. Du musst schlafen, weil dein Körper und dein Geist müde werden und Auffrischung benötigen. Ich fühle keine Müdigkeit, keine Erschöpfung. Du wirst das im Lauf der Zeit, zumindest bis zu gewissem Grad, verstehen. Nach mehreren Jahren, wenn du mit vielerlei Tätigkeiten beschäftigt bist, wirst du begreifen, wie das funktioniert.“

In dieser Nacht konnte ich tief meditieren. Das Bewusstsein stieg zu bisher noch nie betretenen Dimensionen auf und kam mit Antworten zu etlichen quälenden Fragen zurück. Danach beugte ich mich zu Füßen Babajis hinab und ging in die Höhle zum Schlafen. Babaji saß aufrecht in der *padmasana*-Haltung, ehern wie ein Fels, den Blick auf das Feuer konzentriert.

23. Der alte tibetische Lama

Eines Tages, kurz nach der Meditation und dem Frühstück, überraschte mich Babaji regelrecht. „Heute hast du kein festes Programm", sagte er, „du kannst nach Belieben umherwandern. Vielleicht magst du die Hügel hinaufgehen und die Höhlen auskundschaften? Stell nur sicher, dass du vor Einbruch der Dunkelheit zurück bist, okay?"

Es gab nichts, was ich lieber tat, als zu wandern und unbekannte Gegenden zu erforschen. Ich brach auf, nur mit Wassertopf und Wanderstab versehen, und kletterte den steilen engen Pfad hinauf, den ich Babaji ein oder zwei Mal hatte nehmen sehen. Nach einer Weile wurde der Aufstieg recht mühsam und überdies war es sehr kalt geworden. Dazu begann es zu nieseln, dann leicht zu schneien.

Zu beiden Seiten des Pfades gab es ein paar Höhlen. Babaji hatte mich gewarnt, dass sich der Himalaya-Bär gelegentlich in diesen Höhlen aufhielt. Als ein summender, murmelnder Ton aus einer der Höhlen kam, packte mich die Angst. Dann aber bemerkte ich einen angenehmen Duft aus der Höhle kommen.

Vorsichtig und vor Aufregung zitternd kroch ich zum Eingang der Höhle und in sie hinein. Nach kurzer Zeit hatten sich die Augen an das schwache Licht gewöhnt, das von einem kleinen Feuer in einer Grube am äußersten Höhlenende ausging. Vor dem Feuer saß eine unbekleidete männliche Gestalt, die offenbar Räucherwerk in das Feuer warf und etwas in summendem Ton rezitierte. Ich setzte mich still in einiger Entfernung hin und wartete darauf, dass das männliche Wesen auf meine Anwesenheit reagierte.

Nach einer Weile wandte es sich in meine Richtung und bedeutete mir, näherzukommen. Ich kroch näher ans Feuer. Jetzt konnte ich sein Gesicht deutlich sehen. Es war ein runzliges, wettergegerbtes altes Gesicht mongolischen Typs. Bart und Schnurrbart bestanden aus ein paar grauen Strähnen, ansonsten war der Mann völlig kahl. Ich nahm an, er sei ein buddhistischer Mönch irgendeiner Sekte. Zu meiner Überraschung sprach er in stockendem Englisch. Seine Stimme war rau und etwas krächzend.

„Sei gegrüßt", sagte er mit gefalteten Händen, „möge der Buddha Avalokatishwara dir seinen Segen spenden." Ich warf mich vor ihm nieder und erklärte, wer ich sei und weshalb ich hier war.

„Ich weiß, ich weiß“, sagte er, „ich kenne deinen Babaji. Wir treffen uns öfters. Ich bin ein tibetischer Wander-Yogi und gehöre der Kargyupa-Sekte des großen Yogi Milarepa an. *Milarepa* bedeutet baumwollbekleidet. Wir tragen nur ein kleines Lendentuch aus Baumwolle, selbst im strengsten Winter.“

„Was habt Ihr rezitiert, Sir, und wieso könnt Ihr Englisch sprechen?“

„Ich werde die zweite Frage nicht beantworten. Du wirst es am Ende schon erfahren. Und zur ersten Frage – ich rezitierte das buddhistische Mantra *Om Mani Padme Hum.*“

„Darf ich Euch fragen, Sir, wie Ihr es fertigbringt, sogar im strengsten Winter unbekleidet zu bleiben? Auch Babaji ist das.“

„Ich will es erklären, Junge. Wir von der Milarepa-Linie praktizieren eine mit Visualisierungen kombinierte Atemtechnik, *thumo* genannt. Sie verstärkt die Hitze des inneren Feuers im Nabelzentrum, dem *Manipura Chakra*, und verteilt sie über den ganzen Körper. Du bemerkst vielleicht, dass ich stark schwitze. Der Grund ist die innere Hitze. Einige unserer Yogis können nasse, um ihren Oberkörper gewundene Tücher sogar im Winter in Minutenschnelle trocknen.

Das *Manipura* ist das Energiezentrum, wo dich gestern die Flamme berührte. Wenn nötig, wird dir Babaji eine ähnliche Technik, die er selbst ausübt, beibringen.“

„Einen Moment, bitte“, rief ich, „wieso wisst Ihr über das Feuer Bescheid, das meinen Nabel berührte. Babaji war seit diesem Vorfall nicht von meiner Seite gewichen, falls er nicht gerade während der Nacht, als ich schlief, wegging und mit Euch über die Angelegenheit sprach. Aber ich glaube das nicht …“

„Junge, wir verfügen über Kommunikationsmöglichkeiten, welche die meisten Menschen nicht kennen, und sie sind gar nicht mysteriös. Wenn der Geist still wird und die Kraft der konzentrierten Aufmerksamkeit erwirbt, kann er Gedanken austauschen. Aber lass dich nicht von der Werbung in Zeitungen und Zeitschriften, die verspricht, gegen Bezahlung Gedankenübertragung zu lehren, in die Irre führen. Denn die ist blanker Unsinn. Die eigentliche Sache ist nicht so leicht.“

„Noch zwei Fragen, Sir, wenn es recht ist“, sagte ich.

„Nur zu.“

„Einige Bücher behaupten, es gäbe, versteckt in gewissen Gebieten Tibets, Überreste alter außerirdischer Zivilisationen – ist das wahr? Zweitens, gibt es den Yeti, den scheußlichen Schneemenschen, wirklich? Habt Ihr einen gesehen?“

„Zur ersten Frage“, sagte der tibetische Yogi, „ja, es gibt solche Orte, und ich sah so einen Platz in einer fast unzugänglichen Gegend Tibets. Dort habe ich gut erhaltene Körper von kleinwüchsigen menschenähnlichen Wesen gesehen, mit Schädeln größer als unsere und dunkler, fast grauer Hautfarbe. Jedoch glauben wir, dass sie eine alte Rasse von der Erde selbst und nicht von einem anderen Planeten oder einer anderen Galaxis waren. Unsere Lehrer sagen, diese spezielle Rasse wäre in einem Krieg zwischen zwei rivalisierenden Zivilisationen – beide intellektuell hoch entwickelt, die Seelenempfindungen der Liebe und des Mitgefühls aber gänzlich ignorierend – vernichtet worden. Angesichts der Art des Fortschritts unserer jetzigen Zivilisation fragt man sich, welches Schicksal uns bevorsteht.

Was den Yeti anbelangt – nun, es gibt ihn, auch wenn einige der gemeldeten Begegnungen nicht auf Wahrheit beruhen. An der uralten, heute kaum noch begangenen Verbindungsroute zwischen Badrinath und dem Berg Kailash, quer über den Mani Pass, liegt auf tibetischer Seite ein altes buddhistisches Kloster namens Tholingmutt. In den Höhlen in der Umgebung dieses Klosters haben kürzlich einige der Lamas wieder den Yeti gesichtet. Ich habe selbst einen gesehen. Frage Babaji, ob er dich nach Tholingmutt oder zum Kailash mitnehmen kann. Er kennt die Route recht gut, da er mehrmals dort war. Vielleicht wirst du dann auch einem Yeti begegnen.“

„Ich werde es versuchen“, sagte ich. „Eine letzte Frage – seid Ihr ein Lama?“

„Nein, nicht so, wie du denkst. Lama ist ein gebräuchliches Wort für einen heiligen Mann. Er mag ein formell ordinierter Lama sein, verheiratet oder unverheiratet, oder er kann auch zu einer schamanenartigen vorbuddhistischen Sekte in Tibet gehören, die *Bön* heißt. Leute wie wir, die ohne irgendwelche Symbole einer spezifischen Sektenzugehörigkeit umherziehen, werden *Jogis* genannt. Milarepa war so ein Jogi, obwohl dic Kargyu-pas, die seinen Lehren folgen, jetzt von einem ordinierten Mönch – dem Karmapa –, der formelle Ordensgewänder trägt, geleitet werden. Ein hochrangiger Lama, der weltliche und religiöse Autorität besitzt, muss nicht unbedingt spirituell hoch entwickelt sein.“

„Wie würdet Ihr den Dalai Lama einordnen, Sir?“

Der alte Mann zögerte etwas und sagte dann mit einem fernen Blick in den Augen: „Der verstorbene große 13. Dalai Lama war anerkannt als hoch entwickelte spirituelle Persönlichkeit. Der erste Dalai Lama war ein von Kublai Khan, dem Urenkel Dschingis Khans, ernannter und ordinierter Sendling. *Dalai* bedeutet ‚der Ozean‘, und der Posten des großen Lama war geschaffen worden, weil Kublai Khan, der China regierte, eine stärkere Rolle in der tibetischen Politik spielen wollte. Der zweite Dalai Lama war dann tatsächlich auch ein Verwandter von ihm. Die Politik war hier immer eng mit der Religion verknüpft. Mehr will ich dazu nicht sagen. – Aber jetzt musst du hungrig sein."

Er gab mir einen furchtbar schmeckenden klebrigen Brei, *tsampa* genannt, der aus geröstetem, mit Yak-Butter vermischtem Gerstenmehl bestand. Ich schluckte ihn so rasch wie möglich hinunter, trank noch den schwarzen Tee, den er mir einschenkte, machte meinen Fußfall, verabschiedete mich und verließ die Höhle.

Als ich zurückkam, sah ich Babaji vor der Höhle sitzen und ein altes Palmblatt-Manuskript studieren. „Nun, wie geht es denn unserem jungen Forscher?", fragte er lächelnd. „Wie war das Treffen mit dem alten tibetischen Yogi? Du hast ihm recht viele Fragen gestellt."

„Ja, Babaji", sagte ich, nicht mehr erstaunt über seine detaillierte Kenntnis von allem, was ich tat. „Ich muss dich noch etwas fragen …"

„Später", sagte Babaji, „jetzt leg dich erst einmal hin und mach einen ordentlichen Mittagsschlaf. Am Abend haben wir eine wichtige Sitzung." Ich legte mich in die Höhle und war im Nu eingeschlafen.

24. Yoga, Vedanta und die Nath-Tradition

Es war ein kalter Morgen. Viele der umstehenden Gipfel trugen Schneekappen. Während der ganzen Nacht hatte es leicht geschneit, aber das *Dhuni* wurde ständig am Brennen gehalten.

„Heute können wir mit den Upanischaden beginnen", sagte Babaji.

„Aber Babaji, sind die Upanischaden nicht sehr schwer zu verstehen und nur für Mönche und große Gelehrte verfasst?"

„Das ist die Vorstellung, die von den Priestern unter den Massen verbreitet wurde, von Priestern, die befürchteten, dass die sachlichen Lehren der Upanischaden die Menschen dazu bringen könnten, vernünftig nachzudenken und sich von den irrationalen Formen des Glaubens und Aberglaubens, welche von ihnen erfolgreich propagiert wurden, abzuwenden. Sie glaubten, dass sie die Kontrolle über die Gemeinschaft verlören, wenn diese begänne, selbständig zu denken.

Die schlauen Priester, die sowohl die Könige wie deren Untertanen kontrollierten, indem sie als Mittelsmänner zwischen ihnen und den Gottheiten fungierten, ermutigten daher nicht zum Studium der Upanischaden. *Ein* Grund für den Niedergang der großen indischen Zivilisation ist diese weitgehende Vernachlässigung der puren Weisheit.

Dass die Upanischaden lediglich für *Sanyasins* gedacht seien, ist ein anderer, von den Priestern erfundener Mythos. Du musst dir nur die Upanischaden ansehen und du wirst feststellen, dass fast alle von weisen Sehern (*Rishis*) gelehrt wurden, die verheiratet waren und manchmal auch Kinder hatten. Ein paar unter ihnen waren Könige, wie Janaka, und der große *Rishi* Viswamitra, der uns das Gayatri Mantra gab, war ein *kshatriya* (Krieger), bevor er ein *Rishi* wurde.

Man darf nicht vergessen, dass der berühmte *Rishi* Vyasa, Herausgeber der Veden und Verfasser der *Brahma Sutra*, von einer Fischerfrau geboren wurde. Es sind die Verdienste eines Menschen, die zählen, und nicht seine Geburt in einer bestimmten Gemeinschaft oder genealogischen Linie. Wenn man schon glaubt, dass man eine nicht-körperliche Seele hat – wie kann die denn Eltern haben? Große *Rishis* schickten in jener Zeit ihre Kinder zu anderen *Rishis*, bei denen sie die Upanischaden studierten. Das war das aufgeklärte Zeitalter, das Zeitalter der Upanischaden, die allen aufrichtigen Suchern zugänglich waren, unabhängig von Kaste oder Glaubensrichtung.

Der Nambudiri-Brahmane und Vedanta-Vertreter Adi Shankaracharya wurde von der Priesterkaste als ‚Buddhist in Verkleidung' bezeichnet, weil er lehrte, man müsse sich mit den Upanischaden befassen und man könne das höchste Brahman, ‚die Wahrheit', nicht finden, außer mit Hilfe von *viveka*, von rationalem Denken. Der rituellen orthodoxen Religion wurde damit ein großer Schlag versetzt, und die Priester befürchteten, ihren Einfluss auf die Massen zu verlieren. Wie schlau sie dann reagierten, zeigt sich daran, dass sie die vom großen Shankaracharya gegründeten vedantischen Klöster zu manipulieren begannen, und diese sich dann meistens zu orthodox ausgerichteten Institutionen verwandelten.

Ich räume ein, man braucht gewisse Qualitäten, um sich zum Upanischaden-Studenten zu eignen – einen klaren, unvoreingenommenen Verstand, ausreichende intellektuelle Fähigkeit und einen gesunden Körper. Ein kranker Mensch besitzt nicht die Energie, ständig und tiefschürfend zu hinterfragen, wie es bei diesem Prozess der Selbsterforschung nötig ist. Ein kranker, von Schmerzen gepeinigter Körper vermag auch nicht die Geduld aufzubringen, die bei dieser Suche nötig ist. Deshalb sind Yogapraxis, passende gesunde Ernährung und ein friedvoller Gemütszustand grundsätzliche Voraussetzungen."

„Aber Babaji", rief ich, „man braucht auch den richtigen Lehrer!"

„Das stimmt, doch ist *kein* Lehrer besser als ein *falscher* Lehrer. Die Aufgabe eines Lehrers besteht darin, anzuleiten, nicht aber die Studierenden von ihm abhängig zu machen. Ein spiritueller Lehrer soll die Studenten zu jener Ebene von Wissen und Selbsterfahrung führen, auf der sie dann auf eigenen Füßen stehen können. Selbständigkeit, *swatantrya* – das ist die Seele der vedantischen Lehre.

Wenn ich nun von Upanischaden spreche, so meine ich damit die elf hauptsächlichen, frühesten Texte – *Isavasya, Kena, Chandogya, Brihadaranyaka, Mundaka, Mandukya, Katha, Prashna, Swetashvatara, Aitareya* und *Taittiriya*. Viele der späteren Upanischaden existieren nicht mehr in ihrer reinen Form, und einige wurden zusammengestückelt, um auf diese Art einen bestimmten Sektenglauben zu sanktionieren. Wir werden diese generell ignorieren.

Das Wort *upanishad* kommt von der Wurzel *upa*, was ‚nah' bedeutet. Die Upanischade wird also von jenen verstanden, die nah beim Lehrer sitzen, die mit dem Lehrer gemeinsam nach dem Verständnis einer multidimensionalen Wirklichkeit streben – ein Vorgang, der oft gar nicht in Worte gefasst oder für den Verstand beschrieben werden kann, da dieser gewöhnlich nur innerhalb begrenzter Dimensionen funktioniert.

Als nächstes: Der hin und her eilende Verstand muss lernen zu sitzen, *shad*, die letzte Silbe des Wortes *upa-ni-shad*. Das heißt, jede unnötige Bewegung der Gedanken muss aufhören. In dieser ruhevollen Phase des normalerweise ruhelosen Verstandes kann sich dann offenbaren, was jenseits der Grenzen der Gedanken liegt.

Die *Kena Upanishad* verkündet: ‚Das, was der Verstand nicht begreifen kann, aber dem der Verstand seine Existenz verdankt, wisse, oh Lernender, das allein ist Brahman, ist *Das Wahre* – und nichts von dem, was du hier verehrst, ist es.'

Du wirst Sanskrit lernen, damit du die Originaltexte verstehst. Eben die Vernachlässigung der Sanskritsprache hat in diesem Land zur grandiosen Unkenntnis der Weisheit geführt. Die Leute kennen die Originale nicht und werden von skrupellosen Übersetzern und Interpreten, die die Schriften entsprechend ihrer jeweiligen Sektenzugehörigkeit verdrehen, in die Irre geführt. Wir werden die Upanischaden *Kena, Isavasya* und *Mandukya* nacheinander studieren[43]."

„Babaji, sind Buddhas Lehren den Upanischaden verwandt?"

Mein Meister antwortete bedächtig: „Allein die Tatsache, dass die orthodoxen Priester Shankaracharya einen ‚Buddhisten in Verkleidung' nannten, deutet auf die Ähnlichkeit der Lehren hin. Selbst der große Guru von Shankara, Gaudapadacharya, der den berühmten Kommentar zur *Mandukya Upanishad* schrieb, wird von vielen als Buddhist betrachtet. Und zwar deshalb, weil er in seiner *Ajaatha-Vaadha*-Doktrin lehrte, Brahman sei die einzige Wirklichkeit, die existiert. Ersetze den Begriff *Brahman* mit dem buddhistischen Begriff *Shunya* (Leere, Nichts), und du hast das zentrale Thema der *Prajna Paramitha*[44], das der große buddhistische Lehrer Nagarjuna bearbeitete."

„Bitte, Babaji, das wird jetzt zu philosophisch. Erzähl mir etwas über Yoga und Yogapraxis", sagte ich.

„Also gut", sagte Babaji lächelnd, „hör genau zu, Madhu. Yoga ist eine uralte Wissenschaft, die später vom *Rishi* Patanjali systematisiert wurde. Seine *Asthanga Yoga Sutras* sind unschätzbare Edelsteine. Das Ziel des achtgliedrigen Yoga ist *chitta vritti nirodha*, die ‚Beseitigung der erregten Verstandeswellen'. Nachdem der Verstand durch Befolgen der Regeln und Vorschriften und aufgrund der Ausübung von *asanas, pranayama, bandha, mudras* und *kriya* ruhig gestellt wurde, tritt der Geist in den Zustand von *samadhi* ein.

Nun gibt es viele Arten von *samadhi*, und *samadhi* allgemein ist die grundsätzliche Vorbedingung. Daraufhin tritt der Geist, der die Upanischaden-Konzepte verstanden hat, in höhere Dimensionen des Bewusstseins und wird von jeder Konditionierung befreit. Dies ist dann der Zustand der Freiheit oder *kaivalya* – das schlussendliche Ziel von Yoga."

„Aber, Babaji", wandte ich ein, „was ist denn mit den yogischen Fähigkeiten, den *siddhis*, den übernatürlichen Kräften der Omnipräsenz, Omnipotenz und Allwissenheit?"

Babaji lachte laut und sagte: „Alle sind nur an yogischen Fähigkeiten interessiert. Jedes Buch mit dem Titel ‚Wie Sie yogische Kräfte entwickeln können' lässt sich wie warme Brötchen verkaufen. Tatsache ist, dass es yogische Kräfte gibt, sie sind aber selten. Die meisten sogenannten Wunder beruhen lediglich auf Zaubertricks.[45] Es ist richtig, dass im Verlauf der Yogapraxis der Geist sehr konzentriert wird und der Yogi etwas, auf das er seinen Sinn richtet, in kürzester Zeit erreichen kann, während der gewöhnliche Mensch dazu Jahre benötigen würde.

Weil der Geist still und friedvoll, zu einem großen Maß auch frei von Selbstsucht geworden ist, wird eine Verbindung zu anderen hergestellt, und was im Geist anderer abläuft, kann vom Yogi empfangen werden, sogar von einem Anfänger. In Wirklichkeit gibt es nur einen Geist. Wenn dies von einem Yogi völlig realisiert und nicht nur theoretisch verstanden wird, dann erscheinen seine Gedanken und Taten jenen, deren Geist noch fragmentiert ist, als außergewöhnlich, ja als wunderbar.

Aber glaube mir – kein Mann und keine Frau, aus der körperlichen Vereinigung von männlichem und weiblichem Geschlecht geboren, kann jemals allwissend, allmächtig und allgegenwärtig sein, egal wie hochentwickelt er oder sie ist. Ein Körper, der geboren ist, muss sterben, wie lang er auch dank passender Ernährung und yogischer Verjüngungsmethoden gelebt haben mag. Selbst Sri Guru Babaji, mein Guru, der bereits viele Hunderte von Jahren lebt, wird einmal sterben. Ich werde auch eines Tages sterben.

Was der Mensch gemeinhin Wunder nennt, ist das Wirken gewisser Naturgesetze, die er bisher noch nicht verstanden oder noch nicht entdeckt hat. Der Yogi, der ein paar dieser Gesetze kennt, weiß auch, wie er sie einsetzen kann."

Dann fragte ich ihn nach den Naths. „Babaji, du hast einmal gesagt, dass du zur Nath-Tradition gehörst. Kannst du mir darüber etwas erzählen?"

„Ja, ich werde dir ein wenig erklären. Nach und nach wirst du mehr darüber erfahren. Die Naths sind ein alter Orden, der von Shiv Mahadev, auch bekannt als Adinath, gegründet wurde. Der darauffolgende Lehrer war der große Matsyendranath, der Lehrer des berühmten Goraknath. Der in der Nath-Tradition *Balaknath* genannte Yogi (er erscheint immer als Jugendlicher, als *bala*) ist niemand anderer als mein Meister Sri Guru Babaji, der in der Vergangenheit auch dein persönlicher Lehrer war.

Die Naths waren Yogis reinster Prägung. All die wichtigen Werke über Yoga wie *Goraksha Shataka, Gheranda Samhita, Hathayoga Pradipika* usw. wurden von Nath-Yogis verfasst. Die *asanas, pranayama, kriya yoga, bandhas* und *mudras* wurden von ihnen ausgeübt und vervollkommnet. Gewöhnlich zogen sie wandernd durch das Land und wurden *Kaanpathas*, d. h. ‚die mit den durchbohrten Ohren' genannt, weil sie die Ohrknorpel durchbohrten und darin große Ringe trugen wie ich selbst."

Babaji ließ mich seine Ringe inspizieren.

„Was ist mit mir, Babaji?", fragte ich, „wann sollen meine Ohrknorpel durchbohrt werden?"

„Deine müssen nicht durchbohrt werden, weil du in die Welt zurückgehen und wie ein normaler Mensch leben sollst. Aber ich werde deine Ohrläppchen piercen, und du kannst Kupferohrringe tragen, solang du bei mir lebst. Bevor du dann in die Ebenen zurückkehrst, kannst du sie abnehmen. Die Löcher werden sich nach einer Weile schließen.

Zurück zu den Naths. Sie unterhalten ein *Dhuni*, wo immer sie leben. Sai Nath hielt sein *Dhuni* in Shirdi ständig am Brennen, und es brennt immer noch. Dir aber wird ein spezielles Zugeständnis gemacht. Du brauchst nicht ständig ein *Dhuni* brennen lassen, da die Art deiner Arbeit das zeitlich nicht zulassen wird. Du kannst jedoch zu besonderen Anlässen ein Feuer anzünden, wenn du das möchtest."

„Babaji, du hast mir *kriya pranayam*, das heiße und das kalte, beigebracht. Bitte erzähl mir noch mehr über Kriya Yoga."

„Ach, das", sagte Babaji, „darüber werde ich dir später erzählen, wenn wir unsere erste Fußreise nach Tholingmutt in Tibet, auf dem Weg zum Kailash Berg machen. Dort werde ich deine Ohrläppchen piercen und dir kupferne Ohrringe geben. Bist du nicht sehr begierig, nach Tibet, nach Tholingmutt zu gehen?"

Ich staunte wieder über seine Fähigkeit, meine Gedanken zu lesen. Seit der alte tibetische *Jogi* Tholingmutt erwähnt hatte, wollte ich Babaji fragen, ob wir zusammen dorthin reisen könnten, hatte es aber immer aus irgendeinem Grund aufgeschoben.

„Doch, das wäre großartig, Babaji!“, rief ich aufgeregt. „Kailash, der Sitz von Shiva, des *Mahayogi*.“

„Tholingmutt, ja. Was den Kailash anlangt – wir werden sehen. Jetzt ist es Zeit, das Mittagessen fertig zu machen, und hol etwas Feuerholz für das *Dhuni*. Zu viel Lernen auf einmal ist wie zu viel Essen bei einer Mahlzeit. Man verdaut es nicht richtig. *Om Shantih Shantih Shantih.*“

Damit kam die Unterrichtsstunde zum Abschluss.

25. Tholingmutt und der Yeti

Ich war sehr aufgeregt, als Babaji eines Abends plötzlich erklärte: „Madhu, übermorgen brechen wir nach Tholingmutt in Westtibet auf." Das würde meine erste Reise mit Babaji sein.

Am nächsten Morgen machten wir uns auf den Weg zum *Ravalji*, dem Oberpriester von Badrinarayan, und ich fragte mich, wie er reagieren würde, wenn er mich mit Babaji sähe. Aber eine Überraschung erwartete mich.

Sowie der *Ravalji* Babaji erblickte, stand er auf und grüßte ihn mit aneinandergelegten Handflächen – in Malayalam! „Namaste, bitte kommt, Swami." Danach spann sich die Konversation in reinstem Nord-Travancore-Malayalam fort. Ich wollte meinen Ohren nicht trauen. Babaji sah mehr wie ein Kashmiri als ein Malayali aus und hatte mit mir nie in meiner Muttersprache gesprochen. Dann dachte ich, ‚vielleicht stammte er ja doch aus Kerala'. Schließlich hatte die erste Begegnung in Trivandrum stattgefunden.

„Ich habe diesen jungen Mann vor den falschen Gurus gewarnt, die an Pilgerorten in großer Zahl auftreten", sagte der *Ravalji*, „und riet ihm, zurückzugehen und nützliche Arbeit zu leisten. Gott sei Dank fand er Euch, oder habt vielmehr *Ihr* ihn gefunden, Swami?"

„Es gibt zwischen uns eine alte Verbindung", sagte Babaji, „und ich bin froh, dass Ihr diese Unterredung mit ihm hattet. Morgen früh wollen wir nach Tholingmutt aufbrechen, und ich bräuchte etwas Hilfe von Euch."

„Zu Euren Diensten", sagte der Oberpriester.

Wir verbrachten die Nacht in der Höhle von Vyasa und machten uns bei Tagesanbruch auf den Weg zum Mana Pass. Mit uns gingen ein nepalesischer Träger, der auch als Koch fungierte, namens Fateh Bahadur, ein zäher Bursche, nur wenig älter als ich, und ein Pony, das uns das tibetische Oberhaupt des Dorfes Mana überlassen hatte. Das Pony transportierte ein hübsches Zelt, groß genug für drei Personen, das uns ein Marwari-Händler geliefert hatte, und Säcke mit warmer Kleidung, einem Gaskocher und all den anderen, für die Reise nötigen Utensilien. Ich trug auch etwas Geld bei mir, das uns der Oberpriester freundlicherweise gegeben hatte. Während ich mit einem dickwollenen Kashmiri-Gewand, Schaf-Fellkappe, Socken und Schaf-Fellschuhen ausgestattet war, trug Babaji, außer einem Baumwolltuch um den Körper und braunen Segeltuchschuhen, nichts. Fateh Bahadur trug einen Mantel aus dickem pelzartigem Stoff und kräftige Lederstiefel. Er sagte, er hätte schon zuvor indische und tibetische Händler begleitet und würde die Strecke kennen. Keine Sorge, meinte Babaji, er selbst hätte diese Route etliche Male benutzt.

Zu Beginn der Tour fragte ich ihn, wie lange wir zum Kailash brauchen würden. Dies sei der alte Verbindungsweg zum Kailash, den auch Sri Rama, die Pandavas und die großen *Rishis*, einschließlich Sukadev, genommen hätten, beschied er mir und fügte hinzu:

„Wir kommen zuerst in Tholingmutt an, dann denken wir über den Kailash nach." Das sollte sich als Omen erweisen. (Wir mussten in Tholingmutt umkehren, da ich ernsthaft erkrankte. Es dauerte vierzig Jahre, bis sich mein Wunsch, zum Kailash zu gelangen, erfüllte. Mit sechzig konnte ich mit einer Gruppe von siebenundfünfzig Freunden schließlich zum Kailash-Berg reisen. Die Route war dann eine andere – wir kamen von Kathmandu.)

Von Kesava Prayag, dem Zusammenfluss von Saraswati und Alakananda, wanderten wir nordwärts entlang der Saraswati. Der Weg erwies sich als beschwerlich und dazu war es extrem kalt. Wir bewältigten nicht mehr als zehn Kilometer täglich. Das Essen war kein Problem, da Fateh Bahadur *chapattis* und Kartoffeln auf dem Gaskocher zubereitete, eine Handvoll eingeweichter Kichererbsen und braune Rohrzuckerstücke uns dazu Energie lieferten. Babajis spezielles *pranayama* half mir, den beim Aufstieg zu größeren Höhen auftretenden Sauerstoffmangel auszugleichen. Nachts schliefen wir zu dritt in dem geräumigen Zelt.

Die Bergwanderung war jedoch anstrengend. Nach der Vyasa-Höhle gab es kaum eine Straße. Wir mussten uns den Weg durch Felsbrocken und Schneehaufen suchen und folgten dazu dem Lauf der Saraswati. Ringsum erhoben sich die schneebedeckten Berge. Die Zuflüsse der Saraswati, die wir überqueren mussten, waren eiskalt, und es gelang uns nur unter großen Schwierigkeiten, auf die andere Seite zu kommen. Etwa fünfzig Kilometer nach Badrinath wurde der Weg noch schwieriger – völlig verschneit und äußerst rutschig. An manchen Stellen musste Fateh Bahadur den Schnee mit der Schaufel wegräumen.

Wir strebten zum Mana Pass auf 6000 m Höhe, der normalerweise nur von hartgesottenen Bergsteigern benutzt wird. Der Pass, seit alter Zeit wohlbekannt, glitzerte vor unseren Augen wie reines, poliertes Silber. Bald schob sich ein blauer Berg in unsere Sicht – der *Neela Parvat*, erklärte Babaji, auf dem der große Weise Kakabhusundi einst gelebt hatte.

In der elften Nacht stellten wir unser Zelt etwa zwölf Kilometer vom Mana Pass entfernt auf. Fateh Bahadur gelang es mit meiner schwachen Hilfe, ein kleines *Dhuni* vor dem Zelteingang zu entzünden. Babaji zog mit der rechten Hand einen Schutzkreis darum, und es blieb für ein paar Stunden am Brennen, trotz des kalten, fauchenden Windes. Bevor ich vor Erschöpfung einschlief, fragte ich Babaji, ob er aus Kerala stammte.

„Nein“, sagte er, „aber ich bin in Kerala ziemlich herumgekommen. Zu der Zeit, als ich nach Trivandrum kam, um mit dir die Verbindung wieder herzustellen, war ich auf dem Rückweg von Agastya Kuta nahe Kovalam Beach bei Trivandrum; ich war auch in Guruvayur, Sabarimala[46] …“

„Das beantwortet aber nicht meine Frage, Babaji“, wandte ich ein, „du hast mit dem Oberpriester von Badrinarayan wie ein Einheimischer auf Malayalam gesprochen, und zu mir sagtest du nie ein Wort in dieser Sprache.“

„Ich weiß, was du gerade denkst“, sagte Babaji lächelnd, „‚Babaji muss allwissend sein. Er weiß alles.‘ Tatsächlich kann kein menschliches Wesen mit einem physischen Hirn jemals allwissend sein. Wohl kann man die Fähigkeit erwerben, sich in den Verstand eines Menschen einzublenden und zeitweise das von ihm angesammelte Wissen zu nutzen, um gewisse Aufgaben zu erfüllen. Als ich Malayalam sprach, war das eine Demonstration dieser Fähigkeit.

Aber jetzt solltest du schlafen. Wir haben morgen eine schwierige Tour vor uns. Wecke mit Hilfe des *rang-bijakshara*[47] und des besonderen *thumo pranayama* das Feuer in deinem *Manipura*-Zentrum. Übe dazu kräftig *nabhi kriya* aus, und dir wird genügend warm werden.“

Ich schlief ein, während Babaji neben mir saß.

Am nächsten Morgen begannen wir mit dem Aufstieg zur Passhöhe. Die landschaftliche Szenerie zeigte nur Gletscher und verschneite Felsen. Ich litt unter starken Kopfschmerzen und Übelkeit. Babaji erklärte, dies käme vom Sauerstoffmangel. Auch der erfahrene nepalesische Träger und Koch, Fateh Bahadur, klagte über Kopfschmerzen. Babaji riet uns, die Hunde-Atem-Übung auszuführen, also mit lang heraushängender Zunge zu atmen. Bald passierten wir den schönen *Neela Parvat* (Blauer Berg) und erreichten die Mana Passhöhe. Neben uns gab es einen gefrorenen See, *Devasaras* genannt (See der Götter). Babaji bat uns, ein paar Minuten still zu sitzen und zu meditieren.

Mir erschien die Szene göttlich – der strahlende Meister des Yoga, mit bloßem Oberkörper ehern und aufrecht in *padmasana* sitzend, umgeben von den herrlichen schneebedeckten Gipfeln der *Himachala* (unverrückbare Schneeberge). Ich schloss die Augen und meditierte über die gottähnliche Gestalt, die vor mir saß. Welchen anderen Gott hatte ich mit meinen sterblichen Augen gesehen?

Etwas Seltsames geschah. Die Kopfschmerzen verschwanden. Eine friedvolle Stimmung berührte meine Seele. Die bittere Kälte wurde von einer beruhigenden Wärme ersetzt, und für einen kurzen Moment schien es, als wären wir, Babaji und ich, nicht zwei, sondern ein einziges Wesen. Ich fühlte mich schweben und öffnete die Augen, um zu prüfen, ob ich tatsächlich levitierte, und stellte fest, dass ich es nicht tat – aber die tiefe meditative Stimmung hatte sich da schon verflüchtigt.

Babaji sagte lächelnd: „Genug für jetzt. Nichts überstürzen, Junge.“ Fateh Bahadur kommentierte: „der kleine Jogi“, und lachte.

Dann begannen wir den Abstieg auf der anderen Seite der Passhöhe Richtung Tibet. Es wurde noch kälter, und um uns gab es nichts als Schnee. Bis zum Abend langten wir drei und das Pony in der tibetischen Hochebene an. Die Erde war rötlich zum Vorschein gekommen, und wir mussten nicht mehr durch Schnee und Eis stapfen. Für die Nacht schlugen wir unser Zelt in einer kleinen Wiese auf. Wildpferde grasten in der Nähe, ungestört von unserer Anwesenheit.

Nach einer Pause von vielen Tagen konnten wir wieder ein *Dhuni* anzünden. Wir meditierten eine gute Stunde und genossen dann ein Mahl aus *chapatti* und Kartoffelcurry, von Fateh Bahadur zubereitet. Er hatte nicht weit von unserem Zeltplatz einen Bach entdeckt, und bald schlürften wir schwarzen Tee und plauderten fröhlich. Es war eine sternenhelle Nacht.

Aus dem nachfolgenden tiefen Schlaf wachte ich plötzlich erschreckt auf – ein bedrohliches Knurren kam von ganz nah. „Schlaf“, sagte Babaji, „das ist der Schneeleopard, der die Wildpferde jagt. Du hast nichts zu befürchten.“ Die Pferde wieherten erbärmlich und verstummten dann. Wir konnten das zufriedene Brummen des Schneeleoparden hören, der sein Mahl genoss. Ich fiel wieder in Schlaf.

Am nächsten Morgen brachen wir nach Tholingmutt auf. Nach sechs Tagen angenehmen Wanderns kamen wir dort an. Wir hatten für die Strecke Badrinath-Tholingmutt einundzwanzig Tage benötigt. Das erste, was uns ins Auge fiel, war ein riesiger Buddha, mit einem Kopf so hoch wie das buddhistische Kloster. Man erlaubte uns, unser Lager in der Nähe aufzuschlagen.

Babaji nahm uns auf einen Rundgang durch das Kloster mit. Es gab da viele Hindu-Gottheiten, einschließlich Bhadrakali, der furchteinflößenden Manifestation der weiblich-göttlichen Energie. Der Lama, der sich um das Allerheiligste kümmerte, erzählte uns, sie glaubten, Tholingmutt wäre das ursprüngliche Badrinath und der jetzige Badrinath-Tempel wäre erbaut worden, weil Tholingmutt für die meisten Leute unerreichbar sei.

Wir wurden eingeladen, den Abt, den Hohen Lama, der Rinpoche genannt wurde, zu besuchen. Der Rinpoche zeigte großen Respekt gegenüber Babaji, und Babaji erwiderte diesen. Sie begannen in Tibetisch zu sprechen, und diesmal war ich nicht überrascht. Nach dem Gespräch segnete mich der Rinpoche, als ich ehrerbietig vor ihm kniete.

Das Kloster beherbergte über zehn Mönche, und es gab eine große Küche. Doch Babaji zog es vor, im Zelt zu nächtigen, und Fateh Bahadur kochte für uns. Nach dem Essen sagte Babaji, er werde mich in der Nacht formell in den *Nath Pant* initiieren.

In der Nacht saß ich vor dem *Dhuni* und wurde in das heilige Mantra der Nath-Tradition eingeweiht. Babaji durchbohrte meine Ohrläppchen und setzte die kupfernen Ohrringe ein. Mein großer Wunsch, wie ein Yogi auszusehen, hatte sich erfüllt.

Babaji sagte: „Wir Naths entzünden das *Dhuni*, wo immer wir uns befinden. In deinem Fall gilt diese Bedingung jedoch nicht. Du musst kein *Dhuni* anlegen, außer zu besonderen Anlässen wie Shivaratri[48] oder Guru Purnima[49], so hat es mein Meister angeordnet. Du kannst auch deine Kupferringe ablegen und gewöhnliche Kleidung tragen, wenn du die Himalaya-Gegend verlässt, da du eine spezielle Aufgabe hast. Lebe auf der Erde wie jeder andere und halte Geist und Verstand auf der höchsten Bewusstseinsebene. Von nun an bist du ein Nath, und in unserer genealogischen Linie sollst du Madhukarnath – M – genannt werden."

Ich warf mich zu Babajis Füßen nieder. Fateh Bahadur, müde nach der langen Reise, schlief ein. Babaji und ich plauderten am Feuer. Ich fragte ihn, was er von der Ansicht des Lamas hielt, dass der Buddha von Tholingmutt der ursprüngliche Badrinarayan sei.

„Tatsache ist", sagte er, „in alter Zeit gab es überall in Indien buddhistische Mönche und Tempel. Es ist durchaus möglich, dass die dargestellte Gottheit in Badrinath ein Buddha in *padmasana*-Haltung war, den der große Shankaracharya in einen Narayana im *padmasana*-Sitz verwandelte. Nirgendwo sonst sitzt Narayana in der *padmasana*-Position. Aber ist das wirklich wichtig? Die Reinheit des Lebens und der Hingabe sind wichtiger als die Religionszugehörigkeit. Hast du gesehen, welch spirituell hochentwickelte Seele der Rinpoche ist? Verfangen wir uns also nicht in solchen Meinungszwisten."

Am nächsten Morgen sah ich sehr hochgewachsene Tibeter aus dem Kham Distrikt, die in kleinen Hütten in den Hügeln lebten. Einige unter ihnen – die beruflichen Nachrichtenzusteller – verfügten über eine Fähigkeit, die, soweit ich dies bislang beobachten konnte, der Levitation recht nahe kam. Sie trugen lange Stangen mit sich, ähnlich den Stäben der Stabhochspringer, die sie bei Reisen über lange Entfernungen einsetzten, so dass es aussah, als flögen sie in der Luft. Sie stießen ein Ende des Stabes auf den Boden, praktizierten eine bestimmte Atemtechnik, hielten sich am anderen Stabende fest und flogen über eine erhebliche Distanz.

Nach drei Ruhetagen wanderten wir weiter in östliche Richtung zum Kailash-Berg. Drei Tage darauf erreichten wir das Dorf Daapa. Es gab dort einen buddhistischen Schrein und ein Lama-Kloster, in dem eine große Anzahl von Mönchen lebte. In der Nähe lag ein großer Markt, wo indische Händler mit Tibetern Geschäfte abschlossen. Wir konnten nicht weiter als bis Daapa trecken, da etwas Unerwartetes passierte.

Ich wurde krank. Ein starkes Fieber überfiel mich. Trotz Decken und meinem Krankenlager nah beim Feuer wurde ich von Zitteranfällen und starken Kopfschmerzen gepeinigt. Es fühlte sich an, als hämmerte jemand mit einem schweren Hammer auf meinen Kopf.

Der Arzt des Lama-Klosters verabreichte mir große Mengen einer bitteren pflanzlichen Arznei, doch das Fieber hielt sich beharrlich. Eines Nachts, als ich mit sehr hoher Temperatur bei halbem Bewusstsein allein im Zelt lag, hörte ich leises Winseln wie von einem Hund, der unter Schmerzen litt. Mein Kopf war zum Zelteingang gewendet und ich erblickte die Silhouette einer riesengroßen Kreatur, die wie ein Gorilla aussah. Ich fragte mich, ob ich halluzinierte. Ich wollte schreien, aber kein Laut kam aus meinem Mund. Ich zitterte vor Furcht.

Als das Wesen auf mich zukam, sah ich im Licht der Sturmlaterne, die Fateh Bahadur im Zelt gelassen hatte, dass es einen cremefarbenen Pelz hatte. Es brachte wieder diesen komisch winselnden Ton hervor und schob mir plötzlich etwas in den Mund. Mein Gaumen schmeckte, trotz des hohen Fiebers, die Süße des klebrigen Zeugs. Dann wandte sich das Wesen schnell um und rannte aus dem Zelt. Ich hörte einen Schrei von draußen, und Fateh Bahadur kam ins Zelt gelaufen. „Schneemensch!", keuchte er, „bist du in Ordnung?" – „Ja", war alles, was ich sagen konnte, bevor ich in einen tiefen Schlaf glitt.

Am nächsten Morgen war ich genügend wiederhergestellt, um zu reisen. „Kein Kailash dieses Mal", erklärte Babaji. „Du wirst nach vielen

Jahren mit einer großen Gruppe herkommen und auf dem Weg *Guru Purnima* feiern. Jetzt aber sollten wir uns auf den Rückweg nach Badrinath machen."

Mir blieb keine andere Wahl, als zuzustimmen. Wir reisten zurück, und ich saß die meiste Zeit auf dem armen Pony. Unterwegs fragte ich Babaji: „War das ein Yeti letzte Nacht?"

„Hm", sagte Babaji, „wir wollen nicht spekulieren. Behalte es für dich. Die meisten Leute glauben nicht an den Yeti, und sie werden das Vorkommnis wahrscheinlich als eine vom Fieber hervorgerufene Halluzination abtun."

Wir brauchten nur sechzehn Tage, um nach Badrinath zurückzukommen. Auf dem Weg, meist auf dem Pony sitzend, genoss ich die göttlichen Anblicke – die Schneegipfel, die wunderschönen Ströme, die gefrorenen Seen und die magischen Momente, wenn die aufgehende Sonne sich in den eisigen Gipfeln widerspiegelte.

In Badrinath gaben wir das Pony und das Zelt zurück und verabschiedeten Fateh Bahadur. Babaji entlohnte ihn großzügig. Nur widerstrebend verließ er uns. Inzwischen war ich fast genesen.

Als wir wieder in der Höhle bei Charan Paduka waren, pflegte mich Babaji ganz gesund, brachte mir hin und wieder auch spezielle Nahrungsmittel mit. Innerhalb von knapp zwei Wochen war ich wieder völlig gesund.

„Und jetzt", sagte Babaji, „mach dich bereit für die Reise zum ‚Tal der Blumen' und Hemkund Sahib; danach geht es zu den fünf *Kedars*."

26. Das Tal der Blumen und Hemkund

Eines schönen kalten Morgens machten Babaji und ich uns auf den Weg nach Govindghat in der Nähe von Pandukeshwar. Dieses Mal war ich recht fit und konnte Babaji, der schnell dahin schritt, leicht folgen. Ich brauchte keine Schuhe mehr, und so wanderten wir beide, der Meister und der Schüler, barfuß. Verglichen mit dem harten Aufstieg zum Mana Pass war die jetzige Wanderung ein Kinderspiel. Ich hatte auch gelernt zu essen, wenn Essbares verfügbar war, und für längere Zeit nicht zu essen, wenn es keine Nahrung gab.

Wir übernachteten in Tempeln und *dharamshalas*[50] am Weg und erreichten nach drei Tagen Govindghat. Die kommende Nacht verbrachten wir dort in der Gurudwara. Die Gurudwaras der Sikhs zeichnen sich darin aus, dass jeder Reisende drei Nächte bleiben kann und kostenloses Essen sowie Decken ausgehändigt werden, falls benötigt.

Am nächsten Morgen starteten wir zur vierzehn Kilometer langen Wanderung nach Ghangaria. Der Aufstieg war ziemlich steil und der Pfad folgte der Laxman Ganga. Auf dem Weg kamen wir durch das Dörfchen Bhyandar. Hinter der Ansiedlung führte der Pfad abwärts und man konnte neben dem Fluss gehen. Babaji genoss still die Schönheit der Umgebung. Lange wurde kein Wort zwischen uns gewechselt. Reden war überflüssig. Es herrschte eine frohe Stille.

Schon tauchten die ersten exotischen Blumen auf. Babaji unterbrach das Schweigen. Wie ein Botaniker wies er auf die verschiedenen Blumen und rief: „Das ist die Kobra-Lilie, und diese sonnenblumenähnliche Blume heißt Imela." Nach einem letzten steilen Anstieg langten wir in Ghangaria an. Wir überquerten die kleine Brücke über die Laxman Ganga, die aus dem Hemkund-See strömt. Von hier aus führt der rechte Weg nach Hemkund Sahib auf 5000 m Höhe, und der linke zum ‚Tal der Blumen'. Weiter oben gab es eine kleine eiserne Brücke über den Puspawati-Fluss, der sich später mit der Laxman Ganga vereint. Babaji deutete auf die ersten blauen Mohnblumen.

Wir gingen über die eiserne Brücke und stiegen den engen Pfad hinauf bis zu den Überresten eines Gletschers; diesen überquerten wir, stiegen weitere drei Kilometer aufwärts und kamen, nach einer kleinen Holzbrücke, in das berühmte Tal. Die Schönheit des Ortes war atemberaubend. Nie hatte ich so etwas Herrliches gesehen. Wo immer das Auge hinblickte, erstreckten sich weite Wiesen mit Blumen der verschiedensten Arten, so als habe ein göttliches Wesen sie aussortiert und erfahren angesät und kultiviert.

Babaji erstaunte mich wieder einmal mit seinen Kenntnissen von Blumen und anderen Details des Tales. „Das ist der Himalaya-Balsam“, sagte er, „und dieses weiße Ding ist der Himalaya-Bärenklau. Diese pelzige weiße Blume ist das berühmte Edelweiß, ein Symbol der Alpen. Schau dort, auf der anderen Seite, da stehen blaue Glockenblumen, liebliche Vergissmeinnicht, blauer Mohn, blaue Geranien, Astern … Oh! So viele Arten!“

„Wie ist diese verborgene Erdengegend entdeckt worden, Babaji?“

„Sie war einigen Yogis und den Einheimischen seit langem bekannt“, sagte Babaji, „und die Einheimischen glaubten, das Tal sei von göttlichen Märchenwesen, den *Apsaras* und *Gandharvas* bewohnt. Mein Lehrer, Sri Guru Babaji, nahm mich gern in dieses Tal mit. Weiter oben gibt es eine Höhle, die er häufig aufsuchte. Lass uns hingehen und dabei offenen Auges meditieren. Solch wunderbare Naturschönheiten sind göttlich. Das Göttliche, das du innen suchst, befindet sich hier unmittelbar vor deinen Augen. Entspann dich, blick umher und atme die duftende Luft ein.

Was die Frage anlangt, wie man dieses Paradies entdeckt hat – Frank Smith, ein Bergsteiger und Botaniker, kam 1931 in dieses Tal. Er war überwältigt; er gab dem Tal den jetzigen Namen ‚Tal der Blumen‘. Nun komm, gehen wir zur Höhle.“

Wir wanderten durch ein enges Tal mit unzähligen weißen Blumen und kamen zu einer kleinen Höhle, die versteckt unter einem Felsvorsprung lag. „Mein Guru und ich haben hier meditiert“, sagte Babaji, „und du und ich werden jetzt auch hier sitzen.“ Wir saßen für lange Zeit an diesem wunderschönen Ort, verzaubert von den unzähligen Farbschattierungen und dem leicht trunken machenden Duft einiger exotischer Blumen. Babaji war sehr still.

Nach einer Zeitlang unterbrach ich sachte die Stille: „Jetzt verstehe ich die Bedeutung von dem, was die *Isavasya Upanishad* erklärt – ‚*Isa Vasyam Idam Sarvam*‘. Lange hatte ich gedacht, das bedeute, *Isa*, das höchste Wesen, wohne versteckt im Inneren von allem, doch jetzt ist mir klar geworden, dass alles, was existiert – was wir sehen, riechen, schmecken und fühlen – von *Isa* nicht verschieden ist. Es ist nicht nötig, irgendwo zu suchen.“

„Ah!“, rief Babaji, „langsam, langsam, überstürze nichts. Jetzt klärt sich dein Gehirn. Wir wollen uns einmal das Grabmal von Margaret Legge anschauen und danach gehen wir nach Ghangaria zurück.“

Wir standen auf und wanderten ein kurzes Stück. Joan Margaret Legge, erklärte Babaji, war eine Botanikerin vom Botanischen Garten in Edinburgh, die, als sie 1939 das Tal der Blumen erkundete, ausrutschte und tödlich abstürzte. Die Einheimischen begruben sie, später kam ihre Schwester und errichtete eine Gedenkstätte. Die Inschrift auf einer Steinplatte lautete: ‚Ich will meine Augen zu den Bergen erheben, von wo meine Hilfe kommt.‘

Wir schritten sehr schnell aus und erreichten Ghangaria kurz vor Einbruch der Dunkelheit. Die Luft war kalt und frisch. Die Nacht verbrachten wir in der Steinhütte eines Sadhus aus Rajasthan, den Babaji kannte. Er schien voll Ehrfurcht vor Babaji zu sein und kümmerte sich rührend um uns.

Am nächsten Morgen brachen wir zum Treck nach Hemkund Sahib auf. Der Aufstieg dorthin ist recht steil. Wir begegneten großen Gruppen von Sikhs, die mit vollem Stimmeinsatz *‚Wahe Guru‘* sangen und, ihre Kraft durch ihren Glauben stärkend, sich den Bergpfad hinauf bewegten. Etwa nach der Hälfte des Weges gibt es einen Platz, an dem sich nachts die meisten Wanderer erholen, bevor sie am nächsten Tag den zweiten Abschnitt in Angriff nehmen, doch wir zogen es vor, nach ein paar Minuten Rast bei einem Becher Tee, weiter zu gehen. Am späten Abend kamen wir in Hemkund Sahib auf 5000 m Höhe an, und wie erwartet, war die Kälte bitter.

Die Sikhs glauben, dass ihr letzter Guru, Guru Gobind Singh, in einer seiner vorhergehenden Inkarnationen lange Zeit mit Bußübungen und Meditation nah beim Hemkund See verbracht hatte. Die Luft enthielt weniger Sauerstoff, und Babaji riet mir, den Atemrhythmus zu verändern. Bald verschwanden meine Kopfschmerzen.

Der Hemkund, wörtlich ‚See aus Eis‘, beeindruckte durch seine außergewöhnliche Schönheit. Das Wasser war kristallklar, und ein Teil der Oberfläche war gefroren. Die umgebenden Berggipfel trugen alle Schneekappen, und die ganze Szenerie leuchtete verzaubert. Einige gläubige Sikhs nahmen ein kurzes Bad im eisigen Wasser des Sees und riskierten eine Lungenentzündung.

Wir gingen zur Gurudwara und erhielten heißes *kicheri, chapattis* und eine Süßspeise namens *kada prasad*[51] serviert. Man gab uns danach genügend Decken zum Schlafen, und todmüde ließ ich mich ins Bett fallen.

Früh am nächsten Morgen gingen wir zum alten Laxman Tempel. Nach einer kräftezehrenden Wanderung kamen wir dort an. Es war beißend kalt. Die Steinkonstruktion des Tempels sah heruntergekommen aus. Es gab keinen Priester, der den Leuten das Geld aus der Tasche nahm. Jemand hatte eine kleine Figur, die Laxman, den Bruder des legendären Helden Rama aus dem Ramayana-Epos darstellen sollte, in den Tempel gestellt. Das Bildnis war lange nicht gereinigt worden und lehnte etwas verloren gegen die Mauer des Allerheiligsten.

„Mein Guru und ich hatten hier eine ganze Nacht gesessen", sagte Babaji. „Man sieht wundersame Lichter von den Bergen herunterkommen und zum See streben. Aber wir können diese Nacht nicht hier bleiben. Es wird eiskalt, und du hast dich erst kürzlich von hohem Fieber erholt."

Wir saßen etwa eine Stunde da und bewunderten still das göttliche Panorama. Die *Brahma-Kamal*-Blume, ein rarer bläulicher Lotus, wuchs in dieser Gegend. Babaji war spirituell gehobener Stimmung. Sein Gesicht strahlte, als sei es von einem machtvollen Licht erleuchtet. Ungestörter Friede herrschte. Plötzlich sagte Babaji: „Jetzt gehen wir!"

Wir gingen zurück zur Gurudwara und kamen gerade rechtzeitig zu einer heißen Mahlzeit aus *chapattis* und *dal.* Gleich danach begannen wir mit dem Abstieg nach Ghangaria. Bei Abenddämmerung kamen wir dort an und blieben zur Nacht beim Sadhu aus Rajasthan.

Babaji ging zu einem Spaziergang hinaus in die Nacht, und ich blieb allein mit dem Sadhu. Wir saßen vor dem *Dhuni*, und der Sadhu zündete seine mit Haschisch und Tabak gefüllte Ton-Pfeife an. „Möchtest du einen Zug vom heiligen Rauch?", fragte er. Ich lehnte ab.

„Dein Babaji tut das auch nicht", sagte er. „Ihr gehört zur Klasse der *Raja Yogis*. Wahrscheinlich braucht ihr das nicht, um eure Aufmerksamkeit auf die große innere Realität zu fixieren. Weißt du, du hast Glück, wirkliches Glück. Dieser Babaji ist ein weit fortgeschrittener Yogi. Er nimmt nicht so leicht Schüler an. Ich habe gesehen, wie er sogar solche ablehnte, die ich als sehr aufrichtige Sucher einschätzte. Vielleicht gibt es zwischen euch beiden eine Verbindung aus einem früheren Leben. Ich habe gesehen, wie er dich anderentags mit so viel Zuneigung anschaute, als seist du sein eigenes Kind. Das hat mich wirklich verwundert."

Ich meditierte eine lange Zeit – in geziemender Entfernung vom Tabak-Haschisch-Rauch. Es war eine tiefe Meditation, in der gewisse Fragen, die mich belasteten, spontan und blitzartig beantwortet wurden. Auch als ich mich in die Steppdecke einrollte, die der Sadhu bereitgelegt hatte, und kurz vor dem Einschlafen war, war Babaji nicht zurückgekehrt. Ich fühlte mich wie ein kleines Kind, das auf seine Mutter wartete. Dann zog mich der Schlaf in seine tröstenden Arme.

27. Begegnung mit dem Siddhar

Früh am nächsten Morgen machten wir uns auf den Weg nach Kalpeshwar.

Unter den fünf Kedars ist Kedarnath das bekannteste und vielleicht auch das imposanteste. Alljährlich trotzen Zehntausende von Pilgern der Kälte und steigen die schwierigen steilen vierzehn Kilometer zum Kedarnath Tempel auf knapp 3600 m Meereshöhe hinauf, hinter dem die Kedar-Bergkette aufragt.

Die anderen vier sind meist unbekannt, außer für die Einheimischen und einige Wanderasketen. Unberührt und nicht verdorben von Menschenmassen, die die wohlbekannten Pilgerzentren überlaufen, liegen sie in glänzender Abgeschiedenheit inmitten der schönsten Naturszenerie. Babaji nahm mich zum ersten dieser Kedars hinter Badrinath mit – nach Kalpeshwar.

Von Govindghat gingen wir die Straße hinunter, die nach Joshi Math führt. Um die Mittagszeit verließen wir die Hauptstraße und folgten einem ungeschotterten Weg, *pag dandi* genant. Zu unserer Linken floss die Vishnu Ganga. Bald endete auch dieser Weg; doch Babaji schien die Route zu kennen. Wir schritten durch den Wald, manchmal über Felsen, manchmal zwischen ihnen durch, und erreichten nach kurzer Zeit eine winzige Ansiedlung, die sich Chaim Khal nannte.

Die wenigen Gharwali-Dorfbewohner kamen aus den Häusern, um uns zu begrüßen, als sie Babaji erkannten. Der Dorfälteste, sehr alt und verhutzelt, mit einem alten, an mehreren Stellen geflickten Mantel bekleidet, beugte sich zu Babajis Füßen hinab.

„*Pranam,* Babaji“, sagte er, „also hast du jetzt einen Schüler gefunden.“ Babaji lächelte nur und segnete ihn. Wir erhielten ein üppiges Essen aus *rotis* und heißem Kürbiscurry serviert; ein Stück Kandiszucker und ein Glas heißen schwarzen Tees rundete das Mahl ab. Das ganze Dorf stand um uns herum und sah uns zu. Einige Frauen kamen mit ihren Kindern zu uns, um von Babaji gesegnet zu werden. Sie versuchten Babaji zum Bleiben zu überreden, doch er war entschlossen, weiterzugehen.

Kurz nach dem Mittagsmahl brachen wir wieder auf. Es begann dann ein steiler Aufstieg. Wir wollten Barki erreichen, nicht weit von

Kalpeshwar entfernt. In wenigen Stunden waren wir dort und besuchten kurz einen kleinen, vernachlässigten Shiva-Tempel.

Zwei Stunden später, nachdem wir durch einen schönen, mit Ringelblumen reich bestückten Wald gewandert waren, betraten wir das wunderbare Tal von Urgum. Die Sonne stand gerade im Begriff, unterzugehen, und die Landschaftsszenerie war das Paradies eines Malers. In der Ferne reflektierten die Schneegipfel das goldene Licht der untergehenden Sonne. Ringelblumen wuchsen rundherum in Fülle. Ein Strom rauschte auf einer Seite, das Wasser kristallklar. Nahebei ein Wasserfall, dessen weißer Gischt über blauschwarze Klippen schoss, aus denen, sagte Babaji, ein Harz austrat, das im Ayurveda *Shilajit* genannt wird.

Abseits dieser herrlichen Naturschönheiten, inmitten einer Höhle, residiert Kalpeshwar Shiva in Gestalt eines steinernen *lingam*. Man tritt durch einen Torbogen, von dem eine Messingglocke hängt, ein. Babaji und ich läuteten die Glocke, um unsere Ankunft anzukündigen und gingen in den Höhlentempel. Der Priester – er kam aus dem nahe gelegenen Dorf Devagram im Urgum Tal – grüßte Babaji sehr respektvoll, berührte seine Füße und verbeugte sich mit gefalteten Händen.

Es wurde bereits dunkel, und er bat um Erlaubnis, das abendliche *Aarti* mit dem (ziemlich großen) *Aarti*-Leuchter durchzuführen. Während der Priester die Öllichter schwenkte, sang Babaji das Mantra *Om namah Shivaya* und ich läutete eine kleine silberne Glocke. Im Licht der *Aarti*-Flammen sah ich, das der *lingam* einer unter vielen *lingams* war, die im Allerheiligsten verstreut lagen. Nach der Andacht saßen wir still da. Die Stille war erfüllt von Frieden und Liebe und schien alldurchdringend.

Der Priester bot uns dann geweihten Honig an, der sehr süß war und schwach nach Ringelblumen duftete. Er bestand darauf, dass wir ihn nach Devagram begleiteten, aber Babaji wollte in dem kleinen Häuschen mit einem Raum bleiben, das für Pilger gebaut worden war. Es hatte einen offenen Eingang und davor gab es eine Feuergrube. Der Priester sagte, er würde mit Feuerholz und Essen zurückkommen und den Dorfältesten von Babajis Ankunft unterrichten. Bald ließ er uns allein. Der Mond kam hinter den Wolken hervor und die Sterne strahlten am Himmel. Es war kalt. Wir saßen außerhalb des Raums, und Babaji ermahnte mich, mich richtig in die Decke und den Schal einzuwickeln.

„Viele Jahre lang“, sagte Babaji, „lebte einer der ältesten Schüler meines Gurus hier in Kalpeshwar. Nun ist er nach Rudrapur gezogen. Wir werden ihn hoffentlich dort treffen.“

„Babaji“, sagte ich, „darf ich dich etwas fragen?“

„Nur zu."

„Wo bist du geboren und wie alt bist du?"

Babaji lachte. „Das ist nicht wichtig, aber wenn du drauf bestehst – meine Eltern waren aus Kaschmir. Über mein Alter kann ich nur sagen, dass ich viel älter bin, als ich aussehe. Als der große Yogi Shyama Charan Lahiri meinen Meister Sri Guru Babaji zum ersten Mal sah, war ich derjenige, der ihn zu Babajis Sitz in der Höhle führte."

„Aber das war vor mehr als hundert Jahren!", rief ich aus, „und du siehst nicht älter aus als vielleicht dreißig."

„Bei richtiger Ernährung und der Ausübung von *kayakalpa* kann man lange leben und sich jung erhalten", sagte Babaji. „Du wirst wahrscheinlich später auch gelegentlich *kayakalpa* ausüben müssen, um deinen Aufgaben und den Anforderungen gerecht werden zu können."

„Welche Anforderungen, Babaji", fragte ich, „es ist so wunderschön hier. Keine Anforderungen weit und breit. Ich möchte immer mit dir leben und in den Himalayas herumziehen. Ich will nicht in die Ebenen hinunter gehen."

Babaji sah mich liebevoll an. „Du magst vielleicht nicht wollen, aber du musst", sagte er, „du musst arbeiten, musst die Arbeit meines Gurus tun. Nicht gleich, keine Sorge. Wir werden noch eine ganze Weile in diesen schönen Gegenden umherziehen."

„Ich mache mir keine Sorgen", sagte ich, „solange du da bist und ich dich sehen kann. Ich bin sicher, du wirst deinen Körper so wie dein Guru jugendlich und intakt erhalten und mich stets führen."

„Nein", sagte Babaji, „nur der Große, mein Meister, den wir Sri Guru Babaji nennen, vermag das, da er zu einem ganz bestimmten Zweck hier auf der Erde ist. Was mich anlangt, ich muss zu einem gewissen Zeitpunkt in der Zukunft abtreten, auch wenn ich den Körper bis dahin gut erhalten kann."

Ich war sehr betroffen. Zitternd vor Erregung rief ich: „Babaji, geh nie fort, bitte."

„Dummer Junge", sagte Babaji, „Anleitung hängt nicht vom physischen Körper ab. Hafte nicht zu sehr an diesem Körper. Das Ziel deines ganzen Trainings ist es, dich unabhängig zu machen. Du sollst auf deinen eigenen Füßen stehen. Selbst die Abhängigkeit von einem Guru ist ein Hindernis. Sei frei."

Der Priester kam zurück, begleitet vom Oberhaupt des Dorfes. Sie brachten Feuerholz und Essen mit. Der Dorfälteste war ganz unglücklich darüber, dass Babaji nicht für die Nacht ins Dorf kommen wollte.

„Wie steht es mit deiner Gesundheit?“, erkundigte sich Babaji.

„Dank deines Segens ist sie in Ordnung“, sagte der Dorfälteste. „Du hast also einen jungen Yogi bei dir, Baba. Gut, der sieht helle aus.“ Er wandte sich an mich: „Du hast Glück, so einen Guru wie Baba gefunden zu haben.“

Sie zündeten das *Dhuni* an, stellten das Essen in die Feuergrube und verabschiedeten sich. „Bitte, Baba, beehrt das Dorf morgen“, sagten sie, bevor sie gingen.

„Ja“, beruhigte Babaji sie.

Wir saßen vor dem Feuer und meditierten. Die Flammen tanzten vor Freude und spendeten unseren Körpern Wärme und unserem Gemüt Friede. Dann aßen wir die vertrauten *rotis* und Kartoffelcurry, aber diesmal konnten wir die *rotis* in den geweihten wilden Honig tauchen. Nach dem Essen ermahnte mich Babaji, zu schlafen, da wir am nächsten Tag eine lange Strecke vor uns hatten.

Der Morgen gewährte uns zauberhafte Anblicke – der Fluss, die Berge, die reiche Fülle an Ringelblumen. Wir nahmen ein kurzes Bad im Fluss und machten uns dann auf zum vielleicht faszinierendsten Tal im Gharwal Distrikt. Bald erreichten wir das kleine Dorf Devagram. Alle Dorfbewohner waren aus den Häusern gekommen, um uns, angeführt vom Dorfoberhaupt, willkommen zu heißen. Man brachte uns zur bescheidenen Wohnstatt des Oberhaupts. Zuerst wuschen die Frauen unsere Füße und dann ließ man uns auf Kissen sitzen und servierte uns ein üppiges Mahl. Neugierige Kinder deuteten mit den Fingern auf uns und kicherten.

Babaji unterhielt sich mit einigen Dörflern. Sie alle schienen ihn zu kennen. ‚Ein häufiger Besucher‘, sagte ich mir. Nach etwa einer Stunde ließ man uns widerstrebend weiterziehen, aber nicht bevor man uns mit zwei Taschen voll Essen und einer Flasche Honig als Wegzehrung versehen hatte.

„Wenn ihr *Jogi Maharaj* in Rudranath trefft, übermittelt ihm bitte unsere große Verehrung“, sagte das Dorfoberhaupt beim Abschied.

Wir wanderten durch das grüne Tal von Urgum. Ein leichtes Nieseln setzte ein und ein voller Regenbogen begrüßte uns. Wir schritten zwei Stunden lang dahin, ohne viel zu sprechen – Babaji vorneweg, leichtfüßig wie eine Bergziege, und der Schüler hinten nach, angestrengt versuchend, die Bewegungen seines Gurus nachzuahmen.

Plötzlich wurde die Stille von Stimmen unterbrochen. Wir waren das mit Kiefern bestandene Tal hinab gewandert und betraten das Dörfchen Dumakh. Kinder umringten uns und riefen und lachten. Der älteste Sohn des Dorfoberhaupts begrüßte Babaji und teilte ihm die traurige Nachricht mit, dass seit Babajis letztem Besuch sein Vater verstorben war. Wir wurden zum Haus des Oberhaupts gebracht, und man fütterte uns mit *rotis*, *dal* und Kartoffeln.

Dieses kleine Dorf Dumakh war ein himmlischer Flecken. Ganz in der Nähe gab es einen blauen See, und drei oder vier Bäche purzelten von den Talhängen in ihn hinein. Ich trank von dem frischen Wasser, das den Dörflern zufolge Heileigenschaften besitzt. Riesige Kiefern standen rund um das Dorf. Babaji nahm mich zu einem erhöhten Platz in den Hügeln und zeigte mir die Dronagiri-Bergkette, weit entfernt am Horizont. Wir verabschiedeten uns darauf von den Dorfbewohnern und setzten unsere Wanderung fort.

Nach einem langen Aufstieg erreichten wir Panar. „Der Kakabhusundi-See ist nicht weit von hier", sagte Babaji, „doch können wir jetzt nicht hingehen. Morgen früh werden wir bei klarem Himmel den Nanda Devi sehen können. Ich war hier schon einmal mit meinem Meister. Die ganze Gegend hier gehört zu den Lieblingsplätzen des großen Gurus."

In meiner Vorstellung blitzte es erwartungsvoll auf – wird er kommen und uns segnen, der große Sri Guru Babaji? Wir suchten uns den Weg durch ein enges Tal und langten bald bei der Öffnung zu einer großen Höhle an. Inzwischen war es fast völlig dunkel geworden. Überrascht sah ich Licht aus dem Höhleninneren kommen. Ich zitterte vor Aufregung. Sollten meine Gebete beantwortet werden? Wird der große Guru …

„Komm schnell herein", sagte Babaji, „ein Sturm zieht auf, und es wird gleich zu schneien beginnen."

Sogar der gewöhnlich unerschütterliche Babaji war überrascht, als wir die Höhle betraten. „Oh!", rief er. Ein *Dhuni* brannte in der Mitte einer ziemlich großen Höhle, und am Feuer saß ein dunkelhäutiger, kleinwüchsiger, rundlicher Mann mit langen schwarzen Haaren bis zu den Schultern und einem dicken, langen Bart. So wie Babaji trug er nur ein weißes Lendentuch.

„Ah!", rief er und sprang auf, als er uns sah. „Aha! Es gelang mir, den großen Maheshwarnath zu überraschen. Du dachtest gewiss, ich wäre in Rudranath. Nun, ich bin hier, in Panar."

Babaji versuchte, seine Füße zu berühren, aber er ließ es nicht zu. „Mahesh, du musst das nicht tun."

Dann legte er die Hände auf meine Schultern und blickte mir in die Augen. „Also hat Sri Guru seine Pläne für diesen jungen Mann. Der große Meister hat mir über dich erzählt, Madhu. Mach dich auf ein hartes

Leben gefasst, lieber Junge. Ich bin sicher, Mahesh ist der denkbar beste Mentor für dich."

„Das ist mein älterer *guru bhai*[52], Tenkasi Siddhar", stellte Babaji ihn vor. „Er lebte viele Jahre lang bei den Tenkasi-Wasserfällen in Tamil Nadu. Sri Guru Babaji gebot ihm dann, in die Himalayas zu ziehen. Er spricht Tamil und Malayalam."

Der Siddhar[53]-Heilige wandte sich zu mir und sagte auf Tamil: „Sicherlich verstehst du Tamil. Trivandrum liegt nahe an der Grenze zu Tamil Nadu, richtig?"

„Ja, Siddharae", antwortete ich auf Tamil, „ich kann gut Tamil sprechen; ich hatte viele tamilische Freunde."

„Schön. Du musst dich nach Reis sehnen, richtig? Schau, ich habe Reis und deinen geliebten *sambhar* für dich gekocht, außerdem etwas leckeren *payasam*[54]". Er wies auf ein paar Tongefäße nah beim *Dhuni.* „Komm, lass es dir schmecken."

Wir sangen dreimal *Om* und genossen unser Mahl. Wenigstens tat ich es. Nach dem Abendessen führte der Siddhar ein langes Gespräch mit mir – mein Guru zog es vor, zuzuhören. Er erzählte, dass er Babaji in den Süden begleitete, als dieser den Kontakt mit mir in Trivandrum wiederherstellen wollte. Während Babaji damit beschäftigt war, mich zu finden, war er zur Agastya Kuta[55] in der Nähe der Kovalam Beach bei Trivandrum zum Meditieren gegangen.

Er gab mir eine geraffte Zusammenfassung der Lehren der tamilischen Siddha-Tradition und schlug vor, dass ich das große Werk *Thiru Mantiram* des Siddhas Thirumular, einem Schüler Agastyas, lese. Er erklärte mir auch den Zusammenhang zwischen tamilischen Siddhas, Nath Pant, Kashmiri Shaivismus und Sri Guru Babaji. Als ich ihn fragte, warum einige Leute Sri Guru als Mahaavatar Babaji bezeichneten, sagte er, das Wort Mahaavatar wurde viel später von einem enthusiastischen Autor, der nicht sein direkter Schüler war, in Umlauf gebracht. „Für uns alle", sagte er, „ist er Sri Guru, und das Mantra, das wir zu seiner Invokation benutzen, ist ‚*Sri Gurubhyo Namah*'. Jeder, der es mit Aufmerksamkeit und Demut rezitiert, wird von Sri Guru Babaji gesegnet.

Jetzt geh schlafen. Morgen habt ihr einen langen Anstieg nach Rudranath vor euch. Ich selbst werde noch eine Weile in dieser Höhle bleiben. Ich warte auf jemand."

Ich wählte eine Ecke nah am Feuer aus und wickelte mich in die Decken. Babaji und der Siddhar unterhielten sich noch länger über dies und jenes. Während ich *Sri Gurubhyo Namah* rezitierte, fiel ich in Schlaf und träumte dann von Sri Guru Babaji, der mich in seinen Armen trug.

Am Morgen, nachdem wir uns von dem großen Siddhar verabschiedet hatten, ging es weiter auf dem Weg nach Rudranath. Der Wind blies kalt und der Himmel leuchtete klar. Ringsum waren die Hügel nach nächtlichem Schneefall dick mit Schnee bedeckt. Als die Sonne hinter den entfernten Gipfeln aufging, verwandelte sich das Weiß des Schnees auf den Hügelkuppen in blitzendes Goldgelb.

Wir kamen nach kräftigem Ausschreiten abends in Rudranath an; mittags hatten wir nur ein paar Minuten gerastet, eine Handvoll Kichererbsen gegessen und Wasser vom nahen Fluss getrunken. Von der Stelle aus, wo wir standen, konnte man das tief verschneite Nanda-Devi-Massiv gut sehen. Etwas rechts davon standen die Dronagiri Berge.

Wie Kalpeshwar besitzt auch Rudranath keinen regelrechten Tempel; es gibt nur einen winzigen Ziegelschrein, der die Gottheit beherbergt. Er liegt auf einem Berghang, auf etwa 2700 m Höhe, mit Blick auf die Schneegipfel des Nanda-Devi-Massivs. Wir verbrachten die Nacht in einem kleinen Schuppen neben dem Schrein. Der Schuppen war für die Priester gedacht, doch waren diese nach Goreshwar gegangen und würden erst am nächsten Tag zurückkommen, wie uns ihr Assistent sagte. Wir beschlossen, am nächsten Tag nach Tunganath weiterzuziehen.

28. Kedarnath – Öffnung der Kanäle

Wir brachten die Reise nach Tunganath und Madmaheshwar hinter uns und gelangten über Guptakashi und Sonaprayag nach Kedarnath. Nichts Wichtiges ereignete sich, außer dass wir zwei Moschushirschen (*kasturi mriga*) sahen.

Mein geheimer Wunsch, Sri Guru Babaji zu treffen, blieb unerfüllt. Als ich meinem Meister gegenüber erwähnte, ich hoffte, ihm zu begegnen, ermahnte er mich und sagte (wieder einmal), das Ziel von Kriya Yoga und der spirituellen Übungen sei nicht, Babaji Maharaj zu treffen, sondern sich schrittweise zu einem spirituellen Wesen zu entwickeln. Wenn Sri Guru meine, es sei nötig, würde er unaufgefordert schon selbst erscheinen. Trotzdem – ich hoffte immer noch, dass der große Guru mir irgendwo, irgendwann eine Audienz gewährte.

Wenn man in Kedarnath die Brücke über den Mandakini-Fluss überquert und die enge Straße zum Tempel betritt, kann man ein paar kleine Hütten hoch oben auf den Bergabsätzen sehen. Das sind meist Vorbauten von existierenden Naturhöhlen, in denen Yogis in schweigsamer Einsamkeit leben. Eine dieser Hütten hatte ein nordindischer Geschäftsmann, der alljährlich während der Pilgersaison nach Kedarnath kam, für Babaji bauen lassen. Der Geschäftsmann war einer der wenigen Schüler Babajis, die ich kenne, und ich habe ihn einige Mal getroffen. Er verstarb 1983 in Delhi.

Als Babaji und ich zu der Hütte kamen, fanden wir sie sauber und präpariert vor; Brennholzvorrat für eine Woche lag in einer Ecke aufgestapelt. Der Geschäftsmann hatte seinen Koch beauftragt, täglich zwei Mahlzeiten und gekochte Milch zu bringen.

Die Aussicht von der Höhle war fantastisch. Die schnee- und eisbedeckten Kedar-Gipfel türmten sich, gerötet von der untergehenden Sonne, rings um den Tempel auf, der den *lingam* beherbergte – das einfache Symbol des Unendlich-Unmessbaren, dargestellt in einer endlichen, verehrbaren Proportion. Trotz der bitteren Kälte verbrachte ich hier viele glückliche Tage mit Babaji.

Frühmorgens pflegten wir zum Tempel zu gehen, um den *lingam* zu besuchen. Der ranghöchste südindische Priester des Tempels verhielt sich gegenüber Babaji immer sehr ehrerbietig, und man gestattete uns, im Inneren zu sitzen solange wir wollten. (Besucher müssen sich wegen des großen Andrangs normalerweise rasch am *lingam* vorbeibewegen und den Tempel wieder verlassen.) Es herrschte eine spürbare Kraft im Allerheiligsten. Ich stellte fest, dass ich mühelos in tiefe Meditation eintauchen konnte.

Danach wanderten wir für gewöhnlich die Bhairav-Anhöhen hinauf. Die Aussicht von dort war atemberaubend. Wir verbrachten viele Stunden in Meditation, meistens mit geöffneten Augen. Nicht weit von der Kuppe, auf der Bhairavnaths Bildnis stand, gab es zwei kleine Hütten. Die eine war von einem filzhaarigen Udasi-Sadhu bewohnt, die andere von einem *ganja*-rauchenden Naga Baba. Beide kamen immer heraus, beugten sich zu Babajis Füßen hinab und empfingen seinen Segen.

Zur Mittagszeit kamen wir dann zur Höhle zurück, und der Koch bereitete das Essen zu. Gelegentlich kam der Geschäftsmann zu Besuch, um Babajis Segen zu erhalten und persönliche Fragen zu klären. An den Abenden blieben wir in der Höhle, und Babaji lehrte mich den *Thokar Kriya* und andere fortgeschrittene Kriya Yoga Übungen. Wenn ich Fragen hatte, beantwortete er sie geduldig. Nach einem leichten Abendessen meditierten wir immer für lange Zeit vor der Feuerstelle. Danach ging ich schlafen, aber Babaji blieb gewöhnlich am *Dhuni* sitzen, bewegungslos wie eine Statue. In der Art gingen sechs glückliche Tage vorüber.

Am siebten Tag sagte Babaji: „Ich muss für ein paar Tage weggehen, um meinen Guru aufzusuchen. Er hält sich derzeit in der Nähe auf, doch kann ich dich nicht mitnehmen. Morgen früh werden drei von Sri Guru Babaji gesendete Männer kommen, die dich zu einem geheimen Ort bringen. Dort wird dann eine spezielle Prozedur durchgeführt, die dir hilft, dich zu öffnen und den Zugang zur vieldimensionalen Realität zu verbessern. Sie werden dir das Losungswort, das nur du und ich kennen, zuflüstern. Du kannst unbesorgt mit ihnen gehen. In der Zwischenzeit mach mit deinen Übungen weiter und sei entspannt. Iss heute Abend überhaupt nichts, trink aber viel Wasser."

Mit diesen Worten berührte er meinen Kopf liebevoll und ging weg. Ich wollte durch ihn die Botschaft übermitteln lassen, dass ich mich sehr danach sehnte, Sri Guru Babaji zu treffen, doch dann spürte ich, es wäre klüger, nichts zu sagen. Er wusste es ja; es war nicht nötig, irgendetwas zu sagen. Alles hatte seine rechte Zeit.

Sie kamen am nächsten Morgen, drei Männer, die alle gleich aussahen – ohne ein einziges Haar am Körper, hellhäutig und von der Hüfte bis zu den Knien in einen weißen *dhoti* (über vier Meter langer, dünner Baumwollstoff) gekleidet. Sie trugen hölzerne Pantinen, die beim Gehen klackten. Sie hatten schulterlanges, braunschwarzes Haar, und ihre Gesichter waren mit grünen Stoffstreifen bedeckt, die wie der Mund- und Nasenschutz von Jain-Mönchen aussahen. Das einzig Sichtbare waren ihre breite Stirn und ihre braunen Augen.

Wie aus einem Mund sagten sie mit leiser und fester Stimme in Hindi: „Madhu, wir sind beauftragt worden, dich für eine besondere Behandlung zu einem geheimen Platz zu bringen. Komm mit."

„Sagt mir das Losungswort, das mir Babaji gab", erwiderte ich.

Sie flüsterten wieder mit einer Stimme das Losungswort. Ich folgte ihnen ohne Zögern. Wir stiegen hinunter, gingen am Tempel vorbei und danach weiter. Nach einiger Zeit sagten sie, „hier ist die Stelle, an der Adi Shankara dem geheimen Pfad folgte und dann den großen Sri Guru traf. Nach dieser Begegnung verschwand er aus den Augen der Öffentlichkeit."

Wir gingen für weitere zehn Minuten, dann sagten sie: „Jetzt müssen wir dir die Augen verbinden." Sie verbanden mir die Augen mit einem schwarzen Tuch und führten mich weiter. Nach einer Weile hörte ich, wie sie eine Art Türe öffneten; dann führten sie mich eine steile Treppe hinab. Wegen der Stille und des plötzlichen Aufhörens des kalten Winds nahm ich an, wir wären in einem unterirdischen Tunnel.

Als wir anhielten, roch ich Räucherwerk. Man nahm mir die Binde ab, und ich fand mich in einer großen unterirdischen Höhle, die von Öllichtern erhellt war. Der Duft des Räucherwerks kam aus einer Feuergrube in der Mitte der Höhle. Am entfernten Ende sah ich erleichtert Babaji.

„Hab keine Angst", sagte er, „wir müssen bestimmte Bereiche deines Gehirns aktivieren und dabei andere Mittel als das der Meditation benutzen, da wir nicht viel Zeit haben. Wenn diese Gehirnzentren nicht aktiviert sind, würde die Öffnung deiner Kanäle zu den höheren Dimensionen viele Lebenszeiten dauern. Jetzt trink den *soma*-Saft, den unsere Vorfahren benutzten. Wir haben ihn für dich speziell zubereitet." Er reichte mir eine silberne Schale mit einer hellgrünen Flüssigkeit.

Ich saß in der *vajrasana*-Position und trank das bittersüße Gebräu. Der erste eintretende Stimmungswechsel ähnelte jenem, den ich empfand, wenn ich mit meinem Freund Ranjit während der Collegezeit eine halbe Flasche Bier getrunken hatte. Dann veränderte sich dieser Stimmungszustand, intensivierte sich. Die drei Personen, die mich hergebracht hatten, saßen im Yoga-Sitz da und sangen Hymnen der *Sama Veda*. Mein Geist vereinte sich mit dem Fließen des Gesangs, dehnte sich aus und verließ meinen Körper. Intensive vielfarbige Lichter erschienen, und ich erinnere mich noch heute daran, dass ich an L.S.D.-Erfahrungen dachte, über die ich gelesen hatte.

Babaji führte mich behutsam zu einer Steinplatte auf der linken Seite und sagte mir, ich solle mich in voller Länge in der *shavasana*-Position darauf legen. Als er sprach, schien seine Stimme von weit her zu kommen: „Schließ die Augen und lass dein Selbst aus dem Körper gleiten.“ Im Nu fand ich mich an der linken Höhlenwand stehen und sah verwundert meinen Körper ausgestreckt auf der Steinplatte liegen, so als wäre er tot.

Unter Babajis Anleitung brachten die drei Gefährten, die mit dem Singen aufgehört hatten, eine schwarze Halbkugel herbei und platzierten sie nah an meinem Kopf. Aus der Halbkugel zogen sie zwei goldene Drähte und verbanden sie mit beiden Seiten meines Kopfes. Dann drückten sie kräftig oben auf die Halbkugel. Aus meiner sicheren Ecke sah ich, wie mein Körper eine Art epileptischen Anfall hatte. In einer Minute stand ich in sicherer Entfernung, war allerdings ziemlich erschrocken über den Anblick, in der nächsten Minute befand ich mich wieder in meinem Leib, der unter starken Krämpfen litt.

Ein stechender Schmerz schoss mein Rückgrat hinauf und eine derartige Hitze entstand, dass ich glaubte, mein ganzer Körper, vor allem der Kopf, stünde in Flammen. Ich dachte schon, das wäre das Ende, ich würde daraus nicht lebend hervorkommen. Plötzlich erschall in meinem Bewusstsein ein brüllender Klang, der sich dann rasch in ein beruhigendes Summen verwandelte. Es war so, als ob jemand mit Jim Reeves Stimme ein lang gedehntes *OM* sänge. Die Krämpfe hörten auf, die Hitze klang ab und ein warmes Glühen, ähnlich der tröstlichen Wärme eines offenen Kamins in einer Winternacht, erfüllte Leib und Gemüt. Vom Scheitel des Kopfes begann ein süßes Elixier die Wirbelsäule hinabzufließen, und vom Kopf bis zu den Füßen erlebte ich eine wundervolle, selige Ekstase.

Ich öffnete die Augen und blickte um mich. Alles war frisch und neu und pulsierte mit Lebensenergie. Ich war eine neue Person, auferstanden aus der alten, die verschwunden und gestorben zu sein schien. Nicht länger war ich ein isoliertes Selbst. Der Mittelpunkt des Bewusstseins war überall, vom einfachen Staub ringsum bis zur Milchstraße dort oben. Alle Beschränkungen waren durchbrochen. Als ich Babaji sah, war es, als wäre ich er, der zu mir blickte.

Babaji sagte: „Ja, jetzt bist du wiedergeboren. Das ist die wahre Bedeutung von *dwija*, von ‚wiedergeboren‘. Steh langsam auf; es dauert einige Zeit, bis du dich an dein neues Selbst gewöhnst. Wie ein Neugeborenes wirst du erst krabbeln, dann dich aufsetzen und schließlich unsicher gehen müssen, bis Übung dir den festen, zuversichtlichen Gang eines erwachsenen Menschen gibt. Sei gesegnet. Sri Guru Babaji versprach, seinen früheren Schüler Madhu bald in Rishikesh zu treffen. Wir wollen jetzt zu unserer Höhle zurückgehen. Schließ nur noch einmal die Augen und sitze in der *padmasana*-Haltung.“

Ich gehorchte und hatte das Gefühl, als bliese mich ein starker Wind fort. Kurz danach fühlte ich, wie ich mich herunter senkte, dann hörte die Bewegung auf. Babaji sagte: „Öffne die Augen.“ Ich schlug die Augen auf und sah, dass wir beide wieder in der Höhle oben auf der Felsklippe waren.

„Diese Art des Transports wird bis zum Ende deines Erdenaufenthalts nicht wieder durchgeführt werden“, sagte Babaji, „und dann nur aus besonderem Anlass. Jetzt geh zu Lalaji und sag ihm, er möge für dich etwas zu essen herauf senden. In der Zwischenzeit zünde ich das *Dhuni* an.“

Wir blieben noch vier weitere Tage in Kedar, und ich konnte einige Fragen zu den *Brahma Sutras* von Badarayana Vyasa und zum gnostischen Werk *Pistis Sophia* klären.

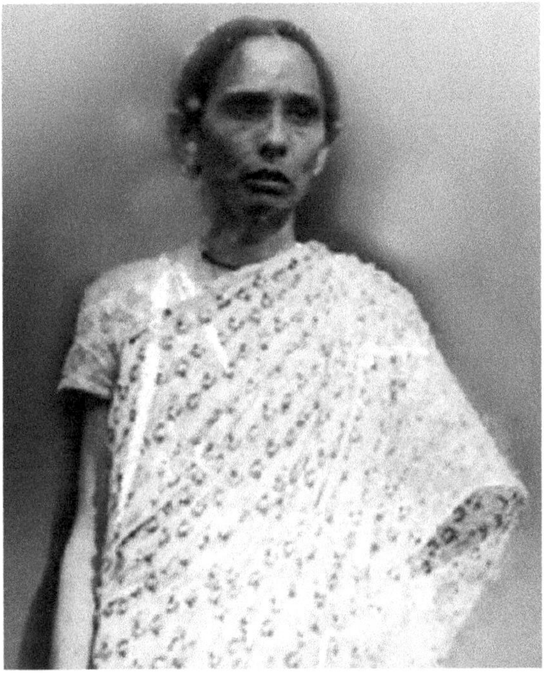

Meine Großmutter mütterlicherseits

Mein Vater und meine Mutter

Meine beiden Schwestern

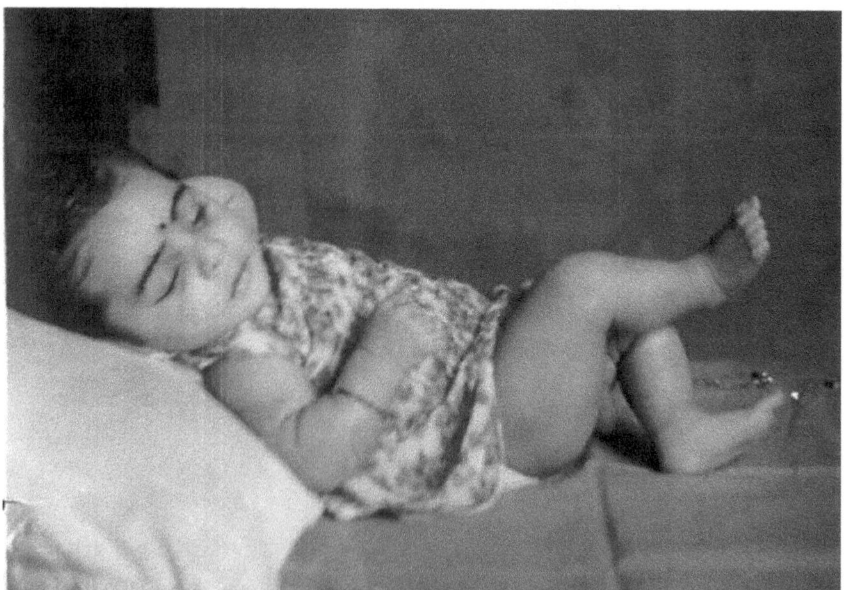

6 Monate alt

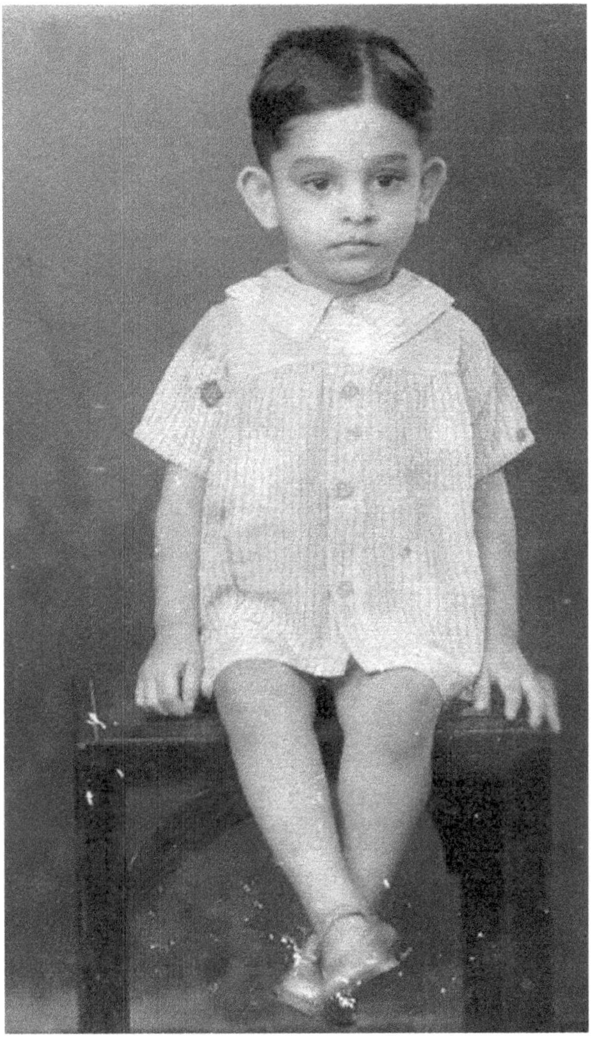

Mit 3 Jahren

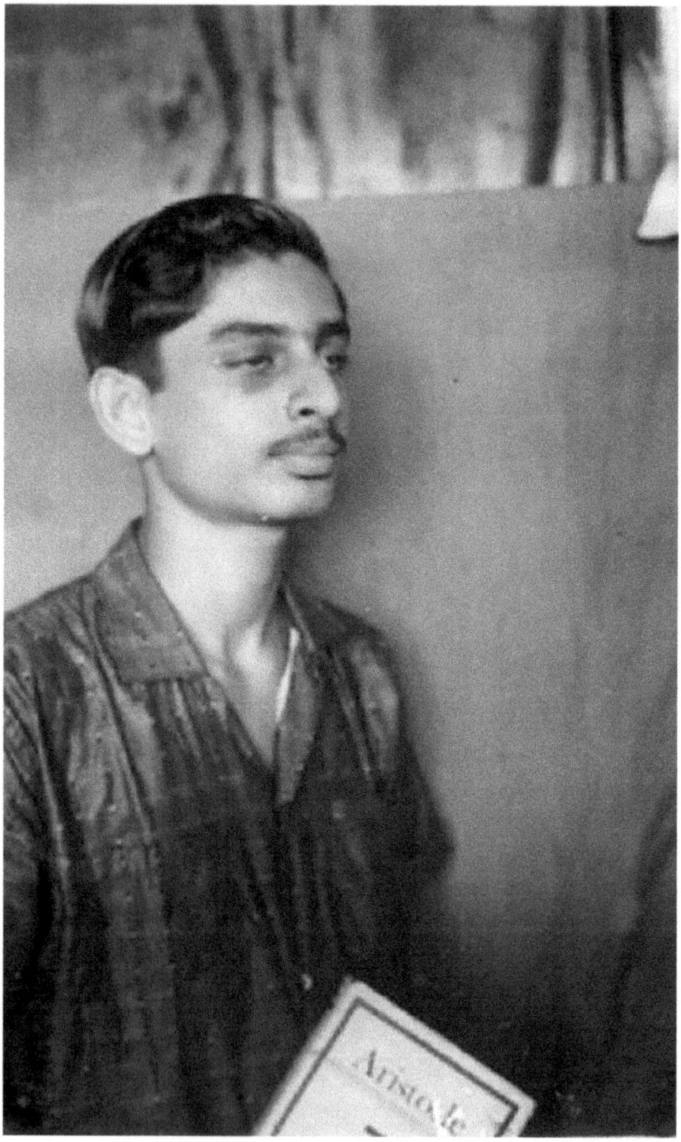

Lektüre von Aristoteles mit 16

Elternhaus in Vanchiyoor, wo ich bis zum Alter von 14 lebte

Padmanabha Swamy Tempel mit heiligem Teich

Meine Schule – Government Model High School in Thycaud

Grabmal von Peer Mohammed Sahib in Tuckaley

Sunanda und ich, kurz vor der Heirat

Mit Frau und Kindern in Tunganath; (v. links n. rechts:) Roshan, M, Sunanda, Aisha

Mit Sunanda, ihren Eltern, ihrem Bruder und unseren Kindern

Badrinath Tempel

Kedarnath Tempel

Sri Gopala Saami

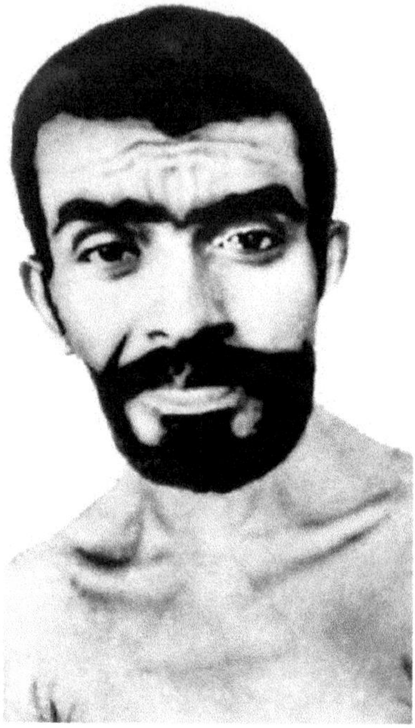

Sri Kaladi Mastan

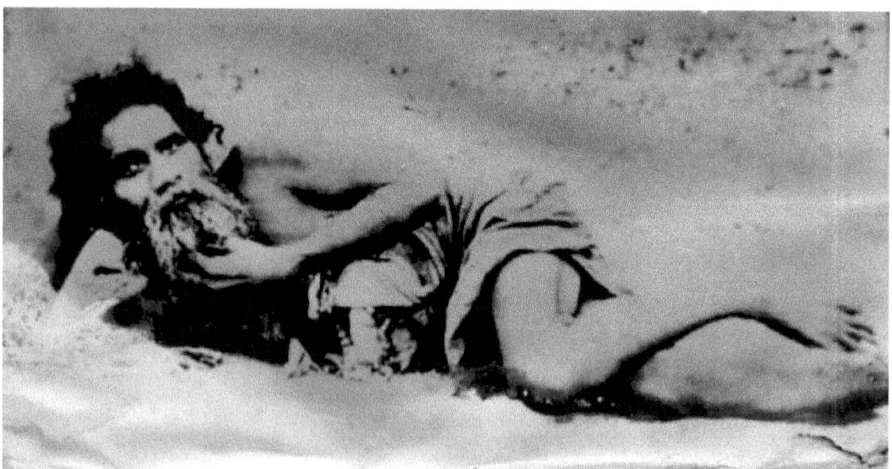

Poonthura Swamy

Sri Narayana Guru

Swami Abhedananda

Sai Baba von Shirdi

Sri Chattambi Swami

Nityananda Avadhuta von Ganeshpuri im frühen Alter

Mai Ma, Heilige von Kanyakumari

Sri Ramakrishna Paramahansa

Swami Vivekananda als Wandermönch

Ramana Maharishi mit einem guten Freund

Sri Shyama Charan Lahiri, der große Yogi und Schüler von Sri Guru Babaji

Swami Tapasyananda, ranghoher Mönch des Ramakrishna Ordens

Neem Karoli Baba von Kainchi, Almora

Jiddu Krishnamurti

Swami Chidananda von der Divine Life Society, Rishikesh

Schneebedeckte Kedar-Gebirgskette

Arundhati-Höhle, nahe der Vasishta-Höhle

Höhle in Maruthuvamalai, nahe Kanyakumari

Der Ganges nahe Chirbasa

Bei Charan Paduka, hinter dem Badrinath Tempel

Gomukh, Ursprung des Ganges

Meeresküste bei Kanyakumari, an der Mai Ma lebte

Sri Guru Babaji (Zeichnung), der Guru von Sri Maheshwarnath

Mein Guru, Sri Maheshwarnath Babaji (Zeichnung)

Im Ardhamatsyendra-Asana, in Rishikesh

Der Ganges in Rishikesh

Beim Grand Canyon – erster Besuch der USA

Malen für einen Freund in Deutschland

In einem Café nah beim Freiburger Dom

Bhagirathi-Gipfel

Der Ganges stürzt bei Suryakund, Gangotri, hinab

Satsang bei der Vyasa-Höhle, in Mana, hinter Badrinath

Neel Bagh Schule in Rayalpad

Mit meinen Schulfreunden in Trivandrum

Vivek Mahendru aus Delhi, eine frühe Bekanntschaft

Mit meinen Freunden Sri Ramaswamy Pillai und dem Neurologen Dr. Marthanda Pillai

Mit Hans Kelichhaus in Aachen

Mit Freund Jerry Jones in Portland, USA

Mit meinen Freunden Dr. V.S. Ramachandran, Neurologe, und Sitaram Naidu

Vortrag im Bharatiya Vidya Bhavan, Bangalore

Vortrag in Portland, USA

Mit Joseph Mar Ireneus (Joseph Mar Thoma), Metropolit der Mar Thoma Syrian Church, bei der UN-Konferenz religiöser Führer, New York, 2000

Mit dem Oberhaupt der Brahma Kumaris bei der UN-Konferenz religiöser Führer.

Sunanda und ich mit dem damaligen Präsidenten Indiens, Dr. Abdul Kalam, dem Richter Venkatachalaiah und Dr. Ajay Kumar Singh in der Peepal Grove Schule in Sadum

Mit Schülern der Satsang Vidyalaya Schule bei ihrem Beginn

Mit Freunden vor meinem Haus in Madanapalle

Mit Direktorin und Schülern der Satsang Vidyalaya Schule

Tour zum Kailash: Bei Yama Dwar, dem Beginn der Kailash Parikrama (Umrundung)

Am See nahe der Peepal Grove Schule in Sadum

Bei einem Retreat in der Peepal Grove Schule mit Teilnehmern

Tour zum Kailash: Guru Purnima in Paryang

Tour zum Kailash: Das buddhistische Kargyupa Kloster in Horchu

Goldener Tempel in Amritsar

Der heilige Berg Kailash

Das Taj Mahal Hotel in Mumbai, wo Babaji als Sikh auftrat

Mit Seiner Hoheit Marthanda Varma von Travancore bei Vorträgen in Trivandrum

Mit Sri Krishnadas Ji

Mit Dr. Karan Singh in seiner Villa

Mit der Sadhu Samaj Gruppe während der Purna Kumbh Mela in Haridwar, 2010

Meditationshalle bei meinem Haus in Madanapalle

Mit den Freunden Brigadekommandeur Narayan, Dr. Ajay Kumar Singh und Sri Achyut Rao

Mit Freunden in der Satsang Vidyalaya Schule in Madanapalle

Mit Freunden – Kathyayini Ratan und Deepak Ratan

Mit Federico Grandi bei der Präsentation der spanischen Übersetzung von Jewel in the Lotus, *in Buenos Aires*

Nayana Swami

29. Der Feuerball vom Himmel

Am fünften Tag begannen wir mit der Rückreise nach Rishikesh, kamen dabei durch Sonaprayag, Guptakashi und Rudraprayag (wo wir zwei Tage bei einem *Vaishnav Bairagi* Sadhu verweilten). Am nächsten Tag ging es weiter nach Devaprayag. Dort verbrachten wir zwei Tage bei einem alten Yogi aus Nepal, der vor langer Zeit das große Glück gehabt hatte, Sri Guru Babaji in Pashupathinath, Katmandu, kurz zu begegnen. Ich hörte gespannt zu, als er sein Erlebnis beschrieb.

Wir brachen am Morgen von Devaprayag auf und langten abends bei der Vasishta-Höhle an, wo ich früher über zwei Wochen verbracht und meine zerschundenen Füße kuriert hatte, dabei freundschaftlich umsorgt von einem Brahmachari aus Kerala. Der Brahmachari war Babaji zwar noch nie zuvor begegnet, doch erwies er ihm den Respekt, der einem Heiligen gebührt.

Aber Babaji wollte nicht bei der Vasishta-Höhle bleiben. In der Nähe lag eine andere kleine Höhle – wenn man auf dem felsübersäten Ufer der Ganga flussaufwärts ging und scharf zu den Hügeln hinauf auf der rechten Seite blickte, konnte man sie ausmachen, hübsch geborgen hinter den Hängewurzeln eines großen Banyan Baums. Sie wird Arundhati-Höhle genannt, und Babaji hatte sich für sie entschieden. Er hatte diese Höhle bereits öfters bewohnt. Wir kletterten die felsige und rutschige Bergflanke hinauf und erreichten die Arundhati-Höhle. Sie war gerade groß genug für zwei Personen. Am vorderen Ende ragte ein flacher Felsen wie eine Art offener Veranda aus dem Boden; er hatte genau die richtige Größe für ein *Dhuni*. Wir nahmen in den grünen Gewässern der Ganga ein kurzes Bad und sammelten vor Einbruch der Dunkelheit trockenes Feuerholz aus dem Wald für das *Dhuni*. Es war abgemacht worden, dass ich einmal am Tag von der Vasishta-Höhle Essen holte. Wir verbrachten eine schöne Woche in der Arundhati-Höhle.

Am Abend unserer Ankunft war ich aus irgendeinem Grund sehr müde, und während ich Babajis Füße massierte – was ich sehr genoss, wann immer Babaji es mir erlaubte –, schlief ich ein. Ich wusste nicht, wann ich eingeschlafen oder was geschehen war, doch mitten in der Nacht wachte ich erschreckt auf. Etwas hielt mein Bein, und mein erster Gedanke war, ein wildes Tier versuchte mich wegzuzerren. Ich versuchte mich aufzusetzen, da hörte ich Babajis tröstliche Stimme: „Schlafe, Sohn, du bist übermüdet. Deine Muskeln brauchen Entspannung.“ In dem

Moment wurde mir klar, dass mein rechtes Bein auf seinem Schoß lag und er es massierte.

„Babaji", protestierte ich und suchte mein Bein wegzuziehen, doch vergeblich.

„Sei einfach still und schlafe", sagte Babaji. „Oder hast du Angst, in die Hölle zu kommen, weil dein Fuß auf meinem Schoß liegt? Es gibt keine schlimmere Hölle als eine irregeführte Welt. Schlaf, Sohn, ich wecke dich in der Früh auf." Ich weinte still in der Dunkelheit, überwältigt von der Güte dieses großen Wesens, und schlief wieder ein.

Die Woche in der Arundhati-Höhle war erfüllt von Freude. Babaji erklärte mir die Technik der Meditation mit offenen Augen. „Vielen Menschen", sagte Babaji eines wunderschönen Abends, „fällt es sehr schwer, mit geschlossenen Augen zu meditieren. Sie mögen vielleicht denken, sie würden meditieren, doch beschwört ihr Geist, unfähig, sich von der äußeren Welt zu lösen, eine innere Welt herauf und verfängt sich wieder und wieder in Gedankenketten. Statt dessen kannst du die Augen öffnen und zur Ganga hinabschauen, die unaufhörlich dahin strömt wie das Leben selbst – nie hält sie an, nie stagniert sie wie der Tümpel, der ohne Bewegung ist, immer verändert sie sich, immer ist sie neu und kristallklar.

Während du ihr zusiehst, wirst du eins mit dem Fließen des universellen Lebens, das keine Grenzen hat. Stell dir dabei nichts vor. Beobachte nur – mit offenem Sinn und ohne festes Ziel. ‚Lass los und genieße', wie die *Isa Upanishad* sagt – *tena tyaktena bhunjitha.*"

Unter den zwei ungewöhnlichen Vorkommnissen in der Arundhati-Höhle möchte ich als erstes die ‚*dosa*-Erfahrung' erwähnen. Am letzten Tag unseres Aufenthaltes in der Höhle übte ich am Morgen *Kriya Yoga* und versuchte die Aufmerksamkeit auf das weiße, zweiblättrige LotusZentrum zwischen den Augenbrauen, das *Ajna chakra* zu konzentrieren. Doch wie sehr ich es auch versuchte, alles, was ich sehen konnte, war das Bild meines Lieblingsgerichts zum Frühstück, das südindische *masala dosa*[56]. Zum ersten Mal wurde mir klar, wie gern ich es hatte. Es war geradezu eine Obsession, und ich kämpfte hart dagegen an – ich wollte unbedingt von diesem Bild loskommen.

Babaji kam bei mir vorbei, klopfte mir auf die Schulter und fragte: „Na, worüber meditierst du denn?"

„Das *Ajna chakra*", gab ich zurück.

„Ah ja? Und es hat die Form eines *masala dosa*?", sagte er und fing an zu lachen.

„Bitte, Babaji, ich weiß, dass du weißt, dass das alles in meiner Vorstellung geschieht, aber lache nicht. Hilf mir da raus.“

„Tut mir leid“, sagte Babaji, „ich werde nicht mehr lachen. Morgen gehen wir nach Rishikesh und ich werde dir dabei helfen, von der Zwangsvorstellung loszukommen. Der erste Schritt ist, nach Herzenslust *masala dosa* zu essen. Das Madras Café in Rishikesh serviert hervorragende *masala dosas*. Ich spendiere dir so viele, wie du willst, dann wirst du von der Obsession geheilt sein. Der tantrische Spruch ‚*yogo bhoga yathae* geht davon aus, dass man manchmal von einer zwanghaften Vorstellung nicht befreit wird, ohne ihr einmal völlig freien Lauf gegeben zu haben. Also entspanne dich jetzt und versuch es wieder.“

Zu meiner Überraschung löschte allein der Gedanke an mein *dosa*-Festgelage am nächsten Tag das Vorstellungsbild, das meine *Kriya*-Übung unterbrochen hatte, und ich konnte die Übung leicht zu Ende bringen.

Das zweite Vorkommnis war ziemlich gespenstisch. In der dritten Nacht in der Höhle wurde ich von etwas aufgeweckt, das wie Donnergrollen klang. Ich öffnete die Augen und sah Babaji im Feuerschein des *Dhuni* wie eine Silhouette in seiner gewohnten Position sitzend, den Rücken zu mir gekehrt. Ich blickte über das *Dhuni* hinaus, und da kam zwischen zwei Wolken etwas hervor, das etwa die Größe des Monds hatte, aber unmöglich der Mond sein konnte. Anstatt des kühlen, silbrig-weißen Lichts, das der Mond ausstrahlt, glühte dieses Objekt wie ein Feuerball, und als es näher kam, wurde das Grollen lauter. Dann näherte sich das Objekt unserer Höhle und landete mit einem Donnerschlag direkt auf dem *Dhuni*.

Ich war dermaßen verängstigt, dass ich mich nicht einmal aufsetzen konnte; Babaji jedoch saß aufrecht wie eine Statue, ungerührt und unbewegt. Ich wollte nach ihm rufen, aber meine Stimme verweigerte den Dienst. Irgendwie gelang es mir dann doch, mich angstzitternd aufzusetzen.

Ein seltsames Schauspiel lief vor meinen erstaunten Augen ab. Das Grollen hörte auf; eine absolute Stille trat ein. Der Feuerball, der zirka 60 cm im Durchmesser maß, spaltete sich senkrecht in zwei Teile und heraus kam etwas, was eine Gänsehaut bei mir hervorrief. Es war eine große Schlange, mit einer Haube wie bei einer Kobra, die elektrisch-blau glühte, so als bestünde sie aus durchsichtigem, violett-blauem, glasähnlichem Material, mit leuchtenden inneren Glühfäden. Die Augen des schlangenähnlichen Geschöpfes glühten, und es zischte leise.

Meine Angst verschwand, als ich sah, wie sich das Geschöpf hinunter beugte und mit seiner Haube Babajis Füße berührte. Babaji segnete es, indem er seinen Kopf mit der rechten Hand berührte und dann etwas tat, was mich an meiner Realitätswahrnehmung zweifeln ließ – als Antwort zischelte er!

Die blaue Kobra richtete sich auf und stand in Augenhöhe vor Babaji. Eine zischelnde Konversation begann und dauerte eine Weile an. Dann sagte Babaji:

„Madhu, komm her und triff den stellvertretenden Chef von *Sarpa Loka.*“

Ich schob mich in Richtung *Dhuni* und setzte mich vorsichtig hinter Babaji. Die Schlange zischelte. Babaji sagte: „Verbeuge dich vor *Nagaraj.*“

Ich verbeugte mich tief vor der Schlange. So nah vor ihr konnte ich sehen, dass sie recht groß war und intelligente, funkelnde Augen hatte. Die Schlange gab den typischen Laut von sich und berührte meinen Kopf mit ihrer gespaltenen Zunge. Ich bemerkte, dass ich nicht im Geringsten erschrak, obgleich ein leichter elektrischer Schlag durch meinen Körper lief.

Dann glitt die Schlange abrupt in die Kugel zurück, deren beide Hälften zusammenklickten, und mit rollendem Geräusch hob diese ab und verschwand in den Wolken. Ich musste Babaji bitten, mir das zu erklären!

„Babaji, ich verdiene eine Erklärung. Wenn ich das irgendjemand erzähle, wird man mich für verrückt halten oder glauben, ich würde irre Fantasien erfinden. Deshalb werde ich das für mich behalten. Aber erkläre es *mir* bitte.“

„Ja, du hast recht. Nicht viele werden dir diese Sache glauben, aber du wirst es den Menschen mitteilen müssen, wenn du deine Autobiographie schreibst. Es spielt keine Rolle, wer an dein Erlebnis glaubt oder nicht. Ich will dir die Sache erklären. Die Wahrheit ist oft seltsamer als die Fiktion.

Es gibt in der Milchstraße ein Sternensystem mit sieben Planeten und achtzehn Monden. Einer dieser Planeten heißt *Sarpa Loka;* er wird ausschließlich von hoch entwickelten Schlangen mit Hauben bewohnt. Die Schlangen werden *Naga devatas* genannt. Die Person, die du sahst, ist das stellvertretende Oberhaupt dieses Reichs und heißt *Nagaraja.* Der oberste Chef der *Nagas* ist die fünfköpfige goldene Schlange, die in alten indischen Texten *Anantha* genannt wird.

Vor Tausenden von Jahren, als die Menschheit noch in der Kindheitsphase der geistigen Entwicklung stand, fand ein regelmäßiger Austausch mit *Sarpa Loka* statt. Die klugen und spirituell entwickelten *Nagas* kamen häufig zur Erde, verbrachten lange Zeitperioden auf ihr und unterrichteten und erzogen menschliche Wesen. Die Schlangenverehrung, die man in allen alten Kulturen antrifft, gilt den weit fortgeschrittenen *Nagas* aus alten Zeiten. Ihre Bildnisse wurden wegen der tiefen Weisheit, die sie besaßen, verehrt. Ursprünglich belehrten sie die Menschen auch über die geheimnisvolle *Kundalini*-Energie, die wiederum durch eine Schlange symbolisch dargestellt wird. Patanjali, der der Welt die *Asthanga Yoga Sutras* schenkte, war selbst ein *Naga*; er wird als halber Mensch und halbe Schlange dargestellt. Die Schlange auf dem Kopf des Pharao und die Schlangen, die sich um den Yogi-Gott Shiva wickeln, sind allesamt Darstellungen der Weisheit und Macht, welche die *Naga*-Lehrer auf ausgewählte Menschenwesen übertrugen.

Dann jedoch, wie es offenbar immer passiert, begannen die Menschen mit zunehmender Macht selbstsüchtiger und betrügerischer zu werden. Die Menschen, zumindest die Mehrheit von ihnen, waren bereit, um persönlichen Gewinnes willen auch zu töten. Einige fühlten sich durch die intellektuell und spirituell überlegenen *Nagas* bedroht. Sie vergaßen ihre Dankesschuld ihnen gegenüber und begannen die Kräfte, die sie von den *Nagas* erhalten hatten, gegen diese einzusetzen.

Einmal wurden große Massaker an den *Nagas* durchgeführt. Der oberste *Naga*-Führer beschloss daraufhin, die *Nagas* von der Erde abzuberufen, alle Verbindungen abzubrechen, ausgenommen jene zu einigen spirituell hoch entwickelten Menschen. Über Nacht wurden sie nach *Sarpa Loka* zurücktransportiert. Eine kleine Anzahl von *Nagas*, die krank oder zu alt oder, in seltenen Fällen, Rebellen waren, die sich den Anordnungen des obersten Führers widersetzten und glaubten, sie könnten mit den Erdlingen noch etwas verrichten,– wurde zurückgelassen.

Die Schlangen, die es heute auf der Erde gibt, sind die Nachkommen jener zurückgelassenen *Nagas*, die aufgrund langwährender Inzucht degeneriert sind und daher nicht mehr die großen Eigenschaften ihrer Vorfahren besitzen. Doch, wie gesagt, wurden die Kanäle zu hochentwickelten Wesen der menschlichen Rasse offengehalten. Als der große Sai Nath von Shirdi seinen Körper für drei Tage verließ und – zum Erstaunen der Öffentlichkeit, die dachte, er wäre gestorben – am vierten Tag zurückkehrte, sagte er im Kreis von Vertrauten, er wäre unterwegs gewesen, um einen Streit in einer anderen Welt zu schlichten.

Die andere Welt, von der er sprach, war *Sarpa Loka*. Der Streit, über dessen Anlass ich nicht sprechen soll, war damals nicht vollkommen beigelegt worden und deshalb wieder aufgeflammt. *Nagaraj* nun ging zu Sri Guru und bat um seine Hilfe, kam dann, seinem Vorschlag folgend, zu mir, um die Angelegenheit zu besprechen."

„Babaji", sagte ich, „das alles klingt so bizarr, dass es die Leser meiner Lebensbeschreibung, sollte ich sie je schreiben, als das Delirieren eines derangierten Verstandes oder als fantastische Fiktion abtun werden. Aber, das ist mir egal. Sollen sie ruhig."

Babaji lachte. „Ich sage es nochmals, die Wahrheit ist fantastischer als die Fiktion. Selbst wenn die Geschichte nur die Vorstellung deiner Leser stimuliert, besteht immerhin die Hoffnung, dass ihnen vielleicht etwas aufdämmert: Es gibt umfassendere und höhere Bewusstseinsreiche, die mit der Verstandeslogik und beim jetzigen Stand der Intelligenz nicht begriffen werden können.

Allerdings werden zu der Zeit, da du dich an deine Biographie machst, die Wissenschaftler ihre Kenntnisse vom Weltraum, von anderen Planeten und Sonnensystemen erweitert haben. Die Annahme, dass Leben auf anderen Planeten existiert oder existiert hat, wird zunehmend bestätigt werden – durch die Entdeckung von Wasser und anderen Vorbedingungen für die Entwicklung und Erhaltung von Lebensformen in bisher unvermuteten Bereichen des Universums. Vielleicht mag ein unvoreingenommener Wissenschaftler es wenigstens für wert erachten, deiner Geschichte die Aufmerksamkeit zu schenken, die sie verdient. Angesichts der allgemein verbreiteten törichten Einstellung, alles, was sich nicht in etablierte Kategorien einordnen lässt, als unwissenschaftlich abzutun, solltest du nichts Besseres erwarten.

Aber jetzt musst du müde sein. Geh schlafen."

30. Die Heilung durch den großen Meister

Am Morgen nach der *masala-dosa*-Episode und dem Besuch von *Nagaraja* machten wir uns auf den Weg nach Rishikesh und liefen auf dem engen Pfad entlang des rechten Ufers der Ganga. Die Szenerie war betörend – der tosende Fluss, die Berge, die bescheidenen Klausen, in denen ernsthafte Sadhus lebten, ungestört von den Stadtbewohnern und deren Unarten. An einer Stelle sahen wir Pfauen. Ein männlicher Pfau tanzte mit ausgebreitetem Schwanz. Außerdem gab es Rhesusaffen und die indischen Langur-Affen mit ihrem schwarzen Gesicht.

Wir verweilten für kurze Zeit bei Laxman Jhula mit seiner engen Hängebrücke über den Ganges-Fluss. Sadhus und Mönche jeder Art leben an diesem Ort, und man findet viele Ashrams verschiedener Sekten. Wir hörten ringsum den Klang religiöser Hymnen, begleitet von Trommeln und Zimbeln. Es war ein wunderbarer Ort.

Wir hielten weiter flussabwärts an einem *ghat* und nahmen ein erfrischendes Bad im kühlen Ganges-Wasser. Ich holte einige *rotis* und etwas *dal* von einem nahegelegenen Imbissstand, und wir aßen mit Genuss, während wir am Ganges-Ufer saßen. Oh, wie wundervoll kann das Leben sein, wenn man so sorglos und fröhlich umherziehen kann mit einem Menschen wie Babaji, der mir Vater, Mutter, Lehrer und guter Freund gleichzeitig ist.

Wir ruhten uns im Schatten eines riesigen Pipal-Baumes etwas aus und setzten dann unsere Reise fort. Am späten Nachmittag erreichten wir Muni-ki-Reti in Rishikesh. Ich hatte Rishikesh sehr gern. Etwas Wunderbares erfüllte diesen Ort; schon bei meinem ersten Besuch, als ich bei der Divine Life Society wohnte, hatte ich das empfunden. Ich war glücklich, wieder hier zu sein, nun zusammen mit dem geliebten Babaji. Mein Gemüt war friedvoll und erfreute sich seiner Gegenwart.

Babaji nahm mich direkt zur Höhle von Mouni Baba, am Weg zum Neelkant Temple auf dem Neelkant Hügel gelegen. Wenn man auf dieser, der Hauptstraße nach Uttarkashi und Badrinath gegenüber liegenden Seite des Ganges geht, kommt man zu einem Wald, in dem noch Elefanten umherziehen. Der größte Teil gehört heute zum Rajaji Nationalpark. Kurz bevor man in das dicht bewaldete Gebiet tritt, tauchen die klimatisierten Höhlen auf, erbaut vom bekannten Maharishi Mahesh Yogi, der vielleicht als erster eine Yoga Technik mit Alleinverkaufsrecht propagierte und sie als TM (Transcendental Meditation) weltweit vermarktete. Von diesem Punkt geht man eine Stunde bergaufwärts und gelangt zur Mouni-Baba-Höhle.

Die Abmachung zwischen Babaji und Mouni Baba sah vor, dass Babaji bei seinen Rishikesh-Besuchen in der Höhle wohnte und Mouni Baba in seine Klause auf dem Neelkant-Berg umzog. Die subtileren Kommunikationskanäle, die die beiden benutzten, funktionierten besser als das Telefon.

Als wir bei der Höhle ankamen, begrüßte uns ein junger Schüler von Mouni Baba. Babaji sprach diesen hochgewachsenen, kräftigen, dunkelfarbigen Mann mit Rasta-Frisur, dickem Bart und orangefarbenen Lendentuch mit ‚*beta*', ‚Sohn' an. Er berührte Babajis Füße, und Babaji ermahnte mich, dass ich dem Sadhu meinen Respekt erwies, da er älter als ich war. Der Sadhu erwiderte dies mit einem Respektserweis seinerseits, da ich Babajis Schüler war.

Das *Dhuni* am Eingang der geräumigen Höhle war bereits vorbereitet, und zwei hölzerne Planken mit Decken darauf bildeten unsere Bettstellen.

„Ich habe den Wassertopf mit frischem Wasser aufgefüllt und *chapatis, dal* und Gemüse für Euch gebracht", sagte der junge Sadhu. „Baba hat auch etwas Kandis für den jungen Mann gesendet. Babas Anordnung ist, dass ich morgens und abends Essen bringe. Er hofft, Euch in einigen Tagen zu sehen und sendet Euch seine *pranams*. Wenn Ihr noch etwas braucht, lasst es mich einfach wissen." Er führte sein *pranam* zu Babajis Füßen aus und verließ uns.

„Ach, ich habe vergessen, dir das zu sagen", meinte Babaji, „Mouni Baba hat Sri Guru Babaji einmal getroffen, hier beim Neelkant, und ist von ihm gesegnet worden." Ich wunderte mich, dass sogar er manchmal etwas vergessen konnte.

Wir verbrachten zwanzig wundervolle Tage in der Höhle. Ich erhielt zahlreiche Unterweisungen in angewendetem Yoga und Belehrungen über die Quintessenz der heiligen Schriften. Die Upanischaden, Yoga Sutras, Hatha Yoga Pradipika, Sat Chakra Nirupana, Goraksha Sataka, Kularnava Tantra, Mahanirvana Tantra und der berühmte buddhistische Text von Nagarjuna, Prajna Paramita, waren einige der großen Werke, die Babaji mit mir besprach. Er musste in keinem Buch nachschlagen – alles war in seinem Kopf. Ich will nicht in die Einzelheiten all dessen gehen, was sich ereignete, denn dann würde ich endlos weiterschreiben müssen. Aber drei Vorkommnisse möchte ich doch erwähnen, weil sie mir als relevant erscheinen.

Das erste war mein Besuch im Madras Café in Rishikesh. Damals wurde dieses kleine Lokal von einem Süd-Inder betrieben, der es zuerst erfolglos mit dem Mönchsdasein versucht hatte und dann dieses

Restaurant eröffnete, um die ständig zunehmende südindische Besucherzahl zu beköstigen. Jahre später wurde er von Unbekannten ermordet und Einheimische übernahmen das Restaurant.

Am zweiten Tag nach unserer Ankunft in der Höhle gab mir Babaji zwanzig Rupien und sagte, ich solle ins Madras Café gehen und *masala dosa* essen. „Iss so viel du magst, bis du satt und zufrieden bist."

Ich fuhr mit dem Boot über den Fluss, ging zum Madras Café, das ich bei meinem letzten Besuch entdeckt hatte, und bestellte ein *masala dosa*. Ich genoss jeden Bissen und bestellte dann ein zweites, das ich auch vertilgte, trank danach einen südindischen Kaffee. Ich rülpste laut und verließ das Restaurant. Nach dieser Erfahrung verspürte ich nie wieder die Gier nach *masala dosa*, sie war vollkommen ausgelöscht. Gelegentlich esse ich auch heute noch *masala dosa*, doch ohne dazu zwanghaft getrieben zu werden.

Das zweite Vorkommnis war meine Begegnung mit einer jungen Amerikanerin, deren richtigen Namen ich nicht angeben möchte, damit ihre Privatsphäre geschützt bleibt. Ich werde das Pseudonym Jenny in der ganzen Geschichte verwenden.

Fast jeden Tag nach dem Unterricht und vor dem Mittagsessen kam ich allein von der Höhle hinunter zum Ganges, spazierte ein wenig umher und saß am Ufer, genoss die kühle Brise und das Geräusch des strömenden Wassers, ehe ich ein kurzes Bad nahm und rechtzeitig zum Mittagessen wieder zur Höhle zurückging. Babaji ermutigte mich immer dazu, allein umherzuwandern, und ich tat es gern.

Eines Tages, als ich auf meinem Lieblingsstein am Ganges saß und nichts Besonderes tat, bemerkte ich eine junge, blondhaarige Frau in leichter, blauer Kleidung auf einem anderen Felsen in der Nähe sitzen. Ihre Füße hingen in das kühle Wasser des Ganges, und von meiner Stelle aus konnte ich ihr trauriges, tiefernstes Gesicht sehen. Aufgrund ihrer Haut- und Haarfarbe nahm ich an, sie sei entweder Europäerin oder Amerikanerin.

Während ich zu ihr schaute, begann sie sich plötzlich zu übergeben. Sie hatte sich vom Wasser abgewendet, und ich konnte sehen, dass sie unter starken Schmerzen litt. Sie erbrach sich, presste ihre Hände dabei auf den Bauch. Nachdem das Erbrechen aufgehört hatte, nahm sie einen Schluck aus einer Reiseflasche, die sie bei sich trug. In dem Moment sah sie mich, und mir schien, sie wäre verlegen. Ihr Gesicht war blass, und sie blickte auf ihre Füße.

Ein Gefühl großer Sympathie überschwemmte mein Herz. Ich wollte zu ihr gehen und mit ihr sprechen, wollte ihre Hände halten, sie trösten und herausfinden, ob ich ihr helfen könnte. Aber ich steckte da in einem Dilemma. Ich war ein freier Mann und wollte mich nicht in den Schlingen der Welt verfangen. Wirkte hier bloße sexuelle Anziehung, als Mitgefühl verkleidet? Dann erinnerte ich mich an Babajis Worte: „Wenn du dreizehn Jahre lang dreizehn Stunden täglich perfekt meditieren, den Schmerzensschrei eines Lebewesens in Not aber nicht hören kannst, dann waren deine dreizehn Jahre Meditation vergeudet. Wenn die Meditation dein Herz nicht weicher gemacht hat, dann wirf sie aus dem Fenster – sie ist nutzlos."

‚Idiot', sprach ich zu mir, ‚wie selbstsüchtig bist du denn?' Ich stand auf, ging zu ihr und fragte: „Kann ich dir irgendwie helfen?"

Zuerst war sie erschrocken. Dann beruhigte sie sich, sah mich an und sagte: „Ich wünschte, jemand könnte es, doch ist es nicht möglich."

„Aber warum denn nicht?"

„Oh, das ist eine lange Geschichte, ich will dich nicht mit meinen Sorgen belasten."

„Bitte, sag's mir. Ich möchte es gerne wissen", sagte ich und setzte mich auf einen Stein nah bei ihr.

„Okay", sagte sie, „wenn du willst."

Dann erzählte sie mir ihre Geschichte. Sie kam aus Philadelphia, USA, und war Mikrobiologin. Sie reiste gern, und vor vier Jahren war sie nach Indien gekommen und hatte unter anderem Haridwar und Rishikesh besucht. Aus Gründen, die sie selbst nicht verstand, verliebte sie sich in den Ganges und die Pilgerstadt Rishikesh so sehr, dass sie jedes Jahr für einen Monat hierher kam. Sie gestand, dass sie nicht am Hinduismus interessiert war, auch nicht an Gurus oder Ashrams. Sie spazierte nur gerne in den Hügeln umher und hielt sich am geliebten Fluss auf.

Vor sechs Monaten schlug das Schicksal zu. Gequält von ernsten Verdauungsproblemen und häufigen Unterleibsschmerzen, ging sie zum Arzt, der ihr nach den üblichen Untersuchungen erklärte, sie hätte Darmkrebs. Nach zwei Monaten Behandlung durch einen Onkologen schien die Erkrankung zurückzugehen, doch trat sie zwei Wochen danach noch verstärkter auf. Der Arzt setzte die Behandlung für zwei weitere Monate fort und resignierte dann. Er hätte sein Bestes versucht, aber die Erkrankung wäre in einem höchst fortgeschrittenen Stadium. Er wollte ihr keine falschen Hoffnungen machen. Dem Arzt zufolge hätte sie nicht länger als zwei Monate zu leben, und das Einzige, was sie tun könne, wäre, Analgetika gegen den Schmerz zu nehmen.

Sie konnte die Nahrung nicht mehr im Magen behalten. Selbst Flüssigkeit erbrach sie, und Blut fand sich im Stuhl. Da hatte sie dann die große Entscheidung getroffen, nach Rishikesh zu ziehen, um an dem Fluss zu weilen, den sie liebte, und hier ihre letzte Lebenszeit zu verbringen. Die Krankheit konnte ihren Körper zerstören, doch ihr Herz und ihre Seele würden in Rishikesh im Frieden sein, getröstet vom kühlen Wasser der Ganga.

Ihr Bruder, ihre Mutter und ihre Freunde waren der Meinung, dass sie eine verrückte Entscheidung getroffen hätte, aber sie blieb dabei. Sie war jetzt seit zwei Wochen in Rishikesh, und die Krankheit wurde schlimmer. Jetzt konnte sie auch kein Wasser mehr behalten, und sie fühlte, dass das Ende nahte. Könnte ich, fragte sie, ihren Bruder benachrichtigen, wenn sie stürbe. Sie wohnte im Swarg Ashram, und wenn ich mit ihr zum Ashram käme, würde sie mir die Telefonnummer ihres Bruders geben und genügend Geld für einen Anruf vom öffentlichen Telefon. Sie hatte ein Rückflugticket für einen Heimflug in drei Tagen, aber sie zweifelte, ob sie so lange überlebte.

Dann musste sie zu sprechen aufhören, weil sie einen weiteren Brechanfall bekam. Nachdem sie ihr Gesicht gewaschen und den Mund gespült hatte, sagte ich: „Hör zu, Jenny, ich weiß, du glaubst nicht an Gurus, aber kannst du nicht trotzdem mit mir zu meinem Guru kommen? Er ist ganz anders. Ich weiß nicht, was passieren wird, aber ich glaube, sein Segen würde dir sehr helfen. Bitte, Jenny!“

„Okay, du scheinst ein guter Kerl zu sein. Ich komme mit, aber wann?“

„Warte hier für kurze Zeit; ich laufe zu ihm und frage, wann er dich sehen kann. Bitte, geh nicht fort, bis ich zurückkomme.“

„Okay.“

Ich glaube, ich bin noch nie schneller gerannt als an jenem Tag. Als ich vor Babaji stand, musste ich mich bemühen, mein Keuchen zu beruhigen.

„Das war ein geschwinder Lauf“, kommentierte Babaji.

„Babaji“, prustete ich heraus, „da ist eine junge Amerikanerin, die ich gerne zu dir bringen würde.“

„Oho! Jetzt trifft sich also der Yogi mit einer jungen Amerikanerin und …“

Ich hatte das nie zuvor getan, aber ich fiel ihm ins Wort: „Babaji, es ist nicht so, dass ich … nein, nein, sie ist sehr krank und …“

„Bring sie zum Arzt. Die Divine Life Society hat ein Krankenhaus. Ich bin kein Arzt und außerdem möchte ich gerade jetzt keine junge Amerikanerin sehen.“

„Aber Babaji“, flehte ich mit Tränen in den Augen, „sei doch nicht so hart mit ihr. Sie braucht deinen Segen. Du musst doch nicht mit ihr sprechen. Lass nur deinen Blick auf ihr ruhen. Bitte, Babaji …“

Babaji legte seine Hände liebevoll auf meine Schultern und lächelte. „Hab dich lediglich geprüft, mein Sohn. Selbstverständlich werde ich sie sehen. Bring sie herauf, oder soll ich mit hinunter kommen?“

„Nein, nein, ich bringe sie herauf“, sagte ich und schoss wie ein Pfeil davon, vergaß sogar, ihm zu danken. Sie saß noch auf dem Stein und wartete auf mich.

„Komm mit“, sagte ich, „er will dich sehen.“

Wir mussten langsam gehen, weil sie sehr schwach war. Die meiste Zeit musste ich sie stützen. Als wir die Höhle erreichten, war sie nah am Zusammenbrechen.

„Gib ihr Wasser aus meinem Wassergefäß“, sagte Babaji in Hindi, „und lass sie auf der wollenen Decke sitzen.“

Sehr vorsichtig trank sie etwas Wasser, wohl aus Angst, sich wieder zu übergeben. Als sie auf der Decke saß, setzte sich Babaji ihr gegenüber, streckte die rechte Hand aus und berührte segnend ihren Kopf. Sie kam sofort mit ihrer Geschichte heraus, und alles in ihrem kräftigen amerikanischen Akzent. Ich dachte, sie spräche zu schnell und unterbrach sie, um Babaji beim Verständnis zu helfen. Aber Babaji sagte nur: „Nein, nein, erzähl weiter, ich verstehe dich sehr gut. Mach weiter.“ Sein Akzent war jetzt genauso wie ihrer. Sie beendete ihre Geschichte mit:

„Und jetzt haben die Ärzte gesagt, ich hätte nur eineinhalb Monate zu leben. Ich werde bald sterben. Also, das ist meine Situation, Sir.“

Ein unendlich freundlicher Ausdruck trat in Babajis Augen. „Kind, liebes Mädchen“, sagte er, „wir werden alle einmal sterben. Du, ich, er, irgendwann werden wir alle einmal sterben. Der Tod ist unausweichlich und unser ständiger Begleiter. Akzeptiere ihn also, mein Kind, in Gelassenheit. Schließe Frieden mit dem Tod, und er wird zu deinem Freund werden. Ich will dir eine einfache Meditations- und Atemtechnik zeigen, die dir helfen wird, die Schmerzen unter Kontrolle zu halten. Kehre in Frieden in dein Land zurück, und möge der Segen aller großer Wesen mit dir sein.“

Dann brachte er ihr eine einfache Technik bei, die sie zweimal am Tag praktizieren sollte. Ihr Gesicht verlor den gepeinigten Ausdruck, und sie wurde ganz ruhig und gesammelt. Babaji bat mich, sie zum Swarg Ashram zurückzubegleiten. Als wir hinunter stiegen, wunderte sich Jenny darüber, dass sie sich mehr als zwei Stunden lang nicht hatte übergeben müssen. Sie dankte mit überschwänglich, und nachdem ich sie heil zum Ashram gebracht hatte, ging ich zur Höhle zurück.

„Fühlt sie sich besser?“, erkundigte sich Babaji. Ich bejahte es.

„Du hast jetzt eine karmische Schuld aus einem deiner früheren Leben zurückgezahlt“, sagte Babaji. „Vor vielen Leben pflegte sie dich, als du sehr krank warst. Und jetzt halfst du ihr, als sie in Not war. Doch nun keine weiteren Fragen mehr, klar? Und noch eins: ich will sie nicht mehr wiedersehen.“

„Ja, Babaji“, sagte ich widerstrebend, da ich sehr gerne mehr über die Einzelheiten meiner vergangenen Beziehung zu Jenny gehört hätte. Aber er wusste am besten, was getan werden sollte und was nicht – ich hatte das schon gelernt.

Ich suchte um Babajis Erlaubnis nach und ging an dem Tag ihrer vorgesehenen Abfahrt zum Swarg Ashram, um ihr Lebewohl zu sagen. Sie sah besser aus und sagte, sie hätte nur zweimal während der vergangenen zwei Tagen gebrochen und könnte etwas Tee mit Keksen zu sich nehmen. Ich sollte Babaji ihren millionenfachen Dank übermitteln und ihm ausrichten, dass sie sich immer an ihn erinnern wird. „Er ist mein Jesus Christus“, sagte sie.

Sie wollte mit mir in Verbindung bleiben, aber ich hatte weder Telefonnummer noch Adresse. Bei unseren letzten Abschiedsworten überraschte sie mich – sie umarmte mich und küsste mich auf die Backe. Verlegen ging ich weg und kam zurück zur Höhle.

„Etwas sprachlos, ja?“, war alles, was Babaji sagte, während er in sich hineinlachte.

Das Rad der Zeit drehte sich weiter. Bald rückte Jenny in die Vergangenheit. Hin und wieder dachte ich an sie und fragte mich, was aus ihr geworden sei, aber mehr nicht. Babaji sagte nichts.

Drei Jahre danach hielt ich mich für ein besonderes Retreat in Rishikesh auf. Babaji war zum Kailash Berg unterwegs und wollte mich nicht mitnehmen. Stattdessen hatte er mir ausführliche Instruktionen für mein tägliches Übungsprogramm gegeben. Ich sollte das Retreat zu Ende bringen und auf ihn warten.

Eines Abends, als ich am Ganges-Ufer in der Nähe des Swarg Ashrams saß, sah ich eine blonde Frau zum Fluss gehen. Ich konnte meinen Augen nicht trauen. War das Jenny? Sie sah ein wenig voller aus als beim letzten Mal, als ich sie gesehen hatte, aber es musste Jenny sein. Ich wollte mich selbst überzeugen und rannte zu ihr. Sie saß auf einem

Felsen, die Füße im Wasser baumelnd. Ich hielt hinter ihr an und rief leise: „Jenny?“

Sie drehte sich um und betrachtete mich eine Zeitlang, dann rief sie: „Oh mein Gott! Madhu – ich kann’s nicht fassen!“ Sie sprang auf und umarmte mich und küsste mich auf die Wange.

„Was ist mit dir passiert? Du trägst anständige Kleidung, Hose und Hemd, und du hast deine hübschen Locken abgeschnitten. Setz dich doch, lass uns plaudern. Ich habe nach dir überall Ausschau gehalten. Ging zweimal zur Höhle und fand einen nackten Sadhu vor, der nicht Englisch sprach!"

Dann erzählte sie, dass ihr Gesundheitszustand sich nach der Rückkehr nach Philadelphia gebessert hatte. Das Erbrechen wurde seltener und hörte bald ganz auf. Ihre Unterleibskrämpfe legten sich und sie konnte ohne Schmerzmittel auskommen. Als einzige Therapie wendete sie die Technik an, die sie von Babaji gelernt hatte. Sie fand, dass sie wieder normal essen konnte. Am Ende der vom Arzt verkündeten Zweimonatsfrist war sie lebendig und gesünder als je zuvor. Sie wartete noch zwei Wochen ab und ging dann zu ihrem Arzt. Er war überrascht, sie lebendig und gesund zu sehen.

Nach einer Reihe von Untersuchungen befand er sie für geheilt. Der Krebs war verschwunden. Er sagte, es wäre ein seltener Fall spontaner Remission. Es war wirklich ein Wunder, und sie hatte von mir keine Anschrift oder Telefonnummer, um mir darüber zu berichten. Inzwischen hatte sie eine Stelle in einem Labor gefunden; aber für lange Zeit konnte sie keinen Urlaub bekommen. Schließlich bekam sie zwei Wochen bewilligt. Sie verlor keine Zeit und flog nach Indien, fuhr nach Rishikesh. Und nun würde sie morgen von Delhi zurück in die Staaten fliegen.

„Ich habe dich verzweifelt gesucht, und ich muss den Meister persönlich treffen, um ihm zu danken und ihn zu umarmen und …“

„Moment mal“, sagte ich, „du kannst ihn jetzt nicht finden. Er ist zum Kailash Berg in Tibet unterwegs und wird nicht vor zwei Monaten zurückkommen. Wenn ich ihn sehe, werde ich ihm deinen Dank übermitteln. Was mich anlangt, so verbrachte ich dreieinhalb Jahre mit Babaji, wonach er mir sagte, ich solle nach Hause zurückkehren. Und jetzt bin ich jedes Jahr etwa ein Monat lang an einem Ort seiner Wahl mit ihm zusammen. Wir haben tatsächlich Glück, dass wir uns trafen. Vielleicht war alles von dem alten Mann geplant worden.“

„Also, Herr Vagabund“, sagte sie, „können Sie mir jetzt eine Adresse oder Telefonnummer geben, damit ich mit Ihnen in Kontakt bleiben kann?“

Ich gab ihr meinen richtigen Namen, samt Adresse und Telefonnummer. Dann spazierten wir einige Zeit umher und sprachen von alten Zeiten. Rishikesh wurde täglich betriebsamer und geräuschvoller. Wir tranken Kaffee im Madras Café und ich erzählte ihr über mein Leben, und welche Rolle Babaji darin spielte. Dann gingen wir zum Swarg Ashram zurück, in dem sie ebenfalls ein Zimmer gemietet hatte.

Am nächsten Morgen verabschiedeten wir uns am Landungssteg des Bootes. Ein Taxi wartete auf der anderen Flussseite, um sie nach Delhi zu bringen.

Sie gab mir ihre Adresse, aber ich schrieb ihr nicht. Von Natur aus widerstrebt es mir, Briefe zu schreiben, und so schob ich es hinaus.

Als Babaji nach Rishikesh zurückkam, erzählte ich ihm, was sich ereignet hatte und übermittelte Jennys Grüße.

„Hmm, in Ordnung. Sie ist ein gutes Mädchen und mein Segen ist mit ihr. Ich werde mich um sie kümmern und tun, was gut für sie ist“, sagte er.

Zum Monatsende kehrte ich nach Hause zurück. Acht Wochen danach erhielt ich einen Brief aus den USA. Ich dachte, er wäre von Jenny, und öffnete ihn gespannt. Er war von ihr, jedoch mit einem Begleitschreiben von ihrem Bruder. Es sagte:

Lieber Mr. M,

Ich bin Bernard, Jennys Bruder. Jenny starb im Schlaf in der Nacht des 16. Oktobers. Sie war nach ihrer Rückkehr aus Indien in guter Verfassung. Der ärztliche Bericht sagt, sie starb im Schlaf an Herzstillstand. Wir fanden auf ihrem Nachttisch einen interessanten, für uns aber rätselhaften, von ihr geschriebenen und bereits an Sie adressierten Brief. Wir dachten, dass sie beabsichtigte, ihn an Sie zu senden, und es daher nur recht und billig wäre, ihn an Sie weiterzuleiten. Bitte fühlen Sie sich nicht genötigt, zu antworten. Doch wenn Sie es tun, würden wir uns, besonders meine Mutter, um Jennys willen sehr freuen.

Vielen Dank,

Bernard

Ich öffnete den Brief von Jenny, der in einem separaten Umschlag steckte. Er lautete:

Lieber Madhu,

Es war wunderbar, dich wiederzusehen. Ich bin sicher, du hast meinen Dank an den Meister weitergegeben. Ich erfreue mich bester Gesundheit und bin guter Dinge, aber vergangene Nacht passierte etwas Seltsames, und ich muss es dir mitteilen. Ich hatte einen lebhaften Traum. Der Meister erschien vor mir, lächelte wunderschön und fragte: „So, meine Liebe, du bist jetzt völlig in Ordnung, nicht wahr?“

Ich sagte: „Ja, Meister.“

„Ist es dann nicht an der Zeit, nach Hause zu gehen, Liebling? Zu deinem wirklichen Zuhause? Ich werde da sein und dich willkommen heißen.“

Dann verschwand er in einem regenbogenfarbenen Strahlenbündel. Madhu, weißt du, was das bedeuten soll? Ruft er mich zum Himalaya? Frag ihn jedenfalls, wenn du ihn das nächste Mal triffst. Ich hoffe, dich irgendwann wiederzusehen. Bitte antworte und bleib in Verbindung.

Deine dir verbundene

Jenny

Ich ging in mein Schlafzimmer und weinte, wie ich nie zuvor geweint hatte. Ich hatte einen guten Freund verloren. Und was meinte Babaji denn mit seinen Worten?

Am Abend während der Meditation wendete ich mich an Babaji, visualisierte ihn dazu in meinem Herzlotus: „Bitte sag mir, Babaji, was geschah mit Jenny? Ich weiß, du beantwortest solche Fragen nicht gern. Ich weiß, du willst nicht, dass ich abhängig von dir bin, aber nur dieses eine Mal, antworte auf meine Frage, bitte, Babaji. Jenny war ein lieber Freund, du hast sie auch gern gehabt.“

Die Antwort kam in der Nacht in Form eines Traums. Babaji erschien, bekleidet mit einem violetten Lendentuch, anstatt des üblichen weißen.

„Belästige mich nicht mehr mit solchen Fragen“, sagte er. „Und belästige mich nicht, wenn du meditierst. Meditation ist für die höhere Entwicklung gedacht und um anderen zu helfen, aber nicht dazu, mich ganz nach Laune anzurufen.

Nun also, da du jetzt gefragt hast – als ich zu Jenny sagte, sie solle nach Hause kommen, meinte ich den Ruheplatz, zu dem jeder Mensch nach einem harten Leben auf Erden geht. Ja, sie ist dort, und ich war da, um sie zu empfangen. Nach einer Ausruh-Periode werde ich ihr helfen, einen Mutterleib an einem passenden Platz in Indien zu finden, und werde ihrer spirituellen Entwicklung beistehen. Das ist jetzt alles, was ich dir sage. Keine weiteren Fragen zu dieser Angelegenheit.“

Darauf verschwand er hinter einer goldenen Wolke. Ich wachte erleichtert auf, voll Dankbarkeit gegenüber Babaji, meinem wahren Freund und Mentor.

Das dritte Vorkommnis sehe ich als das wichtigste in meinem Leben an. Ich konnte endlich dem Großen Meister, Sri Guru Babaji begegnen. Es geschah in dieser Art:

Babaji und ich wanderten im Wald rund um den Neelkant Hügel. In der Ferne hörten wir einen Elefanten trompeten, aber wir waren zu beschäftigt, um darauf genauer zu achten. Wir diskutierten hitzig. Babaji sagte, in der Zukunft würde ich beginnen, Initiationen in Kriya Yoga zu geben. Dann zählte er eine Liste von einundzwanzig Qualifikationen auf, die eine Person besitzen müsse, um eingeweiht zu werden.

Ich erwiderte, dass es bei dieser Anzahl von nötigen Qualifikationen geradezu unmöglich sein würde, jemand zu finden, der für Kriya Yoga geeignet sei. Er sagte, das wäre nicht wahr, ich hätte nur eine schlechte Meinung vom allgemeinen Charakter der Menschen. Ich wendete ein, dass ein durchschnittlicher Mensch nicht in der Lage sei, die aufgelisteten Erfordernisse zu erfüllen, und bat ihn inständig, die List zu kürzen. Wir diskutierten über eine Stunde lang, was sehr ungewöhnlich war. Am Ende reduzierte er die Liste auf zehn Punkte, indes ich an meinem Standpunkt festhielt, die ersten vier Qualifikationen auf der Liste würden genügen. Ich bat ihn, aus Mitgefühl etwas für die Menschheit zu tun.

Darauf sagte er, die Zeiten hätten sich wirklich geändert und die Schüler belehrten heutzutage die Gurus in Sachen Mitgefühl. Das war der letzte Tropfen, der das Fass zum Überlaufen brachte – ich brach in Tränen aus.

Als Babaji mich zu trösten suchte, geschah etwas Wunderbares. Ein lieblicher Duft schwebte in der Luft. Babaji sagte: „Es ist in Ordnung. Tut mir leid, wenn ich dich verletzte. Jetzt wisch dir die Tränen ab und steh auf. Dein Wunsch soll erfüllt werden."

Er erhob sich, und wir wendeten uns beide dem Pfad zum Neelkant zu. Da trat hinter den hohen Teak-Bäumen eine Gestalt hervor, die so schön, so überirdisch war, dass sich mir die Haare aufrichteten. Instinktiv wusste ich, dass das Sri Guru Babaji war, der, geleitet von Liebe und Mitgefühl, mir seinen *darshan*[57] gewähren würde.

Mein geliebter Lehrer warf sich zu den gesegneten Füßen nieder, und ich tat es ihm nach.

„Steht auf", sagte eine melodische Stimme, „ich habe euch etwas Wichtiges zu sagen. Mahesh", sagte er zu meinem Lehrer, „ich glaube, du solltest auf Madhu hören. Die Zeiten haben sich geändert und ich denke, wir sollten die Liste kürzen."

„Wie du wünschst", sagte mein Lehrer.

Ich konnte meine Augen nicht abwenden von dem goldschimmernden Wesen vor mir, das nur ein weißes, knapp bis zu den Knien reichendes Lendentuch trug und dessen volles braunes Haar bis zu den Schultern fiel. Es sah göttlich aus. Der wunderbare Duft, der von ihm ausging, wehte in meine Seele.

Er wandte sich an mich, und als ich in diese mitfühlenden Augen blickte, ging mein Geist zu meinen vergangenen Leben und zu meiner Verbindung mit ihm zurück.

„Komm her", sagte er und legte seine Arme um meine Schultern. Dann berührte er sanft mein Kinn und sagte:

„Madhu, mein Junge, es ist nötig, dass du durch dieses Leben gehst, um deine Entwicklung zu fördern. Doch wirst du zu mir zurückkommen, nachdem du deine Arbeit verrichtet hast. Mahesh ist so freundlich. Er ist dein spezieller Führer." Tränen rannen über mein Gesicht, und mein ganzes Wesen pulsierte in einer Seligkeit, wie ich sie noch nie zuvor erlebt hatte.

Dann sprach er zu meinem Lehrer: „Ich bin dankbar, dass du diesen jungen Mann unter deine Fittiche genommen hast. Mahesh, es gibt eine wichtige Angelegenheit, über die ich gern mit dir sprechen möchte. Triff mich Donnerstagnacht im feinstofflichen Körper."

Er hob die Hände segnend. Noch einmal warfen wir uns zu Boden. Als wir aufsahen, war er schon weggegangen. Nur der wunderbare Duft verweilte. Wir gingen still zur Höhle zurück. Mein Herz war immer noch erfüllt von Sri Guru Babaji. Nach der Meditation ging ich schlafen, und Babaji saß wie gewöhnlich vor dem *Dhuni*, beständig wie ein Fels und zart wie eine Blume.

31. Ein wahrhaft heiliger Mann

Unser nächstes Ziel war Uttarkashi, das Tor zu Gangotri und Gomukh, dem Ursprung der Ganga. Wir reisten über Tehri und Narendra Nagar zu unserem Ziel. Als wir Tehri passierten, zeigte mir Babaji die Stelle, an welcher der junge Swami Rama Tirtha im Ganges ertrank.

Uttarkashi war damals eine kleine, ruhige Stadt in den Himalaya-Vorbergen. Wie in Benares fließt der Ganges, in diesem Abschnitt Bhagirathi genannt, für eine gewisse Länge von Süd nach Nord. Es gibt hier auch einen alten, schönen Shiva-Tempel, und wie jener in Benares (der alte und auch heute noch gelegentlich benutzte Name von Benares/Varanasi ist Kashi) heißt er Kashi Vishwanath Tempel. Shiva, der Herr der Yogis, ist gleichfalls Vishwanath, Herr des Universums.

Eine kleine Gemeinschaft von Sadhus lebte hier friedlich; die Sadhus genossen die frische Luft und die einfache Lebensbedingungen, gingen spazieren, meditierten und hielten sich von Politik und Wettbewerb fern. Es gab zwei oder drei *annakshetras*, Essensverteilungszentren, die an Sadhus zweimal täglich unentgeltlich Mahlzeiten ausgaben. Sie wurden vom Kalikambliwala Ashram und dem Punjab Sind Ashram betrieben. Kleine Hütten oder *kutirs* standen für diejenigen zur Verfügung, die zurückgezogen lebten und eine spirituelle Praxis ausüben wollten. Kurz, Uttarkashi war ein idealer Platz für kontemplative Menschen. Einige Ashrams in Indien, in denen die Mönche einen arbeitsreichen Tagesablauf hatten, da sie sich um Erziehungseinrichtungen, Krankenhäuser und dergleichen kümmern mussten, sandten diese Mönche regelmäßig nach Uttarkashi, so dass sie in der Zurückgezogenheit ihre geistig-seelischen Kräfte regenerieren konnten.

Babaji besorgte zwei nebeneinander liegende *kutirs*, eins für ihn und eins für mich. Ich ging zweimal täglich zum Punjab Sind *annakshetra* und holte für uns einfaches Essen. Babaji aß selten und fütterte meistens die streunenden Hunde, die sich im Wald, nicht weit von unseren Hütten, aufhielten. Er liebte die Hunde, und sie liebten ihn.

Babaji arrangierte für mich auch Sanskrit-Unterricht durch seinen Schüler Krishnanand Sharma, der in den Veden, besonders im Sama Veda spezialisiert war. Zwei Wochen nach unserer Ankunft machte sich Babaji auf den Weg nach Gangotri, nachdem er mir beschieden hatte, ich sollte sieben Monate, bis Mitte April, in Uttarkashi bleiben. Bis dahin wäre er zurück, und wir würden dann zusammen nach Gomukh, dem

Ursprung des Ganges, wandern, und von da aus nach Tapovan und zum Vasuki See.

Mein Aufenthalt in Uttarkashi gehörte zu den schönsten Erfahrungen meines Lebens. Außer den besonderen Yogaübungen, die mir Babaji beigebracht hatte, und dem Sanskritunterricht hatte ich Gelegenheit, mit Sadhus aller Art zusammenzutreffen und viele Ashrams zu besuchen. Mein Lieblingsort war der Vorplatz des Kashi Vishwanath Tempels. Ich empfand dort eine ganz spezielle Schwingung; gelegentlich begegnete ich dort fortgeschrittenen spirituellen Praktikern. Gewöhnlich glitt ich im Moment, da ich aus dem Allerheiligsten kam, in eine tiefe Meditation und suchte mir eine ruhige Ecke auf dem Vorplatz, um dort zu meditieren, bis es Zeit fürs Mittagessen war. Ein- oder zweimal musste mich einer der Priester in den Wachzustand zurückholen.

Einmal, nach einer wirklich tiefen Meditation, öffnete ich die Augen und erschrak, da ein nackter Mann mit verfilzten Haaren und blutunterlaufenen Augen neben mir kniete und mich inspizierte, als wäre ich eine rare Spezies. Als er meine offenen Augen bemerkte, starrte er in sie. Mir war, als säße ich vor einem Röntgenapparat. Dann verzog sich sein Gesicht zu einem zahnlosen Grinsen, und er begann zu tanzen und zu gestikulieren wie ein Verrückter und zu rufen: *„Siddao, siddao, bhalo, bhalo, hoyae gyaloo."* Bevor ich aufstehen oder mit ihm sprechen konnte, gab er ein leises Pfeifen von sich, schoss wie ein Pfeil vom Tempelvorplatz und verschwand.

Es gab da einen älteren Mönch vom Ramakrishna Orden, der sich für zwei Monate in einem Retreat in Uttarkashi befand. Wir wurden gute Freunde und gingen oft gemeinsam zum Tempel, um auf dem Vorplatz zu meditieren. An dem betreffenden Tag saß er nicht weit von mir entfernt und hatte den Vorfall gesehen. Daher ging ich zu ihm und fragte ihn, was dies zu bedeuten hätte.

„Nun, ich glaube", sagte der Swami und sprach leise, wie er es immer tat, „er war ein *Paramahamsa*, einer, der vor Gottesliebe verrückt geworden ist. Die Worte, die er ausstieß, waren in Bengali. *Siddao* bedeutet gut gekocht, oder auch einer, der ein *Siddha* ist, ein vollendeter Yogi. *Bhalo* bedeutet groß oder gut, und *hoyee gyaloo* bedeutet ‚es ist vorbei, es ist geschehen'.

Wenn er deinen spirituellen Zustand meinte, dann kann ich nur sagen, dass du glücklich dran bist und dass der große Babaji, über den du gestern gesprochen hast, dich in der Tat auf ein hohes spirituelles Niveau gebracht hat. Ich habe dich im *Samadhi*-Zustand beobachtet und mir scheint das zweifellos zu stimmen.

Sri Ramakrishna Paramahansa, der Guru von Swami Vivekananda, der unseren Orden gründete, verwendete die gleichen Worte. Man berichtet, dass er einen spirituellen Aspiranten sorgfältig prüfte und, wenn er zufrieden war, rief: „*Siddao, siddao*" – ‚gut gekocht, gut gekocht'. Ich bin erstaunt, dass dieser Mann dieselben Worte benutzte."

Laxmanpuri, ein Mönch vom Dasanami Orden, sagte mir eines Tages, dass ein heiliger Mann von hoher spiritueller Entwicklung am Flussufer entlang wanderte. Ein Mönch, der ihn von früher her kannte und der zu einem bekannten Kloster gehörte, hatte Uttarkashi besucht. Als er den wandernden Sadhu sah, warf er sich zu seinen Füßen nieder; später enthüllte er gegenüber einigen Leuten die Vorgeschichte des Sadhus.

Ihm zufolge gehörte der heilige Mann ursprünglich einem reichen und renommierten Kloster des Dasanami Ordens in Westindien an, das von Shankaracharya begründet worden war. Als der Zeitpunkt für ihn kam, Abt des Klosters zu werden, verschwand er plötzlich spurlos. Er hinterließ eine Notiz, besagend, dass er den Pomp und den Sonderstatus, wie er mit dem Amt des Abtes verbunden sei, verabscheute. Er ginge aus eigenem Wunsch fort, um Wandermönch zu werden, mit dem höchsten Wesen als alleiniger Stütze.

Er war ein *Danda Swami* gewesen, das heißt ein brahmanischer *Sanyasin* (Mönch), der einen, seinen speziellen Rang verkündenden, Stab (*dandi*) trug. Als er nach Uttarkashi kam, warf er den Stab zusammen mit seinem Wasserhenkeltopf in den Fluss. Bis zu dem Besuch des Mönches, der ihn in früheren Jahren gekannt hatte, wusste niemand den Namen des Mannes. Die Leute nannten ihn einfach *Swamiji*, was mehr oder weniger heiliger Mönch bedeutet.

Man sagte mir, dass er meist am Ganges-Ufer spazieren ging oder saß und nachts auf dem Tempelvorplatz schlief. Da er kaum sprach und auch nicht das *annakshetra* aufsuchte, um Essen zu holen, hatte es ein junger Sadhu aus Südindien auf sich genommen, ihm einmal am Tag Nahrung zu bringen. Der heilige Mann aß nur so viel, wie er in seinen hohlen Handflächen halten konnte, und trank Wasser aus dem Ganges.

Er trug ein altes, ockerfarbenes Tuch, das bis zu seinen Füßen reichte, und eine einzige Decke, die tagsüber als Meditationsmatte und nachts als Zudecke diente.

„Es wäre gut, wenn du seinen *darshan* bekämst", meinte Laxmanpuri. Also ging ich an einem sonnigen Montagmorgen zum Ganges-Ufer und hoffte, ihm zu begegnen. Ich musste nicht lang warten. Ein hochgewachsener, dünner Mann in ockerfarbenem Tuch schritt langsam am Fluss entlang, und die Beschreibung von Laxmanpuri traf auf ihn zu. Er richtete seine Schritte zu einem großen, flachen Felsen, nicht weit von wo ich stand, kletterte auf ihn, setzte sich mit unterschlagenen Beinen hin und blickte auf den Fluss.

Ich nahm meinen Mut zusammen, ging zu dem Felsen und wartete dann still. Er wendete sich in meine Richtung. Ergebungsvoll warf ich mich nieder und blieb weiter still. Ich hatte gehört, dass er selten sprach, und wollte ihn nicht stören. Doch das Unerwartete geschah: Er sprach tatsächlich. Er fragte leise: „Wie heißt du?“

„Madhu“, sagte ich.

„Und was machst du hier? Lernst du etwas?“

„Ich suche die Wahrheit“, sagte ich.

Ein gütiger Ausdruck trat in seine Augen. „Armer Junge“, sagte er, „das ist harte Arbeit, mein Sohn. Ich habe viele Jahre lang hart gearbeitet. Jetzt bin ich siebzig. Ich warf sogar meinen Stab weg und esse nur, was mir der Zufall bringt. Doch die Wahrheit entzieht sich mir. Ich studierte jedes verfügbare Buch über Vedanta und habe doch nicht das absolute *Brahman* gefunden. Hast du einen Guru?“

„Ja“, sagte ich stolz. „Er ist wundervoll. Er ist ein direkter Schüler des großen Sri Guru Babaji. Ich bin gesegnet.“

„Ich habe vom legendären Babaji gehört“, sagte der alte Mönch, „aber da gibt es so viele Geschichten, und heutzutage weiß man nicht, was man glauben soll und was nicht. Gurus sind falsch, Ashrams sind Zentren politischer Aktivität geworden, und der echte Sucher ist verwirrt. Gleichviel – hast du diesen großen Babaji gesehen?“

„Ja, einmal. Wenn mein Lehrer, den ich Babaji nenne, zurückkommt, werde ich ihn bitten, Sie zu treffen, wenn das für Sie in Ordnung ist.“

„Vor ein paar Wochen wäre ich zu stolz gewesen, um zuzugeben, dass ich Hilfe benötige“, sagte er, „doch jetzt bin ich bereit, nach Hilfe zu suchen. Wer weiß, wie lange dieser Körper noch hält. Bitte frage ihn. Ich habe heute zu viel geredet. Geh deines Wegs, mein Sohn“, sagte er und beendete das Gespräch abrupt. Ich warf mich nieder und ging weg. Als Babaji nach Uttarkashi zurückkehrte, sprach ich mit ihm über diesen heiligen Mann und wir suchten ihn auf.

Aber bevor ich dazu komme, muss ich meinen Sanskritlehrer erwähnen. Krishnananda Sharma staunte, als er meine erste Lektion im Rezitieren der *Taithiriya Upanishad* begann. Nach dieser Lektion stellte er fest, dass ich nach einmaligem Zuhören vollkommen richtig, mit der richtigen Silbenbetonung und Satz-Intonation rezitieren konnte. Als er mich fragte, ob ich schon früher Rezitations-Unterricht gehabt hätte und ich verneinte, meinte er, ich würde lügen. Ich sagte, dass ich keinerlei Grund hätte, ihn anzulügen, und dass mir das Rezitieren ganz natürlich vorkäme. Schließlich zuckte er mit den Achseln und meinte:

„Vielleicht hast du das Rezitieren im vergangenen Leben erlernt. Ich finde keine andere Erklärung – oder es ist Babajis Magie."

In Uttarkashi erlebte ich überdies, welch großen Anreiz Mahlzeiten ausüben konnten, auch wenn es sich um das Auswendiglernen der Bhagavad Gita handelte. Ich chantete die Gita sehr gern, und Babaji hatte mir die Art und Weise beigebracht, es gut und schön zu tun, genau so, wie er es von seinem Meister erlernt hatte. Doch benutzte ich immer den Text dazu. Auswendiglernen war für mich ein Albdruck. Ich freute mich, wenn ich etwas lesen konnte und das Gelesene verstand; aber Auswendiglernen war aus meiner Sicht eine Zeitvergeudung. In Uttarkashi musste ich diese Abneigung überwinden, und bald rezitierte ich die Gita auswendig. Und das geschah so:

An diesem Ort hielten viele Ashrams regelmäßig üppige Festessen ab, zu denen alle Sadhus und Brahmacharis eingeladen waren. Man erwartete, dass die besuchenden Sadhus vor Essensbeginn das 15. Kapitel der Gita, *Purushottama Yoga*, inkantierten. Die meisten, ob jung oder alt, kannten dieses Kapitel auswendig, und die wenigen, die es nicht kannten, wurden von oben herab betrachtet. Nach zwei Festmählern beschloss ich, das Kapitel auswendig zu lernen. Beim dritten Mahl chantete ich noch etwas holprig, beim vierten ging es flüssig. Das 15. Kapitel auswendig zu lernen war ein kleiner Preis für das wunderbare Essen.

Bei einem dieser Festessen begegnete ich Swami Venkateshananda. Er lud mich ein, ihn abends in seiner Hütte zu besuchen. Er war ein bekannter Schüler von Swami Sivananda Saraswati von Rishikesh und weithin respektiert für seine tiefe Einsicht in die vedantische Weisheit. Nach dem ersten Besuch bei ihm verbrachten wir viele gemeinsame Abende, und ich zog aus den Gesprächen großen Gewinn.

Jahre später hörte ich zufällig einer lebhaften Diskussion zwischen Swami Venkateshananda und J. Krishnamurti zu, bei der der Swami argumentierte, man bräuchte einen Guru, Krishnamurti hingegen wie üblich darauf beharrte, dass ein Guru nicht nur nicht nötig sei, sondern sich bei der Suche nach der Wahrheit sogar als Hindernis herausstellt. Die Diskussion endete ohne klares Resultat.

Babaji kam im Mai zurück, und wir verbrachten fünf gemeinsame Tage in Uttarkashi. Danach war es Zeit, nach Gomukh, dem Ganges-Ursprung zu pilgern. Am zweiten Tag nach Babajis Rückkehr erzählte ich ihm über meine Begegnung mit dem alten, heiligen Mann.

„Ich weiß Bescheid", sagte er, „und du meinst, ich sollte ihn sehen?"

„Ich glaube, dass nur du ihm helfen kannst", sagte ich.

Am nächsten Tag ging Babaji mit mir zu dem heiligen Mann. Er saß auf seinem Lieblingsfelsen, als wir ankamen. Er sah uns, stand auf und kletterte herunter. Als wir uns gegenüber standen, legte er die Handflächen zusammen und begrüßte Babaji. Ich tat dasselbe, als ich ihn grüßte. Babaji sagte:

„Seid gegrüßt, Swamiji; wollt Ihr, dass ich Madhu wegschicke, während wir unser Gespräch führen?"

„Pranams, yogiji maharaj", sagte der alte Mönch, „lasst ihn hierbleiben. Vielleicht ist unser Gespräch für ihn hilfreich. Es macht mir nichts aus."

So hatte ich also das Privileg, bei diesem Gespräch anwesend zu sein. Wir setzten uns hin, und Babaji begann ohne Umschweife, wie es sein Stil war:

„Swamiji, ich respektiere Euer Wissen und noch mehr Eure mutige Art, wie Ihr das Amt des Abtes in Eurem Kloster abgelehnt hattet. Ihr habt Euren *dandi* fortgeworfen und lebt heute wie ein schlichter Wandermönch. Großartig! Doch seid Ihr noch immer weit entfernt vom Ziel, von *Brahman*, weil die Wissenslast in Eurem Verstand ein großes Hindernis darstellt – Ihr versteht die ‚Realität' nicht. Soll ich fortfahren?"

„Ja, bitte. Ich fange an zu begreifen, was Ihr sagt."

„Ihr seid so übervoll mit erworbenem Wissen, dass kein Raum für die ‚Wahrheit' bleibt, die darauf wartet, einzutreten. Legt die Last ab. Werft alles ab und umarmt die Leere, damit Ihr die Fülle empfangen könnt."

„Ich habe mich oft gefragt, was der Vers – ‚er, der Wissen verehrt, tritt in größere Dunkelheit' – in der *Isavasya Upanishad* wirklich bedeutet", sagte der Mönch, „und akzeptierte nie die übliche Interpretation, dass ‚Wissen' hier *Apara Vidya*, ‚nicht-wesentliches Wissen' bedeutet. Die *Rishis* waren sehr präzise und direkt; sie hätten den Begriff *Apara* verwendet, wenn es das gewesen wäre, was sie sagen wollten. Jetzt aber beginne ich zu verstehen. Ich bitte Euch, sprecht weiter, Sir."

Babaji sagte: „Ihr habt recht. Das Wort *Apara* wurde nicht verwendet, da es zur Qualifizierung von *Vidya* nicht nötig war. Tatsache ist, dass das Wissen selbst das Verstehen der absoluten Wahrheit verhindert. Ich will das erklären. Seht, wenn ich mich daran mache, Kenntnis von etwas zu erlangen, was ist dann der Vorgang? Erstens beobachte ich, zweitens verstehe ich, drittens bewahre ich es in der Erinnerung, stimmt das?"

„Ja, Sir."

„Wenn ich sage, ich habe Wissen über x oder y, so bedeutet das, dass ich, nachdem ich etwas verstanden hatte, dies meinem Gedächtnis einverleibt habe und mich daran erinnern kann. Eben dies stellt Wissen dar, und zwar jedwedes Wissen. Das heißt, alles Wissen ist Erinnerung, und schon das Wort Erinnerung bedeutet, dass es sich um etwas aus der Vergangenheit handelt. In der Gegenwart gibt es keine Erinnerung. Erinnerung ist gespeicherte Information und bezieht sich immer auf die Vergangenheit. Vermögt Ihr mit Eurer scharfen Intelligenz dem zuzustimmen?"

„Ja."

„Nun, die ‚Wahrheit' kann nicht etwas in der Vergangenheit sein. Sie ist das ‚ewig Gegenwärtige' und kann daher nicht in der Erinnerung gespeichert werden, die sich auf die Vergangenheit, die tote Vergangenheit bezieht. Die ‚Wahrheit' existiert in der Gegenwart, im Jetzt, fließt ständig, pulsiert lebendig, und kann deshalb vom Wissen nicht begriffen werden.

Der Verstand ‚kann sie nicht verstehen', wie die *Keno Upanishad* sagt. Erst wenn der Verstand befreit und leer ist von all dem angelernten Material, das wir in unseren Gehirnen herumtragen, und wenn er still und ruhig ist, weil er nichts mehr werden oder erwerben will, findet sich der Raum, in dem die ‚Wahrheit', die immer gegenwärtige, sich enthüllen kann.

Die Türen und die Fensterscheiben, die von Stolz und von Wissen aus zweiter Hand sehr dunkel getönt sind, müssen geöffnet bleiben, damit die süße, göttliche Brise hereinwehen kann. Ich hoffe, ich habe mich klar ausgedrückt."

Nach langem Schweigen reagierte der *Sanyasin*:

„Ah! Große Stille", rief er. „Ich habe mein ganzes Leben noch nicht in solcher Stille gesessen. Obgleich ich zugeben muss, dass ich ein- oder zweimal auf der Schwelle dazu stand, als ich nichts Besonderes tat, nur dem Fluss zusah oder in den klaren Himmel blickte."

Babaji sagte: „Wenn diese Stille spontan auftritt, mischt Euch nicht ein. Seid einfach still. Möge Sri Guru Babaji Euch seinen Segen gewähren, so dass Ihr die ‚Wahrheit' entdeckt."

Er fügte hinzu: „Ich werde Euch nicht wiedersehen. Wir gehen in ein paar Tagen nach Gomukh."

Damit stand Babaji auf, und wir verabschiedeten uns von dem alten Mann. Mit Tränen in den Augen schickte er sich an, vor Babajis Füßen *pranam* zu machen, doch Babaji hielt ihn an den Schultern fest und ließ es nicht zu.

„Ihr gehört zum Orden der Weltentsagenden und tragt das ockerfarbene Gewand", sagte er. „Außerdem seid Ihr ein aufrichtiger Mann und aus Sicht der Welt älter als ich. Drum kann ich's nicht zulassen, dass Ihr einen Fußfall vor mir tut. Ich sehe Eure Liebe für mich in Euren Augen, das genügt."

Als wir ihn am Ufer des Ganges zurückließen, folgten uns seine Augen, bis wir außer Sicht waren. „Babaji", sagte ich, „führe mich auch zur ‚Wahrheit'. Heute habe ich etwas Wichtiges gelernt. Du bist so gütig."

Babaji lachte und legte den Arm um meine Schultern. „Alles zu seiner Zeit", sagte er. „Donnerstagmorgen werden wir nach Gomukh aufbrechen."

32. Sri Vidya Initiation

Am folgenden Donnerstag begannen wir unsere Reise nach Gomukh, der Ursprung der Bhagirathi, deren zweiter Name Ganga ist. In den alten indischen Epen wird der Fluss nach Bhagirath benannt, Spross der königlichen Sagar-Familie, die half, den Fluss aus seiner himmlischen Wohnstätte auf die Erde herab zu bringen. Die Legende beschreibt es so:

Vor Tausenden von Jahren, als die Himalayas noch jung waren, focht der mächtige König Sagara viele Kriege und gewann viele Reiche. Dann führte er das *Ashwamedha Yagna* aus – das Pferde-Opferritual, bei dem ein Pferd frei in den umgebenden Königreichen umher schweifen durfte. Wenn jemand das Pferd einfing, mussten er und seine Mannen gegen das Heer des Königs kämpfen, um das Pferd als Eigentum einzufordern.

Indra, der König der Himmelsbewohner, dachte, Sagara würde zu mächtig werden, falls sein *yagna* erfolgreich ausfiele, und wer weiß, vielleicht würde er gar die Himmelsregionen unterwerfen und ihn vom Thron stürzen. Darum setzte er seine Zauberkräfte ein, stahl das Pferd und verbarg es nahe bei der Klause des großen Weisen Kapila.

Die sechzigtausend kräftigen Söhne von Sagara, die nach dem Pferd suchten, kamen zu Kapilas Klause und fanden es dort. Da sie den Weisen für schuldig hielten, das Pferd gestohlen zu haben, drohten sie, ihm eine Lehre zu erteilen. Der Weise befand sich in tiefer Meditation. Gestört vom allgemeinen Aufruhr, öffnete er die Augen. Sein Ärger war so groß, dass er, allein durch seinen Blick, alle Männer bis auf einen zu Asche verbrannte. Dieser eine Sohn wurde errettet, weil er bereute.

Dessen Sohn wiederum, Anshuman, führte strenge Bußübungen durch, um die Erlösung seiner Onkel zu bewirken. Der Weise Kapila ließ ihn zwar das Pferd mitnehmen, erklärte jedoch, dass die Seelen seiner Onkel nur dann erlöst werden würden, wenn die himmlische Ganga zur Erde herabfiele und die Asche der Onkeln mit ihrem Wasser in Berührung käme. Anshuman strengte sich sehr an, konnte aber Ganga nicht dazu bringen, zur Erde zu kommen. Sein Sohn Dilip versuchte es auch, doch erfolglos. Sein Enkel aber, Bhagirath, gewann das Herz der himmlischen Ganga mit seinen Bußübungen. Sie willigte ein, zur Erde herabzufallen. Allerdings gab es dabei ein Problem – der machtvolle Aufprall ihrer Wasser auf der Erde würde katastrophal sein, vielleicht sogar ein riesiges Loch in die Erde reißen.

Es gab nur ein Wesen, das die Erde retten konnte, wenn Ganga herabkam, nämlich der große Yogi-Gott Shiva auf dem Berg Kailash. Also bewegte Bhagirath Gott Shiva, der von der Hingabe des Bittstellers sehr angetan war, dazu, die turbulenten und machtvollen Wasser der Ganga auf seinem Haupt aufzufangen und sie durch sein verfilztes Haar sanft auf die Erde niedergleiten zu lassen. Weil Bhagirath die Göttin Ganga überredet hatte, herabzukommen, wurde sie Bhagirath genannt, und Gomukh ist die Stelle, an der sie herabfiel.

Der Weg nach Gomukh führte durch Bhairavghati und Gangotri, in dem es einen der Göttin Ganga geweihten Tempel gibt. In Gangotri finden sich auch einige Ashrams und viele Sadhus, die hier im Sommer leben. Die Ganga stürmt mit großer Kraft durch die Ortschaft, ehe sie nach Uttarkashi hinabströmt. Von Gangotri aus kann man den leuchtenden Sudarshan Gipfel sehen.

Wir blieben für zwei Tage in Gangotri und lebten in einer Hütte. Das Tosen des Flusses, der von den Bergen herabstürzt, faszinierte mich. Wir hatten vier Tage gebraucht, um Gangotri zu erreichen. Am Abend vor unserer Trecking-Tour nach Gomukh sagte Babaji, der vor dem *Dhuni*-Feuer saß, plötzlich: „Der alte Mönch hat seinen Körper in Frieden und Stille verlassen.“ Als ich ihn um eine ausführlichere Erklärung bat, sagte er nur: „Keine Fragen mehr zu diesem Thema.“

Später, als wir von Gomukh nach Uttarkashi zurückkehrten, erzählte mir Swami Laxmanpuri, dass der alte, heilige Mann vier Tage nach unserer Abreise nach Gomukh verstarb, während er auf seinem Lieblingsfelsen saß, auf den Fluss schaute und in Ekstase lächelte. Dem Arzt des staatlichen Krankenhauses von Uttarkashi zufolge war er an Herzstillstand gestorben.

Am nächsten Morgen begannen wir unsere Trecking-Tour von Gangotri nach Gomukh und Tapovan. Hat man erst einmal das heilige Gangotri hinter sich gelassen, wird alles still. In vier Stunden erreichten wir Chir Basa, den Kiefernhain. Von hier aus konnte man den Gangotri-Gletscher in der Ferne glitzern sehen.

Wir rasteten eine halbe Stunde, aßen eingeweichte Kichererbsen, tranken Wasser und gingen dann weiter zum Bhoj Basa, dem Birkenhain. Hier waren wir zu Gast bei einem tantrischen Sadhu, der rote Kleidung trug. Er schien Babaji gut zu kennen. Nachdem er uns ein üppiges Mahl aus *rotis, dal* und Gemüse serviert hatte, suchte er Babaji zu überreden, doch für ein paar Tage da zu bleiben. Babaji beabsichtigte aber, schnell nach Gomukh zu kommen, daher machten wir uns nach dem Essen wieder auf den Weg.

Von Bhoj Basa an beginnen die Bhagirathi-Gipfel aufzutauchen. Nach einiger Zeit erblickten wir den pyramidenförmigen Gipfel des Shivling, der fast 7000 m hoch ist. In etwa einer Stunde erreichten wir Gomukh. Der Anblick überwältigte mich. Aus einem schneeüberhangenen Speier, geformt wie das Maul einer Kuh, schoss das Wasser der Ganga hervor. Jenseits des Mauls erstreckte sich der Gangotri-Gletscher mit seiner damaligen Länge von 25 Kilometern aus kompaktem Eis. Eisbrocken schwammen auf dem rauschenden Wasser. Wohin man sich wandte, sah man nur Eis und Schnee. In einem ekstatischen Anfall sprang ich herum und wälzte mich im Schnee. „Beruhige dich", sagte Babaji lächelnd. Lass uns mal kurz ins Wasser gehen." Wir nahmen ein eiskaltes Bad. Die Sonne kam kurz hervor, um unsere Körper zu wärmen und unsere nassen Kleidungsstücke zu trocknen.

Zwischen Gomukh und Tapovan lagen einige Höhlen. In einer von ihnen lebte ein alter Gefährte Babajis, den er einfach *Dada* (Bruder) nannte. Er kam aus Bengalen und verbrachte jeden Sommer in der Höhle. Wir kletterten die steile Flanke auf der linken Seite des Gletschers hinauf und gelangten in einer halben Stunde zur Höhle. *Dada* wartete bereits auf uns. Selbst an einem so abseits gelegenen und schneeumgürteten Ort hatte er es bewerkstelligt, ein *Dhuni* anzuzünden. Die Höhle war recht groß und der Eingang war größtenteils aus Felsblöcken gemauert. Holzplanken auf dem Boden dienten als Betten. *Dada* gab uns sogar extra Decken.

Wir hatten Reis und Kartoffeln zum Abendessen und übernachteten in der Höhle. *Dadaji* sagte, ich wäre glücklich dran, Babaji gefunden zu haben. „Er zögert sehr, ehe er einen Schüler annimmt. Du hast wirklich Glück. Jedes Mal, wenn ich ihn darum bitte, mich als Schüler zu akzeptieren, sagt er, „lass uns Freunde sein, *Dada*".

Am nächsten Morgen stiegen wir nach Tapovan hinauf; wir brauchten dazu zwei Stunden. Der Shivling-Gipfel war jetzt klar sichtbar. Das Sonnenlicht spiegelte sich in der weit ausgespreiteten Kette schneebedeckter, silberglänzender Gipfel wie in einem Kaleidoskop wider. Zur Rechten lagen der Brigupanth-Gipfel und der Meru. Zur Linken des Shivling erhob sich der Bhagirathi-Gipfel, und jenseits davon schaute die Spitze des Satopant hervor. Im Norden ragten der Mana Parbat und der Kailash-Berg auf. Im Süden konnte man den Sudarshan sehen.

Nach einer weiteren halben Stunde erreichten wir den Bergkamm. Der Gangotri-Gletscher breitete sich unter uns aus. Wir gingen weiter und kamen zur Vereinigung des Gangotri- und des Kirti-Gletschers. Rechterhand konnten wir in der Ferne Kedarnath und linkerhand

Satopant sehen. Dann kletterten wir wieder hinunter und kehrten zur Höhle zurück. Wir verbrachten dort fünf Tage. *Dadaji* hatte umsichtig an Nahrungsvorräte und Feuerholz für eine Woche gedacht.

Eines Tages sagte Babaji zu *Dada:* „*Dada*, du initiierst Madhu morgen in Sri Vidya."

„Aber Babaji", protestierte Dada, „du bist doch hier; warum sollte ich das dann durchführen. Du kannst es selbst tun."

„Nein, du tust es. Ich habe meine besonderen Gründe, wenn ich dich darum bitte."

Dadaji willigte schließlich ein und weihte mich in das höchste, sechzehnsilbige Sri Vidya Mantra (*shoda-sakshari*) ein. „Während Kriya Yoga den zentralen Rückenmarkskanal für die Kundalini-Energie freimacht", sagte Dadaji, „aktivieren die Klangschwingungen des Sri Vidya Mantra die Gehirn- und Rückenmarkszentren und bereiten sie vor, die Schlangen-Energie bei ihrem Aufstieg zu empfangen.

Babaji ist selbst ein Experte in Sri Vidya, und ich gebe dir die Technik der *chakra dharana* (Kontemplation über die Chakren) auf seinen Wunsch."

Am nächsten Tag fragte ich Babaji: „Babaji, mit dir als meinem Lehrer, und was ich bis jetzt von dir gelernt habe, frage ich mich, ob es denn notwendig ist, all das von jemand anderem zu lernen. Tut mir leid, wenn ich zu Unrecht zweifle."

Babaji sagte: „Sohn, du wirst in der Zukunft ganz unterschiedlichen spirituellen Suchern und sogenannten spirituellen Lehrern begegnen. Ich möchte, dass du alles Mögliche zu diesem Thema lernst, so dass du erstens nicht eingeschüchtert wirst von jemandem, der erklärt, ‚ich weiß das alles, Sie sind ignorant'. Zweitens werden einige spirituelle Aspiranten das Sri Vidya benötigen, um ihr inneres Wachstum zu beschleunigen. Und wenn du es nicht kennst, wie willst du ihnen dann helfen?

All die verschiedenen Theorien und Anwendungen sind wie Formen, in die das ungeformte, aber formbare jungfräuliche Material gegossen werden muss, um etwas Ordnung zu schaffen. Doch denk daran – du kannst das geformte Produkt erst herausnehmen, wenn du die Form zerbrochen hast. Das heißt, die Form ist nötig und am Ende auch ihr Zerbrechen. Verstehst du?"

„Ja, Babaji, ich beginne zu verstehen", sagte ich demütig.

Von Gomukh wanderten wir nach Rishikesh zurück.

33. Belehrung durch den Deutschen

Während der dreieinhalb Jahre, die ich mit Babaji zusammen war, reisten wir einmal nach Gomukh, zweimal nach Gangotri, einmal nach Jumnotri und zweimal nach Badrinath und Kedarnath. Bei unserem zweiten Besuch in Gangotri begegnete ich einem deutschen Neurologen, einem Schüler Babajis, den er einfach nur ‚den Deutschen' nannte. Dieser Deutsche, dessen wirklichen Namen ich nicht nennen kann, weil er aus persönlichen Gründen anonym bleiben will, besuchte uns in unserer Hütte in Gangotri.

Babaji stellte ihn vor: „Der deutsche Arzt kommt aus Stuttgart. Er ist Neurologe und seit zehn Jahren mein Schüler. Er wird für ein Monat in Gangotri bleiben, und ich möchte, dass du von ihm die grundsätzlichen Dinge über die Anatomie und Physiologie des Gehirn-Rückenmark-Systems lernst.

Wenn du dein Selbst kennen willst, musst du auch wissen, wie das Gehirn arbeitet. Was wir den Verstand nennen, ist normalerweise das Gehirn. Wenn du es richtig verstehst, fällt es leichter, die höheren Bewusstseinsebenen zu erforschen, die jenseits des gewöhnlichen Denkens liegen.

Der Deutsche und ich kommunizieren nonverbal miteinander, er weiß also schon einiges über dich."

Der Arzt zeigte den deutschen Charakterzug gründlichen Vorgehens und war versehen mit Tabellen und Bildern. Ich lernte über das Kleinhirn; das limbische System; das Großhirn mit seinen zwei Hälften, die mit dem Hirnbalken verbunden sind; das Rückenmark; das autonome und das sympathische Nervensystem; die Nervengeflechte – und noch vieles andere über das Gehirn-Rückenmark-System. Nur das faktische Sezieren von Gehirn und Rückenmark fehlte noch.

Zum ersten Mal hörte ich, dass schon seit dem 18. und 19. Jahrhundert die Neurologen vermuteten, die beiden Gehirnhälften, wiewohl mit dem Hirnbalken verbunden und einander funktionell ergänzend, würden jeweils eine klar unterschiedene und einzigartige Individualität ausdrücken. Der Deutsche hatte sich in seinem Labor in Stuttgart damit beschäftigt, die Informationen der alten Texten über Yoga, wie *Hathayoga Pradipika* und *Satchakra Nirupana*, mit modernen neurologischen Erkenntnissen zu vergleichen und herauszufinden, wie man die ‚Durchbrüche des erweiterten Bewusstseins', wie er es nannte, in neurologischen Begriffen erklären könnte.

Heute, da ich Bücher von Oliver Sacks, *Descartes' Irrtum* von Antonio R. Damasio, *Phantoms in the Brain* von Dr. V.S. Ramachandran und andere Bücher über Neurobiologie lese, erkenne ich, dass seine Ideen bereits die Saatkeime zu dem enthielten, worüber moderne Neurologen jetzt nachdenken. Leider ist keiner der heutigen Autoren in den alten Yoga-Lehren gut bewandert; noch beklagenswerter ist, dass der deutsche Arzt drei Jahre nach unserer Begegnung in einem Verkehrsunfall starb und seine Forschungsarbeit damit abbrach.

Babaji sagte, er würde unter Bedingungen wiedergeboren werden, die seiner Forschung förderlich sind. Ich habe keine Ahnung, wann oder wo, aber ich möchte hier gern die faszinierende Geschichte seiner ersten Begegnung mit Babaji wiedergeben, so wie er sie erzählte:

„Ich reiste aus zwei Gründen in die Himalayas. Der eine war die Faszination, die die schneebedeckten Berge auf mich ausübten. Die begeisterten Berichte einiger Deutscher, die in den Himalayas waren, erhöhten diese Faszination. Der andere Grund war mein Interesse an Hindu-Philosophie, an Tantra und Yoga. Ich hatte die ‚Schlangenkraft' von Sir John Woodroffe gelesen, und die große Ähnlichkeit zwischen den Kanälen der Kundalini-Energie und dem Gehirn-Rückenmark-System erstaunten mich. Das Kronen-Chakra, das *brahmarandhra* (Torweg zu Brahman) usw., all dies hätte ohne ein gutes Verständnis von Anatomie und Physiologie des Gehirns durch die alten Yogis nicht beschrieben werden können.

Alles drängte mich dazu, in die Himalayas zu gehen und nach wirklichen Yogis zu suchen, falls solche noch existierten. Inzwischen war ich voll ausgebildeter Neurologe und arbeitete an einem Stuttgarter Krankenhaus. Unter großen Schwierigkeiten erhielt ich ein Monat Urlaub, ohne den wahren Grund für meine Reise angeben zu müssen. Zu der Zeit betrachtete die Wissenschaftsgemeinde generell jedes Interesse eines Wissenschaftlers an Yoga und damit verbundenen Phänomenen als höchst unorthodox und schlichtweg unwissenschaftlich.

Damals war es auch nicht leicht, in die Himalayas zu reisen. Ich flog nach Delhi und brauchte dann einen ganzen Tag, um mit dem Zug nach Haridwar (ca. 220 km) zu kommen. Von dort fuhr ich einen halben Tag lang mit einem klapprigen Bus nach Rishikesh (ca. 25 km). Nachdem ich dort einen Platz bei der Divine Life Society gefunden hatte, wandte ich mich an den mittlerweile verstorbenen Swami Sivananda, das Oberhaupt des Ashrams. Der Swami meinte, ich müsste nicht umherziehen, er könnte mir das, was ich suchte, lehren, aber das stellte mich nicht zufrieden. Mein Blick war auf die höheren Himalayas gerichtet, und nach ein paar Tagen fand ich einen Bus, der nach Uttarkashi hinauffuhr.

Damals dauerte das einen ganzen Tag, und die Straßen waren gefährlich. Der Gharwali-Busfahrer war noch gefährlicher.

Von Uttarkashi nahm ich einen anderen Bus und erreichte am nächsten Tag Gangotri. Dort fand ich Unterkunft in einem alten Ashram und begann meine Trecking-Tour nach Gomukh zu planen. Als ich eines Tages nah beim Gangotri-Tempel spazieren ging und überlegte, wie und wann ich einen weisen Yogi finden würde, sah ich einen hochgewachsenen, gut gebauten, hellhäutigen Mann mit bräunlich-schwarzem Haar, der lediglich ein weißes Lendentuch trug, aus der anderen Richtung kommen. Er ging direkt auf mich zu und sagte auf Deutsch: ‚Guten Tag'.

Ich wollte meinen Ohren nicht trauen. ‚Guten Tag', stammelte ich. ‚Also, mein Deutsch ist nicht so gut; könnten wir uns auf Englisch unterhalten?', fragte mich der Fremde. ‚Sicher', sagte ich. Er überraschte mich erneut, als er sagte: ‚Okay, Doktor, wir wollen uns irgendwohin setzen und reden. Kommen Sie zu meiner Hütte.' In der Art sind wir uns begegnet."

Der Deutsche erzählte, dass er am gleichen Tag in Kriya Yoga initiiert wurde und in den vergangenen sieben Jahren unter Babajis Anleitung Yoga und Vedanta studiert und ausgeübt hatte. Er sah ihn als seinen Guru an. Nein, Sri Guru Babaji habe er nicht getroffen, doch hätte ihm Babaji erzählt, dass ich, Madhu, in einer früheren Inkarnation ein Schüler von Sri Guru gewesen sei.

Die Lebensmission des Deutschen bestand darin, das wissenschaftliche Fundament für die durch Yoga-Praktiken hervorgerufene Bewusstseins-Transformation zu legen. Nachdem mein Unterricht bei ihm beendet war, verabschiedeten wir uns von dem Arzt und kehrten nach Rishikesh zurück. Der Deutsche wollte in ein paar Tagen nach Gomukh wandern.

34. Rückfahrt nach Trivandrum

Ungefähr drei Jahre waren vergangen, seitdem ich Babaji zum ersten Mal als junger Mann begegnete, und ich nahm an, dass dieses wundervolle Leben immer so weiter ginge. Ich liebte die Himalayas, ich liebte Babaji und ich liebte die unbeschwerte Freiheit des Umherwanderns, unbelastet von jeglichem Besitz. Ich war froh, dass mir die Komplikationen und Seelenqualen eines Lebens inmitten der sogenannten zivilisierten Gesellschaft mit ihrer unendlichen Selbstsucht und Gier erspart blieben. Für mich war Babaji Gott, und mit ihm in dieser zauberischen Welt von Bergen und Flüssen zu leben, das war der Himmel. Der Gedanke, dass dieses ideale Leben einmal zu Ende gehen könnte, kam mir nie in den Sinn. Doch dann tat Babaji etwas, das meinen Traum zunichtemachte.

Er hatte mich zwar bereits ein paar Mal weggeschickt, damit ich für kurze Perioden auf mich allein gestellt lebte. Aber was er an jenem Morgen tat, kam völlig unerwartet und erschütterte mich bis ins Mark. Als ich nach der Morgenmeditation meine Prostration zu seinen Füßen machte, sagte er mit ernstem Gesichtsausdruck:

„Madhu, ich habe festgestellt, dass du psychologisch von mir zu abhängig wirst. Der eigentliche Zweck der spirituellen Lehren ist, einen wirklich unabhängig und daher frei zu machen. Der Yogi, dessen Bewusstsein aus dem Käfig des begrenzten Ichs ausgebrochen ist, braucht keine Krücken, auch nicht die eines Guru."

Es überraschte mich selbst, dass, nach dem anfänglichen Schock, ein gewaltiger Ärger aus mir herausbrach.

„Was willst du also, dass ich tue?", fragte ich, ihm direkt in die Augen blickend. „Ich habe mich von allem getrennt, das zu mir gehörte, sogar von meiner Mutter, und ich verbrannte alle Brücken hinter mir. Ich glaubte, du wärest mein Anker, aber es scheint jetzt, dass dem nicht so ist. Sag mir, was ich tun soll, und ich werde es tun."

„Geh weg", sagte Babaji, „du musst von hier fortgehen und von nun an unabhängig und selbständig leben."

Ich weinte nicht, klagte nicht und suchte nach keiner Ausrede.

„In Ordnung, Babaji", sagte ich, „dein Wunsch soll gleich jetzt erfüllt werden." Glühend vor Ärger und Groll packte ich meine Habseligkeiten – Stofftasche, Decke, Wanderstock und Wassertopf – und schritt hinaus, nachdem ich seine Füße kurz berührt hatte. Er legte schweigend seine Hände auf meinen Kopf und stand und sah mir nach, bis ich verschwand.

Als ich außer Sicht- und Hörweite war, setzte ich mich am Ganges-Ufer nieder, weinte laut und brach zusammen. Mein ganzer Körper bebte. Die Tränen wuschen Ärger und Furcht weg. Ich fasste mich, wie es sich für eine Yogi und einen Schüler von Maheshwarnath und Sri Guru Babaji gehörte, und wandte mich in Richtung Uttarkashi.

Ich war über eine halbe Stunde auf der Straße nach Tehri gelaufen, als es zu regnen begann. Ich wurde gründlich durchnässt, doch ging immer weiter. Der Regen hörte auf und die Sonne kam heraus. Ich sagte mir, „na, so lebt eben der Wanderyogi. Der Regen durchnässt ihn, die Sonne trocknet ihn. Er bettelt um Nahrung und schläft, wo immer er Obdach finden kann." Freude füllte mein Herz. Ja – das war der süße Geschmack der Freiheit.

Am Ufer des Chandrabaga-Flusses sah ich Pfaue in Ekstase tanzen. Die Ekstase trat in mein Herz, und ich wurde einer von ihnen und tanzte in seliger Freiheit. Wir waren eins – die Pfaue und ich. Und dann hörte ich Schritte. Ich kam zurück zu mir, war kein Pfau mehr. Jemand ging hinter mir. Ich widerstand der Versuchung, mich umzudrehen und nachzusehen. Ich schaute geradeaus und ging weiter. Eine Hand legte sich leicht auf meine Schulter. Die Berührung war so vertraut. Nein, sagte ich zu mir, das kann nicht sein, und dann rief die liebevolle Stimme: „Madhu."

„Babaji!." Ich wandte mich um und sah ihn. Er blickte mich voll Zuneigung an. Ich drängte die Tränen zurück und mimte einen ernsthaften Gesichtsausdruck.

„So, so", sagte er, „du gehst also weg?"

„Ja, Babaji, ich gehe weg. Du hast mir gesagt, dass ich gehen soll."

„Oh! Ich habe dir gesagt, wegzugehen, und deshalb gehst du weg. Und wenn ich dir sage, du sollst zurückkommen, dann würdest du zurückkommen?"

Sag nein, sagte ein Teil meines Verstands, bleibe fest; doch der andere Teil gewann mühelos. Ich sagte: „Ja."

„Dann komm", sagte Babaji, „lass uns zurückgehen. Ich habe dich nur geprüft. Okay, jetzt komm."

Still folgte ich ihm zurück nach Rishikesh. Wir gingen schweigend. Mein Herz floss vor Liebe und Dankbarkeit über.

Sechs Monate später, als ich dachte, alles wäre in schönster Ordnung und ich würde nun doch für immer in der magischen Welt der Himalayas leben, schüttelte mich Babaji aus meiner Selbstzufriedenheit.

Eines Abends, während wir am *Dhuni* saßen, ließ er die Bombe platzen.

„Madhu", sagte er, „du hast alles gelernt, was du lernen musstest, und der Lotus deines Herzens ist aufgeblüht. Jetzt ist es an der Zeit, zurück ins Flachland, in die äußere Welt zu gehen. Bald wirst du mir Lebewohl sagen müssen und zu deinen Eltern zurückkehren."

„Aber Babaji", protestierte ich, „willst du mich in die Welt der Tücke und Täuschung zurückschicken, in der jedermann dem Geld hinterher läuft und Habgier an oberster Stelle regiert? Warum kann ich nicht sorgenfrei für immer in dieser göttlichen Gegend umherziehen? Ich verspreche dir, ich werde dich nicht sehr oft belästigen. Ich werde mich von dir fernhalten und nur zu dir kommen, wenn du mich rufst." Ich brach zusammen und wehklagte ohne Scham.

„Nimm dich zusammen", sagte Babaji, „du weißt, dass ich selten Schüler akzeptiere. Ich nahm dich auf Sri Gurus ausdrückliche Anordnung hin an. Sicher habe ich dich gern, und ich werde dich beschützen, aber ich kann mich nicht gegen seine Wünsche stellen. Es war sein Wunsch, dass du nach dreieinhalb Jahren zurückgeschickt wirst. Er hat für dich eine Lehrmission vorgesehen.

Außerdem, wie kannst du so selbstsüchtig und engherzig sein? Du hast eigentlich Angst vor den Sorgen und Schmerzen, die zum Leben in der sogenannten zivilisierten Welt gehören. Es gibt in der Welt auch gute und aufrichtige Menschen, die aus deinem Wissen Nutzen ziehen werden. Auch diejenigen, die von arroganten selbsternannten Lehrern der Weisheit ‚gefallene Seelen' genannt werden, hoffen darauf, zu höheren Bewusstseinsebenen aufsteigen zu können, wenn ihnen nur die rechten Informationen und Energien geboten werden.

Falls du sie als krank betrachtest – nun, es sind die Kranken, die den Arzt benötigen. Sei also gütig und bring deine Seele in die Menschheit ein. Du kennst das große Bodhisattva-Gelübde: *‚Solang ich nicht jedes lebende Wesen zum Nirvana geführt habe, solange möchte ich wiedergeboren werden'* – ein hohes Ideal, glaubst du nicht, mein Junge?"

Mittlerweile hatte ich mich gefasst. „Mir gefällt das gar nicht", sagte ich, „aber was immer du und Sri Guru wollen, werde ich tun."

„Guter Junge", sagte Babaji, „dein Gefühlsausbruch kam nicht unerwartet und war völlig in Ordnung. Ich sehe, dass du jetzt damit umgehen kannst. Sehr gut."

„Aber ich habe eine Frage, Babaji. Bedeutet das, dass ich dich nie wiedersehen werde?“

„Nein, nein, Sohn, natürlich wirst du mich wiedersehen. Wenn ich denke, es sei nötig, werde ich dich treffen. Der Kontakt wird im Traum oder in der Meditation hergestellt, und ich sage dir dann, wohin du kommen sollst und wann.

Du sollst dich so gut wie möglich mit den Lehren unterschiedlicher Religionsrichtungen vertraut machen und einige Zeit in Ashrams verbringen. Du sollst auch verschiedene Gurus treffen, bekannte und weniger bekannte. Du kannst selbst entscheiden, wem du begegnen willst und wann, oder wohin du gehen willst. Doch an einem Platz musst du etwas längere Zeit verbringen – in der Ramakrishna Mission. Und eine Person musst du gegen Ende dieser Lernperiode treffen – J. Krishnamurti.

Wenn du zurückgehst, trage normale Kleidung und lebe wie alle anderen. Versuche nicht, dich als jemand mit besonderen Fähigkeiten oder besonderem Wissen darzustellen. Lass dies alles dein privates Geheimnis sein. Falls jemand deine besonderen Fähigkeiten entdeckt, sag ihm, er möge darüber Stillschweigen bewahren.

Vorerst sollst du nicht lehren. Doch wird der Zeitpunkt kommen, an dem du ein ‚grünes Signal‘ erhältst. Du wirst es selber erkennen. Dann wird die Lehrphase beginnen. Auch dann geh behutsam vor. Unterrichte nur jene, die ernsthaft nach Belehrung suchen, ohne dafür zu werben und ohne zu versuchen, eine große Anhängerschaft zu sammeln. Es ist wichtiger, ein paar gute Saatkörner zu säen, als Tausende auf unfruchtbarem Boden zu vergeuden.“

„Babaji, ich sehe da ein ernstliches Problem voraus. Meine Eltern könnten eine Frau für mich finden und versuchen, mich zu verheiraten. Was soll ich dann tun?“

„Keine Sorge, daraus wird nichts werden. Allerdings wollte ich gerade über Sri Gurus Wunsch sprechen, dass du später einmal heiratest, Kinder hast und als Familienvater lebst. Setze ein Beispiel. Viele Leute glauben, man müsse ein Mönch sein, um die höchste Bewusstseinsebene zu erreichen. Beweise das Gegenteil. Shyama Charan Lahiri Mahasaya tat es vor vielen Jahren. Jetzt musst du es tun. Überdies spielt die Frau, die du heiraten wirst, eine Rolle dabei, deinen Verstand reifen zu lassen; sie wird nach deiner Krishnamurti-Phase in dein Leben treten.“

Ich besprach noch weitere Angelegenheiten im Einzelnen, nahm dann am nächsten Tag den Zug von Rishikesh. Babaji hatte mir etwas Geld und eine Adresse gegeben und gesagt:

„Fahr nach Delhi und treffe Mr. Agarwal. Ich habe ihn gebeten, dass er dich im *taalabya kriya* initiiert. Fahr danach weiter nach Trivandrum. Mr. Agarwal wird dir die Fahrkarte besorgen und mehr Geld geben."

Zum ersten Mal umarmte mich Babaji. Ich ging los, die Augen blind vor Tränen.

In Delhi wartete Mr. Agarwal am Ausgang der Bahnstation. „Babaji hat mich informiert, dass du kommst", sagte er. Er nahm mich in seinem Wagen zu seinem Haus in Greater Kailash-Viertel. Nächsten Morgen instruierte er mich im *taalabya kriya*. Abends kam ein Schneider mit zwei Hosen und Hemden für mich. „Babajis Anweisungen", sagte Mr. Agarwal, „du sollst deine Brahmachari-Kleidung ablegen und diese Sachen tragen. Ich habe hier auch ein Paar Sandalen und eine Tasche für dich."

Am dritten Tag gab mir Mr. Agarwal eine Schlafwagen-Fahrkarte für den Zug nach Madras und etwas zusätzliches Geld. „Kauf nach der Ankunft in Madras eine Fahrkarte nach Trivandrum", sagte er, „und denk daran, was Babaji sagte. Verhalte dich ganz normal. Halte deine spirituellen Neigungen und Praktiken geheim."

Mr. Agarwal brachte mich zum Zug nach Madras und verabschiedete sich mit einem geflüsterten *„Jai Sri Guru* – Preis und Ruhm dem Sri Guru!"

35. Vorbereitungen für die Mission

Der Zug kam am Abend in Trivandrum an. Der Bahnhof sah so schläfrig wie immer aus. Ich ging zum nächsten Friseur und ließ mir einen ‚anständigen Haarschnitt' verpassen, wie mein Vater sagen würde. Der Friseur schnitt meine schulterlangen Locken ab und rasierte mich. Es war bereits dunkel, und so kam ich nicht in die Verlegenheit, gegenüber Bekannten, denen ich wahrscheinlich auf der Straße begegnen würde, meine lange Abwesenheit erklären zu müssen. Ich beschloss, zu Fuß zu gehen, und nach einer dreiviertel Stunde war ich bei unserem Haus angelangt. Ich hoffte, meine Eltern wären nicht umgezogen.

Vorsichtig öffnete ich die Tür und betrat den Garten. Auch hier sah alles so aus wie immer. Ich trat ins Wohnzimmer, und die erste Person, die ich erblickte, war mein Vater. Er saß in seinem Lieblingssessel und las Paul Bruntons *Von Yogis, Magiern und Fakiren.* Als er mich bemerkte, legte er das Buch nieder und sah mich prüfend an. Er war überraschend ruhig und gelassen.

„Wo bist du gewesen? Wir dachten, du wärst in einem Unfall gestorben oder so etwas", sagte er. „Das nächste Mal bleib in Verbindung, gleich, wo du bist. Jetzt geh schon und sieh nach deiner Mutter."

Ich ging zur Küche. Meine Mutter war wie gewöhnlich beim Kochen. Sowie sie mich sah, fiel ihr der große Kochlöffel aus der Hand. Sie umarmte mich und begann hemmungslos zu weinen.

„Wohin bist du denn gegangen, als du von hier verschwandest?", schluchzte sie. „Warum hast du nicht mal einen Brief geschrieben? Deine Schwester war so traurig."

„Ich war in den Himalayas", sagte ich, „aus einem besonderen Grund. Ich kann dir nicht mehr erzählen. Aber sei versichert, ich war mit einer guten Tätigkeit befasst, nichts Schlechtes."

„Das nächste Mal, wenn du fortgehst, sag uns, wo du zu finden bist", sagte meine Mutter, „wir werden dich nicht aufhalten. Jetzt geh zu deinen Schwestern."

Ich ging zu ihrem Zimmer, und sie waren sprachlos. Meine kleine Schwester, die vierzehn Jahre jünger als ich war, kam zu mir gerannt und rief *„Dada, Dada"*.

Es war ein emotionales Wiedersehen. Zum Abendessen kochte meine Mutter mein Lieblingsgericht – Eiercurry und Reis.

Jetzt, im Alter von sechzig, während ich in einer Blockhütte sitze, die den schönen Lake Fanny Hoe in Copper Harbour im Keeneewow County von Michigan, USA, überblickt, bin ich außerstande, die exakten Zeitpunkte anzugeben, zu denen die zu erzählenden Geschehnisse stattfanden. Ich werde einfach versuchen, mich an eine mehr oder weniger chronologische Zeitlinie zu halten.

Im ersten Jahr nach meiner Rückkehr nach Trivandrum besuchte ich zweimal Mai Ma, die nackte Asketin in Kanyakumari, und wurde beim zweiten Mal von ihr umarmt. Auf dem Weg nach Kanyakumari legte ich einen Abstecher zu den Marutwa Malai Hügeln nahe Suchindrum ein und verbrachte einige Zeit in der dortigen Höhle. Mir war Marutwa Malai so ans Herz gewachsen, dass ich in der Folgezeit viele Wochenendausflüge dorthin unternahm. Manchmal begleiteten mich enge Freunde.

Bei einer Gelegenheit verbrachte ich zwei Nächte ganz allein in der Höhle. In der zweiten Nacht wurde meine Meditation von jemand unterbrochen, der laut etwas mir Unverständliches rief. Ich öffnete die Augen und sah einen dünnen, kleinen Mann mit hervorquellenden Augen, der zerrissene, alte Khaki-Shorts trug, dicht vor mir stehen und *naina, naina* rufen. Als er meine offenen Augen bemerkte, wurde er ganz aufgeregt und sagte auf Tamil:

„Ich bin gekommen, um dir *Shiva Raja Yoga* zu lehren, Thirumoolars Lehren, sieben weitere Zentren im Gehirn. Sri Gurus Anordnung. Du lernst jetzt."

Ich stand auf und erwies ihm meinen Respekt. Er setzte sich nieder und bedeutete mir, vor ihm zu sitzen. Während das kühle Licht des Vollmonds durch den Höhleneingang fiel, lehrte er mir in einfacher Sprache die grundsätzlichen Elemente von *Shiva Raja Yoga*. Dann ließ er mich die Übungen, die er mir beigebracht hatte, ausführen; offenbar zufriedengestellt, klatschte er ausgelassen in die Hände, sprang auf und rannte in die Dunkelheit. Viele Jahre später traf ich ihn während eines Ausflugs mit einem Freund nach Marutwa Malai wieder. Mein Freund meinte, er redete blanken Unsinn, doch ich verstand, dass er versuchte, etwas Wichtiges mitzuteilen.

Die öffentliche Bibliothek von Trivandrum, die British Council Library und die American Library waren meine Lieblingsaufenthaltsorte. Ich las alle Bücher über Philosophie, Religion, Psychologie, Anatomie und Physiologie, die Babaji für mich aufgelistet hatte, dazu einige, die nicht auf der Liste standen, wie die Romane von P.G. Wodehouse – auch heute noch meine Lieblingsbettlektüre –, Conan Doyle, Dickens, James Joyce u. a. Von Babajis Bücherliste mochte ich besonders die Bücher von H.P. Blavatsky und natürlich die von Krishnamurti, dessen *Commentaries on Living* mein großer Favorit war. Jedes Mal, wenn ich darin lese, finde ich etwas Neues.

Ich begründete auch neue Freundschaften. Einige meiner Freunde stammten aus angesehenen Familien, andere hatten gewöhnlicheren Hintergrund. Für mich waren sie alle gleich.

Ein paar Freunde der letzteren Gruppe waren Straffällige, und mit ihnen befreundet zu sein bedeutete, gelegentlich in einen Bandenkrieg oder in eine Sauftour involviert zu werden, doch bekümmerte mich das nicht. Alles was ich wollte, war, die Samen der Transformation zu säen, die vielleicht in zukünftigen Leben aufgehen würden. Babaji hatte mir die Augen geöffnet, und ich sah potenzielle Heilige in den schlimmsten Verbrechern. Wie Babaji immer sagte: „Es sind die Kranken, die einen Arzt brauchen."

Unterdessen assistierte ich meinem Vater und überwachte die Straßenbauarbeiten, mit denen er beauftragt war. Am Ende des Tages unternahm ich allein lange Spaziergänge. Ich besuchte Tempeln, Moscheen und Kirchen, schrieb Gedichte, die nie veröffentlicht wurden, und versuchte mich an Artikeln für Zeitungen. Auf diese Weise ging ein Jahr vorüber, ohne dass Babaji Kontakt zu mir aufnahm. Ich glaubte, er lehrte mich, unabhängig zu werden.

Eines Nachts vor dem Schlafengehen sandte ich ihm eine Botschaft und benutzte dazu die Technik, die er mir beigebracht hatte: „Wenn du mich nicht bald kontaktierst, fahre ich in die Himalayas, um wieder nach dir zu suchen. *Pranams*." In dieser Nacht erschien mir Babaji im Traum. Ich war überrascht, ihn in langer, grüner Bekleidung und weißem Turban zu sehen. Er sagte: „Komm nach Ajmer. Ich werde dort auf dich warten."

36. Unterricht durch einen Sufi-Meister

Als ich meinen Eltern sagte, ich würde nach Ajmer gehen, erhob sich kein großer Protest. Meine Mutter gab mir sogar etwas Geld, und mit diesem Betrag sowie meinem Taschengeld hatte ich genügend beisammen, um die Reise bezahlen zu können. Damals war es eine ziemlich lange Reise. Ich musste nach Madras, dann nach Delhi, dann nach Jaipur fahren; dort nahm ich einen Personenzug nach Ajmer. Ich gelangte zum Ajmer Sharif Komplex, wo sich das Grab des großen Sufi-Heiligen Khwaja Moinuddin Chisti befindet. Er wird sowohl von Muslimen wie von Nicht-Muslimen sehr verehrt, und in einem ständigen Strom kommen die Besucher und Gläubigen zum Grab, um ihren Respekt zu erweisen und um Beistand zu beten.

Wie die meisten Wallfahrtsorte und Pilgerzentren hatte auch Ajmer seinen gerüttelten Anteil an schlauen Ausnutzern der Gläubigen – sie fassten von allen Seiten nach ihnen und versprachen ihnen, Fürbitte beim Heiligen zwecks besonderer Gunsterweise einzulegen, natürlich gegen eine Gebühr. Viele unter ihnen behaupteten, direkte Nachkommen des Heiligen zu sein, und trugen schöne seidene, farbige Gewänder, die ihre Wichtigkeit demonstrieren sollten.

Es gab auch zahlreiche Läden, die Blumen, Schals, Räucherstäbchen und andere Dinge als Opfergaben verkauften. Es war ein Wochenende, und ich hielt inmitten der wogenden Menschenmenge nach der vertrauten, lendentuchbekleideten Gestalt mit Rasta-Frisur Ausschau, dachte dabei, wie seltsam und deplatziert sie im Kontrast mit den muslimischen Fakiren in ihren Turbans und langen Roben aussehen würde.

Auf der rechten Seite des Platzes stand eine alte Moschee, die der Legende zufolge bereits vom Heiligen aufgesucht worden war. Sie stand in der Nähe des Mausoleums mit dem Grab. Ich wandte mich in diese Richtung und bahnte mir einen Weg zur Moschee.

Die Gebetszeit hatte noch nicht begonnen; nur wenige Leute saßen im Inneren, beteten ihren Rosenkranz, lasen im Koran oder kontemplierten still. Man stelle sich meine Überraschung vor, als ich sah, dass eine der Gestalten mit langem Gewand und Turban, in der muslimischen Gebetshaltung (Yogis nennen sie *vajrasana*) sitzend, Babaji war. Er trug dasselbe Gewand wie in meinem Traum – eine lange, grüne Robe und einen weißen Turban.

Er winkte mir, näher zu kommen. Ehe ich mich zu Boden werfen konnte, stand er auf, zog mich an sich und umarmte mich in richtiger Muslim-Manier dreimal. Dabei flüsterte er:

„Keine *pranams*! Kennst du nicht die muslimische Vorschrift? ‚Werfe dich nur vor dem Allerhöchsten zu Boden, selbst vor Mohammed aber nicht.‘ Passe dein Verhalten den Umständen an, solange es niemanden verletzt. ‚Jeder entsprechend seiner Fähigkeit, jeder entsprechend seiner Bedürfnisse‘ – das ist ein schöner Sufi-Spruch. Wenn du in Rom bist, tu, wie die Römer tun.“

Darauf hielt ich seine Hand und küsste seine Finger. „Sitz neben mir in der *vajrasana*-Haltung“, sagte Babaji, „wende dich zum Grab und verharre in stiller Meditation.“

Mein Herz war von einem seligen Gefühl erfüllt, das dann zum Kopf strömte. Prächtige grüne und violette Lichter erschienen mir. Ich wollte für immer in diesem Seligkeitszustand verbleiben, weg vom Betrieb der äußeren Welt, doch Babaji schüttelte mich aus meiner Trance. „Komm, lass uns gehen“, sagte er und nahm mich auf eine Besichtigungstour durch die Örtlichkeit.

Zuerst gingen wir zum Grab; obwohl der Andrang groß war, sahen die Grabwächter nur einmal in Babajis Gesicht, um uns sogleich respektvoll ins Mausoleum zu geleiten. Im Inneren war es sehr schön – die Schwingung frommer Hingabe vibrierte fühlbar in der ganzen Atmosphäre. Das Grab war mit roten und grünen Samttüchern bedeckt. Trotz der wogenden Menge ließ uns der Chef der Grabwächter eine ganze Zeitlang in einer Ecke sitzen. Jedermann betete und rezitierte auf Arabisch. Meine Haare richteten sich auf und Tränen liefen mir über das Gesicht. Babaji schien eine geflüsterte Unterredung mit jemand Unsichtbarem zu führen. Schließlich beugte er sich tief hinab und signalisierte mir dann, es wäre Zeit zu gehen. Der Chef-Grabwächter küsste Babajis Hände, bevor er uns hinausführte.

Wir umkreisten das Mausoleum und verließen darauf den geheiligten Komplex. Ein zehnminütiger Gang brachte uns zur *Usmani Chilla*, dem Ort, an dem Khwaja Moinuddin Chisti vierzig Tage lang in einsamer Betrachtung verbrachte. In der Sufi-Terminologie wird diese 40-tägige intensive und einsame Kontemplation *Chilla* genannt. Es war ein friedvoller und stiller Platz mit Blick auf einen See, was den Augen in dem von der Sonne ausgedörrten Staat Rajasthan überaus wohltat. An diesem Platz gab mir Babaji eine kurze Beschreibung von Chistis Leben, dem von ihm begründeten Sufi-Orden und seinen Lehren.

1135 in Sanjar, nahe Asfahan, Persien, geboren, erhielt er den Namen Moinuddin Hasan. Der Name seines Vaters war Ghayas Uddin Hasan und er gehörte einer Sufi-Gruppe in Chorassan[58] an. Seine Mutter Bibi Mah Noor kam aus der Familie des großen Sufi-Meisters Sheikh Mohiuddin Abdul Qadri von Jilan, der den Sufi-Orden namens Qadriya gründete. Kurz nach dem fünfzehnten Geburtstag kam er in Kontakt mit dem Sufi-Meister Ibrahim Qandoozi – in seinem Garten. Nachdem Ibrahim Qandoozi von dem Jüngling ein Büschel Weintrauben angenommen hatte, gab er ihm seinerseits eine Süßigkeit, auf der er bereits einige Zeit gekaut hatte. Moinuddin aß die Süßigkeit und wurde mit einem Mal der Welt und ihrer Wege überdrüssig; er begann, nach der höheren Wirklichkeit zu suchen.

Er verließ das elterliche Heim und reiste umher, bis nach Bagdad, Samarkand und Buchara, alles Zentren der islamischen und sufischen Gelehrsamkeit. Es wird berichtet, dass er in Bagdad dem bekannten Sufi-Lehrer Abdul Qadir Jilani begegnete. Danach reiste er nach Mekka und Medina und ging nach seiner Rückkehr nach Harun in Persien. Dort fand er seinen Lehrer, der eigentlich nach ihm suchte.

Khwaja Usman von Harun gehörte dem Chisti Orden an; dieser Orden war von Khwaja Abu Ishaque aus Syrien gegründet worden. Deshalb wurde Moinuddin fortan Khwaja Moinuddin Chisti genannt; er ist also nicht der Begründer des Chisti Ordens, wie manchmal unterstellt wird.

Nach drei Jahren des Zusammenseins mit seinem Meister, in denen er strenge Askese übte, begann Moinuddin Chisti wieder zu reisen, traf Heilige und Derwische, auch den bekannten Sheikh Abu Najeeb Suharwady vom Suharwady Orden. Er besuchte die Grabstätten vieler Sufi-Heiligen und kam in Verbindung mit einer Anzahl lebender Sufis von hohem Rang, wie Abu Said von Täbris, Nasiruddin von Astrabad und Hassan Khirqani. Viele faszinierende Geschichten kursieren über diese Begegnungen.

Im Alter von 54 erklärte ihn sein Sheikh, Usman Haroun, als seinen Nachfolger, gab ihm seinen eigenen Gebetsteppich und Spazierstock, und bat ihn, loszuziehen und sein Werk zu verrichten. Khwaja Moinuddin Chisti ging auf eine Haj-Pilgerreise nach Mekka, umkreiste die Kaaba und kam nach Medina, wo das Grab des Propheten Mohammed liegt. Es heißt, dass er den Auftrag, nach Ajmer in Indien zu gehen und sich dort niederzulassen, in einer lebhaften Vision erhielt.

1191 gelangte er nach Ajmer, reiste 1200 nach Balk und Bagdad, kehrte nach einiger Zeit über Multan und Delhi nach Ajmer zurück. In Delhi besuchte er Qutub Shah, den Sufi-Heiligen aus Chorassan, der sein Schüler wurde, und den Asketen Baba Farid Ganj-e-Shakar. Der wohlbekannte Sufi-Heilige Hazrat Nizamuddin Aulia von Delhi gehörte zur Linie des gleichen Ganj-e-Shakar.

Qutub Shah von Chorassan lebte im letzten Lebensjahr von Khwaja Moinuddin Chisti zusammen mit ihm in Ajmer. Eines Tages gab ihm der Khwaja sein Gewand, seinen Turban und das göttliche Zepter seines Lehrers Khwaja Usman Harooni und sagte, er würde binnen Kurzem die Welt verlassen. Er gebot ihm, nach Delhi zu gehen und dort zu leben. Seine letzten Worte an Qutub Shah: ‚Geh hin, wo immer du willst, und lebe wie ein vollendeter Mensch.'

Zwanzig Tage, nachdem er Qutub Shah nach Delhi geschickt hatte, etwa im Mai 1229, ordnete Khwaja Moinuddin Chisti an, dass ihn niemand bis zum nächsten Morgen stören sollte, und trat nach den Abendgebeten in sein Schlafzimmer. Es wird berichtet, dass während der ganzen Nacht eine musikalische Tonfolge wie von einer leise gespielten *Sarangi* aus seinem Raum erklang. Am Morgen, als man die Tür öffnete, da er nicht zu den Morgengebeten gekommen war, fand man ihn tot auf seiner Couch liegend, mit einem ekstatischen Lächeln auf dem Gesicht.

Babaji sagte, dass Khwaja Moinuddin Chisti viele Bücher geschrieben hatte. Die noch auffindbaren Titel sind *Anis-ul-Arwah, Hadis-ul-Maarif, Kanjul Israr* und *Kashful Israr*.

Khwaja Moinuddin Chisti war der bahnbrechende Pionier der, wie man es nennen könnte, sufischen Variante der Gotteshingabe, des sufischen *Bhakti Marga* in Indien. Der orthodoxe Islam verbietet Musik jeder Art außer dem Chanten des *Quran* ohne musikalische Begleitung. Der Chisti Orden der Sufis jedoch macht Gebrauch von Musik und betrachtet instrumentales Spiel und Gesang als wichtige Elemente seiner spirituellen Praxis. Die verwendete Vokalform heißt *Sama*, die, wenn recht vorgetragen, Sänger und Zuhörer in einen ekstatischen Zustand versetzt, der zu einem erweiterten Bewusstsein führen kann.

Der Chisti Orden gründet vor allem auf der Vorstellung der alles hingebenden Liebe. Das Höchste Wesen ist der verhüllte Geliebte, und der Sänger ist der Liebhaber, dessen Seele sich danach verzehrt, einen Anblick des lieblichen Antlitzes des Geliebten zu erhaschen. Der Sufi verliebt sich Hals über Kopf und schmachtet nach wenigstens einem einzigen Moment in Gesellschaft des Geliebten, so dass er in dessen Augen blicken, ihn umarmen kann – berauscht vom betörenden Wein der Liebe, *Ishq* genannt, und seine begrenzte Persönlichkeit hinter sich lassend. Die Vernichtung des Ichs in der Liebe zum ewigen göttlichen Selbst heißt *fana*.

Die Qawwali- und Ghazal-Sänger verdanken dem Chisti Orden und Khwaja Moinuddin Chisti viel. In den Sufi-Heiligtümern in Indien, besonders in Ajmer und Nizamuddin in Delhi, werden zu gewissen Tages- und Nachtzeiten die herzbewegendsten Ghazals und Qawwalis zur Begleitung von Harmonium und Tablas gesungen.

Es war Abend. Als die Sonne sich anschickte, unterzugehen, ertönte der Gebetsruf von einem halben Dutzend Moscheen im Umkreis.

Babaji sagte: „Jetzt nehme ich dich zu einem lebenden Sufi mit, Syed Gudri Shah Saheb, der ganz in der Nähe wohnt. Erinnerst du dich an die muslimischen Gebetshaltungen, die man dir in der Kindheit beigebracht hat?"

„Nein, Babaji, nicht ganz."

„Okay, macht nichts. Tu es einfach den anderen nach. Gudri Shah Saheb wird uns sicherlich zur Abendkongregation in der kleinen Moschee neben seinem Haus einladen. Vergiss nicht, *salaam* zu sagen und seine Hände zu küssen, wenn wir ihn treffen."

Wir gingen die Stufen hinunter und durchquerten die Eingangshalle. Ein junger Mann mit weißem Käppi begrüßte uns vor der Tür. Bevor Babaji ein Wort sagen konnte, trat ein verhutzelter alter Mann mit grauem Bart und Turban aus der Tür. Als er Babaji erblickte, verwandelte sich sein ernster Gesichtsausdruck zu einem ekstatischen, zahnlosen Grinsen. Er rannte buchstäblich zu ihm, umarmte ihn und küsste seine Hände. Tränen glitzerten in seinen Augen, als er Babaji an den Schultern hielt und liebevoll in sein Gesicht blickte.

„*Bawaji*", sagte er in Urdu, „Tausend *salaams*. Welche Ehre – und wer ist der glückliche junge Mann?"

Babaji stellte mich mit meinem Geburtsnamen vor.

„Aha!", rief er aus, „wollt Ihr nicht an unseren Gebeten teilnehmen? Danach gehen wir zur *Dargah* (Versammlungsort) und erfreuen uns am Gesang des Qawwali-Sängers. Und danach gibt es ein gutes *biryani* (hier: Hammel-Reisgericht), oder wollt Ihr lieber vegetarisch essen? Kein Problem. Kommt, lasst uns zum Beten gehen."

So gingen wir nach den üblichen Waschungen zum Gebetsraum. Nur wenige Personen hatten sich dort versammelt. Nach den rituellen Gebeten, angeführt von Syed Gudri Shah, meditierten wir eine Weile still und wurden von ihm dann zum Versammlungsort geführt. Da ihn viele Leute auf dem Weg dorthin grüßten, folgerte ich, dass er an dieser Örtlichkeit als sehr geachteter Mann galt.

Die Qawwali-Sänger saßen, mit Harmonium und Tabla als Begleitung, außerhalb des Grabmals und sangen gefühlvoll und ganz selbstvergessen. Es waren eigentlich Liebeslieder, Ausdruck tiefer Sehnsucht nach dem Geliebten, nach Vereinigung mit dem Geliebten, danach, dass das geliebte Wesen den Schleier fallen lässt, so dass der Liebende für einen Moment das schöne Antlitz erblicken kann. Die Lieder bewegten mein Herz.

Nach dem Konzert nahm uns Gudri Shah Saheb mit in sein Haus. Einer der beiden Gästeräume wurde uns zur Verfügung gestellt. „Bitte, nehmt nach den Nachtgebeten an unserem Abendessen teil", sagte der alte Mann und verließ den Raum.

Babaji sagte: „Dein Hiersein hat einen bestimmten Zweck. Ich informierte Shah Saheb, dass du für drei Wochen sein Schüler sein wirst. Du wirst einen Crash-Kurs in Sufismus erhalten, und er willigte ein, dich in sufische Praktiken zu initiieren. Danach kannst du zurück nach Hause fahren und auf meinen nächsten Ruf warten. Morgen muss ich nach Maharashtra (indischer Bundestaat; Hauptstadt ist Mumbai), um einen der Nath Yogis zu treffen, der der Linie des großen Heiligen Jnaneshwar angehört, dessen Grabmal sich in Alandi, nahe bei Pune befindet. Ich habe dich übrigens im Auge behalten. Du hältst dich gut, aber ich schlage vor, dass du nicht an Bandenkriegen teilnimmst, auch nicht, um einen Freund zu retten."

Nach den Nachtgebeten kam Shah Saheb persönlich, um uns zu seinem Haus zum Abendessen zu geleiten. Es waren etwa sechs oder sieben seiner Schüler anwesend. Wir saßen im Schneidersitz auf Matten und aßen von Porzellantellern. Zwei Schüler servierten das Essen.

„Vegetarisches Essen ist auch gekocht worden, speziell für *Bawaji*", sagte Shah Saheb, „und, junger Mann, wenn du auch Vegetarier bist, kannst du von dem speziellen Essen haben."

Babaji überraschte mich, als er sagte, „heute werden wir Hammel-*biryani* und Kebab essen. Er zwinkerte mir zu. „Dieser junge Mann pflegte *biryani* sehr gern zu haben, allerdings glaubt er, dass seine Mutter das beste *biryani* auf der Welt macht."

Jedermann lachte, und nach einem stillen Gebet genossen wir eines der besten *biryanis*, die ich in meinem Leben gegessen habe. Nach dem Mahl verkündete Shah Saheb der Gruppe, dass ich mich ihrem *halqa* (Kreis) für drei Wochen anschließen würde. Ich wurde mit Umarmungen und den Ausrufungen ‚Allah sei gepriesen' willkommen geheißen.

Am nächsten Morgen ging Babaji fort und ließ mich bei Shah Saheb zurück. Ich fühlte mich nicht allzu schlecht, als ich mich von ihm verabschiedete. Ich begann die Kunst zu erlernen, unter allen Bedingungen die Ruhe zu bewahren. Während der kommenden drei Wochen war ich Shah Sahebs Schüler.

An den ersten Tagen wurde ich in der Philosophie und Theorie des Sufismus und auch über die verschiedenen Sufi-Orden unterrichtet. Einen Großteil der Zeit erlernte ich die Techniken, die von den Sufis ausgeübt werden. Ich begann die Maxime zu verstehen: ‚*Man arafa nafshu, fa khad arafa rabbu*', die vom Begründer des Islam stammt; sie kann etwa so übersetzt werden: ‚Er, der sein Selbst kennt, kennt seinen Gott.'

Ich lernte, was *khalb* oder das ‚spirituelle Herz' bedeutet, und wie ich es in mir erwecken kann. Man unterrichtete mich über die ‚tanzenden' Derwische des von Jalaluddin Rumi gegründeten Mevlavi Ordens, und wie und warum sie tanzen bzw. wirbeln. Ich wurde kurz in Rumis dichterisches Werk *Masnavi* und in sein Prosawerk *Fihi Ma Fihi* (leger übersetzt: ‚Es ist, und doch ist Es nicht') eingeführt.

Ich studierte die Werke von Abdul Khadir Jilani, des Gründers des Qadiriya Ordens, und vertiefte mich in den mystischen Gehalt des *Rubaiyat* von Omar Khayyam. Ich lauschte den Chisti Qawwali-Sängern und lernte selbst ein wenig Singen. Die Werke der großen Lehrer der Naqshabandi, Rifayee und Suharwady Orden und die Geschichten von Mullah Nasruddin eröffneten mir wunderbare Bereiche, von denen ich nie gedacht hätte, sie würden im Rahmen des Islam existieren. Mein Lieblingsbuch war indes das *Mantiq-ut-Tair* (‚Konferenz der Vögel') von Fariduddin Attar.

Man schob mich durch ein intensives Programm von Studium, Fasten und Kontemplation, bis mein *Nephsh*, mein kontrollierendes Selbst seziert war und nackt vor meinen Augen lag. Am Ende des Intensivkurses, und nachdem er mir zusätzliche Titel aufgelistet hatte, die ich lesen sollte – einschließlich des klassischen Buches *Kasf-ul-Mehjoob* (Offenbarung des Verschleierten) von Ali Hujviri –, sagte Shah Saheb zu mir:

„Dein *Bawa* ist eine große Seele. Er ist ein *aulia*, ein *pir*. Dank göttlicher Gnade hast du ihn gefunden. Du benötigst nichts anderes. Ein Großteil der Reise ist schon bewältigt. Zieh deiner Wege, Sohn, und möge Allah mit dir sein."

Nach sehr respektvoller Verabschiedung und drei Umarmungen machte ich mich auf zum Bahnhof und war nach ein paar Tagen zurück im Elternhaus.

37. Die Ramakrishna Mission

Im Jahr nach meiner Rückkehr von Ajmer ließ ich mich als Student der Pharmazie einschreiben. Meine Eltern dachten, meine Vagabunden-Neigungen würden eingedämmt werden, wenn ich einer, wie sie meinten, sinnvollen Beschäftigung nachginge. Die Frau meines Cousins war Ärztin in Cannanore in Nordkerala, und sie hatte vorgeschlagen, dass ich eine Zulassung am Calicut Medical College zum diplomierten Pharmaziestudium beantragen sollte. Sie war, und ist es noch immer, eine gute Freundin, und da meinen Eltern sehr daran lag, folgte ich ihrem Rat. Mein Vater plante, eine pharmazeutische Firma in Madras zu gründen, und stellte sich vor, es wäre nützlich, wenn ich dieses Diplom hätte.

Mir selbst gefiel der Kurs. Ich musste ziemlich viel Anatomie und Physiologie studieren, was Sezieren und Besuche im Leichenschauhaus des Krankenhauses mit einschloss. Organische Chemie und Pharmakologie gehörten auch zum Lehrplan. Im ersten Jahr schnitt ich ganz gut ab. In der zweiten Hälfte des zweiten Studienjahrs begann mich die periodisch auftretende Ruhelosigkeit und Reiselust zu erfüllen, und ich machte Pläne für einen stillen Abgang. Eines Nachts träumte ich von Babaji, der sich mit Ramakrishna Paramahansa am Ganges-Ufer unterhielt. Ich interpretierte das als Signal und verließ Calicut, ohne jemand zu informieren.

Aus irgendeinem Grund nahm ich nach meiner Ankunft in Chennai einen Zug nach Mumbai, wo ich dann feststellte, dass ich nicht genügend Geld für die Reise zur Zentrale der Ramakrishna Mission in Calcutta hatte. Ein Mitreisender erzählte mir über die schöne Ramakrishna Mission in Khar in Mumbai. Er wohnte in Khar und wäre glücklich, wenn er mich dort hinbringen könnte, falls ich das wollte. Ich sagte zu, und so kam es, dass ich an einem Nachmittag in der Ramakrishna Mission in Khar ankam.

Es war wirklich eine Oase inmitten des lauten Mumbai. Zuerst ging ich zum erlesenen Sri Ramakrishna Tempel und saß dort eine Weile in stiller Meditation. Auf meine Bitte wurde mir ein Termin bei Swami Hiranmayananda gewährt, dem Präsidenten dieses Missionszweigs und Schüler von Mahapurusha Maharaj, einem direkten Schüler von Sri Ramakrishna. Er hörte mir geduldig zu und willigte ein, mich als einen Brahmachari aufzunehmen. Nur meinte er, es wäre gut, meinen muslimischen Namen aus gewissen Gründen geheim zu halten, und gab mir den Namen Shivprasad. Von da an und für die Dauer von eineinhalb Jahren war ich ‚Brahmachari Shivprasad'.

Die Ramakrishna Mission, gegründet vom berühmten Swami Vivekananda, sieht im Dienst für die Menschheit die beste Form der Verehrung. Anders als in manchen Ashrams, wo die Bewohner studieren, essen und schlafen und sich gewöhnlich nicht mit irgendwelchen Diensten am Nächsten befassen, sind die Mönche der Ramakrishna Mission ständig mit Aktivitäten zum Wohl der Mitmenschen beschäftigt. Krankenhäuser, Waisenhäuser, Schulen, Colleges und große Verlagsabteilungen werden meist von Mönchen und Mönchsanwärtern betrieben. Diese Tätigkeiten helfen ihnen auch, Müßigkeit und Selbstzufriedenheit zu vermeiden.

Als man mich fragte, welche Art von Dienst ich gerne verrichten wollte, da ich doch gut ausgebildet wäre, bot ich mich an, im Tempel zu arbeiten, sauber zu machen und mich generell um den Tempel zu kümmern. Nach Konsultation mit Bhatuk Maharaj, dem orthodoxen und reservierten Priester, gab man mir die Tätigkeit. Etwas später stieg ich eine Sprosse höher und arbeitete im inneren Schrein, sammelte Früchte und Blumen für die Opfergaben, reinigte dann schließlich das innerste Heiligtum und pflegte das marmorne Bildnis von Sri Ramakrishna so, als ob er darin in Fleisch und Blut gegenwärtig wäre.

Zu anderen Zeiten lernte ich von einem wunderbaren Mönch, Swami Gautamananda, die Veden zu chanten und zu singen. Der Swami wurde später der Präsident der Ramakrishna Math in Madras/Chennai, einem der ältesten Quartiere der Mission. Swami Vivekananda war zu dessen Anfängen noch gegenwärtig und setzte Swami Ramakrishnananda als erstes Oberhaupt ein.

In diesen anderthalb Jahren lernte ich eine Menge und erwarb Fähigkeiten, die mir auf meiner Lebensreise dienlich sein würden. Die Bücherei der Mission war gut bestückt, und ich las fast die gesamte verfügbare Literatur über Sri Ramakrishna und seine unmittelbaren Schüler. Meine Lieblingslektüren waren *The Gospel of Ramakrishna* von ‚M', *Ramakrishna the Great Master* von Swami Saradananda, die kompletten Werke von Swami Vivekananda und die Lebensbeschreibungen einiger der direkten Jünger und Schüler von Sri Ramakrishna.

Ich konnte auch einige beispielhafte Mönche des Ramakrishna Ordens treffen wie etwa Swami Vireshwarananda, dem damaligen Präsidenten der Mission und direktem Schüler von Sharada Devi, oder den bekannten Swami Ranganathananda, dank dessen Bemühungen das Ramakrishna Kultur-Institut in Calcutta gegründet wurde, und viele andere mehr.

Anlässlich des Zelebrierens der *Durga Puja* in jenem Jahr hatte ich Gelegenheit, mit älteren Mönchen ins Gespräch zu kommen, die zwar das Khar-Quartier der Ramakrishna Mission besuchten, jedoch einer anderen Mönchs-Kategorie angehörten – es waren Tantra-Experten, und einige unter ihnen hatten eine hohe spirituelle Entwicklungsstufe im Bereich von Tantra erreicht.

Falls mir der Sinn danach gestanden hätte, Mönch zu werden, hätte es für mich keinen besseren Platz als die Ramakrishna Mission gegeben. Aber mir war bestimmt, ein ‚Haushälter', ein Ehemann und Vater zu werden. Jedenfalls sahen Babajis Pläne dies für mich vor. Und so verließ ich eineinhalb Jahren später ohne großes Aufheben die Ramakrishna Mission in Khar und war wieder frei, nach Lust und Eingebung umherzuwandern.

Nach der Lektüre der Bücher über Sri Ramakrishna und Swami Vivekananda verspürte ich den starken Wunsch, zwei Plätze zu besuchen – den Dakshineshwar Kali-Tempel in Calcutta, am Ufer des Hooghly-Flusses gelegen, wo Ramakrishna den größten Teil seines Lebens verbrachte; und Belur Math, das Hauptquartier der Ramakrishna Mission, das auf der anderen Seite des Flusses lag.

Ich wartete auf ein Signal von Babaji. Da aber keines kam, ging ich einfach zum Hauptbahnhof von Mumbai und kaufte eine Fahrkarte nach Calcutta. Das Geld reichte gerade aus, um dort anzukommen. Vom Howrah Bahnhof, Calcutta, jedoch musste ich zu Fuß nach Dakshineshwar gehen. Mittlerweile gewohnt an pünktliche und sättigende Mahlzeiten, war ich, als ich in Dakshineshwar anlangte, sehr hungrig und müde.

Man stelle sich meine Freude und Erregung vor, als ich eine vertraute Gestalt vor dem Haupteingang zum Tempel stehen sah – meinen geliebten Babaji. Hunger und Müdigkeit waren vergessen – ich rannte zu ihm, um seine Füße zu berühren. Er umarmte mich herzlich und sagte: „Als erstes etwas zu essen für den ausgehungerten *Brahmachari Maharaj*, nicht wahr?"

Nach einem köstlichen Mahl aus *luchis* (in Öl gesiedete kleine Teigfladen), Kartoffelcurry und *sandesh* (bengalisches Dessert) betraten wir den Tempelkomplex. Er war vor hundertfünfzig Jahren von Rani Rasmoni errichtet worden und besteht aus einem kleinen seitlichen Tempel für Gopal Krishna und dem Haupttempel, Bhadrakali geweiht, der wilden, zornigen weiblichen Gottheit, die pure Energie in ihrer explosiven, unberechenbaren Form symbolisiert. Beim Eintreten sieht man zwölf *lingams*, die die zwölf heiligen *Jyothir lingams* Indiens, phallische Symbole Shivas, repräsentieren. Kali wird als seine Gemahlin betrachtet.

Sowie ich durch das Tor schritt, standen meine Haare zu Berge und meine Stimmung wechselte plötzlich. Babajis Miene wurde ungewöhnlich ernst; er blickte zum Haupttempel von Bhadrakali. Es war ein Wochentag und die Schlange der Gläubigen, die zum *darshan* kamen, daher kurz. In wenigen Minuten standen wir vor dem Bildnis der ungestümen Gottheit, der Mutter des Universums.

Bhadrakali ist der grimmige Aspekt der zehn großen Energien des Tantra, den *Dasa Maha Vidyas*. Sie ist schwarz, und ihre Augen sehen rasend wild und zornig aus. Ihre bluttriefende Zunge hängt aus dem Mund, ihr dichtes Haar, vom Wind zerzaust, steht wild in alle Richtungen. Sie ist nackt, bis auf eine Girlande abgetrennter menschlicher Köpfe und einem Rock aus abgetrennten menschlichen Händen. Sie hat vier Arme. Eine Hand weist nach unten, eine andere ist segnend erhoben, eine dritte hält ein bluttriefendes Schwert und die vierte einen frisch abgetrennten, blutenden menschlichen Kopf.

Sie tanzt in wilder Ekstase, die an Wut grenzt, ein Bein steht auf der Brust ihres Gemahls Shiva, der passiv unter ihr liegt, das andere ist in Tanzhaltung erhoben – insgesamt ein sehr blutrünstiges Bild. In dem Moment, da meine Augen auf sie fielen, geschah etwas Außergewöhnliches. Die feurige Schlange, die eingerollt am unteren Ende der Wirbelsäule schläft und die ich, Babajis Instruktionen folgend, aktivieren und dazu überreden konnte, sich aufwärts zum Kopf zu bewegen, rollte sich nun spontan auf. Ich verspürte ein greifbares Zucken und Beben, als das Feuer durch die Wirbelsäule hinauf lief und am Scheitel des Kopfes in Regenbogenfarben ausbrach. Mit einem Stöhnen fiel ich zu Boden und verlor das Bewusstsein.

Als ich aufwachte, lag mein Kopf in Babajis Schoß, in einer Ecke der Tanzhalle vor dem Tempel. Er strich sanft über meinen Kopf und sagte: „Zu viel für dich, ja? Dein Körper konnte die Einwirkung nicht aushalten. Gut, dass ich hier war; anderenfalls wärst du verrückt geworden."

„Mein ganzer Körper bebt in einer Seligkeit, wie ich sie noch nie erlebt haben", sagte ich mit schwacher Stimme.

„Du wirst dich erholen. Jetzt steh auf. Ich möchte dich herumführen."

Bald darauf schritten wir um den Komplex. Mein Seligkeitsgefühl hatte sich nur wenig abgeschwächt, und ich trottete umher wie betrunken. Wir besuchten den berühmten Gopal Krishna Tempel, der ein kleines Bildnis von Krishna beherbergt. Das Standbild war einmal aus der Hand eines Priesters gefallen, der es gerade badete, und ein Bein brach ab. Schriftgelehrte wurden befragt, ob ein Idol mit einem gebrochenen Fuß verehrt werden könne. Das allgemeine Urteil lautete, es wäre nicht glücksbringend, ein zerbrochenes Bildnis zu verehren.

Rani Rasmoni, die Gründerin des Tempels, meinte, dass der heiligmäßige junge Priester des Kali Tempels, Gadadhar Chattopadhyaya (später gaben ihm Gläubige den Namen Sri Ramakrishna Paramahansa), auch konsultiert werden sollte. Sie glaubte, er wäre göttlich inspiriert. Der junge Ramakrishna sagte lediglich:

„Ich bin kein Gelehrter wie die Pandits hier, aber ich möchte eine Frage stellen. Wenn der Schwiegersohn der Rani stürzte und sich ein Bein bräche, würde sie ihn dann in den Ganges werfen und einen neuen besorgen? Was das gebrochene Bein anlangt, so kann ich es vollständig reparieren, und niemand wird die Bruchstelle sehen. Doch liegt es bei Ihnen, wie Sie entscheiden."

Das Standbild, von Ramakrishna selbst repariert, wurde wieder aufgestellt und die Gläubigen verehren es noch heute.

Wir besuchten und umkreisten auch die zwölf *lingams*, Symbole des höchsten Wesens *Sadashiva*, des ‚Ewig Glückbringenden'. Dann kamen wir aus dem Komplex heraus und gingen in den kleinen Raum am Fluss, wo Sri Ramakrishna den Hauptteil seines Lebens verbrachte. Dies war das Zimmer, in welchem die zukünftigen Unentwegten der Ramakrishna Mission – einschließlich Swami Vivekanandas, dessen ursprünglicher Name Narendranath Gupta war, und anderer großer *sadhaks* und spiritueller Lehrer wie Bhairavi Brahmani, Gopal Ma, Totapuri u. a. – wichtige Zeitperioden mit Sri Ramakrishna verbrachten.

Mein Körper begann wieder zu zittern und Tränen liefen mir ständig über die Wangen, als ich mit Babaji bei dem Bett saß, auf dem Ramakrishna gewöhnlich schlief. Bei geschlossenen Augen spulte sich eine videoartige Vision des Gurus und seiner Jünger ab, die gemeinsam viel Spaß hatten, lachten, sich unterhielten und *sandesh* aßen.

Nach einer langen Zeit hörte ich Babajis Stimme: „Wir gehen jetzt."

Wir traten hinaus und verharrten bei der Veranda, wo Ramakrishna sich vor den Füßen einer Prostituierten zu Boden geworfen und gerufen hatte: „Oh Mutter Kali, wie schön du bist und in wie vielen unzähligen Gestalten du erscheinst!"

Darauf besuchten wir das Nahabat, wo die heilige Mutter Sharada Devi, die Ehefrau von Sri Ramakrishna, wohnte und für ihren geliebten, heiligmäßigen Gatten Essen kochte; sich selbst überlassen hätte er die Bedürfnisse des Körpers ignoriert.

Von dort spazierten wir zum Ganges-Ufer. Babaji zeigte mir den Panchavati-Hain, in dem Ramakrishna unter Anleitung von Bhairavi Brahmani, der Lehrerin, die ihn in die Geheimnisse der Kundalini initiierte, intensive tantrische Rituale praktizierte.

Babaji hatte zugesehen – so erzählte er –, wie Bhairavi Brahmani den in Trance befindlichen Ramakrishna überredete, etwas Nahrung zu sich zu nehmen. Vor ein paar Jahren hätte ich bezweifelt, dass Babaji das alles ‚gesehen' haben konnte, da er selbst doch nicht älter als etwa dreißig Jahre aussah. Aber mittlerweile hatte ich gelernt, die üblichen Begriffe von Zeit und Raum zu suspendieren, wenn es um ihn ging.

Er sagte, dass Bhairavi Brahmani, eine Schülerin des nackten Trailanga Swami von Benares, eine hoch entwickelte *yogini* war und Sri Ramakrishna nicht ein gewöhnlicher *sadhak* (einer, der *sadhana*, spirituelle Praxis ausübt), sondern eine Art von göttlicher Verkörperung. Dann erzählte er mir diese interessante Geschichte.

Bhairavi Bhavani wollte Sri Ramakrishna offiziell als göttliche Inkarnation erklären lassen und lud zu diesem Zweck viele Religionsgelehrte und Experten nach Dakshineshwar ein, wo sie über diesen Fall beratschlagen könnten. Die Mehrheit der Gelehrten war sich darin einig, dass der junge Priester außergewöhnliche Eigenschaften und Charakterzüge hatte, die ihn dazu qualifizierten, als *Avatar* (auf Erden inkarnierte Göttlichkeit) deklariert zu werden. Schließlich beschlossen sie, den jungen Priester persönlich zu befragen, was er über die Angelegenheit dachte.

Sri Ramakrishna war ein paar Tage zuvor in Halbtrance ausgerutscht und gefallen und hatte sich den Arm gebrochen. Er erschien vor dem Komitee mit gebrochenem Arm in der Schlinge. Als man ihn nach seiner Meinung fragte, lachte er und sagte:

„Ich weiß nicht, was die Schriften sagen oder was Sie denken, aber wenn Sie wirklich glauben, ich sei ein *Avatar*, dann kann ich nur sagen, das wäre der erste *Avatar* mit gebrochenem Arm in einer Schlinge."

Bhairavi Brahmani jedoch blieb bei ihrer Überzeugung, dass er eine besondere göttliche Manifestation sei.

„Was denkst du?", fragte ich Babaji.

„Ja, er war das", sagte er.

Von Dakshineshwar nahmen wir ein Boot über den Ganges zur Klosteranlage Belur Math, dem Hauptquartier der Ramakrishna Mission. Verteilt über viele Hektar bewaldeter Fläche, beherbergt Belur Math ständig etwa zweihundert Mönche und Mönchsanwärter und besteht aus zahlreichen Gebäuden. Das eindrucksvollste Gebäude aber ist der Sri

Ramakrishna geweihte Tempel. Mit seinem Bau aus braunem Stein und Granit, seinen exquisiten Kuppeln und marmornen Tempelböden stellt er ein architektonisches Meisterwerk dar.

Die Gottheit im Allerheiligsten ist ein lebensgroßes Bildnis Sri Ramakrishnas, der in Yogahaltung und absorbiert in Trance dasitzt. Unterhalb der Plattform für die Gottheit ruhen die körperlichen Überreste Sri Ramakrishnas – Asche und Knochen, die Swami Vivekananda selbst auf dem Haupt getragen und hier platziert hatte.

Danach besuchten wir die kleinen Schreine entlang der Flussufer, die die Überreste einiger der Schüler Ramakrishnas enthalten, einschließlich Swami Vivekanandas und der heiligen Mutter Sharada Devi.

Dann nahm mich Babaji in den ersten Stock eines Gebäudes nahe dem Speisesaal, wo ein Balkon die Ganga überblickte. Durch die Fenster, die auf den Balkon führten, konnte ich einen schönen, reich ausgestatteten Wohn- und Schlafraum erkennen. Ich suchte nach der Tür zu diesem Zimmer. Sie war verschlossen. Über dem Türrahmen fand sich eine Plakette, die angab: ‚Swami Vivekanandas Zimmer'. Die Musikinstrumente, die er gespielt hatte, standen in einer Ecke, in der anderen lehnten sein stilvoller Spazierstock, seine Lederstiefel und ein kalbsledermer Aktenkoffer. Ich fragte mich, wie ein großer Mönch vom Rang eines Swami Vivekananda unter derart, sagen wir, luxuriösen Umständen leben konnte.

Babaji unterbrach sein Schweigen: „Swamiji war ein *Raja Yogi*, innerlich und äußerlich. Er war König über alles, was er überschaute. Es hängt sehr von der Lebensmission ab, wo große Yogis leben und wie sie sich geben und verhalten. Das Äußere zählt nicht wirklich; es ist die innere Haltung, die zählt. Swamijis Leben wurde äußerlich erst komfortabel, als er zu Ruhm kam und die Belur Math entstand. In seiner Jugend litt er maßlos und hungerte manchmal tagelang. Selbst danach war er jederzeit bereit, sein *kamandalu* zu nehmen und wieder ein Wandermönchs-Leben ohne jeglichen Besitz zu führen. Viele Vorfälle in seinem Leben belegen das.

Erinnere dich, Janaka war der König von Videha und trotzdem ein *Rishi*, ein *Raja Rishi*. Du wirst auch einmal wie ein *Raja Rishi* leben."

„Ich? Babaji!", protestierte ich. „Wenn du mir erlaubt hättest, frei von Sorgen in den Himalayas umherzustreifen, hätte ich das vorgezogen. Allerdings gebe ich zu, dass ich gern gute Autos fahre."

Babaji meinte: „Das ist schön, solange du dabei maßvoll bleibst. Du neigst dazu, zu schnell zu fahren. Pass auf."

Wir nahmen ein gutes Mahl im Speisesaal von Belur Math ein und gingen zum Haupt-Eingangstor. Draußen gab mir Babaji etwas Geld und sagte: „Jetzt fährst du nach Hause und wartest, bis dich die Wanderlust wieder ergreift. Du wirst ein andermal zu Belur Math zurückkehren und längere Zeit hier verbringen." Dann ging Babaji weg. Seine Vorhersage erfüllte sich einige Jahre später.

Auf der Rückreise besuchte ich Bhuvaneshwar und Puri. Im dortigen Jaganath Tempel wurde ich von spiritueller Emotion überwältigt. Mein Herz war von Seligkeit erfüllt. Auf dem Boden im Innenhof sitzend, sah ich Szene um Szene aus dem Leben von Chaitanya Mahaprabhu ablaufen – zwei strahlende junge Männer, Nitai und Gouranga, die ekstatisch vor Gott Jaganath zur Begleitung von Trommeln und Zimbeln tanzten.

Ich besuchte auch Chaitanya Mahaprabhus Wohnsitz und den kleinen Ort nahe beim Meer, wo Chaitanjas enger Freund und Jünger Haridas Prabhu lebte. Haridas war von Geburt Muslim und durfte den Jaganath Tempel nicht betreten. Chaitanya Mahaprabhu legte deshalb Wert darauf, vom Tempel immer direkt zum Haus des Freundes zu eilen. Es heißt, dass Haridas beim Sterben „Hari Hari" gerufen und die Füße von Chaitanya Mahaprabhu auf seine Brust gestellt hatte.

38. Sri Devi und Neem Karoli Baba

Acht Monate nach meiner Rückkehr nach Trivandrum war ich wieder unterwegs. Dieses Mal kam ich nach Delhi und arbeitete bei meinem Freund Balachandran Nair, dem ich vor einiger Zeit im Zug begegnet war und mit dem ich mich angefreundet hatte. Er war viel älter als ich und gab eine spirituell-kulturelle Zeitschrift namens *Accent* heraus. Ich lernte bei ihm die Grundelemente des Editierens und zeichnete Diagramme für das Magazin. Balachandran Nair, den ich *chettan*, älteren Bruder nannte, lebt heute in einer ruhigen Stadt an der Küste in Kerala, veröffentlicht exzellente Bücher über spirituelle Themen und schreibt unter dem Pseudonym Srikant.

Nach einiger Zeit brach ich die Verlagstätigkeit ab und fuhr – wie sollte es anders sein – zu den Himalayas. Ich reiste diesmal in eine etwas andere Richtung. Zuerst nach Haldwani, von wo aus ich zur Höhle von Herakhand Baba wanderte, einem großen *Siddha* (Yogi mit besonderen spirituellen Kräften), der im 19. und im ersten Viertel des 20. Jahrhunderts lebte und von dem man sagt, er sei ein Schüler von Sri Guru Babaji gewesen. Dann weiter nach Ranikhet und Dwarahat, und von da nach Kukurchina. Meine Absicht war es, zu der Höhle zu gehen, in welcher der große Yogi Shyama Charan Lahiri Sri Guru Babaji getroffen hatte und von ihm initiiert worden war.

Ich wanderte durch Pandukhali, wo, wie die Einheimischen glauben, die Pandavas für eine Weile im Exil lebten, kletterte einen felsübersäten Hügel hinab und langte bei der Höhle an. Niemand war da. In der Höhle war es absolut still und friedvoll. Ich setzte mich nieder und übte meinen Kriya aus. Mühelos trat ich in einen veränderten Bewusstseinszustand. Ich konnte Sri Gurus Präsenz greifbar im Herzzentrum spüren. Als ich aus der Trance kam, beschloss ich, das Tunnellabyrinth zu erkunden, in das man durch den einzigen Eingang auf der rechten Seite des Höhleninneren gelangte.

Ich war traurig, dass Babaji, der, wie ich dachte, mir gewiss begegnen würde, sich nicht blicken ließ. Ich betrat den Tunnel; trotz der Dunkelheit ging ich beständig weiter, fand tastend den Weg. Doch die plötzlich aufkeimende Angst, Schlangen oder Himalaya-Bären könnten im Dunkeln lauern, wollte mich zum Eingang zurücktreiben. In dem Moment sah ich am entfernten Tunnelende einen schwachen Lichtschein. Ich nahm meinen Mut zusammen und ging auf ihn zu. Das Licht wurde stärker. Ich entdeckte, dass der Tunnel in eine andere große Höhle mündete.

Ein *Dhuni* loderte dort hell – mein Herz tat vor Freude einen Sprung. Babaji saß in Lotushaltung da und blickte ins Feuer. Er wandte sich nicht um, sagte lediglich: „Komm her, Madhuji. War eine lange Zeit, nicht wahr?“

Ich fiel zu seinen Füßen nieder, und wir saßen beisammen und unterhielten uns lange. Wie üblich hatte er ans Essen für mich gedacht – *chapatis, dal* und Gemüsecurry. Nach dem Abendessen und einer ausgedehnten Meditation sagte er:

„Dieser Platz Panchkuli war der letzte Ruheplatz von vielen großen Yogis und *Siddhas*. Du wirst hier zahlreiche Gräber über die Hügel verstreut finden. Eine Zeitlang war es auch Sri Gurus und mein Lieblingsplatz. Jetzt kommen wir aber nicht mehr so häufig her.“

Ich rollte meinen Schlafsack auf, was Babaji ein Lächeln abnötigte, und schlüpfte hinein. Der besondere Zustand zwischen Wachen und Einschlafen hatte schon begonnen, als ich einen süßen Duft in die Höhle wehen spürte. Ich richtete mich nicht auf, schüttelte aber meine Schläfrigkeit ab und wurde hellwach.

Eine leuchtend weiße, durchscheinende menschliche Gestalt schwebte in die Höhle. Als sie sich zu Boden senkte und vor dem *Dhuni* stand, konnte ich feststellen, dass es ein weibliches Wesen war, ungewöhnlich schön, mit dichtem, langem, schwarzem Haar. Babaji stand auf und machte eine Prostration zu ihren Füßen. Ich wickelte mich rasch aus dem Schlafsack und warf mich gleichfalls vor ihr auf den Boden.

„Also das ist die junge Seele, die uns vor langer, langer Zeit kannte“, sagte sie mit melodischer Stimme, „komm näher, mein Lieber.“

Ich ging zu ihr. Sie strich mit den Fingern durch mein Haar, streichelte meine Wange und hielt mich nah an ihren Busen. Der liebliche Duft sättigte meine Seele und pulsierte durch jede Körperzelle. Mir war, als wäre ich ein kleines Kind, das mit seiner lang verlorenen Mutter wieder vereint ist.

„Sri Guru sagte, du wärest hier“, wandte sie sich an Babaji, „und ich dachte mir, ich will mir den jungen Mann einmal ansehen. Jetzt muss ich aber schon wieder gehen.“ Sie schwebte hinaus, so wie sie gekommen war, und wir machten unser *pranam*.

„Ein wirklich seltenes Ereignis“, sagte Babaji. „Das war Sri Devi, Sri Guru Babajis Schwester, ein hohes Wesen, das gewöhnlich ein sehr zurückgezogenes Leben führt. Du hast Glück!“

„Nur wegen deines Segens, Babaji“, sagte ich und ging zurück zu meinem Schlafsack. Beim Einschlafen ging mir dieses ungewöhnliche Vorkommnis durch den Sinn und ich fragte mich, ob mir zu Hause irgendjemand glauben würde, falls ich darüber erzählte.

Am nächsten Tag verließen wir die Höhle und kamen nach Dwarahat. Babaji schlug vor, dass ich den von Swami Vivekananda gegründeten Advaita Ashram in Mayavati, Pithoragarh Distrikt, besuchte, danach den Uttara Brindavan Ashram in Mihirtola, wo ich den Leiter des Ashrams, Sri Madhav Ashish, treffen sollte. Auch sollte ich nach Kainchi (zwischen Almora und Bhowali gelegen) gehen und dort den Avadhuta Maharaj Neem Karoli Baba treffen, danach weiter zum Ramakrishna Seva Ashram in Benares (Varanasi) und schließlich zum Belur Math Kloster in Calcutta.

Der Advaita Ashram war für mich einer der schönsten Himalaya-Ashrams. Er war von Swami Vivekananda speziell für jene gegründet worden, die dem vedantischen Pfad folgen und nicht zur Verehrung von Idolen neigen. Hier gibt es keinen Sri Ramakrishna geweihten Tempel, daher findet auch keine tägliche *puja* (Gottesdienst) statt. Es war aufregend, das Zimmer, das von Swami Vivekananda benutzt worden war, zu besichtigen.

Ich traf dort auch Swami Devatmananda, einen irakischen Arzt, der ein Mönch des Ramakrishna Ordens geworden war. Wir wurden gute Freunde. Als ich ihm erzählte, dass ich nach Benares ginge, gab er mir einen Brief an das Oberhaupt des Ramakrishna Seva Ashrams mit und sagte, er würde in ein paar Tagen auch hinfahren. Von Mayavati reiste ich nach Mihirtola, zum Uttara Brindavan Ashram von Sri Krishnaprem, von ihm Nahestehenden auch Gopal Da genannt. Dieser war 1965 gestorben, und ich sollte seinen Schüler und Nachfolger Sri Madhav Ashish treffen.

Der Ashram in Mihirtola, 35 km von Almora entfernt gelegen, mit einem hübschen kleinen Krishna Tempel, war von der heiligmäßigen bengalischen Frau Yashoda Mai gegründet worden. Sie war die Tochter des Richters Chakravarthy vom Calcutta High Court. Etwas Besonderes zeichnete sie aus: Als sie kaum sieben Jahre alt war, wurde sie von Swami Vivekananda persönlich als ein Symbol der göttlichen Mutter verehrt – ein Ritual, das *Kumari Puja* genannt wird.

Ihr Vater, Richter Chakravarthy, war eng mit Annie Besant von der Theosophischen Gesellschaft verbunden und glaubte an die Existenz von alterslosen Meistern in den Himalayas.

Yashoda Mai hingegen praktizierte *Vaishnava sadhana*, die auf Gott Vishnu und seine Inkarnationen ausgerichtete spirituelle Disziplin, und Krishna, eine der wichtigsten Inkarnationen, war ihr Ein und Alles.

Bevor Krishnaprem der Welt entsagte, war sein Name Professor Ronald Nixon – ein Engländer und brillanter Cambridge-Graduierter, der an den Universitäten von Lucknow und Benares englische Literatur lehrte. Er war auch Sanskrit- und Pali-Gelehrter, sprach dazu fließend Bengali und Hindi.

Der Ashram lag an einem abgeschiedenen Platz, inmitten von mit Kiefern bewachsenen Bergen und tiefen Tälern. Sowie ich durch das Eingangstor ging, fühlte ich mich in einen verzauberten Garten versetzt. Überall gab es leuchtende Blumen und reiches Grün und vor allem – Stille. Der Tempel, im traditionellen *Vaishnava*-Stil gebaut, enthielt schöne Standbilder von Radha und Krishna.

Das Ashram-Leben kreiste um den Tempel; die Gottheiten Radha und Krishna wurden behandelt wie lebende Wesen – zum Einschlafen gebracht, aufgeweckt, gewaschen, neu eingekleidet, gespeist etc.

Es war die Zeit des Abend-*Aartis*, und als ich im Inneren des Tempels stand, trat ein Westler im typischen *Vaishnava*-Gewand ein, mit Kastenzeichen auf der Stirn, Haarbüschel auf dem Hinterkopf und safrangelbem *dhoti*. Er sah kurz zu mir, ging dann geradewegs zum Allerheiligsten. Eine kunstvolle *puja* wurden von diesem hochgewachsenen Westler zelebriert. Kein Detail wurde dabei übersehen. Es gab nur zwei oder drei Personen einschließlich meiner selbst im Tempel. Nach der *puja* trat er aus dem Allerheiligsten und kam zu mir. Ich führte meine Prostration aus und berührte seine Füße. „Madhav Ashish", sagte er in Queen's English, „ein demütiger Schüler von Yoshoda Mai und Swami Krishnaprem. Bist du gerade gekommen?"

„Ja, *Maharaj*", sagte ich, „ich reiste in den Himalayas umher, und mein Guru hatte mir geraten, diesen Ashram zu besuchen. Kann ich für einen Tag bleiben?"

„Fühl dich zuhause, junger Mann", sagte er, „ich zeig dir ein Zimmer. Glücklicherweise sind im Moment nur wenige Besucher da."

Später am Abend, nach einem wohlschmeckenden vegetarischen Essen, lud mich Madhav Ashish in seine Wohnung für ein Plauderstündchen ein.

„Bitte entschuldige, ich bin es zu solchen Gelegenheiten gewohnt zu rauchen", sagte er und zündete seine Bruyère-Pfeife an. Der Duft des guten Tabaks erfüllte den Raum, und wir unterhielten uns bis lang in die Nacht.

„Gut", sagte er, „jedem das Seine. Wie ich schon sagte, wir sind hier orthodoxe *Vaishnavaites*, und du folgst den Unterweisungen von Baba, das mag das Beste für dich sein. Ich kann in deinen Augen etwas Wunderbares erkennen. Hat dir dein Babaji zufällig auch ein *Vaishnava*-Mantra gegeben?"

„Ja", sagte ich, „beim *Thokar Kriya* müssen wir *Om namo Bhagavathe Vasudevaya* chanten.

„Hari! Hari!", sagte er emphatisch. *„Jai Sri Krishna.* Wir glauben an die Existenz großer Meister in den Himalayas. Vielleicht hast du eine Verbindung zu uns. Aber jetzt ist es spät. Du solltest zu deinem Zimmer gehen!" Damit war ich entlassen. Viele Jahre später hörte ich, dass Sri Madhav Ashish nach langer Krankheit an Krebs verstorben war. Auch diese heiligmäßige Seele blieb nicht von Krebs verschont.

Am nächsten Tag nahm ich Abschied von Sri Madhav Ashish und reiste nach Kainchi. Vielleicht konnte ich dort den berühmten Neem Karoli Baba antreffen.

Ich hatte Glück. Als ich beim Kainchi Ashram anlangte, hörte ich, dass Neem Karoli Baba am Vortag zurückgekommen war und für ein paar Tage dabliebe. Wie an den meisten Plätzen, an denen Neem Karoli Baba weilte, gab es auch in diesem Ashram ein riesiges Standbild von Hanuman, des Gottes mit dem Affengesicht. Hanuman, Sohn des Wind-Gottes und berühmt für seine außergewöhnliche Stärke und Tapferkeit, war Rama, dem Prinzen von Ayodhya, lieb und teuer.

Baba gab gerade *darshan*. Er saß auf einem erhöhten Podium, und über hundert Leute saßen in ordentlichen Reihen auf dem Boden, in den vorderen Reihen hauptsächlich Westler. Neem Karoli Baba war das perfekte Exemplar eines, wie man sagen würde, ‚verrückten Weisen' – große Statur, etwas füllig, mit kurz gestutztem, grauem Haar. Ein grauer Walross-Schnauzer schmückte die Oberlippe. Über seinem nackten Oberkörper trug er eine Decke mit roten, weißen und schwarzen Karos. Später erfuhr ich, dass diese zu seinem üblichen Aufzug gehörte.

Er lachte laut, gestikulierte wild mit den Händen und schwang manchmal mit dem Körper vor und zurück, als schwelgte er in einer geheimen Freude. Fragen beantwortete er gewöhnlich mit ein paar gebrochenen Sätzen, doch meist rief er laut ‚Ram! Ram!' Jemand verbeugte sich vor ihm, und er schlug ihm auf den Rücken und sagte in Hindi: „Wo suchst du nach ihm? Er ist überall. Sag Ram Ram", dann auf Englisch, „sehr gut, Ram Ram."

Ich sah die Szene aus der Entfernung und fragte mich, ob er einen unbedeutenden Neuankömmling wie mich überhaupt bemerken würde. Ich mutmaßte falsch, denn plötzlich streckte er den Hals und sah zu mir. Seine Augen weiteten sich. Ich fühlte so etwas wie einen elektrischen Schlag durch meinen Nacken zum Kopf laufen. *„Babaji ka baccha* – Babajis Kind“, rief er, „komm her, du, du.“ Jetzt zeigte er auf mich. Jemand wisperte: „Geh, geh, er ruft dich.“

Ich ging nach vorn. *„Upar aao* – steig rauf“, ordnete er an. Ich stieg die Stufen hinauf und stand nahe bei ihm. Ich konnte Räucherstäbchen riechen. Er streckte den Arm aus und zog fest an mir – ich landete in sitzender Position auf seinem Schoß. „Gut, gut“, sagte er und griff in die Falten seiner Decke, zog einen angefaulten Apfel hervor, drückte ihn mir in die Hand.

„Iss“, sagte er. Auf seinem Schoß sitzend, ging ich mit mir zu Rate, was ich mit dem Apfel tun sollte. Er sah recht faul aus, auch schmutzig. Doch dann sah ich ein, dass mir keine andere Wahl blieb. Ich biss in den Apfel und aß ihn rasch auf. Seltsamerweise schmeckte er gar nicht faulig.

„Richte meine Grüße an Babaji aus. Sag Ram Ram zu ihm“, sagte er, „jetzt kannst du gehen.“ Er schubste mich aus seinem Schoß und gab mir einen Klaps auf das Hinterteil. Ich führte meine Prostration aus und ging zu meinem Sitzplatz in der hintersten Reihe zurück.

In dieser Nacht blieb ich im Ashram. Jemand besorgte mir Essen und Unterbringung. Allerdings schlief ich die ganze Nacht nicht; ich versank in eine tiefe Meditation. Am nächsten Morgen verließ ich den Ashram, nachdem ich aus der Entfernung Neem Karoli Baba mein *pranam* entboten hatte. Der selige meditative Zustand hielt an.

Vor dem Abendessen des Vortags hatte ich viele wunderbare Geschichten über Baba gehört. Es gab eine, die mich wirklich berührte und amüsierte – die LSD-Geschichte. Das war damals die Zeit der Hippies und Blumenkinder, und zahlreiche unter ihnen fühlten sich dank Richard Alpert, der sich später Ram Dass nannte, zu Neem Karoli Baba hingezogen.

Eines Tages also sah Baba, wie ein Westler verstohlen eine kleine Flasche in die Tasche schob. „Was ist das?“, fragte er ihn.

„Flasche“, sagte der Hippie.

„Was ist drin?“

„Medizin“, sagte der Hippie.

„Was für eine Medizin?“

„LSD, Baba.“

„Gib es mir.“

„Aber Baba, das ist eine starke Medizin …“

„Gib sie mir – jetzt!“

Vor Furcht und unguten Gefühlen zitternd händigte er die Flasche aus. Baba öffnete den Verschluss und warf sich die zehn Tabletten oder so auf einmal in den Mund. Alle ringsum stehenden Westler, die über die fatalen Konsequenzen einer LSD-Überdosis Bescheid wussten, sahen entsetzt und hilflos zu Baba.

Nach ein, zwei Minuten fing Baba an, sich seltsam zu benehmen. Er brüllte, schrie, rollte mit den Augen, streckte die Zunge heraus und kreiste mit dem Körper. Die Hippies dachten, die Droge hätte zu wirken begonnen, und sie erwarteten das Schlimmste. Stattdessen hörte das seltsame Verhalten Babas so plötzlich auf, wie es begonnen hatte. Er lachte schallend und sagte: „*Kuch nahi hua* – nichts ist passiert. Kein LSD. Rezitiert *Ram Naam*, chantet *Ram Ram*.“

Für die Westler war das unerklärlich – in der Tat eine Demonstration des Prinzips ‚Geist über Materie‘ – ein Mirakel.

39. Der Aghori von Benares

Von Almora fuhr ich über Delhi nach Benares. Dort ging ich sofort zum Seva Ashram der Ramakrishna Mission. Swami Devatmananda, der irakische Arzt, war, wie versprochen, schon da. Er stellte mich dem ranghöchsten Swami vor, auch ein Arzt und ein sehr freundlicher Mann. Beide Swamis waren der Meinung, ich solle an einen der Generalsekretäre der Ramakrishna Mission in Belur schreiben und um Zulassung als Mönchsanwärter in Belur Math nachsuchen. Bis zu seiner Antwort könne ich im Ramakrishna Seva Ashram bleiben.

Also schrieb ich an Swami Hiranmayananda und blieb, auf seine Anwort wartend, ein Monat in Benares – eine wunderbare Gelegenheit, die alte Stadt zu erkunden.

Früher Kashi, also ‚Licht' genannt, war diese heilige Stadt das Zentrum des Lernens, der Kultur und der ehrwürdigen Traditionen religiösen Denkens. Fa-Hien beschreibt im 5. Jahrhundert, wie er dem Fluss Heng (Ganges) folgte und zur Stadt Banaras im Königreich Kashi kam. Im 7. Jahrhundert nennt Huen Tsang die Stadt Varanasi. Einige Muslim-Herrscher versuchten, sie in Muhammadabad umzubenennen, doch es blieb bei Kashi oder Varanasi. Selbst heute noch ist der Name Kashi bei der Mehrheit der Hindus populär.

Trotz Pilgerscharen, stinkender Gassen, gefährlicher, gehörnter Stiere, die frei umherliefen, zudringlicher Affen, Staub, Fliegen und habgieriger Priester fand ich einen spürbaren ruhevollen Frieden in Varanasi.

Ich machte es mir zur Gewohnheit, jeden Tag zum Dashashwamedha Ghat, nicht weit vom Ashram entfernt, zu gehen, musste dabei meinen Weg zwischen vielen Fahrradrikschas, ockerfarben gekleideten *Sanyasins*, nackten *Nagas* und Bettlern suchen. Am *ghat* befanden sich zahlreiche Klöster, die zu verschiedenen Orden gehörten. Hippies und Blumenkinder aus dem Westen bewegten sich zwischen den Sadhus.

Ich besuchte auch das Manikarnika und das Harishchandra Ghat, wo jeden Tag eine große Anzahl von Leichen verbrannt wird. Obgleich die Dasanami *Sanyasins* der Shankara-Richtung in Kashi die Mehrheit bilden, haben ebenfalls *Vaishnava*-Sekten hier ihre Zentren. Ich nahm mir vor, so viele Zentren wie möglich zu besuchen – von Buddhisten, Jain, Sikh, Nirmal, Udasin, Kabir Panthi, Nanak Panthi, Ramananda, Ramanuji, Vallabh, Mahdav, Nimbark, Gaudiya, Veera Shaiva und natürlich von den Panth, zu denen Babaji gehörte, nämlich den *Nath-* oder *Gorakhpanth*. Ich traf viele Gelehrte und heilige Männer, einschließlich des bekannten Swami Karpatriji, der mir erklärte, was das Wort ‚Kashi' bedeutet und dass man den vollen Wert eines Aufenthalts in Kashi nur erhalte, wenn man das Licht von Brahma *(Brahma Prakash)* erlange. Ich lernte von diesem gelehrten und heiligmäßigen Mann viele neue Aspekte der Vedanta Philosophie kennen.

Drei Tage vor Eintreffen des Briefes von Swami Hiranmayananda ging ich abends zum Kashi Vishwanath Tempel, um den *darshan* des *Shiva lingam* zu erhalten. Nachdem ich ihn betrachtet und berührt hatte, spazierte ich zum Manikarnika Ghat, der Leichen-Verbrennungsstätte. Ich fand einen relativ ruhigen Platz auf den unteren Stufen und schaute auf die Ganga. Meine Gedanken kreisten um Babaji. Wo könnte er jetzt sein? Wanderte er irgendwo in den Himalayas? Wie schön wäre es doch, wenn er jetzt neben mir säße. Babaji hatte einmal gesagt, dass er viele Jahre lang in Benares lebte. War er zufällig jetzt auch in Benares? Sicherlich würde er sich nicht vor mir verstecken, wenn er hier wäre …

Die Sonne ging unter, und die Gongs und Glocken erklangen in allen Tempeln. An manchen *ghats* wurde *Aarti* zur heiligen Ganga durchgeführt.

„Madhu!"

Ich schreckte bei der vertrauten Stimme aus meinen Gedanken auf. Niemand außer Babaji konnte ‚Madhu' mit so viel Zuneigung sagen. Er stand nur drei Schritte von mir entfernt.

„Babaji", rief ich voll Freude und berührte seine Füße. „Na, wie geht es dem Brahmachari Maharaj?", fragte er lächelnd und legte die Hände auf meine Schultern.

„Großartig, Babaji, außer dass du mir fehltest."

„Okay, jetzt werde ich für ein bis zwei Stunden bei dir sein. Diese eigenartige Stadt der Kontraste namens Kashi, die Stadt des Lichts, ist der Wohnort einer Anzahl sehr entwickelter Menschen, die hier meist inkognito leben. Ein paar große Seelen wie Trailanga Swami oder Shyama Charan Lahiri hatten zu einem bestimmten Zweck großen Bekanntheitsgrad, aber die meisten bleiben unbekannt. Die unbekannten sind gewöhnlich größer als die bekannten.

Ich möchte, dass du heute einen solchen Großen triffst; er lebt an den Manikarnika Verbrennungs-*Ghats*. Er ist ein *Aghori*, und die Leute halten sich von ihm fern, weil sie glauben, er esse das Fleisch der halb verbrannten Leichen und betrage sich wie ein komplett Verrückter. Er badet nie, und sein nackter Körper ist dick mit Staub bedeckt. Er lebt in einem verwahrlosten Schuppen auf der Verbrennungsstätte, inmitten von Haufen menschlicher und tierischer Knochen. Aber merke dir, dies ist lediglich seine Tarnung, die ihn vor Störungen schützt, so dass er frei ist, sich der Seligkeit spiritueller Zurückgezogenheit zu erfreuen und sie mit jenen zu teilen, die es verdienen. Komm, lass uns gehen."

Wir gingen im Halbdunkel über die Verbrennungsstätte und kamen zu einer getrennt liegenden Stelle des Manikarnika Ghat. Aus der Richtung eines blechgedeckten Schuppens kam die laute Stimme von jemand, der in Hindi die gröbsten Beschimpfungen rief. Als wir uns dem Schuppen näherten, sah ich in einer Ecke einen großen, fetten, nackten, bärtigen Mann sitzen, dessen Filzhaare wie ein Turban um den Kopf gewickelt waren. Ein Mann und eine Frau standen vor ihm. Im Licht einer Kerosin-Lampe in der Mitte des Schuppens bemerkte ich verstreut herumliegende Knochen. Ich wollte weitergehen, doch Babaji hielt mich zurück und flüsterte: „Warte, lass ihn zu Ende bringen, was er gerade tut."

Der *Aghori* schrie laut: „Du glaubst also, du könntest mich hinters Licht führen, du Wucherer. Du verleihst Geld und verlangst extrem hohe Zinsen. Du bist ein Blutsauger. Wie viele Menschen hast du um ihre kleinen Landparzellen betrogen, als sie diese hohen Zinsen nicht bezahlen oder dein Darlehen nicht zurückzahlen konnten? Hat sich diese Frau nicht das Leben genommen, weil sie alles an dich verlor? Du bist ein Schurke – und dann bringst du mir Konfekt. Soll das deine Sünden wegwaschen, du Bastard? Scher dich fort! Ich werde deine Süßigkeiten nicht essen, die sind Gift für mich. Verschwinde, bevor ich dich eigenhändig hinauswerfe!"

Der Geldverleiher im Seidenhemd murmelte etwas, das ich nicht verstehen konnte, und als Antwort warf der *Aghori* die Schachteln mit Konfekt in hohem Bogen fort. Eine Schachtel kam zu mir geflogen, traf fast meinen Kopf, und der seidenhemdbekleidete Mann rannte in Panik aus dem Schuppen, floh vor dem Zorn des *Aghori*, der im Begriff war, ihn zu züchtigen. Er lief an uns vorbei.

Jetzt war die Frau mit ihm allein, und ich wunderte mich über ihren Mut. Nach allem, was sie miterlebt hatte, blieb sie noch da. Der *Aghori* wandte sich an sie: „Weswegen bist du hier, Frau? Ich bin verrückt, siehst du nicht? Verzieh dich, ehe ich dir ein Leid antue."

Die Frau hielt ihre Stellung. „Ich habe keine Angst, Baba", sagte sie. „Ich habe gehört, dass sich große Heilige wie Verrückte verhalten. Ich habe die Welt von allen Seiten erfahren, und mir reicht es. Ich will nur die ‚Wahrheit'. Ich werde alles tun, was du willst. Ich ergebe mich."

Der *Aghori* brach in schallendes Gelächter aus. „Ha! Was für eine große *sadhana*-Ergebene. Du hast dein Leben in der Scheinwelt von Kinofilmen verbracht und glaubst jetzt, du könntest jeden mit deinem Schauspielertalent täuschen. ‚Ergebe mich' – von wegen! Du willst alles tun? Okay, zieh dich nackt aus, jetzt, genau jetzt, ich möchte an deinen Titten saugen und an deinen Brüsten lecken."

Die Frau stand schockiert eine Weile still da. Dann kreischte sie: „Du gemeine Kreatur, du schmutziger Kerl! Ich glaubte, du wärst ein Heiliger. Man sollte dich ins Gefängnis stecken!", und sie rannte unter lautem Fluchen aus dem Schuppen.

Wir warteten eine Zeitlang. Der *Aghori* klatschte vor Vergnügen in die Hände und erklärte: „Diese Idioten. Gott weiß, woher die kommen. Sprechen nur Unsinn. Ich hab sie verscheucht. Ho! Yogi Maharaj, versteckt Euch nicht in der Dunkelheit, kommt bitte. Tut mir leid, wenn Ihr warten musstet."

Wir traten in den Schuppen, und der *Aghori* stand auf und begrüßte uns.

„Bitte setzt Euch", sagte er und wartete, bis wir saßen, ehe er sich niederließ. Ich war überrascht, dass trotz des Schmutzes und Abfalls ringsum kein schlechter Geruch herrschte. Im Gegenteil, es roch mild nach Rosen.

„Yogi Maharaj, ich habe Euch so lang nicht gesehen. Hoffe, mein Schauspiel hat Euch gefallen. Also, das ist der junge Mann, den Ihr gefunden habt. Hmmm! Fürchtest du dich vor mir?"

„Nein", sagte ich.

„Ich brachte ihn her, weil Sri Guru wollte, dass er dich trifft", sagte Babaji. „Wir haben nicht viel Zeit. Ich möchte, dass dieser junge Mann Zeuge deiner Verwandlung wird. Er hat bis jetzt noch nie dergleichen gesehen."

„Wie Ihr meint, Yogi Maharaj, aber Ihr hättet ihm größere Dinge zeigen können. Gleichviel – hier kommt sie schon."

Vor meinen erstaunten Augen verblasste der Körper des *Aghori* und an seiner Stelle erschien ein ausnehmend schöner junger Mann in einem rotseidenen Lendentuch, mit einer kristallenen Gebetskette um den Hals.

Außer Sri Guru habe ich in meinem Leben noch nie so eine gut aussehende Person gesehen.

Als wir den Schuppen verließen, sagte Babaji: „Das ist seine wahre Form. Was du zuvor gesehen hast, ist eine Verkleidung. Geh jetzt zurück zum Ashram, und kein Wort zu irgendjemand über das, was du heute erlebt hast. Der Brief vom Belur Math Kloster wird bald kommen. Fahr dann hin und bleib eine Weile dort. Zur gegebenen Zeit nehme ich Kontakt mit dir auf."

Ich machte mein *pranam* vor ihm, und bis ich mich wieder aufgerichtet hatte, waren sowohl *Aghori* wie Babaji verschwunden.

Ich kehrte spät zum Ashram zurück, ging direkt zu dem kleinen Raum, der mir zugeteilt worden war, meditierte eine Zeitlang und legte mich schlafen.

Der Brief von Swami Hiranmayananda kam an. Ich erhielt die Erlaubnis, zum Belur Math zu gehen und mich als Probekandidat dem ‚Pre-Probationers Training Centre' anzuschließen. Ich sollte mich beim Assistenten des Generalsekretärs, Swami Atmastananda melden. Ich nahm einen Zug nach Calcutta und kam zum Belur Math. Nach einem Vorstellungsgespräch wurde ich zum PPTC zugelassen.

Im Belur Math hatte ich Gelegenheit, ranghohe Swamis des Ramakrishna Ordens zu treffen, einschließlich des Präsidenten und des Generalsekretärs, und ihren Segen zu empfangen.

Zwei Monate später wurde ich Chandan Maharaj vorgestellt, der die Ramakrishna Vidyapeeth leitete, eine Jungen-Internatsschule in Deoghar, im Nachbarstaat Bihar. Auf seine Anforderung hin wurde ich an diese Schule versetzt. Das Leben dort war ganz anders. Ich unterrichtete die Älteren in Englisch, wurde Wohnheim-Leiter und unterrichtete in meiner Freizeit die Jungen, die Interesse zeigten, in Zauberkunststücken und Karate. Die ruppigen älteren Schüler verwandelten sich bald in gute Freunde, und mir wurden die Spitznamen ‚Karate Maharaj' und ‚Magic Maharaj' verpasst.

Ich erhielt auch die Gelegenheit, mit dem Schulleiter durch den ganzen Hooghly-Distrikt zu reisen und die mit Sri Ramakrishna verbundenen Orte zu besuchen – Kamarpukur, Jayrambhatti usw. Das ländliche Bengalen fand ich faszinierend.

Nicht weit von der Internatsschule entfernt lag der berühmte Vaidyanath Tempel Shivas, der als einer der zwölf *Jyotir lingams* betrachtet wird. Ich besuchte diesen Tempel zweimal. Wahrscheinlich ist dies außer Amsterdam der einzige Ort auf der Erde, wo ein Geschäft die Lizenz besitzt, Marihuana zu verkaufen – an Pilger, die es Vaidyanath Shiva als Opfergabe darbieten und das geweihte *prasad* dann nach Hause nehmen, wo es mit großer Hingabe genossen wird. In der Nähe befanden sich die Meditationshöhlen, die vom wohlbekannten, verstorbenen Balananda Brahmachari gebaut worden waren; er hatte Kriya Yoga von Sri Shyama Charan Lahiri erlernt.

Ich blieb fast ein Jahr in Deoghar und erhielt dann die Botschaft, weiterzugehen. Babaji erschien eines Nachts im Traum und sagte: „Es reicht mit der Rolle als Schullehrer. Geh fort. Geh vorerst nach Hause." Das wurde dreimal unmissverständlich wiederholt.

Am nächsten Tag packte ich meine Sachen und verließ Deoghar. In wenigen Tagen war ich zu Hause. Mittlerweile waren meine Eltern nach Chennai umgezogen, und ich erschien eines Nachmittags in ihrem neuen Domizil. Mein häufiges Verschwinden für längere Perioden und mein plötzliches Wiederauftauchen war zu einer solchen Routine geworden, dass es keinerlei Aufsehen mehr erregte. Natürlich waren meine Eltern erleichtert, dass ich noch am Leben war.

Bald war ich wieder eingeordnet, half meinem Vater in der Arzneimittelfirma, die er gegründet hatte, besuchte das Ramakrishna-Missionszentrum oder andere Orte von spiritueller Wichtigkeit, wann immer ich Zeit dazu hatte. Da unser neues Haus nicht weit vom Meer lag, ging ich oft an den Strand.

Ich hatte die Schriften J. Krishnamurthis zwar schon gelesen, aber zum ersten Mal hörte ich ihn jetzt live im Hauptquartier der Krishnamurthi Foundation, Vasant Vihar. Die Persönlichkeit des Mannes und der Inhalt seiner Rede beeindruckten mich, doch verspürte ich nicht den Wunsch, ihn persönlich zu treffen.

Swami Tapasyananda, den ich bereits während meiner Schulzeit als damaligen Leiter der Ramakrishna Mission in Trivandrum kennengelernt hatte, war nun das Oberhaupt der Mission in Chennai, außerdem auch Vizepräsident der weltweiten Ramakrishna Mission. Ich erfuhr, dass er neben dem Präsidenten der Mission, der im Belur Math lebte, ebenfalls autorisiert war, diejenigen, die er geeignet fand, in das Ramakrishna *moola*-Mantra einzuweihen. Aus irgendeinem Grund hatte ich den großen Wunsch, das Mantra von ihm zu erhalten. An einem Sonntag ging ich zum Math, traf ihn und drückte meinen Wunsch aus. Ohne zu zögern sagte er:

„Übermorgen ist *Guru Purnima* (Vollmond im Juli, an dem der Guru speziell verehrt wird). Komm vorbereitet für die Initiation. Nimm ein Bad, bring einen neuen *dhoti*, ein paar Blumen und etwas Geld als *dakshina* (Opfergabe) für Sri Ramakrishna mit.“

So wurde ich an diesem Vollmondtag in das Mantra von Sri Ramakrishna eingeweiht. Während er mir das Mantra gab, errötete Swami Tapasyanandas Gesicht, und für einige Minuten sah er ganz anders aus. Mein Herz fühlte reine Freude, als ich Ramakrishna, im Lotus des Herzchakras ruhend, klar visualisieren konnte.

Acht Monate lang blieb ich in Chennai bei meinen Eltern und wartete auf ein weiteres Signal von Babaji.

40. Alandi, Shirdi und durch verschlossene Türen gehen

Babajis Ruf kam eines Abends, als ich still dasaß und den Wellen an der Eliot's Beach, einem privaten Strand des Hauptquartiers der Theosophischen Gesellschaft in Chennai, zuschaute. Es war so ruhevoll, dass ich einschlief. Ich wurde von Babajis vertrauter Stimme aufgeweckt: „Geh zum Jnaneshwar-*Samadhi* in Alandi. Breche in drei Tagen auf."

Am nächsten Tag versuchte ich in der Bücherei der Ramakrishna Mission die Örtlichkeit ausfindig zu machen. In einer Biographie des großen Heiligen aus Maharashtra, Jnaneshwar, entdeckte ich, dass Alandi nur achtzehn Kilometer von Pune entfernt lag. Zwei Tage später nahm ich einen Zug nach Pune; ein Bus brachte mich von dort nach Alandi.

Es war wirklich eine ruhige und hübsche kleine Ortschaft. Ich ging zum *Samadhi*-Schrein von Jnaneshwar. Dort saß eine Anzahl von Leuten rund um das Grabmal. Einige lasen in der *Jnaneshwari* – die Übersetzung und der Kommentar zur Bhagavad Gita –, vom *Sant*[59] Jnaneshwar verfasst. Andere meditierten mit geschlossenen Augen. Die meisten waren wahrscheinlich aus Maharashtra. Babaji war nirgends zu sehen. Ich setzte mich unter einen Pipal-Baum, nicht weit vom *Samadhi*, und tauchte in eine tiefe Meditation ein.

An diesem Punkt mag eine Anmerkung zu dem *Sant* Jnaneshwar angebracht erscheinen.

Jnaneshwars Vater Vithalpant hatte, so heißt es, der Welt entsagt und war, ohne seine Ehefrau Rukminibai zu informieren, nach Kashi verschwunden, um ein *Sanyasin* zu werden. In Kashi wurde er Schüler von Sri Ramananda Swami. Als Ramananda Swami einmal nach Alandi kam und zufällig Rukminibai begegnete, segnete er sie mit den Worten: „Mögest du ein glückliches verheiratetes Leben führen." Mit Tränen in den Augen sagte sie, das wäre nicht möglich, da ihr Ehemann nach Kashi gegangen und ein *Sanyasin* geworden wäre. Ramananda Swami fand heraus, dass ihr Mann niemand anderer als sein Schüler Vithalpant war, und als er wieder in Kashi eintraf, tadelte er Vithalpant und schickte ihn nach Alandi zurück. Vithalpant vereinte sich aufs Neue mit seiner Frau und wurde wieder Familienvorstand.

Vier heiligmäßige Kinder wurden dem Paar geboren. Die orthodoxe Gemeinde exkommunizierte die Familie, da laut allgemeiner Regel jemand, der ein *Sanyasin* geworden war und dann wieder zum Haushälterleben zurückkehrte, als Ausgestoßener galt. So mussten sie ganz am Rand der Ortschaft bei jenen wohnen, die noch niedriger standen als die unterste Kaste.

Der erste Sohn wurde ein Schüler von Gahininath und hieß Nivrithinath. Der zweite, Jnaneshwar, wurde Schüler des älteren Bruders; seiner spirituellen Qualitäten wegen sah man ihn als größer an als seinen Bruder. Ihre Schwester Muktabai war gleichfalls eine sehr fortgeschrittene *Yogini*. In Maharashtra kursieren viele Erzählungen über das von Wundern erfüllte Leben der Geschwister.

Mir gefällt die Geschichte von dem Büffel, der die Veden rezitierte:

Der orthodoxe Priester der Ortschaft hatte einen Marathon-Wettbewerb in der Rezitation der Veden angekündigt. Die Person, die dabei am besten abschnitt, sollte den Titel der herausragenden Exzellenz erhalten. Viele Gelehrte fanden sich ein, unter ihnen auch der junge Jnaneshwar. Die Gelehrten waren wütend. Wie konnte ein Ausgestoßener, der Sohn eines ehemaligen *Sanyasin*, es wagen, an einem Zusammensein von orthodoxen Brahmanen teilzunehmen? Sie beschimpften ihn und sagten ihm, er solle verschwinden. Er sei ein Ausgestoßener, sagten sie, und daher sei es ihm verboten, die Veden zu rezitieren. Und überhaupt, wie viele Verse der Veden konnte schon ein kleiner Junge aufsagen? Wüsste er denn überhaupt, was die Veden seien, verspotteten sie ihn.

„Keine große Sache“, sagte Jnaneshwar, „selbst ein Wasserbüffel kann die Veden rezitieren.“ Darauf lockte er einen vorübertrottenden Wasserbüffel herbei, segnete ihn, indem er die Hand auf seinen Kopf legte, und befahl ihm, die Veden zu inkantieren. Der Wasserbüffel gehorchte und rezitierte die Veden mit vollkommener Klarheit. Man erzählt, dass Jnaneshwar, nachdem er solchen Beweis erbracht hatte, seelenruhig die Versammlung verließ.

Im jungen Alter beendete er die Niederschrift seines Kommentars zur Bhagavad Gita, *Jnaneshwari* genannt (in Maharashtra ist dieser Kommentar populärer als die *Gita* selbst), und erklärte dann, sein Werk sei vollbracht und es sei an der Zeit, die äußere Welt zu verlassen. Er ließ ein Grab ausheben, groß genug, um darin in der Lotusposition sitzen zu können. Dann ließ er sich darin nieder, führte die Atemtechnik aus, die der ‚letzte Kriya‘ genannt wird, und wurde still. Seinen Instruktionen gemäß wurde das Grab mit einer Steinplatte verschlossen und ein Mausoleum darüber errichtet.

Dieses Gebäude trägt die Bezeichnung „*Jnaneshwar Jiva Samadhi*' – man glaubt, er lebe dort nach wie vor in feinstofflicher Form weiter. Die Bevölkerung sieht ihn als großen Heiligen; die Nath Sekte, zu der er gehörte, betrachtet ihn als einen ihrer berühmtesten Yogis.

Während ich vor dem *Samadhi*-Grabmal saß, löste sich die Kundalini-Energie an der Wirbelsäulenbasis, bewegte sich mit einem leicht zischenden Geräusch aufwärts und erreichte ohne Anstrengung meinerseits das Herz- und das Kronen-Chakra. Stundenlang saß ich da, badend in überwältigender Seligkeit und einem hellen silbrigen Licht, die Außenwelt nicht mehr registrierend.

Als ich zur Erde zurückkam, war es dunkel. Irgendwie gelang es mir, in einer *choultry* (Karawanserei, Dharmasala) Unterbringung und einfaches Essen zu erhalten. Vier selige Tage verbrachte ich so, tief in Meditation absorbiert. Es gab kein Zeichen von Babaji, aber ich war sehr gern an diesem Ort.

Am fünften Morgen um vier Uhr früh ging ich zum *Samadhi*, um zu meditieren. Außer einem alten Mann mit einem grauen Walrossbart, der in der Jnaneshwari las, war niemand dort. Ich gedachte, etwas entfernt von ihm zu sitzen, da schritt ein junger Bursche, ein Teenager vielleicht, mit langem Haar und mit einem schlichten Lendentuch bekleidet, auf mich zu. Er lächelte und umarmte mich. Mein Körper und mein Geist wurden von ambrosischer Seligkeit erfüllt. Mir kam kurz der Gedanke, dass dies wahrscheinlich Jnaneshwar sei. Er sprach leise in Hindi zu mir:

„Mein Bruder Maheshwarnath wartet in Shirdi am letzten Ruheplatz von Sainath auf dich. Geh heute hin."

Dann ging er zum *Samadhi*, trat hinter den Banyan-Baum. Ich folgte ihm zum Baum, konnte ihn aber nirgends finden. Da wurde mir klar, dass ich eine Vision gehabt hatte, denn der alte Mann, der im Kommentar zur *Gita* las, ließ in keiner Weise erkennen, irgendetwas Ungewöhnliches bemerkt zu haben. Er las weiter in seinem Buch.

Ich nahm von Pune einen Bus nach Shirdi und kam spät nachts dort an. Am Eingang des *Samadhi*-Komplexes stand Babaji.

„Komm her", sagte er, „du bist also dem jungen Yogi begegnet. Hier ist jetzt zwar alles abgeschlossen, aber wir wollen zu dem Platz gehen, wo Sainath zu schlafen pflegte." Wir gingen an *Samadhi*, Gurusthan und Dwarkamayi-Moschee mit dem brennenden *Dhuni* vorbei und kamen zu dem kleinen Gebäude, das *Chavadi* (Ruheplatz) genannt wird. Außer einigen streunenden Hunden war niemand zu sehen. Die Holztür zur

Chavadi war abgeschlossen. Ich fragte mich, was wir wohl tun würden. Babaji sagte: „Lass uns hineingehen."

Ich sagte: „Aber die Tür ist abgesperrt."

„Ich weiß", sagte er, „und jetzt schließ die Augen und tu so, als ob du durch die Türe hindurch treten würdest."

Mit geschlossenen Augen setzte ich den rechten Fuß bei abgewinkeltem Knie vor. Es fühlte sich an, als stieße ich gegen eine Stoffleinwand. Das Gleiche spürte ich, als die restlichen Körperteile mit der Tür in Kontakt kamen. Blitzartig verschwand das Gefühl, und ich hörte Babaji sagen: „Okay, mach deine Augen auf."

Ich öffnete die Augen und fand mich innerhalb der *Chavadi* stehen. Die Tür war immer noch verschlossen. Babaji stand neben mir. Ich hatte mich kaum von der Verblüffung erholt, irgendwie durch eine geschlossene und abgesperrte Tür getreten zu sein, als ich etwas sah, das noch erstaunlicher und unglaublicher war.

Auf einem schmalen hölzernen Brett, das an zu Seilen zusammengedrehten Stofffetzen von der Zimmerdecke hing, lehnte Sai Baba von Shirdi. Sai Baba von Shirdi war doch 1918 verstorben! Ich starrte ihn bestürzt und ehrfürchtig an; meine Haare standen zu Berge, mein ganzer Körper zitterte. Er richtete sich auf dem Brett auf, und als ich mich fragte, wie er von diesem seltsamen Bett, das etwa zwei Meter über dem Erdboden hing, herunterkommen sollte, glitt er still von dem Brett und schwebte mühelos herab. Ich bemerkte, dass das um seinen Kopf gewickelte Tuch, mit dem er gewöhnlich abgebildet wird, fehlte. Sein Kopf war blank rasiert, und als er neben mir stand, stellte ich fest, dass er über 1,80 m groß und wie ein Ringer gebaut war.

Er umarmte Babaji in muslimischer Art, und beide küssten einander leicht auf die Nase. Ich führte *pranam* zu seinen Füßen aus. Er brachte mich zurück in stehende Haltung und sagte:

„*Salam* (Friede), Junge, du hast einen großen Guru, einen *murshid* bekommen. Ich hatte auch einen großen Guru, meinen Venkusha, und alles, was ich damals die ganze Zeit tat, war, ihn anzustarren. *Allah Malik Hai* (Gott ist der Eigentümer), Ram Ram."

Babaji sagte: „Bitte segne ihn, Baba."

„*Allah Malik Hai*, du musst die Sorte von Arbeit leisten, die ich tue, in anderer Form. Nicht leicht, mein Junge. Diese Welt ist verrückt, und man glaubt, ich sei verrückt. *Hu Allah*, Ram, Ram, Ram. Tu Kabirs Werk. Nimm Gurus Segen." Er griff unter das Tuch, das sein Bretterbett bedeckte, und holte ein Bündel Banknoten hervor. „Hier", sagte er,

„*Allah bhala karega* (Gott wird sich darum kümmern). Nimm das Geld und fahre nach Ganagpur, Pithapur und Akkalkot. Geh, ab mit dir.“

Ich zögerte, das Geld zu nehmen. Babaji flüsterte: „Nimm es.“ Ich nahm das Geld und machte erneut *pranam*. Babaji und Sainath umarmten einander, und wir gingen in derselben Art hinaus, wie wir hineingekommen waren. Babaji scherzte: „Versuche nicht wieder durch geschlossene Türen zu gehen, du könntest dir dabei eine platte Nase holen.“ Draußen war es noch dunkel, aber die Morgendämmerung würde bald kommen.

Babaji sagte: „Bewahre das Geld sicher auf und beginne morgen deine Reise. Ich muss jetzt gehen. Werde dich wiedersehen, wenn es nötig ist.“ Er beschrieb noch kurz den Weg zu den von Sainath genannten Orten und verschwand.

Bei Morgendämmerung besuchte ich den Gurusthan (der Platz des Gurus), das *Samadhi*, die Dwarakamayi, wo das *Dhuni* brennt, und nochmals die *Chavadi.* Als ich im Raum vor der speziellen Tür stand und auf das große Bild von Sai Baba blickte, konnte ich mich nur wundern über die außergewöhnliche Erfahrung der vergangenen Nacht. Nach dem Frühstück nahm ich den Bus zur Bahnstation von Kopergaon und wartete auf den Zug.

Bevor ich dieses Kapitel schließe, möchte ich kurz Shirdi Sai Babas Lebensbeschreibung wiedergeben.

In dem damals unbekannten, verschlafenen Ort Shirdi im Staat Maharashtra tauchte in der zweiten Hälfte des 19. Jahrhunderts ein junger Mann auf, der dem Äußeren nach ein muslimischer Fakir zu sein schien. Niemand kannte seinen Namen oder wusste, woher er kam, aber Mahalashapathi, der Priester des Khandoba Tempels, der gegenüber dem heutigen *Samadhi* steht, begrüßte ihn mit den Worten ‚*Ya Sai*‘ (komm, oh Heiliger), und von da an wurde der Mann Sai Baba genannt.

Etwa ein Jahr lang lebte er in Shirdi, schlief unter dem Neem-Baum, den er sein *Gurusthan* (Platz des Gurus) nannte. Sehr viel später grub jemand aufgrund der Anweisung eines vorbeikommenden heiligen Mannes die Erde beim Neem-Baum auf und entdeckte einen Tunnel, der zu einer Höhle führte. In der Höhle fand er drei Öllampen, die hell brannten. Das ist heute der Platz, der *Gurusthan* heißt. Nach dem Jahr ging Sai Baba fort, kam jedoch mit der Hochzeitsgesellschaft von Chand Patil, einem Muslim aus der benachbarten Ortschaft Rahata, zurück. Danach verließ er nie mehr Shirdi und lebte in einer verwahrlosten alten

Moschee, die Dwarkamai hieß. Dwarka ist der Name der Stadt, in der Gott Krishna gelebt hatte.

Dort entzündete Sai Baba, auch Sainath genannt, ein heiliges Feuer (*Dhuni*), wie es Brauch der Nath-Sekte ist, und verbrachte die Zeit meist am Feuer. An den Abenden zündete er eine Öllampe an, tanzte und sang. Später wurde die *Chavadi* gebaut, und er verbrachte die Nächte dort. Sein Bett bestand aus einem schmalen Brett, das von der Hüttendecke bis zur Höhe von 180 cm über dem Boden hing, gehalten von Seilen, die aus alten Lumpen zusammengedreht waren. Niemand wusste, wie er ohne Aufstiegshilfe hinauf gelangte. Sein Kopfkissen bestand aus einem Ziegelstein, in Lumpen gewickelt.

Er trug ein knöchellanges weißes Obergewand und schlang ein Tuch um den Kopf. Er schor den Kopf und hatte einen gestutzten Bart und Schnurrbart wie ein Muslim-Fakir. Er wiederholte fortwährend *Ram Ram* und *Allah Malik Hai*, benahm sich zeitweise wie ein Verrückter, geriet in Wut, drohte, die Leute zu verhauen, war zu anderen Zeiten so gütig und mitfühlend, dass ihn jeder liebte.

Er lebt viele Jahre lang in Shirdi, wirkte zahllose Wunder und erleichterte die Sorgen von allen, die zu ihm kamen. 1886, so wird gesagt, blieb er für drei Tage im Zustand des klinischen Todes und kam lebend wieder zurück. Er starb am 15. Oktober 1918. Vor seinem Tod sagte er, dass er in Shirdi auch nach seinem körperlichen Weggang bleiben und zu jenen, die aufrichtig und ergebungsvoll zu ihm kämen, sprechen werde. Mein ausgeprägt skeptischer Verstand würde dies nie geglaubt haben, wenn Sainath in jener Nacht in der *Chabadi* nicht das kleine Schauspiel inszeniert hätte.

Ich bin ihm ewig dankbar, dass er zu einem kleingläubigen Skeptiker wie mir so gütig war, und verbeuge mich tief vor ihm wie auch vor meinem geliebten Babaji, der mich nach Shirdi gebracht hatte, in größter Demut und Zuneigung.[60]

41. Mehr Reisen – neue Einblicke

Von Shirdi reiste ich nach Ganagpur und Narsowadi, wo der bekannte Swami Narasimha Saraswati – eine Verkörperung, wie man glaubt, von Dattatreya[61] – die meiste Zeit seines Lebens verbrachte. Von dort ging ich nach Akkalkot, zum *Samadhi*-Grabmal von Akkalkotkar Maharaj, auch bekannt als Swami Samarth, der gleichfalls als Verkörperung Dattatreyas gilt.

Er war ein Zeitgenosse Shirdi Sai Babas und verstarb 1878. Weithin als machtvoller Gottesmann betrachtet, wirkte er viele Wunder und wird in Maharashtra und Nord-Karnataka sehr verehrt. Akkalkotkar Maharaj war hochgewachsen und athletisch gebaut; er trug gewöhnlich nur ein kleines Lendentuch. Man sagt, dass er manchmal vor weit entfernt lebenden Anhängern erschien, während er gleichzeitig *darshan* in Akkalkot gab. Zu seinen Anhängern gehörten auch Mitglieder der Königsfamilie in Maharashtra und der Scindia-Familie von Gwalior.

Ich blieb für drei Tage in einer kleinen Pilgerherberge in Akkalkot. Am dritten Tag hatte ich einen lebhaften Traum, in welchem Akkalkotkar Maharaj, mit einem roten Lendentuch bekleidet, erschien und sagte: „Ich bin von jenem in Shirdi nicht verschieden. Jetzt gehst du nach Pitapur und entbietest Sri Pada Vallabha deinen Respekt."

Ich ging nach Pitapur nahe Kakinada in Andhra Pradesh und besuchte den Schrein von Sri Pada Vallabha, der auch als Inkarnation von Dattatreya gilt. Danach pilgerte ich nach Maniknagar im karnatischen Distrikt Gulbarga und ging zum *Samadhi*-Schrein von Sri Mani Prabhu, wiederum eine Manifestation von Dattatreya, wie man sagt.

Am *Samadhi* von Sri Manik Prabhu, während einer tiefen Trance, erschien mir Babaji und sagte: „Geh nach Chennai, zu deinem Freund Balachandra Menon. Von dort gehst du in Sadhu-Kleidung nach Tiruvannamalai, dem Sitz von Shiva Arunachala. Verbringe eine Weile beim *Samadhi* von Ramana Maharishi."

Ich machte mich auf nach Chennai und tat, wie mir geheißen.

Eines Morgens, bei Eintritt der Dämmerung, trat ich im Gewand eines Bettelmönchs aus dem Haus meines Freundes Menon. Ich reiste mit Bus, Zug und zu Fuß zuerst zum Tempel von Ranganathaswamy (‚Gott des Schauspiels') in Srirangam. Dies ist ein Tempel für Vishnu, der zurückgelehnt auf der fünfköpfigen Schlange Anantha (‚niemals endend') ruht. Srirangam wird als einer der wichtigsten Tempel der von Sri Ramanujacharya begründeten *Visishta Advaita* Schule des Vedanta gesehen.

Nicht weit von Srirangam stand die bekannte Kirche der Jungfrau Maria, Vellankani-Mata-Kirche genannt. Ich ging in das Gotteshaus, das alljährlich von Tausenden von Menschen besucht wird, und saß für einige Minuten da. In der Kirche war es still und friedlich.

Dann wanderte ich zum Grabmal und der *Dargah* eines Sufi-Heiligen in der Ortschaft Nagore. Der Name des Heiligen war Abdul Khader, doch man nennt ihn *Nagore Andavar*, den Herrn von Nagore. Viele wunderbare Geschichten werden über ihn erzählt. Er pflegte oft tagelang in einem unterirdischen Verlies zu verschwinden und dann, sobald er daraus wieder auftauchte, riesige Mengen von Süßigkeiten unter den kleinen Kindern zu verteilen. Eine Geschichte erzählt, wie er einmal einen kleinen Jungen auf seinen Rücken hob, ihm sagte, er solle die Augen eine Minute lang schließen und sie dann wieder öffnen. Als der Junge die Augen aufmachte, war er in der heiligen Stadt Mekka. Mit derselben Methode wurde er nach Nagore zurückgebracht. Seine erstaunten und von Ehrfurcht ergriffenen Eltern nannten ihn Haji – einen, der die Haj-Pilgerfahrt nach Mekka unternommen hat.

Von Nagore brach ich nach Tiruvannamalai auf, nahm allerdings einen ziemlichen Umweg, da ich mich danach sehnte, den alten und hochverehrten Shankaracharya von Kanchi Math, Sri Chandrasekharendra Sarasvati, in Kanchipuram zu treffen.

Die Chancen, ihn zu treffen, waren gering. Ich hatte gehört, dass er sich bereits seit einiger Zeit aus der Öffentlichkeit zurückgezogen hatte und man ihn höchstens aus der Entfernung sehen könne, wenn er kurz erschien, um die Besucher zu segnen. Man ermahnte mich, nicht zu sprechen oder Fragen zu stellen, denn der Acharya befand sich in *mouna* (Schweigen). Am Abend verbreitete sich die Nachricht, dass er sein Schweigen unterbrochen habe und ein paar Worte sprechen könne. Die Besucher sollten eine Reihe bilden und an ihm vorbeigehen; er hockte auf dem Boden vor einer kleinen, mit Palmzweigen gedeckten Hütte.

Er war ein gebrechlicher alter Mann, sehr dünn, mit bloßem Körper, außer einem ockerfarbenen, um seine Hüfte gewickelten Tuch und einem anderen auf dem Kopf. Er hielt einen Stab, der ihn als Mitglied des von Adi Shankara gegründeten Dasanami Ordens auswies. Er trug dicke Augengläser, seine Stirn war mit heiliger Asche bedeckt, wie es bei Shiva-Anhängern Brauch ist. Während die Gläubigen vorbei defilierten und aus kurzer Entfernung ihr *pranam* entboten, hob er segnend die Hand und wechselte manchmal ein paar Worte. Kräftig gebaute Brahmanen mit der heiligen Schnur über der Brust kontrollierten den Andrang der Menge.

Ich stellte mich in die Schlange. Als ich direkt vor ihm stand, sah er mich scharf an und fragte auf Tamil: „Wie heißt du?“

„Madhu“, sagte ich, wobei ich die Hand vor den Mund hielt, da der Atem nicht auf den Heiligen fallen soll, wie mich der stämmige Brahmane neben dem Acharya belehrte.

Er lächelte schwach und meinte: „Das ist der Name, den dir dein Guru gab, richtig? Hast du vom Richter Ismail gehört?“

„Nein“, gestand ich.

„Er ist wie du, aber er ist ein Experte im Kamba Ramayana (die Tamil-Version des Ramayana vom mittelalterlichen Dichter Kambar). Hm! Viel Arbeit zu tun. *Satsanga* ist wichtig.“

Damit hob er segnend die Hand, und ich wurde von seinen Aufsehern weggeschoben. Viele Jahre später, als meine Freunde eine Stiftung gründen wollten, um mir bei meiner Arbeit zu helfen, und nach einem passenden Namen suchten, erinnerte ich mich an das Wort *satsang*, und die Stiftung wurde ‚Satsang Foundation‘ genannt. *Sat* bedeutet ‚Wahrheit‘ und *sanga* heißt ‚Zusammensein‘ oder ‚Gruppe‘. Der Begriff kann übersetzt werden als ‚eine Gruppe von Leuten, die die Wahrheit zu finden suchen‘, oder ‚eine Gruppe von guten und aufrichtigen Menschen‘. Es kann auch bedeuten, im Interesse der Wahrheitsfindung zusammenzukommen. Ich fragte mich, ob die Abschiedsworte des *Acharya* damit irgendetwas zu tun hatten.

Nach meiner Ankunft in Tiruvannamalai beschloss ich, zuerst einen heiligen Mann namens Pankha Baba, auch Ram Surat Kumar genannt, aufzusuchen. Ich hatte von einem pensionierten Professor in Kanchi gehört, dass Pankha Baba wie ein Kind war und sich öfters wie ein Verrückter benahm. Früher war er irgendwo in Nordindien Schullehrer gewesen und er sprach daher gut Englisch und Hindi.

Ich fand ihn in einer kleinen Hütte neben dem Prozessions-Wagen des Tempels. Ein paar Leute standen bei ihm. Er war hellhäutig, rundlich, hatte langes graues Haar und einen wallenden grauen Bart und trug einen *dhoti*, dazu eine cremefarbene Jacke westlichen Stils, die so aussah, als wäre sie seit Monaten nicht gewaschen worden.

Er sah aus dem Hütteninneren zu mir und winkte. „Komm, komm. Setz dich hierher“, sagte er mit klarer und freundlicher Stimme. Ich trat in die Hütte ein und setzte mich. „Näher, näher“, sagte er, und ich rutschte ganz nah an ihn heran.

„Hm, wie heißt du?“, fragte er.

„Madhu, Baba“, sagte ich.

„Madhu, Madhu“, sagte er, als ob ihm der Name sehr gefiele, „Madhu! Kennst du also *Namaz* (Gebet, Verehrung, Verbeugung im Islam)?“

„Ja“, sagte ich, „ich kenne es, aber ich mache es nicht. Ich meditiere.“

„Meditation, *Namaz*, alles dasselbe“, sagte er, „Meditation, Madhu, alle M, M, M, M, gutgut, du bist M, hahaha!“, lachte er. Das Lachen kam tief aus seinem Bauch und explodierte in lautem Gelächter. „M, M, haha!“

Immer noch lachend, schlug er mit der rechten Hand so fest auf meine Schulter, dass die Tuchtasche, die ich hielt, aus meiner Hand flog und vor seinen Füßen landete. Einige Erdnüsse rollten aus der Tasche.

„Erdnüsse“, sagte er, „dieser Bettler liebt Erdnüsse“, und aß mit großem Gusto ein paar. „Gut, gut“, sagte er, „und wohin gehst du jetzt?“

„Zum Ramana Ashram.“

Wieder prustete er vor Lachen. „Ramana ist dort?“, fragte er zwischen den Lachsalven. „Nur das *Samadhi*-Gebäude ist dort. Ramana kann nicht an einem Ort aufbewahrt werden. Hier, dort, überall. Ok, ok. Geh hin und genieße es.“ Er versetzte mir einen weiteren Schlag auf meine Schulter.

Ich stand auf, um zu gehen.

Jemand sagte: „Swami, ich will nichts, nur Frieden des Verstands.“

„Frieden des Verstands“, rief Pankha Baba, und sein ganzer Körper schüttelte sich wieder vor lautem Gelächter, „Frieden des Verstands will er, und der Verstand dieses Bettlers ist in Stücke zerbrochen. Haha!“

Ich hob meine Tasche auf, entbot mein *pranam* und ging hinaus.

„M, M!“, rief er hinter mir her, „der Verstand ist in Stücke zerbrochen. Kein Verstand übrig. Sag das Ramana.“

Ich ging zum Office des Ramana Ashrams und fragte nach einer Unterbringung. Man teilte mir ein Bett in einem Schlafsaal zu, in dem noch ein paar andere Sadhus nächtigten. Der Ashram war ein sehr friedlicher Platz. Der Arunachala Berg, der ‚Berg des heiligen Leuchtens‘, der seit uralter Zeit als einer der heiligsten Wohnstätten Shivas gilt, erhebt sich hinter dem Ashram. Die *Skanda Purana* bezeichnet den Arunachala als das heilige Herzzentrum von Shiva. Fromme Pilger umkreisen diesen Berg, vor allem in Vollmondnächten.

Ramana Maharishi, nach dem der Ashram benannt ist, sah den Arunachala als großes spirituelles Zentrum und fühlte sich in seiner Jugend unwiderstehlich von ihm angezogen. Obwohl viele Menschen in Indien und im Ausland mit Sri Ramana Maharishis Leben vertraut sind, will ich ihn zugunsten jener, die noch nichts von ihm gehört haben, kurz vorstellen.

Venkatramana (später zu Ramana verkürzt) wurde in einer Brahmanen-Familie in Tiruchuli, einem kleinen, abgelegenen Dorf in Tamil Nadu, am 30. Dezember 1879 geboren. Er war ein bezauberndes und intelligentes Kind, das sich gern im Freien bewegte und so tief schlief, dass es großer Anstrengungen bedurfte, ihn zu wecken. Als er zwölf war, starb sein Vater Sundaram Iyer, und er lebte fortan bei seinem Onkel Subba Iyer in Madurai. Etwa mit sechzehn Jahren machte er dort eine ungewöhnliche, spontane Erfahrung. In seinen eigenen Worten erzählt:

„Ungefähr sechs Wochen, bevor ich Madurai endgültig verließ, ereignete sich in meinem Leben die große Veränderung. Es passierte ganz plötzlich. Ich saß allein in einem Zimmer im ersten Stock des Hauses meines Onkels. Ich war selten krank, und an jenem Tag war meine Gesundheit völlig in Ordnung. Aber ich wurde plötzlich übermannt von einer gewaltigen Todesfurcht. Mein gesundheitlicher Zustand konnte nicht der Grund dafür sein, und ich versuchte auch nicht, einen Grund zu finden oder herauszufinden, ob es einen Grund gäbe. Ich fühlte einfach, dass ich im Begriff war zu sterben, und begann darüber nachzudenken, was ich dagegen tun könne. Es kam mir nicht in den Sinn, einen Arzt oder meine Eltern oder Freunde zu konsultieren. Ich fühlte, dass ich das Problem selbst lösen müsse – hier und jetzt.

Der Schock der Todesfurcht trieb meinen Geist nach innen, und ich sagte mir, ohne die Worte eigentlich zu artikulieren: ‚Jetzt ist der Tod gekommen – was bedeutet das? Was ist das, was stirbt? Dieser Körper stirbt und dramatisiert sogleich das Ereignis des Todes.‘

Ich lag mit ausgestreckten Gliedern steif da, so als ob die Todesstarre eingesetzt hätte, und ahmte eine Leiche nach, um meiner Selbstbefragung eine stärkere Realität zu verleihen. Ich hielt den Atem an und die Lippen fest verschlossen, so dass kein Laut aus dem Mund kommen konnte, weder das Wort ‚Ich‘ noch irgendein anderes Wort. ‚Also gut‘, sagte ich mir, ‚dieser Körper ist tot. Er wird steif zur Verbrennungsstätte getragen, dort verbrannt und zu Asche reduziert. Aber bin ich mit dem Tod des Körpers tot? Ist der Körper das Ich? Es ist still und unbeweglich, doch fühle ich, dass die ganze Kraft meiner Persönlichkeit und selbst die Stimme des Ichs in mir von ihm grundverschieden sind. Also bin ich Geist, der den Körper transzendiert. Der Körper stirbt, doch der ihn transzendierende Geist kann vom Tod nicht berührt werden. Das heißt, ich bin der unsterbliche Geist.‘

Dies alles vollzog sich nicht in schwerfälligen Gedanken; es durchblitzte mich vielmehr als lebendige Wahrheit, die ich direkt wahrnahm, fast ohne gedanklichen Prozess. ‚Ich' war etwas sehr Reales, das einzig Reale in meinem gegenwärtigen Zustand, und die ganze Bewusstseinsaktivität, die mit meinem Körper verbunden war, war in diesem ‚Ich' zentriert. Von diesem Moment an konzentrierte das ‚Ich' oder ‚Selbst', getrieben von einer machtvollen Faszination, die Aufmerksamkeit auf sich selbst. Ein für allemal war die Todesfurcht verschwunden. Die Absorption im Selbst wurde seit dieser Zeit nie mehr ununterbrochen.

Andere Gedanken konnten kommen und gehen wie die verschiedenen Noten der Musik, doch das ‚Ich' dauerte an wie die Grundnote *sruti,* die allen anderen Noten unterliegt und sich mit ihnen verbindet. Ob der Körper mit Sprechen, Lesen oder irgendetwas anderem beschäftigt war, ich war nach wie vor zentriert im ‚Ich'. Vor dieser Krise hatte ich keine klare Vorstellung von meinem Selbst und fühlte mich von ihm nicht bewusst angezogen. Ich hatte kein spürbares oder direktes Interesse dafür und noch weniger die Neigung, darin ständig zu verbleiben."

Als Folge dieses Todeserlebnisses verließ Ramana bald darauf Madurai, hinterlegte nur ein paar Zeilen, die sagten, er begäbe sich auf die tugendhafte Suche nach der ‚Wahrheit' und es bestünde kein Grund, nach ihm zu fahnden. Das Wort *Arunachala* hatte ihn schon immer fasziniert, und nun, da er vom unwiderstehlichen Drang erfüllt war, ständig im inneren Selbst zu weilen, das sich ihm spontan enthüllt hatte, nahm er den Zug nach Arunachala. Im September 1896 kam er am Bahnhof Tiruvannamalai an. Er war beim Wohnsitz seines geliebten Arunachala Shiva, dem ‚Berg des Heiligen Leuchtens' angelangt.

Sri Ramana beschrieb, wie sein Herz vor Freude bebte, als er zum großen Arunachala Shiva Tempel eilte. Er betrat das Allerheiligste und umarmte ekstatisch den Arunachaleshwara *lingam.* Das brennende Gefühl, das in Madurai eingesetzt hatte, verschwand – es verschmolz mit dem Licht. Die Reise endete, denn er hatte die ‚Wahrheit' gefunden, das höchste, selige Selbst im Zentrum seines Herzens. Danach suchte er nur die Einsamkeit, um für immer in diesem exaltierten Zustand zu verbleiben.

Zuerst lebte er in einem Keller des Tempels, wo er von einem heiligen Mann, Sheshadri Swami, entdeckt wurde. Er verkündete: „Hier gibt es einen Diamanten, den niemand erkannte." Ramanas von Skorpionen malträtierter Körper wurde von diesem freundlichen Mann behandelt. Bald ging er weg, zu einem anderen abgelegenen Tempel, dann wieder zu einem anderen und so fort. Er sprach nie und wurde daher der

‚Schweigende Brahmanen-Swami' genannt. Um Menschen zu vermeiden, zog er zum Berg, verbrachte etliche Zeit in verschiedenen Höhlen und einsamen Tempeln, ließ sich schließlich in der Virupaksha-Höhle nieder, in der er siebzehn Jahre blieb.

Bald sammelte sich eine kleine Gruppe von Gläubigen um ihn. Der Gelehrte und spirituelle Sucher Kavya Kanta Ganapathy Shastri kam auch zu ihm. Er verbreitete als erster die Nachricht, dass hier tatsächlich ein großer Weiser lebte, verankert in der höchsten ‚Wahrheit', über welche die Upanischaden sprechen.

F. H. Humphreys, ein britischer Polizeioffizier, eigentlich sein erster westlicher Anhänger, begegnete ihm gleichfalls dort. Die Mutter von Sri Ramana kam auch und ließ sich dort nieder. Sie blieb bis zu ihrem letzten Tag bei ihrem Sohn. Mittlerweile nannte man ihn *Maharishi* oder großer Weiser, ein Titel, der ihm von Kavya Kanta Ganapathy Shastri verliehen wurde. Manche nannten ihn sogar *Bhagwan* (Gott), doch er blieb so schlicht, wie er es bei seiner ersten Ankunft in Tiruvannamalai gewesen war.

Von der Virupaksha-Höhle zog Maharishi zum Skanda Ashram um, der von einem Anhänger an der südlichen Flanke des Berges gebaut wurde. Als seine Mutter starb, begrub man sie in der Nähe dieses Ashrams. Später lebte Maharishi in dem einfachen Ashram, der um das Grab seiner Mutter entstand, bis zu seinem Tod im Jahr 1950. Dank der Bücher von Paul Brunton, einem britischen Journalisten, der ihm begegnete, wurde Sri Ramana Maharishi dem Englisch sprechenden Publikum Indiens und in der Welt bekannt.

Ramana Maharishi reiste nicht. Er blieb ständig in Tiruvannamalai und war für alle Einheimischen zugänglich; später kamen Menschen auch von weither angereist, um seinen *darshan* zu erhalten und, meist schweigend, belehrt zu werden. Er sprach sehr wenig, doch fanden viele in seiner Gegenwart einen unerklärlichen Frieden, in dem störende Gedanken von selbst verschwanden.

Ich blieb drei Tage lang in Tiruvannamalai und meditierte beim *Samadhi* von Sri Ramana Maharishi, im Skanda Ashram, in der Virupaksha-Höhle und an anderen Plätzen des Arunachala Bergs. Am letzten Tag, als ich allein auf dem Schildkröten-Felsen saß und die Einsamkeit genoss, stellte ich plötzlich fest, dass ich die körperliche Anwesenheit Babajis nicht mehr vermisste, wie es sonst der Fall war. Ich hatte erwartet, dass er mich in Tiruvannamalai treffen würde, doch er kam nicht, und das beunruhigte mich ganz und gar nicht.

Die Sonne brannte heiß, auch der leichte Wind war heiß, doch mein Herz war geborgen in einer angenehmen Wärme, die irgendwo in der Brust begann und sich zum Kopf ausdehnte. Die Brise wehte ein Stück Papier vor meine Füße. Ich hob es auf. Es war Teil einer Buchseite. Als ich die Worte las, wusste ich, dass sie von Sri Ramana Maharishi waren. Sie lauteten:

„Je tiefer die Demut ist, mit der wir uns verhalten, desto besser ist es für uns. Alles, was man anderen Wesen darbietet, ist tatsächlich eine Gabe an das Eine Selbst. Nichts zu wünschen, was nicht zum eigenen Selbst gehört – das ist *vairagya* oder Leidenschaftslosigkeit. An seinem wahren Selbst festzuhalten – das ist *Jnana* oder Erleuchtung. *Vairagya* und *Jnana* sind das Gleiche. Jeder muss tief in sich selbst eintauchen und das kostbare *Atman* realisieren. Gott und Guru sind Eines. Wer sich die Gnade des Gurus verdient hat, wird nie im Stich gelassen, aber der Schüler sollte …"

Augenblicklich leuchtete mir ein, dass Babaji ein integraler Teil meiner Seele war. Wie könnte man etwas verlieren, das zum eigenen Selbst gehört? So schlussfolgerte ich.

Von Tiruvannamalai fuhr ich zurück nach Chennai. Ich blieb dann zehn Monate zu Hause. Tagsüber half ich meinem Vater in seiner Arzneimittel-Firma, abends ging ich am Strand spazieren. Zweimal besuchte ich die Krishnamurti Foundation, um J. Krishnamurti sprechen zu hören. Obwohl Babaji gesagt hatte, ich sollte Krishnamurti treffen, fühlte ich zu der Zeit noch keine Neigung dazu. An Sonntagen ging ich gewöhnlich zur Bibliothek der Theosophischen Gesellschaft oder zum alten Kapaleshwar Tempel. Hin und wieder besuchte ich auch den Shirdi Sai Baba Tempel oder die *Dargah* des Sufi-Heiligen Moti Baba nahe der Egmore Bahnstation.

Mittlerweile hatte ich begonnen, Artikel über südindische und in den Himalayas gelegene Tempel für eine Zeitschrift namens *Probe* zu schreiben. Eines Tages las ich über eine kleine Zeitung, die ‚The Andaman Times' hieß und in Port Blair auf den Andamanen herausgegeben wurde. Ich schmökerte in Büchern und Zeitungen über die Andaman Inseln und der Entschluss reifte in mir, hinzureisen. Der Herausgeber, den ich anschrieb, war willens, es mit mir zu versuchen, und so schiffte ich mich nach Port Blair ein, nachdem ich meine Eltern davon unterrichtete, dass ich eine Stellung gefunden hatte. Ich würde ein Journalist werden. Dieses eine Mal waren sie zufrieden.

42. Babaji im Taj Mahal Hotel von Mumbai

Die Andamanen, von der Touristik-Abteilung als ‚Land der Ringelblumen-Sonne' angepriesen, waren tatsächlich schön. Mit meiner Presse-Akkreditierung hatte ich Zugang zu den Teilen der Andamanen und Nikobaren, die der gewöhnliche Tourist nicht betreten durfte. Ich konnte in das Jarawa Reservat gehen – die Jarawas sollen Kannibalen sein – und auch die hochgewachsenen, nackten, negroiden Sentinels sehen, die auf den isolierten North Sentinel Islands leben und noch nicht gelernt haben, Salz zu verwenden.

Hautnah erlebte ich die politischen Zänkereien unter den Lokalpolitikern, und mit meinem Presseausweis konnte ich in jedermanns Büro eintreten. Ich lernte, Nachrichten zu sammeln und Informationen so zu verarbeiten, dass sie in den verfügbaren Zeilenraum passten, ohne dabei das Wesentliche auszulassen. Das half mir bei meinen Versuchen, Kurzgeschichten zu schreiben. Ich schrieb eine Kurzgeschichte mit dem Titel ‚Der Inseljunge', die die *Hindustan Times* aus Delhi auf ihrer Belletristik-Seite veröffentlichte. Auch für andere Zeitungen auf dem Subkontinent schrieb ich mehrere Artikel, ist doch Port Blair zeitgeschichtlich gesehen ein interessanter Platz. Zum Beispiel war er während des 2. Weltkriegs kurz von Japanern besetzt, die ihn als Militärbasis zur Bombardierung von Madras benutzten. Man kann noch heute Tunnels und Bunker ganz nah bei der Stadt Port Blair finden. Port Blair besaß auch das berüchtigte Gefängnis mit Isolationshaft-Zellen, in das die Engländer unverbesserliche Kriminelle einsperrten; später wurden darin politische Revolutionäre wie Veer Savarkar inhaftiert. Es gab viel, worüber man schreiben konnte. Abgesehen vom Schreiben bot sich der Ort zur Kontemplation an. Der Strand konnte von fast allen Punkten der Stadt in wenigen Minuten erreicht werden.

Ich verbrachte ein erfreuliches Jahr auf den Andamanen, wobei ich mich sorgfältig davor hütete, zum Schwiegersohn eines reichen Kaufmanns oder Grundstücksbesitzers zu werden. Wohlhabende indische Väter auf der Insel hielten immer Ausschau nach jungen, gebildeten und gut aussehenden Männern vom Festland, an die sie ihre Töchter verheiraten könnten. Die Mädchen waren in der Tat schön und klug, aber ich war vorgewarnt und deshalb vorsichtig.

Das einzige unangenehme Ereignis war eine heftige Amöbenruhr, die ich mir wegen ungefilterten Trinkwassers zuzog. Dem anderen möglichen Übel, der Malaria, entkam ich, da ich nachts ein Moskitonetz benutzte. Es geschah nichts von großer spiritueller Bedeutung. Zum Ende des Arbeitsjahres kündigte ich und schiffte mich nach Calcutta ein. Es war eine Dreitagesreise auf See.

Nach der Ankunft in Calcutta besuchte ich wieder einmal Belur Math und den Kali Tempel in Dakshineshwar. Ich besuchte auch die Zentrale der Yogoda Satsang Society in Dakshineshwar und hatte ein privates Gespräch über Kriya mit einem älteren amerikanischen Swami des Ordens, Swami Shantananda, einem verhaltenen, gründlichen Herrn.

Zurück in der Metropole erfuhr ich von einem Bekannten, dass Sri Satya Charan Lahiri, der Urenkel des berühmten Kriya Meisters und selbst ein Schüler von Sri Guru Babaji, gerade bei einem seiner Anhänger wohnte. Ich traf ihn und sprach mit ihm eine Stunde lang. Es war ein feiner und kultivierter Mann; er erzählte mir über bislang unbekannte Fakten aus Shyama Charan Lahiri Mahasayas Leben. Wir diskutierten auch Kriya Yoga und waren uns darin einig, dass Kriya Yoga nicht durch Korrespondenz-Kurse gelehrt werden könne, sondern nahen persönlichen Kontakt zwischen Lehrer und Student erfordere.

Unter herzlichem Lachen erzählte er mir, wie während eines seiner Aufenthalte in Mumbai eine Dame zu ihm kam und ihm berichtete, dass sie zu den Himalayas gegangen und dort Sri Guru Babaji begegnet war, den sie Mahavatar Babaji nannte, eine von Swami Yogananda Paramahansa geprägte Bezeichnung. Sie sagte, dass sie mit ihm drei Stunden in Meditation verbracht hatte. Wenige Minuten nach Erzählung ihrer Geschichte bat sie Sri Satya Charan Lahiri, sie in Kriya Yoga zu initiieren.

„Sogar Babaji“, sagte Satya Charan Lahiri und schüttelte traurig den Kopf, „ist zu einem Geschäftsprojekt geworden. Denk an meine Worte“, sagte er, „bald wird jedermann behaupten, direkte Verbindung mit Babaji zu haben und damit ein gutes Geschäft machen.“

Von Calcutta ging ich nach Benares. Dies war mein zweiter Trip nach Benares, und ich besuchte diesmal – abgesehen vom Kashi Vishwanath Tempel – auch Sarnath, wo Buddha seine erste Predigt hielt und das „Rad des Dharma“ in Bewegung setzte.

Ich hatte genügend Geld gespart, um für einige Zeit reisen zu können, und so kam mir die Idee, weiter nach Mumbai zu fahren und die Elephanta Höhlen zu besichtigen. Babaji hatte mir vor langer Zeit erzählt, dass in alter Zeit diese Höhlen für Einweihungs-Zeremonien verwendet wurden, so ähnlich wie die Höhlen-Tempel in Bhumju nahe Anantnag in Kaschmir. Sie lagen in kurzer Distanz vom Gateway of India und waren mit Boot zu erreichen. Ich stieg in eins der vielen Touristenboote und langte bald auf der Insel an.

Die Elephanta Höhlen liegen auf einer Insel im Arabischen Meer. Ihr ursprünglicher Sanskrit-Name war, wie mir Babaji erklärte, Agraharpuri. *Agrahara* bedeutet ‚das wichtigste Halsband' und bezog sich auf einen Platz, an dem eine Gemeinde von Brahmanen lebte. Nur die in die spirituellen Mysterien Eingeweihten wurden damals als Brahmanen bezeichnet, und eine Gruppe solcher Eingeweihter lebte in den Höhlen. Novizen wurden hierher gebracht und in die Mysterien initiiert. Aus irgendeinem Grund nannten die Portugiesen die Höhlen Elephanta und entstellten viele der Skulpturen im 17. Jahrhundert, als sie sie als Ziele beim Übungsschießen verwendeten.

Der aus dem Fels gehauene Komplex mit Hauptsaal, Innenhöfen und mehreren Schreinen enthält großartige Reliefs und Skulpturen, verfügt dazu über einen Tempel für Shiva, der speziellen Gottheit der Yogis. Darin ist Shiva als Ardhanarishwara (halb männlich – halb weiblich) abgebildet, wobei die linke Hälfte die weibliche Energie repräsentiert und wie eine schöne Frau geformt ist, und die rechte Hälfte Shivas männlichen Aspekt mit einem wohlgestalteten männlichen Körper vorstellt.

Babaji hatte kommentiert, dass dieser Shiva ein Symbol des vollkommenen Yogis darstellt, der in sich die männlichen und weiblichen Eigenschaften in einem harmonischen Gleichgewicht vereint. Dies entsteht durch die Vereinigung der *ida-* und *pingala-*Energien auf beiden Seiten des Rückgrats, wodurch sich der zentrale Kanal im Rückenmark (*shushumna* genannt) öffnet. Der erleuchtete Yogi zeichnet sich dadurch aus, dass durch seinen geöffneten zentralen Kanal die große kreative Energie, *Shakti,* sich ohne Behinderung hinaufschwingen kann zur höchsten Gegenwart, *Shiva,* der sie dann im Kronen-Chakra empfängt und umarmt. Diese ekstatische Vereinigung verwandelt den Menschen in einen Übermenschen mit äußerst erweitertem Bewusstsein.

Außerhalb der Höhle stand eine nahezu sieben Meter hohe Statue von Trimurti Shiva mit den kombinierten Symbolen von Schöpfung, Erhaltung und Zerstörung. Im Saal erhob sich die Skulptur von Shiva Nataraj, dem ekstatisch tanzenden König der Tänzer. Ich bewunderte diese wunderbaren Skulpturen; Erinnerungen an sie aus der fernen Vergangenheit liefen durch mein Bewusstsein. Eine ganze Zeitlang verlor ich mich in stiller Betrachtung. Dann ermahnte ich mich, aufs Festland zurückzukehren, stieg in das Boot und fuhr zum Gateway of India zurück.

Vom Gateway of India aus sieht man das herrliche Taj Mahal Palace Hotel, ein architektonisches Glanzstück, durch dessen Portale seit über hundert Jahren Monarchen, Industriemagnaten, Politiker, Schauspieler und Persönlichkeiten aus den höheren Rängen der Gesellschaft geschritten waren. Für Mumbais Bürger war es genauso ein Monument wie der Gateway of India.

Ich stieg die Treppen zum Hoteleingang hinauf, sah die livrierten Wachen an und fragte mich, ob ich hineingehen, einen teuren Kaffee trinken und mich umschauen sollte. Genau in dem Moment glitt ein glänzender schwarzer Mercedes vor die Eingangstreppen des Hotels und hielt an. Der uniformierte Chauffeur sprang heraus und öffnete die Türen. Vorne stieg ein glattrasierter, mittelalter Mann in Anzug aus, den ich wegen seiner Hautfarbe und Art des Auftretens für einen Parsen hielt. Hinten tauchten eine schöne junge Dame in maßgeschneidertem hellbraunem, westlichem Kostüm und ein großer, sehr hellhäutiger und gut aussehender *Sardar* (Sikh) in dreiteiligem blauem Anzug und blauem Turban auf. Der Sikh und die Dame trugen Sonnenbrillen.

Es war der Sikh, der meine Aufmerksamkeit erregte. Etwas an ihm kam mir irgendwie bekannt vor. War es die würdige Art seines Schreitens oder seine 1,80 m große Gestalt oder seine sehr helle Hautfarbe und sein attraktives Gesicht? Ich versuchte mir darüber klar zu werden – als er die Sonnenbrille abnahm und ich seine Augen sah. Er blickte zu mir. Diese Augen konnte man nicht verkennen: Es war Babaji, mein Freund und Meister! Babaji, verkleidet als Sikh – das war eine so lustige Situation, dass ich begann, mich vor aufsteigendem Lachen zu schütteln. Der Sikh wisperte etwas zu seinen Begleitern, und diese gingen ins Hotel. Er aber ging auf mich zu.

„Hör auf zu kichern, Madhu“, sagte er, „und mach kein *pranam* in der Öffentlichkeit.“

Unter großer Anstrengung brachte ich mein Lachen unter Kontrolle und fragte: „Warum um alles in der Welt maskierst du dich als *Sardar*, Babaji?“

„Komm“, sagte er, und wir überquerten die Straße und gingen zum Gateway of India. „Du hast meine Begleitung gesehen; es sind Parsen, die zu einer sehr reichen, sehr westlich orientierten Familie gehören. Der Mann steht einem großen industriellen Imperium vor, und die Frau, die junge Dame, die im Ausland erzogen wurde, ist Alkoholikerin geworden. Ich war der Guru ihres Vaters; an seinem Totenbett versprach ich ihm, mich um seine einzige Tochter zu kümmern. Ich halte mein Versprechen. Sie glaubt, ich sei ein Sikh-Geschäftsmann mit spirituellen Kräften und akzeptiert die Tatsache, dass ich der Guru ihres Vaters war. Was für das

Paar allerdings rätselhaft bleibt, ist mein jugendliches Aussehen angesichts der Tatsache, dass ich ihren Vater über fünfzig Jahre lang gekannt hatte."

„Geht es ihr jetzt besser?", fragte ich.

„Es wird eine Weile dauern, aber sie wird gesunden. Ich praktiziere eine Methode ein, die dich wohl erstaunen mag. Ich setze mich mit ihr zusammen und trinke gelegentlich etwas mit ihr. Bald wird sie freiwillig zu trinken aufhören. Merkwürdige Methode, aber in einigen Jahren wirst du wahrscheinlich für gewisse Menschen, mit denen du in vergangenen Leben verbunden warst, dasselbe tun. Gerade jetzt soll ich mit ihr auf einen Drink an der Bar gehen. Du hast also die Elephanta Höhlen besucht?"

„Ja, Babaji, und ich sah all die wunderbaren Skulpturen."

„Gut, gut. Ich gehe jetzt. Ist dir immer noch danach, ins Taj zu gehen und eine Tasse Kaffee zu trinken?"

„Nein", sagte ich, „wenn ich mir es recht überlege, lieber nicht."

„Okay. Bevor du Mumbai verlässt, besuche die *Dargah* von Haji Ali. Geh dann nach Delhi und bleibe dort eine Zeitlang. Du wirst eine Stellung als Journalist finden. Geh nach etwa einem Jahr nach Chennai und treffe Jiddu Krishnamurti. Er ist die letzte wichtige Person, mit der du in Verbindung kommen sollst. Krishnamurti wird dir gewisse Impulse liefern, die du zur vollen spirituellen Reife brauchst. Während du in Delhi tätig bist, geh nach Kaschmir und besuche die Höhlentempel nahe Anantnag. Und jetzt kannst du meine Füße berühren, aber bitte kein *pranam*."

Sardar Babaji ging weg und trat ins Taj Mahal Hotel. Ich besuchte die Haji Ali *Dargah*, die auf einer kleinen felsigen Insel im Arabischen Meer, nicht weit von der Küste erbaut ist. Eine Straße verbindet das Festland mit der Insel.

Nach einem wohlschmeckenden Maharashtra-Mittagessen in einem kleinen Restaurant in Dadar buchte ich meine Zugfahrt nach Neu Delhi. Glücklicherweise konnte ich gleich für den nächsten Tag ein Sleeper-Ticket bekommen. Ich verbrachte die Nacht in meiner Pension nahe des Mumbai Hauptbahnhofs und nahm am nächsten Morgen den Zug nach Neu Delhi.

43. Begegnung mit Laxman Joo und J. Krishnamurti

Nach Ankunft am New Delhi Hauptbahnhof suchte ich mir ein Zimmer in einer einfachen Unterkunft im Pahar Ganj Viertel gegenüber vom Bahnhof. Ich nahm ein rasches Bad, dann eine Auto-Rikscha zum Büro der englischsprachigen Wochenzeitschrift *Organiser.* Zu der Zeit wusste ich noch nicht, dass sie als Mundstück der ultra-rechten Hindu-Organisation R.S.S. diente. Was mich betraf, so war es die einzige Adresse in Delhi, die einen Job versprach, da mein Freund Mr. Nair die *Accent*-Zeitschrift eingestellt hatte und der Punjabi Geschäftsmann und Schüler Babajis verstorben war.

Durch meinem Freund Mr. Nair war ich einmal dem Chennai-Korrespondenten des *Organiser* vorgestellt worden. Dieser Herr, dessen Name ich vergaß, hatte mich dazu überredet, einen Artikel über die Bedeutung von Hinduismus zu schreiben und warum ich stolz sei, ein Hindu genannt zu werden, trotz meiner Geburt als Nicht-Hindu. Nach diesem Artikel, den der *Organiser* unter dem Titel ‚Warum ich stolz bin, ein Hindu genannt zu werden‘ veröffentlichte, steuerte ich ein paar weitere Artikel über Hindu-Philosophie und -Religion bei und blieb mit dem damaligen Herausgeber, dem inzwischen verstorbenen Mr. K.R. Malkani, in Verbindung. Er hatte in einem Brief geschrieben, ich sollte ihn treffen, falls ich einmal nach Delhi käme.

Mr. Malkani entpuppte sich als sehr westlich orientierter Herr, der ganz verschieden war von der Sorte der Muslim-Hasser und anti-christlichen Personen unter den R.S.S.-Leuten. Natürlich gab es unter ihnen Ausnahmen wie z. B. Nanaji Deshmukh, ein hochrangiger R.S.S.-Mann, der bis ins Mark unparteiisch war. Zu diesem Nanaji Deshmukh brachte mich Mr. Malkani persönlich und stellte mich vor. Er führte mich auch bei seinem jungen Redakteur Mr. Balashanker ein, der wie ich aus Kerala kam.

Mr. Balashanker fand für mich eine Unterbringung in Delhi. Ich teilte mit einer Gruppe junger R.S.S.-Männer aus Kerala ein Haus.

Innerhalb eines Jahres wurde ich zum Mitherausgeber der englischen Ausgabe von *Manthan*, einer vierteljährlich erscheinenden Fachzeitschrift über Religion, und lernte eine Menge, als ich Bücher rezensierte und spezielle Themen bearbeitete. Wenn ich nicht arbeitete, besuchte ich die alten Monumente, derer es so viele in Delhi gibt, und reiste nach Agra, Fatehpur Sikri und zu anderen Plätzen von historischem Interesse. Ich fuhr auch nach Haridwar, Rishikesh, Mathura und Brindavan, alles Orte, die nicht zu weit entfernt von Delhi liegen. Weder in Haridwar noch in Rishikesh konnte ich Babaji zu fassen kriegen, obwohl ich all seine Lieblingsplätze aufsuchte. Doch schmerzte es mich nicht übermäßig – ich war eben selbständig geworden, was Babaji ja beabsichtigt hatte.

Ich war ihm ewig dankbar, dass er mich unabhängig gemacht und mir das Geschenk der Meditation gegeben hatte. Ich meditierte die ganze Zeit ununterbrochen, mit geschlossenen oder geöffneten Augen; aber ich hielt mich auch strikt an die Disziplin, mich jeden Tag zur Morgendämmerung hinzusetzen und, alles andere ausschließend, auf das Innere meines Bewusstseins zu achten. Es gelang mir, alle ungewöhnlichen Fähigkeiten, die sich einstellten, vor der Allgemeinheit zu verbergen. Das Leben war großartig – ich arbeitete für den Lebensunterhalt und erfreute mich außerdem eines glückseligen spirituellen Zustands.

Nach einer Weile allerdings begann mich die Arbeit in dem engen Feld einer Fachzeitschrift zu beengen und ich verspürte den Wunsch, mich in aktuellem Journalismus zu versuchen.

Bei einer Konferenz über soziale Harmonie im ‚India International Centre' traf ich Mr. Ganesh Shukla, der eine Illustrierte namens *New Wave* herausgab. Ich hatte die Wochen-Illustrierte gelesen, und Inhalt wie Stil gefielen mir. Als ich den Wunsch äußerte, für *New Wave* zu arbeiten, stimmte Mr. Shukla bereitwillig zu. Am nächsten Tag kündigte ich bei *Manthan* und fing bei *New Wave* an.

In der Zeit, da ich als Korrespondent für *New Wave* arbeitete, fanden zwei wichtige Ereignisse statt, die direkten Einfluss auf mein spirituelles Leben ausübten. Das erste war mein Besuch von Kaschmir und meine Begegnung mit einem großen Meister des *Kaschmir Shaivaismus*, Swami Laxman Joo; das zweite war eine kurze Begegnung mit J. Krishnamurti im Constitution Club in Delhi.

Abgesehen davon, dass es ein Land von wunderbarer Schönheit ist, wurde Kaschmir seit alters her als die Wiege der arischen Zivilisation betrachtet. Selbst der große Pythagoras erklärte, dass er den ‚Brachmanen von Kaschmere' hinsichtlich seines mathematischen und spirituellen Wissens viel verdanke. Der chinesische Reisende und Historiker Huen Tsang, der 631 n. Chr. nach Kaschmir kam, um sein Wissen zu erweitern, pries die Kaschmir-Pandits für ihre Gelehrsamkeit und umfassende

Bildung. On-Kong, ein anderer chinesischer Reisender, der 760 n. Chr. nach Kaschmir gelangte und dort als buddhistischer *Bikshu* (Bettelmönch) lebte, berichtet über die Mönche in über dreihundert Klöstern, die sich dem eingehenden Studium von Religion und Philosophie widmeten.

Was nun den *Kaschmir Shaivaismus* anlangt – man kann ohne Übertreibung diese Philosophie und Praxis der Shiva-Anhänger als einen einzigartigen Beitrag Kaschmirs zur Mystik Indiens bezeichnen.

Und die landschaftliche Schönheit des Kaschmir-Tals – man muss nur einmal dorthin reisen, um der Schilderung des Mogul-Kaisers zustimmen zu können, der es als ‚Paradies auf Erden', auf Persisch: *‚Agar firdaus bar rue zamin ast, hamin ast, o hamin ast, o hamin ast'* (‚wenn es ein Paradies auf Erden gibt, dann ist es das, dann ist es das, dann ist es das') bezeichnete.

Umkränzt von Tibet im Osten, Chinesisch-Turkestan und Russland im Norden, Afghanistan im Westen, stellt Kaschmirs Kultur eine reiche Mischung aus verschiedenen Einflüssen dar. Große Sufis wie Shah Hamadhani trugen zu dieser vielfacettierten Kultur bei. Nur wenige wissen, dass die allererste persische Übersetzung der unvergleichlichen Upanischaden – vom heiligmäßigen Dara Shikoh, Bruder des despotischen Mogul-Kaisers Aurangzeb, herausgegeben – von Shah Hamadhani konzipiert und ausgeführt wurde, während er in Srinagar lebte und die Sufi-Lehren Kaschmirs intensiv studierte.

Mein spezielles Interesse beim Besuch von Kaschmir galt dem großen Yogi Sri Laxman Joo; außerdem wollte ich die von Babaji erwähnten Höhlen aus dem 6. und 5. Jahrhundert v. Chr. in Bhumju, nahe Anantnag besuchen. Früher wurden diese Höhlen für geheime Einweihungen in die höheren Mysterien der Religion benutzt. In alten Zeiten kamen selbst Hierophanten[62] von den ägyptischen Pyramiden-Tempeln hierher, um in diese Mysterien eingeweiht zu werden. (Der Legende zufolge soll auch Jesus Christus in Kaschmir gewesen sein.)

Nach dem Besuch der Höhlen ging ich zu mehreren Sufi-Schreinen bei Srinagar, einschließlich des berühmten Hazrat Baal, und stieg den Adi Shankara Hügel hinauf, der Srinagar überblickt; der dort von Sri Shankara installierte *lingam* steht heute immer noch.

Aber das nachdrücklichste Ereignis war meine Begegnung mit dem großen Adepten des *Kaschmir Shaivaismus*, Sri Laxman Joo.

An einem Sonntagnachmittag pilgerte ich zum Ashram von Sri Laxman Joo. Er wird kurz Swamiji genannt. Man sagte mir, dass Swamiji an diesem Tag für die Besucher ansprechbar war. Der schöne Ashram (in der Nähe des Mughal Garden) mit einem farbenprächtigen Garten war seine private Residenz und sah auf den Dal Lake. Nishat Bagh, so hieß der Ashram, hatte einen Panorama-Rundblick. Viele Menschen, junge und alte, tummelten sich an diesem Ort. Ich schloss mich der Menge an und wartete auf Swamiji, der, wie Babaji einmal sagte, die größte lebende Autorität im *Kaschmir Shaivaismus* war, und dies nicht nur im theoretischen Sinn. Er war ein vollendeter Adept.

Nach einer kurzen Weile hörte die Menge plötzlich mit dem Schwatzen auf. Ich blickte auf und sah ihn – einen dünnen, fast 1,80 m großen, glattrasierten, hellhäutigen Mann mit grauem, kurzgeschnittenem Haar, der einen Kashmiri *pheran* (traditioneller langer Überwurf) trug. Er sah wie siebzig aus, sein Gang aber war recht jugendlich und sein Auftreten mutete aristokratisch an. Ich stand still in der Menge, verbeugte mich vor dem Großen und fragte mich, ob ich je die Gelegenheit erhielte, ihn persönlich zu sprechen. Zu meiner Überraschung kam er, nachdem er kurz mit einigen der versammelten Leute Nettigkeiten ausgetauscht und sie gesegnet hatte, direkt auf mich zugeschritten und ergriff mit leuchtender Miene meine Hand. Seine Augen blickten in meine, als suchten sie etwas. Eine selige Erregung durchfuhr meinen ganzen Körper und ließ mich erschauern.

Ich glaube, die versammelten Leute mussten sehr erstaunt gewesen sein, als er, immer noch meine Hand haltend, sagte: „Komm, lass uns gehen", und mich zu einer Meditationshalle führte. Drinnen setzte er sich auf einen kleinen Kaschmir-Teppich und bedeutete mir, mich nahe vor ihm auf einen anderen Teppich zu setzen. Er beugte sich vor, hielt meine Hand und sagte: „Komm näher, Kind, ich habe auf dich gewartet. Glaubst mir wohl nicht? Hmmm! Ungläubiger Thomas."

Unter seinem Überwurf holte er ein schwärzliches Objekt hervor und hielt es vor meine Augen. „Siehst du das? Erkennst du es wieder?"

Ich war betroffen. Das Ding glich so sehr den *Rudrakshahs*, die Babaji als Gebetskette um den Hals trug – groß und fast schwarz.

„Wurde mir von Baba Maheshwarnath gegeben, als ich zwanzig Jahre alt war – eine Tatsache, über die niemand weiß außer dir, weil ich dir darüber erzähle. Ein Jahr später veröffentlichte ich auf Babas Wunsch die Bhagavad Gita mit dem Kommentar von Abhinavagupta. Ich freue mich, dass dich dein Meister zu mir schickte. Obwohl Babaji nicht mein persönlicher Guru ist, halte ich ihn in nicht geringerer Wertschätzung als meinen Meister Swami Mehtab Kak oder meinen Satguru Swami Ram. Du bist gesegnet, dass dich dein Lehrer fand und die Verbindung mit Sri Guru wiederherstellte."

Mit Tränen in den Augen sagte ich: „Swamiji, was kann ich dazu sagen? Ihr scheint alles über mich zu wissen."

Eine halbe Stunde lang sprachen wir über gewisse Aspekte des Kaschmir Shaivaismus und seiner Praxis. Er schlug einige Änderungen in meiner Kriya-Routine vor und bat mich, die Texte *Pratyabhijnahrdayam, Vijana-bhairava* und *Paratri'sikavi-varana* zu lesen. Zum Abschluss unseres Gesprächs gab er mir zwei kleine Bücher, seine englische Übersetzung zweier Sanskrit-Texte mit den Titeln *Fünfzehn Verse der Weisheit* und *Eingang zur Höchsten Wirklichkeit.*

Ich führte mein *pranam* zu seinen Füßen aus und wendete mich zum Gehen. „Wenn du Babaji siehst, übermittle ihm meine *pranams*, und möge dich *Amriteshwara Bhairava*, der ‚Herr des Nektars der Befreiung', befreien", sagte er zum Abschied.

Von Kaschmir kehrte ich nach Delhi zurück.

Zwei Wochen nach meiner Rückkehr nach Delhi hörte ich, dass J. Krishnamurti auf dem Constitution Club Gelände an zwei Abenden einen Vortrag halten würde. Ich schaffte es am ersten Abend nicht, aber am zweiten kam ich ein paar Minuten vor Vortragsbeginn an. Die Zuhörerschaft war in der Tat elitär. Da gab es Wirtschaftsführer, Industriemagnaten, Politiker verschiedener Parteien, Intellektuelle, Wissenschaftler und die Medien. Als Journalist gelang es mir, einen guten Platz zu finden, von dem aus ich den Vortragenden gut sehen konnte. Die Zuhörer warteten still auf ihn.

Punkt sechs Uhr trat er in den Saal, makellos gekleidet mit einem hellbraunen Seiden-*kurta* und weißen *pyjamas*, und setzte sich im Schneidersitz auf das Podium. Als er die Hände zum Gruß faltete und zu sprechen begann, sah er mit seinem grauen Haar und schön geschnittenen Gesicht wie ein moderner Buddha aus.

Es gab keine Einleitung, kein Entzünden der Öllichter, keine Theatralik. Er kam direkt zum Thema. Ich erinnere mich seiner Worte, vor so vielen Jahren gesprochen, noch ganz deutlich: „Ich möchte betonen, dass wir keine Propaganda für irgendeinen Glauben, irgendein Ideal oder irgendeine Organisation machen. Gemeinsam wollen wir betrachten, was in der Welt geschieht ..."

Eine Stunde lang herrschte absolute Stille, als Krishnamurti die Anatomie und Physiologie der Gewalt analysierte und darstellte, wie die Religion jahrhundertelang zur Gewalt ermutigte und anstiftete. Er forderte die Anwesenden dazu auf, doch zu erkennen, wie gewalttätig sie tief im Inneren eigentlich sind, und bat sie dringend mit gefalteten

Händen, den von der Gewalt angerichteten, enormen Schaden zu ermessen und im täglichen Leben bewusst jeglicher Gewalt zu entsagen.

Das war nicht die Darlegung einer Ideologie oder Philosophie, sondern eine Reise in das Unterbewusste und Unbewusste, eine Selbsterfahrungs-Reise. Die Zuhörer folgten dem Vortrag so aufmerksam und konzentriert, dass sich, nachdem Krishnamurti zu sprechen aufgehört hatte, für ein paar Minuten niemand rührte. Daraufhin faltete er die Hände zum *namaste* und verließ das Podium.

Und da erlebte ich etwas sehr Persönliches. Während er vom Podium wegging, hielt er plötzlich an, drehte sich um und blickte für einige Sekunden direkt in meine Augen. Dann ging er endgültig ab.

Ich spürte, wie eine fühlbare Energie in mein Wesen eintrat. Selbst als ich den Bus nahm und zu meiner Unterkunft zurückkam, herrschte die seltsame Energie in mir. Es war, als wäre ich von einer unerklärlichen subtilen Seligkeit berauscht. Als ich mein Zimmer betrat, fragte mich – daran erinnere ich mich – mein Freund Sheridan, der einen Stock höher wohnte, ob ich etwas getrunken hätte. Ich torkelte. Dieses Gefühl blieb während der ganzen Nacht lebendig, und ich konnte erst gegen Morgen einschlafen.

Gleich am kommenden Tag reichte ich meine Kündigung bei Mr. Ganesh Shukla ein und hörte bei der *New Wave* Zeitschrift auf. Am nächsten Tag nahm ich den Zug nach Benares. Dort konnte ich in der Juna Akhada Math (Bhartiya Inter College) unterkommen. In der Nähe, in Rajghat, lag das Krishnamurti Zentrum, aber ich hatte noch immer keine Neigung, hinzugehen. Anstatt dessen verbrachte ich ein ganzes Jahr damit, an den zahlreichen *ghats* (die Badetreppen am Ganges) entlang zu spazieren und gelegentlich den Kashi Viswanath Tempel aufzusuchen. Ich genoss in vollen Zügen die völlige, bedingungslose Freiheit.

44. Vasant Vihar und Krishnamurti

In einer Vollmondnacht, als ich einem Boot zuschaute, das am Manikarnika Ghat vorbeiglitt, fühlte ich den unwiderstehlichen Wunsch in mir aufsteigen, J. Krishnamurti zu treffen. Am nächsten Morgen ging ich nach Rajghat und traf Mr. Upasani, den damaligen Leiter des Krishnamurti-Zentrums. Er informierte mich, dass Krishnamurti in etwa einer Woche in Chennai einträfe, und schlug vor, dass ich vor seiner Ankunft nach Chennai ginge und Mr. Achyut Patwardhan, den bekannten Freiheitskämpfer und damaligen Vizepräsidenten der Krishnamurti Foundation, träfe. Dieser könnte wahrscheinlich eine Begegnung mit Krishnamurti nach dessen Ankunft arrangieren.

Ich dankte ihm und fuhr zum Bahnhof, um eine Fahrkarte nach Chennai zu besorgen. Für den übernächsten Tag konnte ich ein 2. Klasse Sleeper-Ticket erhalten. So kam ich ein paar Tage später in Chennai an, wo ich nicht zu meinem Elternhaus, sondern direkt zur Zentrale der Krishnamurti Stiftung ging. Nachdem mich der Büromanager bei Sri Achyut Patwardhan angemeldet hatte, wartete ich in einer Halle auf ihn. Nach einer halben Stunde trat er ein.

Ich hatte vom legendären Freiheitskämpfer Achyut Patwardhan gehört; er war in der Jugend zusammen mit einem Freund zum Hauptquartier des englischen Empires auf indischem Boden marschiert, hatte den Union Jack herunter gezerrt und die indische Nationalflagge gehisst. Daher hatte ich einen massiven, kräftigen Mann erwartet. Der Mann, der eintrat, war jedoch von kleinem Wuchs und beinahe mausähnlich. Doch seine Augen blitzten scharf und wachsam und seine etwa siebzig Jahre sah man ihm nicht an. Er war munter und sehr höflich. Er hatte sich, bevor er mich traf, bei Nanaji Deshmukh in Delhi, den er gut kannte, vorinformiert. Mit meinen Referenzen und meinem Background war er offensichtlich zufrieden und er verhielt sich überaus herzlich.

Krishnamurti würde in einem Monat ankommen, sagte er. In der Zwischenzeit könnte ich in Vasant Vihar, wie die Zentrale der Stiftung hieß, bleiben. Er würde versuchen, für mich ein privates Interview mit Krishnamurti zu arrangieren. Ich nahm seinen Vorschlag dankend an.

Mir wurde ein kleiner Raum zugeteilt, und ich nahm gemeinsam mit Achyutji die Mahlzeiten im Speisesaal ein. Manchmal kamen ein paar Gäste zum Mittag- oder Abendessen. Auf dem Campus pflegte man eine vegetarische Ernährung und erlaubte weder Alkohol noch Tabak, was mir recht war. An den Abenden gingen Achyut und ich auf dem baum- und buschbestandenen Campus oder in den weiten Anlagen der nahe gelegenen Theosophischen Gesellschaft, wohin uns ein Wagen brachte, häufig spazieren.

Wir wurden trotz unterschiedlichen Alters und unterschiedlicher Position gute Freunde. Er war mehr als dreimal älter als ich und in politischen wie gesellschaftlichen Kreisen wohlbekannt. Wir sprachen über einen großen Themenkreis und ich konnte von einem Mann seines Formats viel lernen.

Eine seiner Geschichten werde ich nie vergessen: Als junger Mann suchte er um Krishnamurtis Erlaubnis nach, sich dem von Mahatma Gandhi geführten Freiheitskampf anzuschließen. Krishnamurti hatte gesagt, aus seiner Sicht sei ‚Freiheit‘ das völlige Frei-Sein von Vorurteil, Teilung und Gewalt, und wenn der Freiheitskampf das anstrebe, dann ‚tue es, wenn dir danach ist, frag mich nicht‘. Dann, nachdem die Briten abgezogen waren, kamen die Aufteilung in Indien und Pakistan und als deren Folge grauenvolle Gewalt und unendliches Blutvergießen. Achyut hatte Krishnamurti danach wieder getroffen, und dieser hatte sarkastisch gefragt, ob die sinnlose Gewalt und das Blutvergießen der Aufteilung nun die wahre ‚Freiheit‘ wäre.

In der Zeit, da ich auf Krishnamurtis Eintreffen wartete, las ich die verfügbare Literatur über ihn und hörte die Tonaufnahmen seiner Vorträge. Bevor ich meine persönliche Begegnung mit Krishnamurti schildere, möchte ich ein kurzes Porträt von ihm geben.

Es begann alles im Jahr 1873 mit der Ankunft von Helena Petrovna Blavatsky, einer Emigrantin aus russischer Adelsfamilie. Gemeinsam mit Oberst Henry Steel Olcott untersuchte sie okkulte Phänomene und gründete die Theosophische Gesellschaft. HPB, wie Blavatsky genannt wurde, war eine kontroverse Persönlichkeit, deren sogenannte Materialisation von Objekten von einigen als göttlich, von anderen als reine Zaubertricks betrachtet wurden. Aldous Huxley tat sie als Scharlatan und Betrügerin ab.

HPB behauptete, sie würde im Auftrag von geheimnisvollen Meistern im Himalaya handeln, die ihr nahegelegt hätten, die Theosophische Gesellschaft zu gründen. Zwei dieser Meister benannte sie namentlich, nämlich Morya und Kuthumi Lal Singh. Sie sagte, dass sie bei ihnen in Tibet und im Karakorum gelebt hätte und einer von ihnen ihr persönlicher Guru wäre.

Mit ihrer extravaganten und charismatischen Persönlichkeit und ihrem zweifellos enormen Wissen zog sie die große Rednerin und Atheistin, Mitglied der Fabian Gesellschaft und enge Freundin von George Bernhard Shaw, Annie Besant, an. Annie Besant hatte ein Exemplar von Blavatskys ‚Geheimlehre' zur Besprechung erhalten und war von diesem Band so beeindruckt, dass sie mit HPB ein Treffen vereinbarte und bald danach zu ihrer Schülerin wurde. Annie Besant spielte in Krishnamurtis Leben eine wichtige Rolle.

Die vielleicht entscheidendste Person in K's Leben war C.W. Leadbeater, ein seiner Ämter in der anglikanischen Kirche von England enthobener Priester, ein sehr belesener Mann mit zahlreichen Facetten, dessen faszinierende Schriften über das Okkulte viele Leser fragen ließ, ob der Inhalt Fakten oder Fiktion wiedergebe. C.W. Leadbeater (CWL), der mit seinem wallendem weißem Bart und seinen scharfen Gesichtszügen einem biblischen Propheten ähnelte, traf auch mit HPB zusammen und wurde ihr Schüler; bald würdigte man ihn als prominenten Theosophen. Nach HPB's Tod behauptete CWL, in direkter Verbindung mit den theosophischen Meistern der Weißen Loge zu stehen, und erteilte in deren Auftrag Einweihungen und Segen. Annie Besant stützte sich sehr auf ihn, wenn es um okkulte Dinge ging.

CWL war hauptverantwortlich für die Verbreitung der Vorstellung unter den Theosophen, dass die Zeit für den Advent von Maitreya Buddha, des großen Herrn, des zukünftigen Buddha, des Messias der neuen Zeit reif sei. Diese ‚Ankunft' wäre insofern einzigartig, als der große Herr den Körper eines bereits geborenen, reinen, tugendhaften und speziell ausgebildeten Menschen übernehmen bzw. ‚besetzen' würde. Daher hielten prominente Theosophen Ausschau nach einem passenden jungen Mann, der Lord Maitreya vielleicht als Instrument und Vehikel dienen könnte.

Noch zur Lebenszeit von HPB hatte sich die Theosophische Gesellschaft auf einem hundertzwanzig Hektar großen Anwesen in Adyar bei Chennai niedergelassen. Das herrliche Anwesen mit reichem Baumbestand und Gebäuden im europäischen Stil, am Ufer des Adyar-Flusses gelegen, konnte sich auch eines eigenen Privatstrandes am Meer rühmen. In der Nähe dieses Ortes machte CWL Krishnamurti und seinen Bruder Nityananda in ihrer frühen Jugend ausfindig. Er verkündete, dass Krishnamurtis Aura, die er mit seinen hellsichtigen Fähigkeiten wahrnahm, rein, tugendhaft und hell sei und der Junge sich deshalb dazu eigne, von Lord Maitreya übernommen und benutzt zu werden.

Um eine lange Geschichte kurz zu machen – der verlauste Krishna mit seinen vorstehenden Zähnen und sein jüngerer Bruder Nitya wurden ihrem Vater Narayanaiah, einem pensionierten kleinen

Regierungsangestellten, abgekauft und von CWL sowie anderen von ihm ausgewählten Personen ausgebildet, bis sie gelernt hatten, sich wie englische *Sahibs* zu benehmen. Krishna, der, bevor er von den Theosophen adoptiert wurde, als etwas schwachsinnig galt, bestand nie ein Examen und qualifizierte sich nie für Oxford oder Cambridge. Sein Bruder Nitya hingegen, der recht intelligent war, erwarb eine gute Bildung. Als die Theosophen die beiden jungen Männer in den Westen brachten, wurden diese, unterstützt von theosophischer Propaganda, sehr populär.

Krishna, als zukünftiger Messias betrachtet, wurde natürlich wie ein Prinz behandelt, trug vornehmste Anzüge, fuhr teure Autos und war allgemeines Thema bei Tischreden in den Rängen der oberen Zehntausend in England, Europa und den USA. Das Schicksal schlug zu, als der jüngere Bruder Nitya an Tuberkulose starb. Krishna, der annahm, dass die theosophischen Meister ihn nicht sterben lassen würden, verlor jeden Glauben an die Theosophie, zumindest an die der CWL-Art, und begann aus dem hierarchischen CWL-Konstrukt auszuscheren. Am 3. August 1929 schließlich, beim internationalen Treffen der Theosophen im holländischen Ommen, sagte sich Krishnamurti von der Theosophischen Gesellschaft und ihren Ideen vollends los und erklärte: „Die Wahrheit ist ein Land ohne Pfade; man kann über keinen Pfad zu ihr gelangen …“

Zu einer tief betroffenen Zuhörerschaft, einschließlich Frau Besant, sprach er weiter: „Ich habe beschlossen, den ‚Orden des Sterns‘[63] völlig aufzulösen, da ich ja zufällig sein Oberhaupt bin. Sie können andere Organisationen gründen und auf jemand anderen warten. Ich befasse mich damit nicht, auch nicht mit der Herstellung neuer Käfige und neuer Dekorationen für diese Käfige. Ich trachte nur danach, den Menschen absolut und unbedingt frei zu machen.“

Frau Besant erholte sich nie von diesem Schock und verstarb bald. Krishnamurti gründete mit einigen Freunden, darunter Rajgopal, eine andere Entdeckung von CWL, die ‚Krishnamurti Writings Incorporated‘, eine Gesellschaft, die seine Vorträge und andere Aktivitäten weltweit unterstützte. Rajgopal gab die erste Sammlung von Krishnamurtis Vorträgen unter dem Titel *Commentaries on Living* sachkundig heraus.

Später entzweite sich Rajgopal mit ihm. Nach einer längeren Periode von Bitterkeit und gerichtlichen Prozessen wurde Rajgopal in den Hintergrund gedrängt, und mit Hilfe neuer, politischen Einfluss besitzender Freunde wurden die Krishnamurti Foundation Indiens, der Krishnamurti Trust England und die Krishnamurti Stiftung von Amerika mit dem Hauptquartier in Ojai, Kalifornien, gegründet. Diese

Gesellschaften veröffentlichten seine transkribierten Vorträge und organisierten alle Aktivitäten Krishnamurtis in Europa, Amerika und Indien.

In der indischen Zentrale der Krishnamurti Stiftung, ‚Vasant Vihar', unweit der Zentrale der Theosophischen Gesellschaft, wartete ich also auf Krishnamurtis Ankunft.

Etwa gegen Ende November, um Mitternacht, kam Krishnamurti in Chennai an. Ich konnte ihn erst beim Mittagessen des darauffolgenden Tages sehen.

Padmakar Patwardhan, der jüngere Bruder von Achyut, und seine südindische Frau Sunanda, die beide das Krishnamurti Bulletin editierten, waren ein paar Tage vor Krishnamurtis Ankunft zurückgekommen. Trotz ihrer argwöhnischen Natur, die gewöhnliche Sterbliche wie mich von Krishnamurti fernzuhalten suchte, durfte ich mich aufgrund Achyutis Empfehlung der kleinen Gruppe anschließen, die gemeinsam mit Krishnamurti im Speisesaal zum Essen saß.

Es dauerte noch viele Tage bis zu den öffentlichen Vorträgen und Zusammenkünften in Vasant Vihar, und so gab es vorerst nur eine kleine Zahl von Anwesenden im Zentrum. Während des Mittag- und Abendessens wurde wenig gesprochen. Gelegentlich lud man einen potenziellen Sponsor oder einen einflussreichen VIP, der für die Stiftung nützlich sein könnte, zu einer Mahlzeit mit Krishnamurti ein. Man teilte mir einen von Krishnamurti sehr weit entfernten Platz zu. Doch drei, vier Tage nach Krishnamurtis Ankunft informierte mich Sunanda Patwardhan, dass Krishnamurti mich für eine halbe Stunde, oder so lange er es wünschte, in seinem Wohn-Schlafraum im ersten Stock empfangen würde. Ich wusste, nur Achyuti war in der Lage gewesen, ein solches privates Treffen für mich zu arrangieren.

Krishnamurtis Schlaf- und Wohnraum im ersten Stock war sakrosankt; kein Fremder hatte die Erlaubnis, auch nur die Treppe hinaufzugehen. Daher fand ich es aufregend, ein derartiges Privileg zu erhalten. Als ich nervös den Raum betrat, saß Krishnaji im Schneidersitz auf einem Teppich auf dem Boden.

„Sie können die Tür zumachen, Sir", waren seine ersten Worte, „und hierher kommen und sich setzen." Behutsam setzte ich mich auf den Rand des Teppichs.

„Nein, nein, kommen Sie hierher", sagte er und bedeutete mir, ich sollte näherkommen. Ich saß jetzt ganz nah vor ihm. Eine Minute lang hielt er meine linke Hand, ließ sie dann los. Seine Gegenwart ließ mich nicht übermäßig ehrfürchtig oder eingeschüchtert werden, im Gegenteil. Mir war, als säße ich mit einem guten Freund zusammen. Selbst in seinen Achtzigern sah er sehr gut aus. Zwar hatte ich ihn bei seinen Vorträgen in Delhi und Chennai ein paarmal aus der Ferne gesehen, aber erst jetzt verstand ich, was George Bernhard Shaw empfunden haben musste, als er ihm begegnete und kommentierte, der junge Krishnamurti sei ‚der schönste Mensch', den er je gesehen hätte.

„Wird in den Upanischaden nicht gesagt ‚sitz ganz nah'?", fragte er mit schalkhaftem Lächeln. „Natürlich habe ich nicht viel darin gelesen."

„Das kann ich nicht glauben, Sir", sagte ich, „gewiss haben Sie in Ihrer theosophischen Zeit die Upanischaden studiert."

„Ich weiß nicht. Vielleicht habe ich es, ich kann mich nicht deutlich daran erinnern." Dann wechselte er abrupt das Thema und sagte: „Erzählen Sie mir über sich selbst. Achyut sagte, Sie wären mit einem Guru in den Himalayas gewandert. Wer war er, und was tat er? Sie wissen, dass ich nicht glaube, ein Guru sei nötig."

Ich sagte: „Sir, mit allem Respekt, ich kann dem nicht zustimmen. Ich denke, ein Lehrer ist nötig, solange man von ihm nicht vollständig abhängig wird. Babaji, wie ich meinen Guru nenne, machte es von Anfang an deutlich, dass man auf eigenen Füßen stehen und nicht abhängig werden soll. Überdies hatte er keine Organisation oder Institution, ja, er hatte nicht einmal ein eigenes Dach über dem Kopf. Er wanderte von Ort zu Ort und weilte oft in Höhlen. Ich habe Ihre Beschreibung der Wahrheit gehört, die ihren Wahrheitsgehalt verliert, sobald sie organisiert wird, und doch stehen Sie einer Organisation namens Krishnamurti Foundation vor. Babaji hatte nichts. Er war ein unabhängiger Mensch."

Krishnamurti, das muss ich zugeben, hörte mir aufmerksam und ernsthaft zu, anstatt mir zu sagen, ich sollte verschwinden, was er leicht hätte tun können.

„Sie haben Recht", sagte er, „ehrlich gesagt, ich bin des ganzen Dramas ziemlich überdrüssig. Sie wissen ja, vor vielen Jahren ließ ich die Theosophische Gesellschaft mitsamt ihren Einweihungen und Hierarchien hinter mir. Falls Sie eine Weile hierbleiben, werden Sie es erleben – wahrscheinlich werde ich die jetzige Organisation gleichfalls auflösen, wenn ich nicht mehr weitermachen kann. Aber sagen Sie das niemand, klar?", sagte er und lachte, während er auf meine Schulter klopfte.

„Also, nun, wenn Sie das, was Sie von … wie war sein Name, ja, von Babaji lernten, voll zufriedenstellt, warum sind Sie dann hier?"

„Sir, Babaji schlug vor, dass ich Sie treffe."

„Aber warum, um alles in der Welt? Jedenfalls, wenn Sie wollen, können Sie einige Zeit hierbleiben. Wie ich hörte, sind Sie offenbar ein Wanderer, und daher weiß ich nicht, wie lange Sie bleiben werden, aber das spielt keine Rolle."

„Ich weiß es selbst nicht, Sir, und ich möchte mich nicht festlegen."

„Das ist in Ordnung. Aber sagen Sie mir, erwähnte Ihr Babaji irgendetwas von den theosophischen Meistern, der Weißen Loge und dem ganzen übrigen Zeug, das Sie kennen?"

„Sir, in den Himalayas gibt es große Meister. Babaji war selbst einer, genauso sein Lehrer, den wir Sri Guru nennen und dem ich begegnet war, auch ein oder zwei seiner Schüler. Aber Babaji glaubte, dass Blavatsky ein wenig übertrieb, und nach ihr übertrieben andere noch ein bisschen mehr, und am Ende entstanden Karikaturen, die völlig verschieden von den Originalen sind."

Krishnamurti rieb sich die Hände, sah sehr gedankenvoll aus und sagte: „Genau das, was ich dachte. Dieser Mann Babaji scheint ein recht interessanter Zeitgenosse zu sein. Also, was gedenken Sie hier zu tun?"

„Ich will so viele Cassetten wie möglich anhören", sagte ich, „und jede Arbeit verrichten, die mir zugewiesen wird. Ich würde auch gerne Cassetten transkribieren."

„Haben Sie *Commentaries on Living* gelesen?"

„Ja, Sir. Einmal."

„Auch *First and Last Freedom*?"

„Ja, Sir. Und darf ich eine Frage stellen?"

„Ja, Mum…, ich kann mir Ihren Namen nicht merken."

„Mumtaz", sagte ich.

„Ja, richtig – M wäre einfacher."

„Sir, Sie sprechen über sexuelle Beziehungen, Liebe, Eifersucht, Ärger und dergleichen, als ob Sie ein intimes Verständnis von alledem hätten. Die meisten Leute aber glauben, Sie lebten zölibatär. Wie können Sie also darüber Bescheid wissen?"

„Sir", sagte er mit intensivem und ernstem Gesichtsausdruck, „die unmittelbare Erfahrung ist die einzige Erfahrung, aus der man lernt. Wie sollte die Welt irgendetwas über mein persönliches Leben wissen? Mir ist egal, was die Leute glauben, aber denken Sie dran, ich spreche nicht über Dinge, die ich nicht persönlich kenne. Ziehen Sie daraus Ihre eigenen Schlüsse."

„Das bringt mich zu einer anderen Frage, Sir", sagte ich, „glauben Sie, dass die Ehe für das eigene spirituelle Wachstum wichtig ist?"

„Ehrlich gesagt, weiß ich nicht, was Sie mit spirituellem Wachstum meinen", sagte er, „doch ist es besser, zu heiraten oder sexuelle Beziehungen zu erleben, als davon das ganze Leben in der Vorstellung heimgesucht zu werden. Es ist besser, zu heiraten, als zu verbrennen."

Da ich mich einer so wichtigen Persönlichkeit nicht aufdrängen wollte, faltete ich die Hände und sagte:

„*Namaste*, Sir, ich möchte Ihnen nicht mehr Zeit stehlen. Haben Sie vielen Dank."

Er faltete ebenfalls anmutig die Hände und sagte: „Noch eine Kleinigkeit, bevor Sie gehen. Sie werden hier Leute finden, die Ihnen sagen, ‚wir kennen Krishnaji bereits über dreißig Jahre' oder so etwas in der Richtung, und sich anerbieten, die Lehren für Sie zu interpretieren. Ignorieren Sie sie sanft. Diese Leute haben vermutlich nicht das Geringste verstanden."

Ich war verblüfft; dann erinnerte ich mich an die Warnung, die mir Swami Ranganathananda gegeben hatte, als ich vor vielen Jahren in die Ramakrishna Mission als junger Brahmachari eintrat. „Ein Ashram ist eine kleine Welt für sich", hatte er gesagt, „und du wirst alle Arten von Leuten antreffen. Quäle dich nicht mit der naiven Vorstellung, dass sie alle große *Sadhaks* oder spirituell fortgeschrittene Seelen seien. Führ du deine Arbeit und dein *sadhana* aus und halt die Augen offen."

Ich bedankte mich bei Achyutji für das Arrangieren des Interviews und vermied es, neugierigen Fragern die Einzelheiten der Begegnung mit Krishnamurti zu beschreiben. Wie sehr ich auch ein zweites privates Gespräch mit Krishnamurti gewünscht hätte – von den waltenden Kräften wurde mir jedweder Zugang verwehrt. Tatsächlich wurden meine Bewegungen genau überwacht, damit ich nicht unbemerkt zu Krishnamurtis Zimmer hinaufstiege. Ich nutzte weiterhin die Zeit zum Lesen, zum Anhören der Tonaufnahmen und zu Spaziergängen. Manchmal forderte mich Achyutji auf, mit ihm einen Spaziergang zu machen, und wir diskutierten viel über verschiedene Themen – Hindu-Philosophie, Mahatma Gandhi, Sozialismus, die Freiheitsbewegung, Theosophie und natürlich Krishnamurti. Bald fing das Ehepaar Patwardhan an, mir zu vertrauen und übertrug mir administrative Tätigkeiten.

Da der Termin für Krishnamurtis Vorträge näher rückte, trafen mehr Mitglieder der Krishnamurti Stiftung aus Indien und dem Ausland ein.

Pupul Jayakar, die Vizepräsidentin der Stiftung, eine alte Weggefährtin und Freundin von Krishnamurti, kam an. Man musste nur ihre gebieterische Art sehen, um auf ihre politische Macht rückschließen zu können. Indira Gandhi, damals die Premierministerin, war eine enge Freundin von ihr, und sie selbst hatte den Rang einer Kabinettsministerin. Ich muss zugeben, dass sie sich mir gegenüber sehr sanft und freundlich verhielt, aber ich konnte nicht umhin zu bemerken, dass sie sich noch im Prozess der Einschätzung meines Wertes für die Organisation befand.

Viele andere kamen, darunter die Rektoren und Lehrer der verschiedenen Schulen der Stiftung, worunter einige auch Vorstandsmitglieder der Stiftung waren. Ich befreundete mich mit der Leiterin der Rishi Valley Schule, Frau Rebecca Thomas, einer sehr effizienten Frau, und ihrem Mann Herrn Thomas, dem Finanzverwalter – letzterer war ein durch und durch zynischer, aber praktischer Mann, der versuchte, sich von Krishnamurti-Ideologien fernzuhalten). Diese Freundschaft beruhte zum Teil darauf, dass die beiden aus Trivandrum, meinem Geburtsort, kamen, und wir uns in Malayalam unterhalten konnten. Die Sprache bringt die Leute oft wie keine andere Sache zusammen. Wie es sich herausstellte, kannte Herr Thomas meine Familie gut.

Zu den wenigen Leuten, mit denen ich eine Verbindung empfand, zählte auch Radhika Herzberger, die Tochter von Pupul Jayakar, eine durchaus natürliche, unprätentiöse und sanfte Persönlichkeit. Sie hatte einen Doktortitel in Buddhistischen Studien und war mit Professor Hans Herzberger, der an der Universität von Ontario, Kanada, Symbolische Logik lehrte, verheiratet.

Intellektuelle, Sozialisten, Pädagogen, buddhistische Gelehrte, Theosophen und Leute aus der gesellschaftlichen Elite kamen und gingen. Man sagte mir, dass die Vorstandsmitglieder generell eine andere Klasse bildeten – die der wenigen Auserwählten – und darum eine Vorzugsbehandlung erhalten müssten. Einige der Mitglieder, die ich später traf, waren wirklich recht nett; aber es gab ein paar, die glaubten, sie stünden über allen anderen.

Die Vorträge waren gut besucht; wenn ich Krishnamurti sah, wie er in Buddha-ähnlicher Stille im Schneidersitz auf der Bühne saß, fragte ich mich, ob dies die gleiche Person war, die am Esstisch Witze erzählte. Nach den Vorträgen pflegte Krishnamurti zur Rishi Valley Schule zu fahren und von dort nach Chennai zurückzukommen, um in die USA zu fliegen. Die Menschenmenge verschwand. Achyutji, sein Bruder Padmakar und dessen Frau Sunanda fuhren im Gefolge von Krishnamurti zum Rishi Valley. Ich blieb quasi allein zurück, abgesehen vom Personal des Büros und der Küche, sowie von Herrn K. Krishnamurti, einem

Redakteur der Zeitung *Indian Express,* der die Wochenenden in Vasant Vihar verbrachte und mit den Transskripten sowie der Korrespondenz half. Er könnte als der echte Anhänger charakterisiert werden, der an jedem Wort, das Krishnamurti geäußert hatte, unbeirrt festhielt.

Krishnamurti kehrte nach zehn Tagen von Rishi Valley zurück und flog nach Kalifornien. Die Patwardhans kamen wieder nach Chennai. Sie betrauten sie mich mit mehr Verwaltungstätigkeiten; inzwischen waren sie sehr freundlich geworden. Gelegentlich besuchte ich meine Eltern, die nicht sehr weit entfernt wohnten. Meine ältere Schwester war für den indischen administrativen Dienst ausgewählt worden; meine jüngere war noch im College und lebte bei meinen Eltern.

Ein Jahr verging in dieser Art, und Krishnamurti kam wieder. Dieses Mal fuhr ich mit den Patwardhans zum Flughafen, um ihn zu empfangen. Er wurde von seinem Leibarzt, Dr. Parchure, und seiner engen Freundin Mary Zimbalist begleitet; letztere war die Tochter von Sam Zimbalist, dem Hollywood-Produzenten, der ‚Die Zehn Gebote‘ produziert hatte.

Ich traf auch viele andere Personen, die mit der Stiftung verbunden waren, sowohl aus Indien wie aus dem Ausland. Krishnamurti erkannte mich mittlerweile am Gesicht und sprach manchmal eine Weile mit mir. Ich begleitete ihn gelegentlich auf seinen Spaziergängen auf dem Gelände von Vasant Vihar, zeigte ihm, welche Veränderungen an den Gebäuden vorgenommen worden waren und dergleichen. Eines Tages war ich in den ersten Stock gegangen, um ihn zum Mittagessen zu holen, und erwähnte nebenbei mein Interesse und meine Fertigkeit in Zauberei.

„Können Sie levitieren“, fragte er und rechnete wahrscheinlich mit einer negativen Antwort.

„Ja“, sagte ich, „kann ich.“

„Das ist nicht Ihr Ernst“, sagte er.

„Sir, wenn Sie mir erlauben, werde ich den Trick morgen zum Mittagessen im Speisesaal vorführen“, sagte ich.

„Abgemacht“, sagte er.

Am nächsten Tag stellte ich eine Bank in die Nähe des Esstisches; in Gegenwart von Krishnamurti und einem Dutzend Gäste bedeckte ich mich mit einem Tuch, lag auf der Bank und levitierte.

Ich hörte Krishnamurti laut ausrufen: „Jesus, er tat es wirklich.“ Ich erinnere mich noch immer an den Ausdruck völligen Unglaubens auf seinem Gesicht, als ich erklärte, worin der Trick bestand und wie einfach er war. „Sie haben mich an der Nase herumgeführt“, war alles, was er sagte.

Und wieder begannen die Vorträge. An den Vormittagen fanden die Frage-und-Antwortsitzungen statt. Ich war ziemlich beschäftigt, und ein Teil meiner Tätigkeit bestand darin, mich um die ausländischen Gäste zu kümmern. Nach den Vorträgen flog Krishnamurti nach England, die Gäste reisten ab, und wieder herrschten Frieden und Ruhe. Ich schob meinen Plan, erneut auf Wanderschaft zu gehen, in dem Moment auf, als sich Krishnaji, bevor er durch den Security Check am Flughafen ging, umwandte und sagte: „Ich hoffe, Sie zu sehen, wenn ich wieder komme."

Während der Jahre in Vasant Vihar kam ich mit einer Vielfalt von Menschen zusammen – den Elitären, den echten Devotees, die Krishnamurti als göttlich betrachteten, den Ungläubigen, den Intellektuellen, den Kunstfans, die meist auf irgendeinen Gunsterweis von Pupul Jayakar hofften, da diese doch mit den Hohen und Mächtigen liiert war, und einigen wenigen spirituellen Suchern, die vom Irrgarten, in den sie geraten waren, verwirrt waren.

Sie bildeten eine friedliebende Gruppe, die jegliche Aggressivität verpönte – außer einem kleinen Kern, der in Ermangelung eines passenderen Wortes am besten als ‚Ultra-Krishnamurtianer' charakterisiert werden könnte.

Diese Letzteren hatten sich nie tiefer mit den ehrwürdigen Traditionen Indiens befasst und suchten ihre Unwissenheit zu verbergen, indem sie Krishnamurti zitierten, der das Studium der alten Texte als unnötig ansah. Da ich unter Babajis Anleitung die Bücher der Weisheit eingehend studiert hatte, bedrückte mich diese Einstellung, die Tradition und Disziplin generell missachtete.

Im Ganzen gesehen bildeten die zehn Jahre in der Krishnamurti Organisation für mich eine großartige Lernerfahrung.

Eines Tages im April 1985 erhielt ich einen Wink von Babaji, in seinem unnachahmlichen Stil übermittelt. Ich stand an einem Abend am Eingangstor des Vasant Vihar und überlegte, ob ich auf einen Spaziergang hinausgehen oder *Essence of Rumi* von John Baldock lesen sollte, als ich einen Sadhu im ockergelben Gewand die Straße entlanggehen sah. Als er näher kam, bemerkte ich, dass er barfuß, sauber rasiert, auch sein Kopf kahl rasiert war; er hatte ein junges leuchtendes Gesicht. Auf der Stirn trug er das Kennzeichen der Vaishnava-Sekte, mit Sandelpaste gemalt. Er kam direkt auf mich zu und grüßte mit „*Radhe, Radhe*". Ich antwortete mit „*Radhe, Radhe*" und berührte rasch seine Füße. Glücklicherweise stand kein elitärer Krishnamurti-Anhänger in der

Nähe, der hätte sehen können, was ihm gewiss als idiotische Geste erschienen wäre.

Ohne Einleitung kam der Wandermönch direkt zum Thema: „Babaji möchte, dass du in vier Tagen zu ihm kommst. Du wirst ihn bei der Höhle von Mauni Baba finden. Brich so rasch wie möglich auf. *Radhe, Radhe.*“

Und damit ließ er mich schlicht stehen und verschwand am Ende der Straße. Ich traf sofort Vorbereitungen für meine Abreise, informierte den Sekretär, dass ich dringend in die Himalayas fahren und dazu einen zweiwöchigen Urlaub nehmen müsste. Der Urlaub wurde bewilligt; ich fuhr zum Bahnhof und kaufte für den nächsten Tag eine Fahrkarte nach Delhi.

45. Babaji verlässt seinen Körper

Am Tag meiner Ankunft in Rishikesh machte ich mich sofort auf den Weg zur Höhle von Mauni Baba. Babaji war allein. „*Alakh Niranjan*“, grüßte er mich. Ich machte mein *pranam* vor ihm.

„Mauni Baba ist nach Uttarkashi gegangen“, sagte er. „Na, du – lang nicht gesehen. Du siehst gut aus.“

„Ja, Babaji, sehr lange. Vielleicht wolltest du ja, dass ich meine Unabhängigkeit beweise – aber es ist trotzdem wunderbar, hier bei dir zu sein, und du siehst so strahlend aus wie immer.“

„Okay, okay, das reicht. Du machst mich verlegen. Jetzt hör gut zu: Es gibt für dich etwas Wichtiges zu tun. Ich habe beschlossen, wegzugehen.“

„Wohin, Babaji? Ich werde mit dir kommen.“

„Nein, mein Sohn, du kannst nicht mitkommen, du musst Aufgaben erfüllen. Ich will meinen Körper verlassen.“

Ich taumelte zurück, als hätte mich ein Donnerkeil getroffen.

„Aber, Babaji, ich ...“; kein weiteres Wort kam aus meinem Mund. Ich blickte nur mit weit aufgerissenen Augen zu ihm.

„Junger Freund, nimm dich zusammen, ich dachte, du wärest ein Yogi. In Ordnung, atme ein paarmal langsam ein, jetzt atme aus, richtig, so geht's. Wie fühlst du dich nun?“

„Okay, Babaji, viel besser; ich war von deiner plötzlichen Ankündigung geschockt. Ich bin bereit. Sag mir, was ich tun soll.“ Ich kämpfte mit mir, um die Tränen zurückzuhalten.

„Meine Arbeit ist vorüber, und du hast viel zu tun. Ich will dir zuerst einige wichtige Dinge kurz erklären und dir dann beschreiben, was du mit meinem Körper machst, wenn ich weggegangen bin. Außer Sri Guru und meinem Freund Nagaraj bist du die einzige Person, die über meinen Abgang Bescheid weiß. Hör jetzt genau zu.“

Er gab mir einige Instruktionen über die subtileren Aspekte der Kriya Yoga Praxis und weihte mich in den letzten *kriya* ein, der von Yogis zum Zeitpunkt des Todes ausgeführt wird. Wenn der Yogi beschließt zu sterben, drosselt er mithilfe dieses *kriya* die körperlichen Funktionen bis zum Stillstand und verlässt dann ruhevoll den Leib.

Er erteilte mir dazu die Erlaubnis, nach eigenem Dafürhalten jede Person in Kriya Yoga einzuweihen, solange sie zwei Bedingungen erfüllte – Aufrichtigkeit und Wahrhaftigkeit.

Danach versetzte er mich in Trance, und ich glitt wieder in die Vergangenheit, diesmal mit viel mehr Details. Meine Verbindung mit Sri Guru Babaji, der damals die Rolle eines großen Nath-Yogis spielte, ging zurück zu einer Zeit, als ich ein kühner Krieger aus der lunaren Rasse (*Yadu Vamsa*) war, die ihre Abstammung von Sri Krishna herleitete. Ich bemühte mich zu jener Zeit, das Wüsten-Königtum von Jaisalmer im heutigen Rajasthan zu begründen. Er war da zum ersten Mal mein Guru.

Als ich aus der Trance herauskam, sagte Babaji, ich würde wegen karmischer Verbindungen aus jenem früheren Leben später in diesem jetzigen Leben Mitarbeiter und Schüler bekommen, die zu den ehemaligen königlichen Familien Indiens gehören. Ich würde die Verantwortung für das Leben von vielen, die in früheren Leben in unterschiedlichen Rollen mit mir nah verbunden waren, schultern müssen; beim Sehen würde ich sie wiedererkennen. Und ich sollte in keinem Fall irgendjemand abweisen, der um Hilfe bäte.

Er wiederholte, dass ich heiraten solle. Das Eheleben würde mir zu der richtigen Reife verhelfen, um mit emotionalen Situationen umgehen zu können.

„Unverheiratet zu bleiben", sagte er, „stellt keine spezielle Qualifikation eines spirituellen Aspiranten dar; jedenfalls trifft es nicht auf dich zu. Die meisten Personen, die in der Zukunft zu dir kommen, werden verheiratet sein, und du kannst ihnen nicht raten oder helfen, wenn du selbst nicht weißt, was Eheleben ist."

Babaji bestand auch darauf, dass ich, kurz vor einer Pilgerreise zum Kailash Berg und Manasarovar See, damit beginnen soll, meine Autobiographie zu schreiben, und sie dann innerhalb eines Jahres abschließe. Gewisse andere Dinge, die er mir enthüllte, sind vertraulich, und ich habe ihre Geheimhaltung gelobt.

Schließlich sagte er mir, was ich mit seinem Körper nach seinem Abgang anstellen solle.

„Bitte, Babaji", wandte ich ein, „ehe du weitersprichst, bist du sicher, dass du das tun willst? Kannst du nicht noch eine Zeitlang warten? Bitte …"

„Mein Sohn, du weißt, dass gewichtige Gründe dafür vorliegen, wenn ich etwas tue. Ich habe beschlossen, das zu tun. Achtzig Prozent meiner Verstandeskapazität werden auf dich übertragen, doch hast du die schwere Aufgabe, deine Fähigkeiten zu verbergen und vorzugeben, du würdest so leben wie alle anderen. Ich bin zuversichtlich, dass du es schaffst. Sri Guru wird bald ankommen und dich segnen.

Nach meinem Abgang reist du zur Krishnamurti Foundation zurück. Krishnamurti wird bald auch das Zeitliche segnen. Sein Lebenszweck ist erfüllt. Beobachte scharf alles, was danach geschieht. Denk daran, dass ich immer in deinem Herzen wohne. Jetzt zum Praktischen.“

Babaji zeigte mir einen abseits gelegenen Fleck im lichten Wald, unweit der Mauni Baba Höhle am Hang des Neelkanth Bergs, und gab mir ein Stemmeisen, eine Schaufel und eine Spitzhacke. Ich sollte eine Grube von bestimmten Ausmaßen graben, und trotz meiner fehlenden Erfahrung in solchen Dingen müsste ich es alleine tun. Babaji würde meinen Verstand mit der nötigen Einsicht und meinen Körper mit der nötigen Kraft versehen, damit ich es vermochte.

In zwei Tagen hatte ich die Grube fertiggestellt, auch wenn meine Hände dabei gründlich schwielig wurden. Am dritten Tag, einem Donnerstag, gab mir Babaji noch einige weitere persönliche Unterweisungen, und in derselben Nacht gingen wir zu der Stelle, wo sich die Grube befand. Der Vollmond hing hell am klaren Himmel. Es wehte eine kühle Brise.

„Wir warten auf Sri Guru“, sagte Babaji.

Kurz danach tauchte ein Lichtball am Horizont auf, der dem, den ich bei der Arundhati-Höhle gesehen hatte, ähnelte. Als er dem Mond nahe kam, sah es so aus, als gäbe es zwei Monde. Während er in unsere Richtung raste, wurde er größer. Dieses Mal landete er sanft – ohne Donnerschlag, ohne Lärm senkte er sich vor uns herab.

Die leuchtende Kugel öffnete sich und Sri Guru trat heraus, gefolgt von einem auserlesen schönen nackten Mann mit leuchtend blauer Haut. Nach unserer Prostration sagte Sri Guru zu mir:

„Du bist Nagaraj schon zuvor begegnet, nur erscheint er jetzt in einer anderen Form. Die Wesen von *Sarpa Loka* können ihre Form nach Gutdünken verändern. Und jetzt zur Sache.

Wir haben beschlossen, gewisse *tattvas* des Körpers und Verstands deines Lehrers auf dich zu übertragen. Das ist erforderlich, weil du im Plan der Dinge eine Menge Arbeit verrichten musst. Dein Lehrer wirkte still, ohne Banner und Organisation, aber du wirst anders vorgehen müssen. Bis 1991 wirst du wie dein Lehrer still wirken, doch danach wirst du mehr und mehr Leuten bekannt werden. Sträube dich nicht dagegen. Das ist erforderlich für die Arbeit. Du wirst erkennen, wie überaus eigensüchtig und gewalttätig sich die Menschen auch in diesem gesegneten Land verhalten. Stimmst du zu, Mahesh?“

„Ja“, sagte Babaji. „Ich wollte, dass die Worte aus deinem Mund kämen. Jetzt ist es Zeit – bitte, segne mich und halte mich bei dir.“

Während Sri Guru, Nagaraj und ich zusahen, kletterte Babaji in die Grube, nahm die Padmasana-Position ein und atmete für ein paar Sekunden kräftig aus und ein. Seine Augen waren auf die Mitte seiner Stirne fixiert. Nach dem letzten Ausatmen, dem stärksten und heftigsten, trat Stille ein und sein Körper wurde völlig bewegungslos.

Ein regenbogenfarbenes Licht kam aus dem Scheitel seines Kopfes und trat in mein Herz. Meine innere Identität war damit für immer verwandelt. Von da an wirkten Babajis Energien durch mich. Dann sah ich, wie ein weißes Licht seinem Kopf entwich und zum Himmel aufstieg. In wenigen Sekunden verschwand es.

Sri Guru sagte: „Es ist vorbei. Tu, was dir aufgetragen ist. Ich muss jetzt gehen; du weißt, wie du mit mir Verbindung aufnehmen kannst.“

Ich machte *pranam* vor Sri Guru und Nagaraj. Sie stiegen in ihr *vimana* (Fluggerät) und waren gleich darauf weggeflogen.

Ich arbeitete die ganze Nacht am Auffüllen des Grabs. Mir war sehr weh ums Herz, als ich die erste Schaufel Erde hinab schüttete. Doch danach stellte ich überrascht fest, wie emotionslos und kühl ich das Grab weiter zuschüttete. Bald war die Grube mit Babajis Körper darin ganz aufgefüllt. Ich stampfte gemäß Anweisung die Erde fest, breitete Rasenstücke aus und goss Wasser darüber. Da Babaji den Bau eines Grabmals, ja selbst das Aufstellen einer schlichten Steinplatte untersagt hatte, führte ich meine Prostration auf dem geheiligten Boden aus und verließ den Ort.

Der Morgen dämmerte, als ich zur Höhle zurückkam. Die aufgehende Sonne färbte den Himmelsrand orange. Vögel zwitscherten. Der Wind wehte sanft. Plötzlich überwältigte ein abgrundtiefer Kummer mein Herz; mein Leib zitterte; ich weinte hemmungslos. Tränen der Liebe, der Dankbarkeit und des Trennungsschmerzes strömten überreichlich. Ich legte mich auf die Decke, und müde, wie ich war, fiel ich, immer noch weinend, in Schlaf. Es war ein tiefer, traumloser Schlaf. Ich wachte geheilt und voll Ruhe auf, bereit, meine Verantwortung zu übernehmen.

46. Das Verscheiden von ‚K‘

Zwei Tage lang wanderte ich in Rishikesh umher. Am dritten Tag nahm ich den Zug nach Delhi, von dort einen Bus nach Amritsar. Ich hatte schon immer den Goldenen Tempel der Sikhs in Amritsar besuchen wollen. Babajis Wertschätzung des *Granth Sahib*, des heiligen Buches der Sikhs, war groß gewesen. Und das Hauptzentrum, wo das Buch, von Sikhs mit Gott und Guru gleichgesetzt, verehrt wurde, war das ‚Harmandir Saheb‘, der goldene Tempel.

Der wunderschöne Tempel, mit dessen Bau unter dem vierten Guru der Sikhs, Guru Ram Das, begonnen und der unter dem fünften Guru, Guru Arjan, fertig gestellt wurde – das ‚Harmandir Saheb‘ mit seinen goldenen Kuppeln steht inmitten eines von einer Quelle gespeisten Sees, ‚Amritsaras‘ genannt (Nektar-See). Die nahe der pakistanischen Grenze gelegene Stadt Amritsar erhielt ihren Namen davon.

Bei Morgengrauen betrat ich den Tempel. Die seelenvolle Wiedergabe des heiligen Buches *Granth Sahib* durch die *Ragis* (Sänger und Musiker) im Goldenen Tempel versetzte mich in tiefe Ekstase. An jenem Tag hörte ich sie die in das *Granth Sahib* aufgenommenen Lieder von Kabir singen:

‚Ein Herz, in welches nie die Liebe trat, gleicht einem Friedhof, es ist tot …‘

Ich zollte dem heiligen *Granth* meine Verehrung, aß das süße *kara prasad* und verließ den Komplex.

Mit dem Bus fuhr ich zurück nach Delhi, wo ich sofort zur Bahnstation ging und eine Fahrkarte nach Chennai im allgemeinen, nicht reservierten Abteil kaufte. Es wurde eine ermüdende Zweitagesreise, auf der ich nur wenig schlief. Die Reichen und Mächtigen haben keine Vorstellung davon, wie gewöhnliche Bürger, speziell aus den ärmeren Schichten, reisen – es ist ein Albdruck!

Zurück in Chennai, fädelte ich wieder in den Alltag von Vasant Vihar ein. Anfangs war das schwierig, aber bald kam ich über das Dilemma hinweg, einerseits vorgeben zu müssen, ich wäre nur auf Urlaub in Rishikesh gewesen, obgleich andererseits sich Einschneidendes ereignet hatte.

Im Oktober dieses Jahres hörte ich, dass Krishnamurti erkrankt war, er aber trotzdem nach Indien käme.

Nach seiner Ankunft ging er zuerst nach Benares, um eine Reihe von Diskussionen mit buddhistischen Gelehrten zu führen. Unter ihnen fand sich Pandit Jagannath Upadhyaya, der eine kritische Ausgabe des *Kalachakratantra*, eines Mahayana-Textes mit – so sagt man – den Lehren von Maitreya Buddha, veröffentlichen sollte. Ein weiterer gelehrter Teilnehmer war Sandung Rinpoche, gegenwärtig das Haupt der tibetanischen Exilregierung. Es gab keine zufriedenstellenden Antworten auf Krishnamurtis Fragen – „existiert etwas Heiliges, etwas Langwährendes … in Indien, in diesem Teil der Welt? Und wenn ja, warum ist dann dieser Teil der Welt so korrupt?“

Doch es war klar, dass er sich aufgrund seiner Krankheit eigentlich mit der Frage des Todes und dem Danach befasste. Bevor er nach Indien flog, hatte er im schweizerischen, in einem Tal liegenden Saanen ausgedrückt, dass ‚das Tal Lebewohl sage‘. Im letzten Vortrag in Saanen erzählte er die Geschichte von Nachiketa, des Jungen, der zum Haus des Todes geschickt wurde, um seine vielen Fragen beantwortet zu bekommen – eine Geschichte aus der *Katha Upanishad.*

Was er im Jahr 1929 geschrieben hatte, stand nun sehr im Vordergrund seiner Gedanken: „Wenn Krishnamurti stirbt, was unvermeidlich ist, werden Sie alles daransetzen, Regeln für Ihren Verstand zu formulieren, da doch der individuelle Krishnamurti für Sie die Wahrheit repräsentierte. Also werden Sie einen Tempel bauen und dann darin Zeremonien abhalten … Wenn Sie über mir, dem Individuum, eine große Architektur entstehen lassen, werden Sie in diesem Gebäude, in diesem Tempel festsitzen, und darum werden Sie einen anderen Lehrer brauchen, der kommt und Sie aus dem Tempel herauszieht. Aber der menschliche Verstand ist so geartet, dass er Sie wieder einen Tempel für diesen bauen lässt, und so wird es immer weitergehen.“

Er versuchte sehr, das auf ihn aufgebaute Gebäude zu erschüttern und zu zertrümmern. Doch außer ihm war niemand bereit, die Tempel einzureißen, in denen man gewöhnt war, sich heil und sicher zu fühlen.

Im November kam er nach Rishi Valley; er war erschöpft und seine Gesundheit schwand rasch dahin. In alarmierendem Tempo verlor er an Gewicht. Den letzten Vortrag in Rishi Valley nannte er seine ‚letzte Show‘. Immer wieder versuchte er in Gesprächen mit Lehrern und Schülern triftige Gründe dafür zu finden, warum sie sich von anderen Schulen unterschieden. Es schien, als wäre er mit den Antworten keineswegs zufrieden.

Am 22. Dezember traf er in Chennai für die Vorträge ein. Er hatte noch mehr Gewicht verloren und dazu Fieber bekommen und fragte sich, ob er die Vorträge überhaupt durchhalten könne. Die Personen im inneren Kreis bemerkten zweifellos, dass seine Krankheit ein kritisches Stadium erreicht hatte. Auch seine hin und wieder ausgesprochenen Andeutungen ließen vermuten, dass sich sein Leben dem Ende näherte.

Abgesehen von der enormen Energie, die er benötigte, um während der öffentlichen Vorträge und Gespräche den inneren Kern des vorurteilsverhafteten und verengten Verstandes jener zu erreichen, über die er einmal ausgerufen hatte ‚Oh Gott! Was für eine Generation', stand er vor der schweren Aufgabe, einige selbstgefällige und anmaßende Personen in der Krishnamurti Foundation zu ersetzen. Der Lärm der Nachfolgersuche hatte hinter den Kulissen bereits begonnen.

Er hatte den Kampf um die Auflösung der Stiftung verloren – die prominenten Mitglieder, die sich in ihren Machtpositionen sicher fühlten, waren für eine derart radikale Maßnahme ausnahmslos nicht bereit. Daher löste er sich aus der ganzen Organisation, sagte, dass er nicht mehr Teil irgendeiner Stiftung sei. Obwohl ich damals der Krishnamurti Stiftung nicht als Mitglied angehörte, sandte Krishnamurti durch einen guten Freund die Botschaft an mich, ich solle der außerordentlichen Versammlung beiwohnen, zu deren Schluss er sich von allen nach ihm benannten Organisationen lossagte.

Ich erinnerte mich an die Worte, die er vor drei Jahren geäußert hatte, als ich zum ersten Mal die Gelegenheit erhielt, ihm privat zu begegnen: „Falls Sie eine Weile hierbleiben, werden Sie es erleben – wahrscheinlich werde ich die jetzige Organisation gleichfalls auflösen, wenn ich nicht mehr weitermachen kann."

Er war dermaßen besorgt, jemand würde sich als sein Nachfolger aufspielen, dass er den Leitsätzen und Regeln der Krishnamurti Stiftung diese Klausel hinzufügen ließ: „In keinem Fall darf sich die Stiftung oder irgendeine der Institutionen unter ihrem Dach oder irgendeines der Mitglieder als Autorität für die Lehren von Krishnamurti darstellen. Dies entspricht Krishnamurtis Erklärung, dass niemand an keinem Ort das Recht habe, sich als Autorität für seine Lehren zu bezeichnen."

Die Umstände in dieser Zeitphase brachten mich in nahen Kontakt zu Krishnamurti. Da er die vormaligen Hausmeister der Hauptquartiere und den Sekretär der Krishnamurti Stiftung de facto entlassen hatte, hing nun die neue Garde sehr von meinem täglichen Einsatz in der Verwaltung ab. Der neue von Krishnamurti ernannte Sekretär Mahesh Saxena, ein pensionierter Polizei-Oberinspektor aus Rajasthan, arbeitete sich gerade ein und benötigte noch viel Hilfe. Krishnamurti war sehr freundlich zu mir und gestattete mir freien Zugang zu seinem Wohn- und Schlafraum.

Tatsächlich wollte er die alte Garde nicht in seiner Nähe haben, und er bat mich, ihn ab sofort für die Vorträge von seinem Zimmer zum Podium zu begleiten, das Ansteckmikrophon vor Vortragsbeginn für ihn zu befestigen und danach zu entfernen. Er verlor weiter an Gewicht und seine Temperatur stieg unablässig. Der Arzt konnte den Grund dafür nicht feststellen. Während der Vorträge hatte er manchmal 40°C Fieber, nichtsdestoweniger war er, bis auf eine leichte Trübung der Klarheit seines Vortrags, die die Zuhörerschaft kaum bemerkte, geistig so machtvoll und durchdringend wie immer.

Der letzte Vortrag fand am 4. Januar 1986 statt. Er begann mit den Worten: „Wollen Sie freundlicherweise an dem teilnehmen, worüber er spricht?“, und endete mit: „Dies ist der letzte Vortrag. Wollen Sie für ein Weilchen still beisammen sitzen? Also, meine Herren, sitzen Sie für eine Weile still da.“

In der darauffolgenden Nacht trat er in ein Fieberdelirium, aber am nächsten Morgen sah ich ihn still in seinem Zimmer sitzen und ein Gedicht von Tennyson in einer Art rezitieren, die mich an die Rezitation von Sanskrit-Versen denken ließ.

Ich empfand stark, dass er nicht mehr lange leben würde. In seinem Zimmer gab es ein paar Gegenstände, einschließlich eines alten Stuhls, um die man sich kümmern musste. Als ich ihm sagte, sie würden repariert sein, wenn er das nächste Mal zurück käme, legte er seine ausgezehrten Arme auf meine Schultern, schaute mir in die Augen und sagte: „Sir, der Zirkus ist beendet. Ich komme nicht zurück.“ Tränen schossen mir in die Augen. Ich traf auf der Treppe, die von seinem Zimmer hinunter führte, Radhika Herzberger und spürte, dass sie auch Bescheid wusste.

In der Nacht, als er nach Ojai, Kalifornien, abreiste, standen wir auf dem Flughafen, um ihn zu verabschieden. Angesichts seiner prekären körperlichen Verfassung hatte die Flughafenleitung die Genehmigung erteilt, ihn im Wagen bis zum Flugzeug zu bringen. Das war das letzte, was ich von ihm sah. Als sich das Automobil in Bewegung setzte und wir drei Anwesenden die Hände zum *Namaste* aneinanderlegten, erwiderte er den Gruß, liebenswürdig wie immer.

Etwa fünf Wochen danach, am 17. Februar 1986, verstarb er in Ojai. Die Ärzte hatten einen Tumor in der Pankreas diagnostiziert. In einer Tonaufnahme wenige Tage vor seinem Tod hatte er bestimmt, dass über seinem toten Leib keine umständlichen Rituale durchgeführt, sondern er in das Krematorium transportiert werden solle. Es ist mir nicht gestattet, den ganzen Inhalt dieser Tonaufzeichnung mitzuteilen, da er nicht für die Öffentlichkeit vorgesehen war. Aber ich kann der Versuchung nicht widerstehen, zumindest anzugeben, dass Krishnamurti darin sagte, niemand wüsste, welche enormen Energien durch seinen Körper gewirkt hatten.

47. Heirat und Umzug nach Neel Bagh

Nach Krishnamurtis Hinscheiden klappte es mit den neu eingeteilten Personen, darunter Herr Mahesh Saxena als Sekretär, für eine Zeitlang recht gut. Als pensionierter höherer Polizeibeamter besaß Herr Saxena hervorragende Verwaltungsfähigkeiten. Er überredete mich, ihm zur Seite zu stehen, und es gelang ihm, mich trotz Widerstand von einigen Seiten als zweiten Sekretär zu ernennen. Auf der Vorstandssitzung der Krishnamurti Foundation nach Krishnamurtis Tod wurde ich auch in den Vorstand gewählt.

Aber irgendwie war Herr Saxena nicht in der Lage, sich in das Gefüge der Krishnamurti Foundation einzupassen. Er kam aus einem traditionellen Milieu, und zum ersten Mal stolzierte ein langhaariger Mann in einer Bekleidung, die am besten als brauner, knielanger Bademantel porträtiert werden könnte, auf dem Campus des Hauptquartiers Vasant Vihar umher wie ein Polizist außer Dienst. Das übliche ‚Hello Sir' oder ‚Guten Morgen', das den Besuchern und Bewohnern von Vasant Vihar vertraut war, wurde ersetzt durch das traditionelle *‚Namaste'*.

Bald gestand er in privaten Gesprächen mit mir, dass sich die Dinge nicht allzu gut entwickelten. Er war an Gesetz und Ordnung und an den selbstverständlichen Gehorsam jener gewohnt, die er als ‚Untergebene' betrachtete. Die sogenannte totale Freiheit des Denkens und der Tat begann ihm auf die Nerven zu gehen. Dies, zusammen mit Anfällen von Depression und einem zwanghaften Verhalten, das er zeitweise an den Tag legte, ließ mich bei ihm allmählich eine Persönlichkeitsstörung vermuten. Schließlich besiegte ihn eine Kombination dieser Faktoren, und er musste zurücktreten und nach Benares abreisen, doch das kam später.

Wenige Monate nach meiner Wahl zum Vorstandsmitglied der Krishnamurti Foundation geschah etwas, das ein neues Kapitel in meinem Leben aufschlug. Eine hübsche 25jährige junge Frau kam zum Vasant Vihar. Sie hieß Sunanda und war einige Jahre lang Englischlehrerin an der Rishi Valley Schule gewesen. Sie war eine Hochschulabsolventin in Englischer Literatur. In Chennai wollte sie nach einer Anstellung suchen, die nichts mit Unterricht zu tun hatte. Ihr Vater, ein pensionierter Armeeoffizier, und ihre Mutter wohnten in einem Vorort von Chennai. Tatsächlich hatte ich sie schon einmal in Rishi

Valley gesehen, obwohl wir uns nicht direkt begegneten, und einer ihrer ehemaligen Schüler hatte vor ein paar Monaten gesagt, Sunanda wäre eine exzellente Lehrerin und ein guter Mensch.

Zu meinen Pflichten in jenen Tagen gehörte es auch, die Veröffentlichung des Krishnamurti Bulletins zu koordinieren. Ich dachte, dass sie beim Editieren des Bulletins aushelfen könnte, da sie Englische Literatur studiert hatte, und schlug vor, dass sie es versuchte. Herr Saxena stimmte bereitwillig zu. Ursprünglich sollte sie unter der Woche in der Zentrale und am Wochenende zuhause wohnen. Das passte ihr gut.

Ich hatte seit meiner Jugend mit ein paar Frauen Beziehungen gehabt, wenn auch nicht innige oder körperliche, maß ihnen aber keine große Bedeutung bei. Ich war bereits fünfunddreißig. Obwohl ich keine Neigung verspürte, mich in Beziehungen zu verstricken, gingen mir Babajis Gedanken zur Ehe als der idealen Situation für mich und als notwendigem Schritt zur Entwicklung meines Bewusstseins beständig durch den Sinn. Überdies war Sunanda aufrichtig, liebevoll, hübsch und aus gutem Haus.

Als ich einmal mit Krishnamurti über die Ehe sprach, hatte er den Hl. Paulus zitiert: ‚Es ist besser zu heiraten, als zu verbrennen.‘ Ich war nicht wirklich am Verbrennen, doch während wir zusammenarbeiteten, stellten Sunanda und ich bald fest, dass die sanfte Brise der Liebe und Zuneigung wehte. Wir beschlossen zu heiraten, aber das war nicht so leicht.

Einmal kam sie aus einer Brahmanen-Familie, und ich war nicht nur kein Brahmane, sondern gehörte von Geburt her zu einer Nicht-Hindu-Gemeinschaft. Zweitens verdiente ich nur ein mageres Gehalt und hatte nicht einmal ein eigenes Haus. Trotz alledem lösten wir gemeinsam diesen Konflikt, indem wir der Bedingung ihrer Eltern zustimmten, nach Hindusitte eine vedische Heiratszeremonie abzuhalten. Ich bewunderte, dass sie so viel Vertrauen in einen Fremden wie mich setzte, und auch, dass sie einen Schritt unternahm, der unter den gegebenen Umständen außergewöhnlichen Mut verlangte. Ich möchte überdies anmerken, dass die Heirat ohne die offene Einstellung ihrer Eltern nicht möglich gewesen wäre.

Während ich dies niederschreibe, haben wir dreiundzwanzig Ehejahre hinter uns und zwei erwachsene Kinder. Ich kann nicht sagen, dass wir keine Differenzen gehabt hätten, doch alles in allem waren wir eine gut zusammenhaltende Familie, die Probleme gemeinsam löste und untereinander große Zuneigung zeigte.

Zurück zu Vasant Vihar: Wir waren ein junges, enthusiastisches Paar, das auf dem schönen, zwei Hektar großen Gelände des Hauptquartiers der

Krishnamurti Foundation zusammen arbeitete und lebte. Allerdings bemerkten wir bald, dass die Dinge nicht sehr gut liefen. Da war einmal Herr Saxena, dessen körperlicher und psychischer Gesundheitszustand von Tag zu Tag prekärer wurde; wir stellten nun fest, dass er gegenüber nahestehenden Personen zwanghaft misstrauisch wurde. Ich persönlich meinte, dass ein Hauptgrund für seinen sich verschlechternden Zustand die Unfähigkeit seines traditionshörigen Verstandes war, sich an die Krishnamurti-Art des Denkens anzupassen. Er verhielt sich auch mir gegenüber zunehmend feindselig, da er nie meine Heirat mit Sunanda, ja meine Verehelichung überhaupt gutgeheißen hatte.

Inzwischen wurde Sunanda schwanger, und wir fragten uns, ob Vasant Vihar der richtige Platz sei, ein Kind aufwachsen zu lassen. Und da bot sich eine von Gott gesandte Gelegenheit an, von diesem Ort wegzuziehen. Eines Nachts träumte ich von Babaji, der uns beide segnete und sagte, es sei an der Zeit, wegzugehen. Am nächsten Morgen erfuhren wir, dass die Neel Bagh Schule von der Rishi Valley Schule übernommen werden würde und man nach jemandem suchte, der dort wohnte und die Leitung übernahm.

Die Neel Bagh Schule stand auf einem drei Hektar großen, bewaldeten Gelände in einem ländlichen Bezirk von Karnataka, nahe der Grenze zu Andhra Pradesh. Rishi Valley in Andhra Pradesh lag nur eineinhalb Stunden entfernt.

Ein Schotte namens David Horsborough, der gute Sanskritkenntnisse gehabt hatte, ein exzellenter Handwerker, Schreiner und Erzieher gewesen war, hatte das Land erworben, ein hübsches Häuschen im englischen Stil mit Lehmwänden erbaut und sich niedergelassen. Die Schule war rund um sein Heim entstanden. Es war eine kostenlose Schule für die armen Kinder der benachbarten Dörfer, und David – der in der Rishi Valley Schule während ihrer Gründungsphase und danach mit der Erziehungsabteilung des British Council gearbeitet hatte – bot nicht nur kostenlose Erziehung für die Kinder aus den Dörfern an, sondern bildete auch hervorragende Lehrer in innovativen Erziehungsmethoden aus.

Unglücklicherweise starb David in seinen frühen Sechzigern. Seine Nachkommen konnten den Grundbesitz und die Schule nicht verwalten und wollten nach England zurückkehren. Zu diesem Zeitpunkt trat die Rishi Valley Schule auf den Plan und entschied sich für den Kauf des gesamten Objekts. Der Platz war eine ländliche Idylle; obgleich alle Gebäude aus Lehm bestanden, waren sie von Davids Architektenfreund Baker nach britischen Standards gebaut, verfügten sogar über Badewannen und westliche Toiletten mit Holzbrillen.

Dr. Radhika Herzberger, damalige Direktorin von Rishi Valley und gute Freundin, hatte sich besonders dafür eingesetzt, Neel Bagh zu erwerben. Als ich mit ihr das Vorhaben eines Umzugs nach Neel Bagh erörterte, stimmte sie freudig zu. Sie verstand, was wir empfanden. Und so kam es, dass Sunanda in ihrer Schwangerschaft und ich nach Neel Bagh zogen.

Die zehn Jahre, die wir in Neel Bagh verbrachten, sind für mich aus verschiedenen Gründen sehr wichtig.

Einmal war es unser erstes privates Heim nach der Heirat – wir wohnten in einem hübschen unabhängigen Häuschen. Sunanda war mit dem Schulischen beschäftigt, und ich kümmerte mich um die Verwaltung. Zweitens wuchsen unsere beiden Kinder, Sohn Roshan und Tochter Aisha, hier auf, bis sie neun bzw. sieben Jahre alt waren. Drittens gab ich in der späteren Phase unseres Aufenthalts meinen ersten öffentlichen Vortrag in Bangalore und fuhr dann auch fort, Vorträge abzuhalten. Viertens fand an diesem Ort die Gründung der Satsang Foundation statt. Hier schrieb ich auch mein erstes Buch – *The Little Guide to Greater Glory and a Happier Life.* Und schließlich trat ich in dieser Zeit von meiner Position in der Krishnamurti Foundation zurück.

48. Neel Bagh und der ‚Satsang-Zug'

Sowohl unter spirituellen wie auch unter weltlichen Gesichtspunkten waren die zehn Jahre in Neel Bagh wichtig und lohnend. Für mein meditatives Gemüt erschien Neel Bagh, eingebettet in einer ländlichen Region, mit vielen Bäumen und reichem Grün ringsum, ideal. Es war unser eigenes Zuhause nach der Heirat; dies half, unser gegenseitiges Verständnis zu entwickeln und eine rechte Beziehung aufzubauen. Und die Kinder wuchsen in einer freien Atmosphäre nah zur Natur auf – sie liebten es.

Einmal in der Woche fuhr ich auf meinem Motorrad zur Rishi Valley Schule, gab Kulturunterricht für die neunte Klasse und wohnte den Komitee-Sitzungen bei, falls welche stattfanden. Bald kaufte ich einen Gebrauchtwagen – mehr konnten wir uns zu der Zeit nicht leisten –, und wir fuhren öfters nach Bangalore, wo Sunandas Eltern wohnten, legten eine Rast an einem schönen See ein und schauten den weißen Vögeln und den Affen zu.

Wir hatten das Leben dort gern, und Sunanda, die nun Leiterin der Schule war, gefiel die Tätigkeit. Indira Seetharaman, eine noch von David Horsborough ausgebildete Lehrerin, assistierte ihr kompetent. Ich traf dann ihren Mann, Herrn Seetharam, der zu einem guten Freund wurde.

In Neel Bagh schrieb ich mein erstes Buch, *The Little Guide to Greater Glory and a Happier Life*, hegte aber vorläufig nicht die Absicht, es zu publizieren, da die Zeit meiner öffentlichen Vorträge noch nicht begonnen hatte und ich meine Kenntnisse und Erfahrungen so weit wie möglich für mich behielt.

Im Rückblick betrachtet muss ich gestehen: Hätte Babaji mir nicht in seiner unnachahmlichen Manier das Signal gegeben, ich würde frohgemut und zufrieden, inkognito und ohne irgendwelche Kopfschmerzen so weitergelebt haben. Aber es sollte nicht sein, da Babaji andere Pläne für mich hatte.

Obgleich ich meine spirituellen Erfahrungen und Abenteuer für mich behielt und die meisten Leute, mit denen ich damals in Berührung kam, nichts darüber wussten, erinnerten sich doch einige meiner alten Freunde aus der Schule und dem College an meine spirituellen Neigungen und Explorationen. Einer von ihnen, Prem Kukillaya, der damals in Bangalore arbeitete, ging zu einem Juwelierladen, Mangiah Chetty & Sons, in der sogenannten Juwelierstraße, um ein altes Schmuckstück oder dergleichen umzutauschen. Der jüngere der beiden Brüder, die das Geschäft betrieben, hieß Mohan Kumar. Prem sah während des Gesprächs mit ihm ein Buch von Swami Muktananda auf dem Ladentisch liegen. Auf sein Nachfragen erklärte Mohan Kumar, dass es ein spirituelles Buch sei, das ihn interessiere.

Prem erwähnte nebenbei, dass ein alter Freund von ihm, der nicht einmal ein geborener Hindu war, sehr in Hindu-Philosophie und spirituellen Dingen involviert sei, Yoga praktiziere, in den Himalayas gewesen sei und sogar etwas von Zauberei verstehe. Daraufhin äußerte Mohan großes Interesse, diesen Mann zu treffen.

Um es kurz zu machen – bei einer meiner Visiten in Bangalore, drei Wochen später, ging ich auch ins Büro von Prem und hörte von ihm die Geschichte über seine Begegnung mit Mohan. Ich war aber daran nicht sehr interessiert und vergaß das Ganze rasch. Beim nächsten Besuch in Bangalore sollte ich zu einem Juwelier gehen; meine Frau hatte mir alte Schmuckstücke ihrer Mutter zur Reinigung mitgegeben. Ich ging in die Juwelierstraße und fand mich vor dem Laden Mangiah Chetty & Sons wieder. Da erinnerte ich mich vag an Prems Erwähnung des Namens der Geschäftsinhaber. Drinnen saßen ein älterer und ein jüngerer Mann. Ich fragte den jüngeren, ob dies das gleiche Geschäft sei, das Prem aus Trivandrum besucht hätte.

Der junge Mann, der sich als Mohan entpuppte, bejahte und fragte, ob ich ein Freund von Prem wäre. Als ich es bestätigte, fragte er mich, ob ich einen anderen Freund hätte, der in die Himalayas gegangen war. Wahrscheinlich meinte er, ich in Jeans und rotem T-Shirt könne nicht der Yogi-Freund sein, den Prem beschrieben hatte.

Da ich keine Lüge aussprechen wollte, sagte ich, dass ich jener sei, den Prem erwähnt hatte. Und das war der Schlüsselsatz. Mohan sagte, er sei Mitglied der örtlichen Theosophischen Gesellschaft, und ob es mir vielleicht möglich wäre, in der Gesellschaft einen Vortrag abzuhalten. Ich versuchte abzuwehren und einzuwenden, dass ich über mein spirituelles Leben noch nie öffentlich gesprochen hätte und es auch nicht beabsichtigte. Er meinte, auch eine Beschreibung meiner Wanderungen im Himalaya wäre schön. Ich sagte, ich wolle es mir durch den Kopf gehen lassen, und verließ nach Erledigung meines Auftrags ganz rasch den Laden.

Mein Verdacht, dass Babaji hinter dieser Begegnung Regie führte, bestätigte sich kurz darauf. In der zweiten Nacht nach dem Vorfall hatte ich nach langer Zeit wieder einen lebhaften Traum von Babaji. Er sah darin so komisch aus, dass ich im Traum laut lachen musste. Ich befand mich in einer Art Zug, an dem eine Flagge mit dem Wort *‚Satsang‘* befestigt war. Babaji stand auf dem Bahnsteig in einer Zugschaffner-Uniform, aber ohne Schuhe und Käppi, und pfiff mehrmals laut mit der Pfeife. Der Zug fuhr rasch an. Beim Aufwachen lachte ich immer noch. Als ich aber daran dachte, was der Traum bedeutete, verging mir das Lachen. Mir war signalisiert worden, in die Öffentlichkeit zu gehen. Bald wäre mein privates Leben mit meiner Familie gefährdet. Ich behielt meine Befürchtungen für mich, wusste ich doch nur zu gut, dass alle privaten Erwägungen beiseitegelegt werden mussten, wenn die höheren Mächte den persönlichen Einsatz für eine wichtige Sache wünschten.

Zwei Wochen später fuhr ich zu dem Juwelierladen in Bangalore, um den besagten Schmuck abzuholen, und wieder versuchte mich Mohan zu überreden, einen Vortrag in der Theosophischen Gesellschaft zu geben. Diesmal sagte ich zu.

Gleich am nächsten Tag, einem Sonntag, wurde ich zur Loge der Gesellschaft chauffiert und hielt um fünf Uhr nachmittags meinen ersten *Satsang* ab, an dessen Ende mir die etwa dreißig anwesenden Personen die Hand schüttelten und meinten, dies wäre einer der besten Vorträge gewesen, die sie gehört hätten. Still bedankte ich mich bei Babaji. Herr Naidu, ein Funktionär der Gesellschaft, fragte, ob es mir vielleicht möglich wäre, solche Vorträge regelmäßig abzuhalten. Der *‚Satsang‘*-Zug hatte sich in Bewegung gesetzt – der Zugschaffner hatte die Pfeife geblasen.

Bei diesem ersten *Satsang* wurde ich Hauptmann Ratnakar Sanadi, einem pensionierten Piloten der indischen Luftwaffe, vorgestellt. Wie sich herausstellte, war er mit Sunanda verwandt, deren Vater Ramesh Sanadi als Oberstleutnant der indischen Armee in Pension gegangen war. Viele informelle *Satsangs* fanden nun im Garten seines großen Hauses in Bangalore statt. Ratnakar Sanadi ermutigte mich auch dazu, das Buch *The Little Guide*, das bereits in Manuskriptform vorlag, zu veröffentlichen.

Die Veröffentlichung verlangte nach einem Verleger, und so wurde die Satsang Foundation zum Zweck der Publizierung des Buches und der Organisation von *Satsangs* gegründet. Ich wurde zum Präsidenten, Ratnakar Sanadi zum Schatzmeister und Mohan zum ersten Sekretär bestimmt. Eine Handvoll enger Freunde waren die ersten Mitglieder, doch gab es kaum finanzielle Rücklagen, um das Buch überhaupt drucken zu lassen. Ein italienischer Herr, der sich einfach Maurice nannte, tauchte genau im rechten Moment auf und finanzierte die Veröffentlichung meines ersten Buches *The Little Guide to Greater*

Glory and a Happier Life, das, während ich dies niederschreibe, in der dritten Auflage erscheint.

Maurice und Ratnakar waren die ersten, die mich ‚M' nannten, was später zu Sri M oder auch Mr. M verwandelt wurde. In meiner Vorstellung setzte ich ‚M' mit Madhu gleich, dem Namen, den mir Sri Guru und Babaji gegeben hatten.

In Neel Bagh begegnete mir auch Vivek Mahendru, damals ein Unbekannter aus Delhi, zum ersten Mal. Durch ihn kam ich in Kontakt mit Hans Kelichhaus aus Aachen, der fortan, wie Vivek, ein enger Freund und Mitarbeiter geblieben ist. Herr Vivek Mahendru war Direktor einer Firma für Schaltgetriebe mit Fertigungsstätten in Jalandhar, Neu Delhi und Noida. Mein alter Freund aus den Trivandrum-Tagen, Radhakrishnan Nair, war sein Verkaufsleiter in Chennai. Vivek interessierte sich für Religion und Geisteskräfte und sprach darüber häufig mit seinem Verkaufspersonal.

Auf einem von Viveks Geschäftsbesuchen in Chennai sprach Nair zu ihm über mich und gab ihm ein Exemplar des *Little Guide*. Vivek bestand darauf, mich noch am gleichen Tag zu besuchen, trotz der 350 Kilometer zwischen Chennai und Neel Bagh. Wir sprachen dann über verschiedene spirituelle Fragen, trafen seitdem einander öfters, und er bleibt bis heute ein guter Freund.

In ähnlicher Art fand das Buch seinen Weg in viele Heime, und bald sammelte sich eine Gruppe engagierter Leute um mich. Die Satsang-Familie wächst seither beständig.

49. Die Pilgerfahrt zum Kailash und zum Manasarovar See

Das Buch fiel auch einer prominenten Person in die Hände – Dr. Karan Singh von der königlichen Familie Kaschmirs. Er verkörperte eine rare Kombination aus herausragendem Politiker, großem Gelehrten und aufrichtigem spirituellem Aspiranten. Er hatte viele spirituelle Meister getroffen und mit ihnen kommuniziert und war von Sri Krishna Prem vom Mihirtola Ashram im Himalaya initiiert worden.

Bei einem seiner Besuche in Bangalore fand er über die im *Little Guide* angegebenen Adressen und Telefonnummern Mohan Kumar und telefonierte ihn an. Als er hörte, dass ich in Bangalore sei, wollte er mich unbedingt sehen. Wir vereinbarten für nachmittags einen Termin im Raj Bhavan, wo er sich aufhielt, und kamen gleich beim ersten Treffen glänzend miteinander aus. Er war eine sehr gütige und anspruchslose Person, die die anmutige Würde des Sprosses einer illustren königlichen Familie mit langer Tradition ausstrahlte. Dazu zeigte er sich sowohl bei spiritueller wie auch bei aktuellen Themen als ungewöhnlich gebildet und unterrichtet, was er mit bescheidener Seelengröße trug.

Er war meine erste Kontaktperson zu einem sich später herausbildenden Netzwerk zwischen ehemaligen königlichen Familien Indiens und mir. Vielleicht erklären meine Verbindungen mit dem königlichen Adel in früheren Leben das Interesse, das dessen Nachkommen zeigten. Dr. Karan Singh arrangierte meinen ersten *Satsang* in Delhi im Ramayana Vidyapeet (Institut), das zu seiner Stiftung gehörte. Später schrieb er das Vorwort zu meinen Büchern ‚*The Juwel in the Lotus*' und ‚*Wisdom of the Rishis*', und wir stehen nach wie vor in Kontakt und treffen uns zum Essen, wenn ich in Delhi bin.

Etwa um die Zeit, da ich Dr. Karan Singh begegnete, trat ich aus der Krishnamurti Foundation aus. Es gab dafür etliche Gründe, aber die wichtigsten waren, dass die Ziele und Zwecke der bereits gegründeten Satsang Stiftung sich von denen der Krishnamurti Foundation unterschieden und ich mehr Zeit und Kraft in erstere investierte, so dass mir eine Fortsetzung in der zweiten unfair erschien. Außerdem hatte mein Interesse an der Organisation nach dem Hinscheiden Krishnamurtis abgenommen, obgleich mein Respekt und meine Wertschätzung für Krishnamurti unvermindert anhielten. Ich empfand, dass nach seinem Tod der Geist verschwunden war und nur die Hülle übrig blieb.

Nach Unterrichtung von Achyut Patwardhan sandte ich mein Rücktrittsgesuch an die Foundation. Achyut erzählte mir, was Krishnamurtis Kommentar nach seiner ersten Begegnung mit mir gewesen war: „Dieser Vogel wird nicht lange in Ihrem Käfig bleiben."

Meine Familie und ich blieben jedoch weiterhin in Neel Bagh wohnen. Einen Monat nach der sehr zögerlichen Annahme meines Rücktrittsgesuches unternahm ich meine erste Vortragsreise ins Ausland.

Dr. Ramananda Prasad, ein ranghoher Wissenschaftler bei NASA, der ‚The Gita Society of America' gegründet hatte und kostenlose Übersetzungen der Bhagavad Gita verteilte, erfuhr durch Mohan Kumar über mich. Danach traf er mich in Bangalore und lud mich in die USA ein. Er sagte, er würde Vorträge und Gespräche an mehreren Orten organisieren; er selbst wohnte in Freemont, Kalifornien.

Diesmal stimmte ich zu, ohne auf ein spezielles Zeichen Babajis zu warten, da ich inzwischen wusste, dass die Arbeit begonnen hatte und ‚M' nicht länger in der Lage sein würde, sein idyllisches Privatleben beizubehalten. Im Jahr 2000 reiste ich also zum ersten Mal in die USA. Mein lieber alter Freund Thomas Kurien kaufte für mich die Flugtickets Chennai-San Francisco. Dies war meine erste Auslandsreise überhaupt.

Bald darauf traf ich auf Hans Kelichhaus, einem alten Freund der Familie Mahendru, der mir in Delhi von Vivek Mahendru vorgestellt wurde und mich nach Aachen einlud, so dass ich binnen kurzer Zeit beinahe jedes Jahr nach Deutschland und in die USA reiste.

Die Lehren wurden vorerst nur im kleinen Kreis und in subtiler Art verbreitet. Das war Babajis Methode, die Dinge zu tun. „Qualität, nicht Quantität!", pflegte er zu sagen, „die spirituelle Evolution ist etwas Individuelles und kein Massenphänomen. Ein Vertrieb von Meditationstechniken kann nicht viel Gutes ausrichten. Jeder Einzelne ist speziell. Bitte keine Plakat-Blitzaktionen und keine PR-Feldzüge, wenn deine Arbeit beginnt!"

Langsam, aber stetig weitete sich die Arbeit aus, und das galt auch für die Satsang Stiftung. Auch unsere Kinder wuchsen weiter. Zu diesem Zeitpunkt begannen der Rishi Valley Schule, die im Auftrag der Krishnamurti Foundation die kostenlose Neel Bagh Schule unterhielt, die finanziellen Mittel auszugehen. Ein Käufer war daran interessiert, die Neel Bagh Schule zu übernehmen und zu betreiben. Als ich davon hörte, stimmte ich gerne zu. Eine ganze Weile schon hatte ich empfunden, dass ich die Schule hinter mir lassen und den Aktivitäten der Satsang Stiftung mehr Zeit widmen sollte.

Die Direktorin der Rishi Valley Schule, Dr. Radhika Herzberger, wollte, dass meine Frau Sunanda wieder an ihrer Schule unterrichtete.

Wir kamen überein, dass unsere beiden Kinder bis zur zwölften Klasse unentgeltlichen Unterricht in Rishi Valley erhielten. Ich selbst, der ich für niemanden außer für Babaji arbeiten wollte, beschloss, nicht nach Rishi Valley zu gehen; und so befand mich in einer ähnlichen Lage wie während meiner Wanderjahre – ich wusste nicht, wo ich bleiben würde, wenn Neel Bagh verkauft war.

Ähnlich wie der große jüdische Lehrer und spirituelle Meister Jesus hegte ich die Vorstellung: „Die Füchse haben ihren Bau, die Vögel ihre Nester; aber der Menschensohn hat keinen Platz, an dem er sich ausruhen kann.“ Diese meine Vorstellung währte jedoch nicht lange.

Ein Jahr zuvor hatte ich etwas über tausend Quadratmeter Land am Rand von Madanapalle gekauft, der kleinen Stadt, durch die ich fast jede Woche auf meinem Hin- und Rückweg zur und von der Rishi Valley Schule kam. Der Grund war billig, da er vom geschäftigen Stadtzentrum weit entfernt lag, sich dazu eine Lambani-Stammessiedlung in einiger Nähe befand, was nicht als ideale Nachbarschaft galt – man glaubte, die Lambanis seien Diebe und Räuber.

Ich andererseits war sehr glücklich, dass das Land abseits des gewerblichen Zentrums lag, eingebettet in ein flaches Tal und umgeben von Hügeln und Reisfeldern. Und was meine Lambani-Nachbarn anlangte, so erschien es mir falsch, eine Gemeinschaft mit solch abfälligen Bezeichnungen zu titulieren; ich hatte keine Probleme damit, in ihrer Nähe zu wohnen. Das Land hatte ich, einem Impuls folgend, gekauft. Zu der Zeit wusste ich noch nicht, was ich damit anfangen würde. Nun stellte es sich als ein guter Kauf heraus.

Ich investierte meine ganzen Ersparnisse, borgte dazu Geld von einem Geldverleiher in Madanapalle zu hohem Zinssatz und begann ein Haus auf dem erworbenen Land zu bauen. Innerhalb eines Jahres konnte ich den Bau eines bescheidenen Wohnsitzes vollenden, und sobald Neel Bagh verkauft war, zog ich in das Haus, das ich in Erinnerung an den ewigen Schnee auf den hohen Bergen der Himalayas ‚Schneeweiß‘ nannte. Meine Frau Sunanda und die Kinder zogen zur Rishi Valley Schule um.

Das Haus in Madanapalle wurde bald der Mittelpunkt, von dem aus sich die Aktivitäten der noch jungen Satsang Stiftung ausweiten würden, über die Grenzen Indiens in die Welt hinaus. Hier nahm dann auch Satsang Vidyalaya, eine kostenlose Schule für Kinder armer Eltern, ihren bescheidenen Anfang, mit einem Klassenzimmer, fünfzehn Kindern und keinem Lehrer. Während ich dies schreibe, hat sich die Schule zu einem schönen Zentrum ausgewachsen, in dem etwa hundertzwanzig Kindern eine hervorragende und vielseitige Erziehung kostenfrei vermittelt wird.

Wenige Jahre später entstand die Peepal Grove Schule (PGS)[64] als Internatsschule, die bis zum Abitur führt. Sie liegt in einer idyllischen Landschaft, inmitten von Hügeln, Wäldern und nah eines Sees, nicht weit von Tirupathi. Dr. Abdul Kalam, der frühere Präsident Indiens, beschrieb sie im Gespräch mit Schülern während seines Besuchs als einen „sehr schönen Platz, wo ihr das Glück habt, aufzuwachsen und eure Kreativität zu entwickeln." Hier lernen die Kinder nicht nur den Stoff des staatlichen Curriculums, sondern auch über die vieldimensionale Wirklichkeit, die wir Leben nennen. Ich stelle mir oft Babaji vor, der unter einem Pipal-Baum sitzt und die Bedeutung dessen botanischen Namens *Ficus religiosa* erklärt oder den Vogel, der auf einem Ast dieses Baumes sitzt, der richtigen Spezies zuordnet.

Die verschiedenen Tätigkeiten der Satsang Stiftung entfalteten sich langsam aber stetig, seien es die Schulen oder die Manav Ekta Mission, die danach strebt, die Leute als menschliche Wesen zusammenzubringen, oder meine Reisen in Indien und im Ausland, die den Zweck hatten, diejenigen persönlich anzuleiten, die nach der wahren Realität hinter allen Erscheinungen suchen. All dies wurde ermöglicht, weil sich Einzelne fanden, die bereit waren, den guten Zweck zu unterstützen.

In Ermangelung eines besseren Wortes verwende ich für sie die Bezeichnung ‚Versorger'. Das ist dieselbe Bezeichnung, die Ramakrishna Paramahansa benutzte, um wohlhabende und wohlwollende Personen zu beschreiben, die ihn mit dem versorgten, was er brauchte, um seine Mission zu erfüllen. Einige offerierten finanzielle Unterstützung, andere boten freiwillige Hilfe an, opferten dafür ihre private Bequemlichkeit und kostbare Zeit. Und einige echte Sucher kamen, deren dominierender Charakteraspekt ihre ‚Wahrheitssuche' war. Unter spirituellen Gesichtspunkten gesehen erschienen mir diese letzteren als besonders wichtig, empfand ich ihnen gegenüber doch eine spezielle karmische Verpflichtung.

Insgesamt war ich für alle dankbar, die mir Babaji schickte, um seine Pläne zu fördern – in welchen Plänen ich nur als Instrument fungierte.

Ich werde niemand im Besonderen anführen, denn die meisten würden in Verlegenheit gebracht werden; außerdem würde die Namensliste der Sucher und Versorger endlos werden. Ich kann nur sagen, dass Babajis Segen all diese Menschen einschließt, und dass sie kraft seiner unendlichen Gnade das Ziel nicht verfehlen, sondern sich beständig darauf zu bewegen werden. Was mich anlangt, so bin ich Babajis Leibeigener und würde mich, wenn erforderlich, Tag und Nacht bemühen, sie auf ihrer schwierigen, wiewohl glorreichen Reise zu begleiten.

Als Teil der spirituellen Reise begann ich vor einigen Jahren, Gruppen von guten Freunden auf eine Pilgerfahrt nach Badrinath, Kedarnath, Gomukh, Rishikesh, Ajmer, Dakshineshwar, Kanyakumari, Balaknath, Gorakhpur, Ayodhya und zu anderen Orten zu nehmen. Die Pilgerreise zum Berg Kailash und Manasarovar See war die weitaus schwierigste und für mich sehr bedeutsam. Ich bin sicher, dass die ungefähr fünfzig Teilnehmer ebenfalls spürten, wie sehr sich diese Reise von den anderen, die wir davor machten, unterschied.

Wenn Sie sich erinnern – ich war vor vielen Jahren mit Babaji den halben Weg zum Kailash gewandert und musste wegen einer Erkrankung umkehren. Babaji hatte damals gesagt, ich würde Jahre später zusammen mit zahlreichen Leuten zum Kailash reisen. Und ich fragte mich damals, was denn ‚zahlreiche Leute' bedeuten solle.

Ein guter Freund ergriff die Initiative und organisierte die Trecking Tour gegen alle Widerstände. Ich werde die Einzelheiten der Reise und die Schwierigkeiten, denen die meist aus der Stadt kommenden Teilnehmer ausgesetzt waren, nicht erwähnen, da ein guter Freund darüber bereits einen Reisebericht geschrieben hat. Allerdings möchte ich gewisse persönliche Erfahrungen beschreiben, die ich zuerst beim Anblick des Manasarovar Sees machte, dann bei Yama Dwar, wo wir zum ersten Mal dem Kailash direkt gegenüber standen, und schließlich dann, als wir nach der Überwindung des Dolmo-La Passes auf über 6000 m und unter höhenbedingter, allseitiger Atemnot in unseren Zelten übernachteten.

Sobald ich den Manasarovar erblickte, wusste ich, dies war nicht das erste Mal, dass ich den heiligen, türkisfarbenen See sah, aus dem der Brahmaputra entspringt, der daraufhin durch Tibet und Indien fließt. Als ich auf das Wasser sah, lief ein Schauer über meine Wirbelsäule. Szenen um Szenen aus meiner Vergangenheit liefen mir durch den Sinn. Ich sah mich als Yogi, bekleidet mit lediglich einem weißen Lendentuch, in einer Höhle am Fuß der schneebekleideten Gurla Mandhata Bergkette meditieren. Zur Rechten erhob sich in der Entfernung der Berg Kailash.

Ich bereitete mich gerade für ein Eintauchen in den See vor, als ich bemerkte, wie ein blutjunger Asket – weit unter zwanzig, mit langem verfilztem Haar, lediglich mit einem *kaupin* (dem typischen Lendentuch eines Yogis) bekleidet, das Symbol der Nath Panth Sekte, die *chimta*, (Feuerzange und gleichzeitig Perkussion-Instrument) tragend – aus dem Wasser kam. Er sah ausnehmend gut aus, und ein Lächeln lag auf seinen Lippen. Aus dem unveränderten Gesichtsausdruck der Personen, die in der Nähe standen, schloss ich, dass sie den Jüngling nicht sahen. Es war eine besondere Vision, die mir, aus welchem Grund auch immer, gewährt wurde.

Ich stand aufmerksam und respektvoll da und wartete darauf, dass er vollends aus dem Wasser käme. Als er an mir vorüberging, sagte er: „Ich bin Siddhinath, Schüler von Jalandhripa und Guru Gorakhnath. Sri Guru wartet auf dich.“ Dann grüßte er mit ‚*Alakh Niranjan*‘ und schritt von dannen. Niemand hörte oder sah etwas, und als ich mich niederwarf und den Boden mit der Stirn berührte, dachten meine Freunde und Bekannten, ich entböte dem See und dem Kailash-Berg mein *pranam*. Danach tauchten ich und die anderen ins Wasser ein. Es war sehr kalt, jedoch äußerst belebend und reinigend. Ich fühlte mich zu einer anderen Ebene transportiert.

Dann erreichten wir Yama Dwar. Von hier aus hatten wir den besten, direktesten Blick auf den großen Kailash, der den Hindus, den Buddhisten und den Bönpas von Tibet gleichermaßen heilig ist. Als der große schneegekrönte Gipfel sich über uns auftürmte, fiel ich in einen tiefen meditativen Zustand.

Einige aus unserer Gruppe, die sich für Ponys entschieden hatten, mussten warten, bis die Ponys und Träger organisiert waren. Andere wie ich beschlossen, die *parikrama* (rituelle Umrundung) zu Fuß zu wandern, doch wir verharrten noch eine halbe Stunde bei Yama Dwar. Ich setzte mich auf einen Felsen mit Blick auf den Kailash und tauchte tief in mein Selbst ein. Da vernahm ich den Klang der kleinen Trommel, *damaru* genannt, die Shiva Mahadeva in der Hand hält und ertönen lässt, wenn er den *Tandava Nritya*, den Tanz der Zerstörung tanzt – *dag, dag, dag, dag* ... Bald darauf wurde das vom sonoren *bhum, bhum, bhum* größerer Trommeln ersetzt, ein Ton, der in meinem Kopf zu explodieren schien. Mit meinem inneren Auge konnte ich einen starken, konisch geformten Wirbelwind in der Entfernung erkennen. Er bewegte sich auf mich zu, drohte, mich mitzureißen. Plötzlich hörte ich die lauten Grüße der Naths – *Alakh Niranjan* –, der Wirbelwind hörte mit einem Schlag auf, absolute Stille trat ein.

Ich öffnete die Augen, sagte *Shivoham* und begann loszuwandern. *Shivoham* begleitete mich auf der ganzen Reise und blieb auch danach bei mir.

Am zweiten Tag der *parikrama*, nach Überquerung des Dolmo-La Passes, erreichten wir gegen acht Uhr abends den Zeltplatz. Wir waren müde und erschöpft, denn die Luft enthielt nur wenig Sauerstoff, und wir waren an dem Tag zweiundzwanzig Kilometer über sehr schwieriges Gelände marschiert.

Nachdem ich mich in meinem Zelt eingerichtet hatte, bat ich meine Begleiter, mich nach dem Abendessen nicht zu stören. Viele unter uns litten unter Nasenbluten, auch ich. Ich wischte mir die Nase sauber, entleerte die Blase bei den Felsen, schloss den Zelteingang und saß in *Padmasana*, die Aufmerksamkeit konzentriert auf das *Ajna chakra*. Blut strömte zum Kopf und ein Blitzstrahl schoss die Wirbelsäule hinauf; innerhalb von Sekunden befand ich mich außerhalb des Körpers, in eine selige silberne Hülle gekleidet.

Dieses neue leuchtende Ich bewegte sich rasch durch mehrere Ebenen, auf denen herrliche Wesen weilten, und gelangte zu einem wundersamen Reich, das in silberblauem, wohltuendem Licht erstrahlte. Zwei große blaue Kobras bewachten den Vorhof eines weißen kristallenen Palastes. Sie schwangen mit ihren Hauben und nickten mir zu, auf dass ich eintrete. In der Haupthalle sah ich auf einer erhöht stehenden karmesinroten Couch Mahadev, das große Wesen, manifestiert als die leuchtende Leere, hin und wieder in die strahlende Gestalt von *Shiva Bholenath* sich verwandelnd, mit der Mondsichel auf dem Haupt und einer schwarzen Kobra um den Hals, mit schneeweißem Körper und einem dritten Auge, das einer blauen Perle glich.

Links und rechts von ihm saßen fünf Personen – Babaji; jemand, der wie ein biblischer Prophet aussah; ein Nath mit seiner *chimta;* ein bärtiger Mann mit weißem Turban, dessen Augen die friedlichsten und mitfühlendsten waren, die ich jemals erblickt habe; ein weiterer Mann mit mongolischen Gesichtszügen, verfilztem, zum Knoten gebundenen Haar, einem hochgezwirbelten Schnurrbart und mit weitem, rotem Gewand. Sie alle hatten silberleuchtende Körper wie ich. Jasmin-Duft erfüllte die Luft. Ich warf mich mehrmals zu Boden und saß dann im Yoga-Sitz auf dem Boden. Babaji unterbrach die Stille.

„Madhu, willkommen beim Kailash! Dies ist der große jüdische Meister namens Esa oder Yesu, der Nath ist niemand anderer als Sri Gorakhnath, jener mit den liebevollen Augen ist der große Nanakdev, und dieser mit dem Schnurrbart und dem roten Gewand ist der unvergleichliche Padmasambhava, Guru Rinpoche. Wir alle sind Schüler von Sri Guru Babaji, der identisch ist mit der leuchtenden Leere, Adinath, Shiva Mahadev, dort auf dem Thron. Der große Pir Sainath[65] und der verehrungswürdige Sheikh Khwaja Moinuddin Chisti, auch bekannt als Garib Nawaz, konnten heute nicht anwesend sein, doch senden sie dir ihre Liebe und ihren Segen. Grüße und Segen auch von den großen Yogis und Meistern wie Shanker Bhagwapad, deren Wohnsitz der Kailash ist und die entschieden haben, sich heute nicht zu manifestieren.“

„Babaji“, sagte ich, „Dank sei dir und Sri Guru für die Erlaubnis, in diesen Palast eintreten zu dürfen. Ich denke, ich werde hier bleiben; wie du habe ich kein Interesse daran, zur Erde, die von der Dunkelheit des Kali Yuga eingehüllt ist, zurückzugehen. Ich glaube, ich habe genug getan, und diejenigen, die du mir zur Betreuung geschickt hast, können jetzt auf sich selbst aufpassen. Ich weiß, dass du immer bei ihnen bist, um zu helfen. Mein Körper ist bereits sechzig Jahre alt, und bevor er ernstlich erkrankt oder siech wird, meine ich, es ist besser, ihn abzulegen. Ich möchte nicht von anderer Fürsorge für meinen Körper abhängig sein.“

Babaji sagte: „Du bist jetzt wieder in einer ähnlichen Situation wie damals, als ich dich aufforderte, mich zu verlassen und zurück ins Flachland zu gehen. Und wieder sage ich, dass du zurückgehen sollst. Deine Mitarbeiter und die von dir Abhängigen, gleich ob spirituell oder weltlich, sind noch nicht genügend entwickelt, um für sich sorgen zu können. Deine Ehefrau, die du aus eigener Wahl geheiratet hast, braucht dich noch, genauso deine Kinder. Die familiären Verantwortlichkeiten sowohl für deine weltliche wie für deine spirituelle Familie sind noch nicht eingelöst. Halte aus und handle nicht überstürzt.

Überdies hast du noch nicht entschieden, wer deine spirituellen Verantwortlichkeiten übernehmen sollte. Bis dahin bleibst du besser dort. Es wird keine Probleme geben. Du hast zu diesem Reich hier freien Zugang und kannst kommen und gehen, wann du willst. So denken wir, und so denkt Sri Guru; doch wie immer kannst du selbst frei entscheiden.“

Ich war still, der Kopf gebeugt. Guru Rinpoche sprach: „Nimm den *Boddhisattva*-Pfad, Madhupa. Der Boddhisattva ist bereit, immer wieder geboren zu werden, um andere zum Nirvana zu verhelfen. Der *Arhant* strebt nur nach seiner eigenen Erlösung. *Om Vajrasattva Hum.“*

Der große Yesu sprach: „Lass sogar deinen Leib kreuzigen, wenn dies auch nur einer einzigen Seele hilft, o Menschensohn.“

Nanak Dev sagte: „Der Höchste ist voll Gnade. Mögest du beitragen zum Herabkommen der Gnade. *Satnaam, Hari Hari, Ya Rab*.“

Shiv Gorakh sagte: „Das *Dhuni* soll weiterbrennen, bis du einen vertrauenswürdigen Nachfolger findest, der es ewig am Brennen hält. *Alakh Niranjan, Bham Bhole*.“

Ich sagte: „Ich bin wie immer Euer gehorsamer Diener. Mir wird klar, dass ein subtiles Ego, welches mit individueller Erlösung zufrieden ist, sich bis jetzt tief in meiner Psyche verbarg. Heute ist es mit der Wurzel herausgezogen und im Feuer der Weisheit verbrannt worden. *Jai Bholenath, Bham Bhole*, Ruhm sei Jagannath, dem Herrn des

Universums, *Rab-il-aalimiin*. Ich werde jetzt sofort zurückgehen. Bitte segne mich, Sri Guru.“

Die melodische Stimme Sri Gurus kam von der selbstleuchtenden Leere: „Madhu, Sri Madhu, ich bin immer mit dir. Du bist ein Funke meines inneren Feuers. Geh nun in Frieden und in Seligkeit.“

Ich warf mich nieder zum *pranam* und inkantierte *Sri Gurubhyo Namah!* Im Nu befand ich mich wieder in meinem Körper, der immer noch in der *Padmasana*-Position im Zelt saß. Ich blickte auf die Armbanduhr. Es war eine Minute nach Mitternacht.

Mein Kopf pochte vor starken Schmerzen, dann begann die Nase ausgiebig zu bluten. Ich musste all meine Handtücher benutzen, um das Blut wegzuwischen. Als das Blut zu fließen aufhörte, verschwand der Kopfschmerz. Es schien, als wäre es dem Blut, das vor einer Weile zum Kopf geströmt war, erlaubt gewesen, herauszufließen. Ich wusch Nase und Gesicht mit Wasser aus der Thermosflasche, streckte die Beine aus, faltete sie wieder zum *Padmasana* zusammen und versank in eine tiefe Meditation – ich konnte mich in jedem Wesen ringsum empfinden, einschließlich Yaks und Ponys.

Am Morgen wanderten wir durch den letzten Abschnitt der *parikrama* und erreichten den Manasarovar See ohne größeren Zwischenfall, außer dass einer aus der Gruppe vom Pony fiel und sich an einer Rippe und am Rücken verletzte. Zwar war der Arzt – ein guter Freund, der uns begleitete – recht besorgt, doch ich wusste, der Person würde es durch Sri Gurus Gnade rasch wieder gut gehen.

50. Die Reise geht weiter

Dies ist das abschließende Kapitel, und es wird recht kurz werden. Während ich das schreibe, sitze ich in einem Zelt in Haridwar. Die kühlen Wasser der Ganga fließen nicht weit von hier vorbei. Wir sind eine große Gruppe von fast fünfundachtzig, die hier die große *Kumbha Mela* besuchen. Die große Purna Kumbha Mela findet nur einmal alle zwölf Jahre statt, und wir sind hergekommen, um ein paar Tage inmitten der Hundertschaften von heiligen Männern und der Hundertausenden, die ihren Segen empfangen und im heiligen Fluss baden, zu verbringen. Unsere Zelte stehen an einem ruhigen Platz, abseits vom Getriebe der Mela, doch nah genug, um hinüberzugehen und an all den Aktivitäten teilzunehmen, falls wir das wollen.

Da ich im Begriff bin, meine Autobiographie abzuschließen, will ich ein paar wichtige Punkte ansprechen, ehe ich zu den Danksagungen übergehe. Ich sage dies, während ich vor dem *Dhuni* sitze und das Feuer und das höchste Wesen meine Zeugen sind:

Erstens: *Akzeptieren Sie unter keinen Umständen eine Biographie, die nach meiner Zeit kommen und Material enthalten mag, welches faktisch nicht mit dem in meiner Autobiographie Geschriebenen übereinstimmt, ganz besonders, wenn die Fakten verfälscht worden sind, um mich zu glorifizieren.*

Zweitens: *Ich wählte bis jetzt noch niemanden als meinen spirituellen Nachfolger aus.*

Es gibt aufrichtige und hingebungsvolle Seelen, die mir nahe sind, aber ich habe noch keine gefunden, die diese große Verantwortung auf sich nehmen könnte. Vielleicht mag ja eine unter ihnen die erforderlichen Qualifikationen noch entfalten. Oder es mag eine neue und reife Seele auftauchen, mit Verbindungen aus der Vergangenheit zu mir, wie sie einige in der jetzigen Gruppe haben. Ich werde geduldig warten und unzweideutige Hinweise geben, sobald dieser Zeitpunkt gekommen ist.

Ein sehr wichtiger Aspekt beim Spirituellen-Nachfolger-Syndrom muss hier auch angesprochen werden:

Falls ich aus irgendwelchen Gründen vor meinem Tod niemand als meinen spirituellen Nachfolger einsetze, so warne ich alle Freunde davor, irgendjemanden zu akzeptieren, der behauptet, mein spiritueller Nachfolger zu sein – aufgrund eines Traums, in welchem ich so etwas gesagt haben sollte, oder aufgrund von geistgeführtem automatischem Schreiben oder ähnlichem Unsinn. Ich erkläre hiermit, dass ich niemals sogenannte mediale Personen, gleichviel welcher Art, benutzen werde, um Leute zu unterrichten oder um meine Gedanken auszudrücken.

Jene aufrichtigen, fähigen und gütigen Personen, die administrative Funktionen in den Angelegenheiten der Satsang Foundation und ihrer Schulen ausüben, sollen sich unter keinen Umständen als meine einzigen spirituellen Erben betrachten, wenn ich das nicht selbst unmissverständlich ausdrücke, ehe mein Körper seine Dienste einstellt.

Nachdem dies gesagt ist, möchte ich nun all jenen danken, die mir halfen, Babajis Plan auszuführen.

An erster Stelle danke ich meiner Mutter und meinem Vater, die mich auf diese Welt brachten, so dass ich die mir zugedachte Arbeit ausführen könnte. Ich nenne sie meine ersten ‚Versorger'. Ich danke meiner Frau dafür, dass sie die Absonderlichkeiten eines verrückten Ehemanns, wie ich es bin, ertrug und damit zu Rande kam, und meinen Kindern für ihr Verständnis und ihre Sympathie hinsichtlich meiner Eigenheiten. Dann danke ich all den spirituellen und weltlichen Versorgern, die mir von meiner Kindheit bis zu Gegenwart zu Hilfe kamen und meine Arbeit so selbstlos unterstützten.

Vor all diesen Seelen und auch vor jenen, die still und unbekannt sind, verbeuge ich mich tief und küsse ihre Füße in größter Demut. Möge Sri Guru ihnen seine grenzenlose Gnade gewähren.

Das ist das Ende dieser Autobiographie, doch bete ich darum, dass es für Sie der Beginn einer faszinierenden spirituellen Reise wird.

In Liebe und Freundschaft

M

Fußnoten

1. die weisen Seher des alten klassischen Indien
2. alter klassischer Tanzstil Keralas
3. einer der höchsten muslimischen Festtage
4. traditionelle Beilagen in Kerala
5. Singen von religiösen Liedern
6. indische Doppeltrommel
7. ein dreieckiges Tuch mit Bändern
8. Prostration
9. Ein großes religiöses Fest in Trivandrum, das im Frühjahr und im Herbst stattfindet.
10. ein um die Hüfte geschlungenes Tuch
11. hohe Ebene der Meditation
12. Eine Kriya Yoga-Übung, bei der die Zunge sehr tief in den hinteren Gaumen gepresst wird.
13. Energiezentrum zwischen den Augenbrauen
14. Ein berühmtes hinduistisches Heiligtum in Kerala, zu dem jährlich Hunderttausende von Pilgern kommen.
15. Entspricht dem Sarong Indonesiens oder dem Lunghi Nordindiens.
16. auch Tekke genannt – Versammlungsort, manchmal mit kleineren Wohnräumen
17. Über 4 Meter langer, dünner Stoff, der als Beinkleid geschlungen wird.
18. ein Gericht der südindischen Küche – eine Art dünner, knuspriger Pfannkuchen
19. Eine Gemeinschaft muslimischen Glaubens in Pakistan und Gujarat, die hauptsächlich aus Händlern und Geschäftsleuten besteht.
20. Das morgendliche und abendliche hinduistische Verehrungsritual mit dem Schwenken des Lichts vor Bildern und Statuen.
21. Andachtslied
22. Grabstätte eines Yogis
23. eine Art Reisnudeln

24. Die Kuhhüterinnen aus Brindavan, die sich alle in Krishna verliebt hatten.
25. ein asketisch und ungebunden lebender Sadhu
26. Summe aller Regeln für das Leben der gläubigen Muslime
27. ein weites, etwa knielanges Obergewand aus leichtem Baumwollstoff oder Seide
28. Ein spiritueller Schüler, der für eine gewisse Lebensperiode völlige Enthaltsamkeit gelobt.
29. WeiteTreppen, die zum Fluss hinunterführen.
30. Ein Tupfen auf der Stirn, meist auf dem angenommenen „dritten Auge“.
31. Opfergabe
32. Shiva-Anhänger, kriegerisch auftretend
33. Das dunkle Zeitalter, in dem das Nicht-Wissen bezüglich der Wahrheit vorherrscht.
34. Swamis aus der Brahmanen-Kaste, die einen Stab tragen
35. eine traditionelle indische Süßspeise
36. das Gelübde dauernder Enthaltsamkeit und der Nicht-Anhaftung
37. Symbol für Shiva
38. Haschisch
39. *Luchis* sind frittierte Weizenfladen, auch *puris* genannt. *Dal* ist ein dünner Linsenbrei, meist gelb. *Halwa* ist hier eine einfache Süßspeise aus Weizengries, Butter und Zucker.
40. Das Areal, auf das die Kastenlosen beschränkt sind.
41. einfache Hütte
42. Samenkapseln vom Rudraksha-Baum
43. Siehe auch *Wisdom of the Rishis* von Sri M.
44. Diamant-Sutra; „Vollkommenheit der Weisheit, die selbst einen Diamant spalten kann.“
45. Siehe auch *How to Levitate and Other Secrets of Magic*, James Talbot, Magenta Press
46. Pilgerzentren in Süd-Kerala
47. Mantra des Manipura-Chakras
48. die Nacht Shivas, Ende Februar oder Anfang März
49. Guru-Vollmond, im Juli
50. Pilgerherbergen

51. geweihter, sehr süßer ‚Pudding'
52. ‚Bruder' und Gefährte beim gleichen Guru.
53. Alternative Schreibung: Siddha. Es sind dies Heilige aus Tamil Nadu, die einer langen Shaiva-Tradition angehören.
54. In Nordindien heißt diese Milchspeise *khir*
55. Agastya – einer der Sieben Rishis
56. dünner, sehr großer, gerösteter Fladen, mit etwas Gemüse gefüllt
57. das ‚Erschauen' des Gurus; in der Gegenwart des Meisters sein
58. Region in den heutigen Staaten Iran, Afghanistan, Tadschikistan, Usbekistan und Turkmenistan.
59. zur Sant Tradition gehörend; auch verehrungsvoller Titel für Heilige
60. Für eine authentische Biographie von Shirdi Sai Baba siehe *Sai Sat Charita*.
61. Dattatreya wird als göttliche Manifestation des Schöpfergottes Brahma, des Bewahrer-Gottes Vishnu und des Yogi-Gottes Shiva zusammen gesehen. Er ist die Schutzgottheit jener heiligen Männer, die alle Regeln brechen, auch diejenigen, die von der Religion auferlegt sind, und frei wie der Wind umherziehen. Man nennt sie *Avadhutas*. Die Nackten unter ihnen heißen ‚Luftbekleidete', *Digambaras.* Die *Avadhuta Gita* enthält die Lehren und Praktiken der Avadhutas.
62. ‚Enthüller der heiligen Geheimnisse'
63. der speziell für Krishnamurti gegründete Orden
64. Die Peepal Grove Schule entstand in einem schönen Tal mit vielen Pipal-Bäumen; sie wurde von Frau Reddy, der Mutter meines Freundes Ramesh Reddy, gestiftet.
65. Shirdi Sai Baba

Über den Autor

Sri M wurde in Trivandrum, Kerala, Südindien, als Muslim geboren. Mit 19 Jahren, getrieben von einem unwiderstehlichen Drang, verließ er das Elternhaus und machte sich auf zu den Himalayas.

In einer Höhle in den tieferen Himalayas, als er schon im Begriff stand, sein Leben zu enden, traf er seinen Meister. Er lebte dreieinhalb Jahre mit ihm, und sein Bewusstsein wurde in dieser Zeit gänzlich transformiert. In den folgenden Jahrzehnten blieb er weiter in telepathischer Verbindung mit seinem Meister und verbrachte oft mehrere Wochen erneut in den Himalaya-Regionen mit ihm zusammen.

Den Instruktionen seines Gurus folgend, lebte er in den indischen Ebenen ein normales Leben, heiratete und hat Kinder. Gleichzeitig bereitete er sich darauf vor, all das, was er erfahren und gelernt hatte, zu lehren. Auf ein Signal seines Meisters trat er in die Phase des Lehrens ein.

Heute reist er in Städte Indiens und ins Ausland, um andere Menschen an seinen Erfahrungen und seinem Wissen teilhaben zu lassen.

Sri M ist innig vertraut mit den Lehren der großen Religionen, sagt indessen oft: „Geht zum essenziellen Kern. Theorien sind nutzlos."

Kontakt:
www.satsang-foundation.org
ali.misterm@gmail.com

www.ingramcontent.com/pod-product-compliance
Ingram Content Group UK Ltd.
Pitfield, Milton Keynes, MK11 3LW, UK
UKHW020937050225
454656UK00012B/413

9 789382 585046